Walper
Familiäre Konsequenzen ökonomischer Deprivation

Fortschritte der psychologischen Forschung 2

Herausgegeben von:
Professor Dr. Dieter Frey
Professor Dr. Siegfried Greif
Professor Dr. Heiner Keupp
Professor Dr. Ernst-D. Lantermann
Professor Dr. Rainer K. Silbereisen
Professor Dr. Bernd Weidenmann

Sabine Walper

Familiäre Konsequenzen ökonomischer Deprivation

Psychologie Verlags Union
München und Weinheim 1988

Anschrift der Autorin

Dr. Sabine Walper
Institut für Psychologie
Technische Universität Berlin
Dovestr. 1–5
1000 Berlin 10

Die Reihe FORTSCHRITTE DER PSYCHOLOGISCHEN FORSCHUNG
wird herausgegeben von:

Prof. Dr. Dieter Frey, Institut für Psychologie der Universität Kiel,
Olshausenstr. 40/60, 2300 Kiel
Prof. Dr. Siegfried Greif, Universität Osnabrück, FB 8 Psychologie,
Knollstr. 15, 4500 Osnabrück
Prof. Dr. Heiner Keupp, Institut für Psychologie, Sozialpsychologie Universität München,
Leopoldstr. 13, 8000 München 40
Prof. Dr. Ernst-D. Lantermann, Gesamthochschule Kassel, FB 3,
Heinrich-Plett-Str. 40, 3500 Kassel
Prof. Dr. Rainer K. Silbereisen, Fachbereich Psychologie, Justus-Liebig-Universität Gießen,
Otto-Behaghel-Str. 10 F, 6300 Gießen
Prof. Dr. Bernd Weidenmann, Universität der Bundeswehr München
Fachbereich Sozialwissenschaften, Werner-Heisenberg-Weg 39, 8014 Neubiberg

CIP-Titelaufnahme der Deutschen Bibliothek

Walper, Sabine:
Familiäre Konsequenzen ökonomischer Deprivation / Sabine
Walper. – München ; Weinheim : Psychologie-Verl.-Union,
1988
    (Fortschritte der psychologischen Forschung ; Bd. 2)
    ISBN 3-621-27058-2
NE: GT

Druck und Bindung: Druckhaus Beltz, 6944 Hemsbach über Weinheim
Printed in Germany
© Psychologie Verlags Union 1988
ISBN 3-621-27058-2

Inhalt

Vorwort

Die vorliegende Arbeit ist als Dissertation im Rahmen des von der Deutschen Forschungsgemeinschaft finanzierten Forschungsprojekts Berliner Jugendlängsschnitt (Si 296/1-5) entstanden, das seit 1982 unter der Leitung von Prof. Dr. Rainer K. Silbereisen und Prof. Dr. Klaus Eyferth an der Technischen Universität Berlin durchgeführt wird. Wichtige Anregungen stammen aus zahlreichen Diskussionen mit dem Hauptbetreuer der Arbeit, Rainer Silbereisen. Sein Einsatz, die hilfreichen Hinweise und Anmerkungen Klaus Eyferths und der "social support", den die Mitarbeiter des Projekts mir — nicht nur bei praktischen Problemen — zugute kommen ließen, haben wesentlich dazu beigetragen, daß die Arbeit ihre jetzige Form erhalten konnte. Unter den Kollegen und Freunden gilt mein ganz herzlicher Dank: Avshalom Caspi für entscheidende Hilfen bei den ersten Gehversuchen auf diesem Terrain, Nancy Galambos, Peter Kastner, Peter Noack und Matthias Reitzle, Ute Schönpflug und Susanne Zank für ihr offenes Ohr, ihre Geduld und so manche hilfreiche Hand an der Computer-Tastatur, und Martina Heiche, Bärbel Kracke, Katja Mruck und Mark Stemmler für das Erstellen von Tabellen, Literatur- und Schlagwortverzeichnis.

Danken möchte ich auch allen Beteiligten des von der Stiftung Volkswagenwerk unterstützten Modellvorhabens Postgraduiertenstudium in Entwicklungspsychologie (Leitung: Prof. Dr. Paul B. Baltes, Prof. Dr. J. Brandtstädter, Prof. Dr. Hellgard Rauh und Prof. Dr. Rainer K. Silbereisen), an dem ich vom Wintersemester 1983 bis zum Sommersemester 1986 teilnahm. Die Kontakte und Gesprächsmöglichkeiten — vor allem im Rahmen von Konsultationsseminaren und Sommerakademie — haben so manche wichtige Anregung zum Gelingen der Arbeit geliefert. Und schließlich sei die Unterstützung seitens der Herausgeber und des Verlags erwähnt, die mit viel Geduld die Umsetzung der Dissertationsschrift in ein lesbareres Buchmanuskripts und somit den Zugang zu einer weiteren Leserschaft ermöglicht haben.

1. Einleitung

1.1 Zum Problem ökonomischer Deprivation

Mit dem starken Anstieg von Arbeitslosigkeit, Kurzarbeit und Unterbeschäftigung im Zuge wirtschaftlicher und technologischer Veränderungen ist in den letzten Jahren die öffentliche Aufmerksamkeit stärker auf die individuellen und familiären Auswirkungen von Arbeitslosigkeit und finanziellen Einbußen gelenkt worden. Unter Überschriften wie "Das hält keine Ehe aus" (Stern, 19/1984) lassen sich in Zeitschriften und Magazinen Berichte von Betroffenen nachlesen, sozialwissenschaftliche Arbeiten unterschiedlicher Provinienz zum Thema Arbeitslosigkeit werden auf Symposien zusammengetragen (z.B. Kieselbach & Wacker, 1985), und auf nationaler wie auch internationaler Ebene haben entsprechende politische Stellen Berichte zum Stand der Forschung und verfügbarer Erkenntnisse in Auftrag gegeben (Breuer, Schoor-Theissen & Silbereisen, 1984; Udris, 1985).

Daß nicht nur alleinstehende Arbeitnehmer sondern auch Familien mit den Verschlechterungen der wirtschaftlichen Situation konfrontiert sind, ist ein zwar allgemein anerkanntes Problem. Dennoch gibt die gegenwärtige empirische Forschung noch wenig Aufschluß über die Folgen von Arbeitslosigkeit und ökonomischen Einbußen auf familiärer Ebene, vor allem auf die Entwicklung der Kinder (vgl. Breuer et al., 1984; Schindler & Wetzels, 1986; Zenke & Ludwigs, 1985). Dies ist umso erstaunlicher, als schon die Statistiken zur Arbeitsmarktentwicklung die Dringlichkeit dieser Fragen deutlich machen. Blicken wir auf den Beginn der Achtziger Jahre, den kritischen Zeitraum wirtschaftlicher Verschlechterungen (vgl. Breuer et al., 1984; Franke & Prast, 1986), auf den sich die vorliegende Untersuchung bezieht.

Innerhalb kurzer Zeit, nämlich von 1980 auf 1982, hat sich die Erwerbslosenquote der Verheirateten von 2,4% auf 4,8% verdoppelt, wobei Männer und Frauen fast gleichermaßen betroffen waren. Hatten sich im September 1979 in der Bundesrepublik noch 438.261 Verheiratete arbeitslos gemeldet, so waren dies im September 1983 schon 1.039.590. Damit machten die Verheirateten fast die Hälfte (48,7%) aller Arbeitslosen aus. Ende Mai 1980 hatten 31.1% aller arbeitslos Gemeldeten Kinder im Alter von unter 15 Jahren. Unterstellt man weitgehende Konstanz dieses

Anteils und im Mittel zwei Kinder pro Familie eines von Arbeitslosigkeit betroffenen Elternteils, so ergibt sich nach
Zenke und Ludwigs (1985) für Mitte 1984 ein Schätzwert von rund
1,4 Millionen Kindern unter 15 Jahren, deren Mutter und/oder
Vater arbeitslos war. Schon 1980 dauerte für 36,6% dieser Familien mit jüngeren Kindern die Arbeitslosigkeit der Eltern länger als ein halbes Jahr. Entsprechend der schlechteren Arbeits-
marktchancen der älteren Arbeitnehmer liegt dieser Anteil bei
Familien mit älteren Kindern noch höher, wobei ohnehin seit
1980 die Quote langfristig Arbeitsloser und die durchschnittliche Dauer der Arbeitslosigkeit gestiegen sind (vgl. Breuer et
al., 1984; zu vergleichbaren Zahlen aus den USA siehe Moen,
1980, 1982, 1983). Trotz der staatlichen Leistungen
(Arbeitslosen-Geld und -Hilfe) ist von einer durchschnittlichen
Verringerung des Netto-Haushalts-Einkommens um 25% auszugehen.
Die Schätzungen für den individuellen Einkommensverluste
reichen bis zu 50% (vgl. Breuer et al., 1984). Bedenkt man, daß
sich die Zahl der verheirateten Arbeitslosen, die keinen
Anspruch auf stattliche Leistungen haben, von September 1980
auf September 1983 mehr als verdoppelt hat (ibid.), so wird
deutlich, wie gravierend sich die wirtschaftliche Situation
vieler Familien verschlechtert hat.

Da bislang bei der Betrachtung von sozialen Kosten der
makro-ökonomischen Verschlechterungen die Arbeitslosigkeit im
Mittelpunkt des öffentlichen und sozialwissenschaftlichen
Interesses stehen, gerät leicht aus dem Blick, daß Arbeitslosigkeit nur einen - wenngleich prototypischen - Anlaß ökonomischer Deprivation darstellt (Horwitz, 1984). Zwar ließe der
Verlust von psycho-sozialen Funktionen der Arbeitstätigkeit -
auf den sich zumeist die Fragestellungen beziehen[1] - spezifische Auswirkungen von Arbeitslosigkeit vermuten, die über
jene der "profanen" finanziellen Beeinträchtigungen hinausge-
hen. Die ökonomische Verknappung ist jedoch immer wieder als
bedeutender Mediator von individuellen und familiären Folgen
der Arbeitslosigkeit herausgestellt worden (z.B. Aiken, Ferman

---

1) zu den Problemstellungen der Arbeitslosenforschung siehe
z.B. Jahoda, 1979,1983; Kieselbach & Wacker, 1985; Wacker,
1978,1983.

& Sheppard, 1968; Brinkmann, 1978, 1985; Ferman & Blehar, 1983), nicht zuletzt in der klassischen Marienthal-Studie von Jahoda, Lazarsfeld & Zeisel (1975, orig.1933).

Eine allgemeinere Perspektive, die auch finanzielle Verknappung durch z.B. berufliche Abwärtsmobilität oder rückläufige Auftragslage bei Selbständigen berücksichtigt, findet sich schon in früheren Studien zu familiären Folgen ökonomischer Deprivation während der Weltwirtschaftskrise in den Dreißiger Jahren (z.B. Angell, 1965, orig. 1936; Cavan & Ranck, 1969, orig. 1938). Diese und die Arbeiten von Glen Elder (1974; Moen, Kain & Elder, 1983), die Aufschluß über die Auswirkungen finanzieller Einbußen nach 1928 auf die Entwicklung der Kinder geben, bilden den Hauptbezugspunkt der vorliegenden Arbeit. Sie geht der Frage nach, welche familiären Konsequenzen sich gegenwärtig bei mehr oder minder gravierenden Einbußen im Familieneinkommen ausmachen lassen, seien diese finanziellen Verluste auf Arbeitslosigkeit oder andere Gründe zurückzuführen. Möglichen Besonderheiten der von Arbeitslosigkeit betroffenen Familien wird zwar Rechnung getragen, das Hauptinteresse gilt jedoch dem allgemeineren Problem ökonomischer Deprivation.

Hierbei werden sowohl Veränderungen des Familiensystems betrachtet, nämlich Anpassungen in der Haushaltsführung, der innerfamiliären Rollenverteilung und mögliche Beeinträchtigungen der Beziehungen und Interaktionen, als auch individuelle Reaktionen der Eltern und Kinder. Den Belastungen und spezifischen Orientierungen, die für die psycho-soziale Entwicklung der Kinder resultieren, gilt besonderes Interesse, da hierzu bislang kaum neuere Befunde vorliegen.

Eine Einschränkung des Begriffs der ökonomischen Deprivation (vgl. Horwitz, 1984; Siegal, 1984) ist hiermit schon vorweggenommen. Es geht nicht um die Folgen eines absolut oder relativ zu einer Vergleichspopulation niedrigen Einkommens, wie sie im Rahmen der "schichtenspezifischen Sozialisationsforschung" und Studien zu unterprivilegierten Randgruppen[2] angesprochen werden. Vor allem Ende der sechziger Jahre hat das Konzept der ökonomischen Deprivation die Aufmerksamkeit auf

---

2) siehe z.B. Vascovics (1976), Friedrich, Fränkel-Dahmann, Schaufelberger & Streeck (1979).

individuelle und familiäre Beeinträchtigungen durch sozial-
strukturelle Ungleichheit gelenkt (z.B. Gecas, 1979; Steinkamp,
1980). Zumindest drei Grundprobleme stellen sich jedoch im
Rahmen dieses Ansatzes: Erstens hat sich das Konzept diskreter
Schichten als problematisch erwiesen, da es die vielfach
bestehenden Statusinkonsistenzen verdeckt (Deutsch, 1973).
Zweitens vernachlässigt eine weitgehend statische Sichtweise
der sozio-ökonomischen Lage, daß Familien über normale Schwankungen während des Familienzyklus teils beträchtliche Veränderungen der jeweiligen Einkommens- und beruflichen Situation der
Eltern erfahren. Deren Effekte bleiben so unbeachtet und können
die Befunde überlagern (Moen et al., 1983). Und drittens ist
die finanzielle Lage der Familie ohnehin nur unzureichend
analysiert worden, da das Hauptinteresse zumeist der beruflichen Stellung (des Vaters) gilt (vgl. Steinkamp, 1980).

Wenn demgegenüber hier wie auch in den klassischen Studien
der Dreißiger Jahre eine Konzeptualisierung ökonomischer
Deprivation zugrundegelegt wird, die sich auf finanzielle
Verluste bezieht, so zielt dies auf Fragen der individuellen
und familiären Bewältigung krisenhafter Veränderungen ab, wie
sie heute im Rahmen der Streß- und Copingforschung zu "kritischen Lebensereignissen" weitergeführt worden sind (vgl.
Filipp, 1979; McCubbin et al., 1980). Trotz einer Fokussierung
auf einzelne Familien wurden in den früheren Untersuchungen
auch übergreifende Faktoren des sozialen Wandels behandelt, der
durch die wirtschaftliche Krise in Gang gesetzt wurde: "Crises
are a continuing source of fascination to students of human
society and with good reason; they reveal the inner working of
group life, its unquestioned premises and problematic features,
and arouse the adaptive impulse in social transformations"
(Elder, 1974, S.9).

Familien mit Kindern im Jugendalter werden im Mittelpunkt
der Betrachtungen stehen.[3] Neben "jungen" Kleinkind-Familien,
die aufgrund der noch geringeren beruflichen Stabilität und
Absicherung der Eltern sowie der vielfältigen finanziellen

---

3) Als "Familie" wird stets die Eltern-Kind(er)-Einheit
verstanden. Wo ein größerer Verwandtschaftsverband gemeint ist,
wird dies erwähnt.

Anforderungen besonders vulnerabel für finanzielle Belastungssituationen sind, lassen sie sich in mehrerlei Hinsicht als
"Problemgruppe" charakterisieren: Erstens sind die älteren
Arbeitnehmer (mit älteren Kindern) aufgrund ihrer schlechteren
Chancen auf dem Arbeitsmarkt den Problemen der negativen
Wirtschaftsentwicklung vermehrt ausgesetzt. Zweitens lassen die
mit steigendem Alter der Kinder notwendigen Umorientierungen
innerhalb des Familiensystems eher ungünstige Ausgangsbedingungen für die Bewältigung ökonomischer Problemlagen erwarten, da
entwicklungsbedingte Anforderungen und Belastungen zu den
finanziellen Härten hinzutreten. Drittens sind die Folgen
ökonomischer Deprivation für Jugendliche von besonderem Interesse, da im Rahmen sozial-kognitiver Entwicklungen in dieser
Phase wesentliche soziale und politisch relevante Orientierungen erfolgen (z.B. Adelson, 1971; Döbert & Nunner-Winkler,
1979; Mussen, Sullivan & Eisenberg-Berg, 1977; Newman, 1984).

1.2   Die entwicklungspsychologische Fragestellung

Besonderer Verdienst von Elder ist es, in der Betrachtung
familiärer Veränderungsprozesse bei ökonomischer Deprivation
die familiensoziologische Perspektive mit der entwicklungspsychologischen Fragestellung nach den jeweiligen Konsequenzen für
die Persönlichkeitsentwicklung der Kinder verbunden zu haben.
Wenngleich die Vielzahl von Untersuchungen zur Eltern-Kind-
Interaktion der Bedeutung der Familie als Entwicklungskontext
Rechnung trägt, sind diese beiden Problemzentrierungen bislang
weitgehend unverbunden geblieben (vgl. Fürstenberg, 1985).
Dabei ist aus Sicht einer ökologischen Entwicklungspsychologie
gerade die Interdependenz und Dynamik von Entwicklungskontexten
von besonderem Interesse, wie hier die auf das sozio-ökonomi-
sche Makrosystem bezogenen Veränderungen der Familie als
"Mikrosystem der Entwicklung" (Bronfenbrenner, 1981; vgl. auch
Sameroff, 1983): Erst die Gegenüberstellung von Einflüssen aus
unterschiedlichen Entwicklungssystemen oder -kontexten und die
Analyse ihres Zusammenspiels ermöglicht eine differenziertere
Betrachtung von Entwicklungsdeterminanten. Im Hinblick auf die
Familie sind solche Fragen umso relevanter, wird doch eine
ihrer zentralen Funktionen darin gesehen, den Kindern einen

Erfahrungskontext zu liefern, "innerhalb dessen dem Kind durch
die soziale Lage der Familie ... Gesellschaft vermittelt wird"
(Schneewind, Beckmann & Engfer, 1983, S.11).

So ist ein zentrales Anliegen dieser Arbeit aufzuklären,
inwieweit die Konsequenzen ökonomischer Deprivation für die
Kinder durch die Belastungen des Familiensystems bestimmt sind,
die ihrerseits aus finanziellen Härten resultieren. Hierbei ist
die Familie keineswegs als passiver Filter zu verstehen, durch
den gesellschaftliche Einflüsse mechanisch an die Kinder
weitervermittelt werden. Familiäre Handlungsstrategien und
Situationsdeutungen in der Auseinandersetzung mit den durch den
sozio-strukturellen Makrokontext mitbestimmten Lebensbedingungen variieren beträchtlich und lassen ein passives Bild der
Familie alles andere als angemessen erscheinen (Moen et al.,
1983).

Auch bei der Betrachtung individueller Entwicklungsverläu-
fe wird in neueren Konzeptionen hervorgehoben, daß Entwicklung
als das Ergebnis planvollen Handelns der Person in Auseinandersetzung mit der Umwelt zu sehen ist (Brandtstädter, 1984;
Lerner & Busch-Rossnagel, 1983; Magnusson, 1985; Silbereisen,
1986). Daß dieser Entwicklungsbegriff sowohl eine gewisse
Offenheit des Verlaufs impliziert als auch die Interaktion
unterschiedlicher Einflüsse - altersgradiert und historisch
normativer wie auch nicht-normativer kritischer Lebensereignisse - akzentuiert, trägt der Plastizität und Variabilität von
Entwicklungsverläufen Rechnung, wie sie im Rahmen der Entwicklungspsychologie der Lebensspanne herausgestellt wird (Baltes,
1983; Baltes, Reese & Lipsit, 1980). Die Frage nach Einflüssen
kritischer Lebensereignisse wie ökonomischer Deprivation auf
die Persönlichkeitsentwicklung der Kinder und deren Vermittlung
durch den familiären Kontext erhält vor diesem Hintergrund eine
spezifisch entwicklungspsychologische Wendung, wenn differentielle Prozesse und Reaktionen in Abhängigkeit vom jeweiligen
Entwicklungsstand gesehen werden. Diese werden nicht nur im
Hinblick auf die individuelle Verarbeitung ökonomischer Deprivation, sondern auch bei der Betrachtung familiärer Anpassungen
und Belastungen sowie deren Funktion als vermittelndes Bindeglied zu berücksichtigen sein.

Wenn hier Jugendliche als Zielgruppe betrachtet werden, so
mag zunächst fraglich erscheinen, inwieweit innerfamiliäre

6

Veränderungen im Zuge ökonomischer Deprivation für deren Reaktionen maßgeblich sind. Im Jugendalter tritt eine eigene Gestaltung der Entwicklung, wie sie etwa in dem Begriff der "Selbstsozialisation" (Brandtstädter & Schneewind, 1977) umschrieben wird, stärker hervor (Haan, 1981; Olbrich, 1984). Besonders prägnant kam dies in Folge der Endsechziger Jahre zum Ausdruck, als von der "großen Kluft" in den Generationsbeziehungen zwischen Jugendlichen und Erwachsenen die Rede war (vgl. Troll & Bengtson, 1979): Vor dem Hintergrund des raschen sozialen Wandels könnten die Eltern ihren Kindern keine Orientierungshilfen geben. Mangels adäquater Ressourcen hätten sie ihre Funktion als Rollenmodelle verloren, und die Jugendlichen müßten sich nun mit "neuem Blick" auf die sozialen Gegebenheiten (Mannheim, 1952, orig. 1923) ihre eigenen Orientierungen schaffen, von denen eher die Eltern zu lernen hätten als umgekehrt (siehe auch Bengtson & Troll, 1978). Angesichts gegenläufiger Befunde, die eine weitgehende Übereinstimmung zwischen Jugendlichen und ihren Eltern gerade im Bereich politischer Einstellungen dokumentieren und in der überwiegenden Mehrzahl positive Beziehungen zwischen den Generationen aufzeigen (Allerbeck & Hoag, 1985; Kandel & Lesser, 1972; Troll & Bengtson, 1979), lassen sich diese generellen Vorstellungen der Generationskluft jedoch nicht halten.

Dies gilt auch für jene Konzeptionen des Jugendalters als Zeit der Krise und des "Sturm und Drang", die heute eher der "pop sociology" zugerechnet werden (Conger, 1981). Zwar stellen sich in diesem Abschnitt der Lebensspanne eine Vielzahl vernetzter Entwicklungsaufgaben - sei es die Redefinitionen innerfamiliärer Beziehungen im Zuge zunehmender Autonomiegewinnung, die Ausrichtungen auf den Berufseintritt, die Entwicklung intimer Beziehungen etc. -, die eine Auseinandersetzung mit sozial-normativen Erwartungen und das Abstecken persönlicher Ziele notwendig machen (vgl. Oerter, 1982). In Eriksons Konzeption der Identitätsgewinnung sind diese weitreichenden Orientierungsleistungen zusammengefaßt (Erikson, 1966, 1968), die aus soziologischer Perspektive als verschiedene Übergänge innerhalb einzelner Rollen ebenso wie als Übernahme neuer Rollen charakterisiert worden sind (Elder, 1968).

Die verschiedenen Anforderungen scheinen jedoch zumeist graduell und sukzessive bewältigt zu werden. Dies legt Coleman

(1980, 1984) in seiner Fokaltheorie dar: Die unterschiedlichen
Probleme und Themen werden innerhalb der Adoleszenz in einzelnen Entwicklungsabschnitten relevant bzw. fokussiert, so daß es
zumeist nicht zu einer umfassenden Entwicklungskrise durch
gleichzeitig kumulierende Anforderungen kommt. Wie Simmons et
al. (1987) herausstellen, liegt der Fokaltheorie ebenso wie der
Hypothese der "Entwicklungsbereitschaft" die Annahme zugrunde,
daß die Bewältigung von Anforderungen in einem Bereich erleichtert wird, wenn in anderen Bereichen auf eine "arena of
comfort" (S. 1231) zurückgegriffen werden kann: "If the child
is comfortable in some environments, life arenas, and role
relationships, then discomfort in another arena should be able
to be tolerated and mastered" (ibid, S. 1231). Kommen jedoch
entwicklungsbezogene Veränderungen zu plötzlich, so daß Diskon-
tinuitäten mit früheren Erfahrungen in zu vielen Lebensberei-
chen kumulieren, so werden Selbstzweifel und Entfremdungsgefüh-
le begünstigt.

Wie sich der Übergang an der Schwelle zum frühen und
mittleren Jugendalter angesichts der Erfahrung ökonomischer
Instabilität und der damit verbundenen familiären Belastungen
anders darstellt, ob hierdurch das Vertrauen in die eigenen
Möglichkeiten und die soziale Chancenregelung erschüttert wird
und eine Orientierung auf die "Erwachsenenwelt" erschwert wird,
ist eine der Hauptfragen, die im folgenden behandelt wird.
Diese Orientierungsprobleme sind gerade im Jugendalter thema-
tisch, wie Lewin (1936) im Hinblick auf die marginale Position
des Jugendlichen zwischen Kindheit und Erwachsenenstatus
deutlich hervorgehoben hat (siehe auch Hurrelmann, Rosewitz &
Wolf, 1985; Olbrich, 1984). Entsprechende Fragen nach der
Integrationsbereitschaft der heranwachsenden Generation klingen
schon in gängigen Alltagsvorstellungen an, die Jugendliche als
soziale "Problemgruppe" darstellen (z.B. Hebdidge, 1985), und
sind vielfach zum Gegenstand sozialwissenschaftlicher Untersuchungen gemacht worden. Provokative Akzentuierungen der Einstellungen von Jugendlichen "zwischen Anpassung und Ausstieg"
(Ilsemann, 1980) oder "zwischen Anarchismus und Apathie"
(Baacke, 1980) tragen nicht zuletzt den ungewissen Zukunfts-
chancen Rechnung, wie sie auch in einer neuen Jugendstudie
unter der Überschrift "Jugend ohne Zukunft?" (Allerbeck & Hoag,

1985) angesprochen werden. Daß hierbei ökonomische Probleme eine zentrale Rolle spielen, ist offensichtlich.

Schon in den Studien der Dreißiger Jahre stand vielfach die Frage im Mittelpunkt, ob Apathie oder Rebellion die Antwort auf die problematische Wirtschaftslage sei (vgl. Eisenberg & Lazarsfeld, 1938; Jahoda, 1979). Rebellion als produktive Gegenreaktion war damals die entschieden seltenere Reaktion. Nun haben sich seither die Verhältnisse beträchtlich verändert, sowohl finanziell - absolute ökonomische Härten dürften heute weniger gravierend ausfallen - als auch hinsichtlich der ökonomischen, arbeitsbezogenen und politischen Werthaltungen[4] und nicht zuletzt der vorherrschenden Erziehungsleitlinien, die heute weniger konformitätsorientiert und stärker auf egalitäre Interaktionsmuster ausgerichtet sind (vgl. Preuss-Lausitz et al., 1983; Bücher, 1983). Damit mögen durchaus andere Ausgangsbedingungen gegeben sein, als dies damals der Fall war.

1.3   Zum Aufbau des Buches

Im folgenden zweiten Kapitel wird zunächst der konzeptuelle Rahmen vorgestellt, vor dessen Hintergrund sich die einzelnen Fragestellungen der empirischen Untersuchung einordnen lassen. Das hierbei zugrundegelegte Modell der Entstehungsbedingungen familiärer Krisen bei ökonomischer Deprivation und ihrer Bewältigung steht in der Tradition streßtheoretischer Konzeptionen, die familiensoziologische und psychologische Ansätze verbinden.

Entlang der Modellkomponenten werden sowohl Lebensbedingungen und Merkmale der Familie wie auch ihrer einzelnen Mitglieder aufgezeigt, die individuelle und familiäre Belastungen in besonderem Maße begünstigen. Auch die Interdependenzen zwischen sozialen Veränderungen des Familiensystems und psychischen Reaktionen der Eltern und Kinder werden angesprochen. Da

---

4) zum Wertewandel westlicher Industrienationen im Zuge zunehmender Affluenz vgl. Ingelhart (1977); siehe hierzu auch Herz (1979), Lang (1979); zum Wandel arbeitsbezogener Werthaltungen siehe z.B. die Debatte zwischen Reuband (1985) und Pawlowsky und Strümpel (1986).

die konzeptuelle Einordnung von verschiedenen Aspekten der Problemstellung im Vordergrund steht, werden die empirischen Befunde anderer Studien in diesem Kapitel nur exemplarisch angeführt. Das zweite Kapitel schließt mit einer Besprechung von Vor- und Nachteilen paradigmatischer Forschungsstrategien und leitet somit zum dritten Kapitel über, das in den Entstehungskontext der vorliegenden Untersuchung einführt und eine Beschreibung der Stichprobe sowie des methodischen Vorgehens liefert.

Maßgeblich für die hier verfolgte Fragestellung ist die Kernfamilie, d.h. die Eltern und ihre im Haushalt lebenden Kinder, nicht nur, weil sie über den gemeinsamen Haushalt eine ökonomische Einheit bilden, sondern auch, weil vor allem die direkten Kontakte im Zusammenleben die sozialen Voraussetzungen für jene Funktionen und Prozesse der Familie schaffen, die sie als "Intimgruppe" (Neidhardt, 1975; König, 1976) von anderen sozialen Kontexten abhebt. Wenn die Familie in diesem Sinne sogar teils als "Gegenstruktur zur Gesellschaft", als "Hafen in einer herzlosen Welt" gesehen wird (zur Kritik vgl. Rosenbaum, 1973; Lasch, 1983), so stellt sich umso mehr die Frage, ob - und unter welchen Randbedingungen - bei ökonomischen Belastungen eher ein Zusammenrücken der Familien oder im Gegenteil eine Gefährdung der Intimitäts- bzw. Kompensationsfunktion der Familie zu erwarten ist.

Die ökonomisch bedingten Veränderungen des familiären Rollensystems wurden in den Dreißiger Jahren als ein entscheidender Krisenfaktor herausgestellt, der eingespielte Rollenmuster in Frage stellte und zu Beeinträchtigungen der familiären Beziehungen beitrug. Wenn hier entsprechende Fragestellungen aufgegriffen werden, so vor dem Hintergrund, daß die klassische positionsgebundene Rollenverteilung von "instrumenteller Rolle" des Vaters als Hauptverdieners und "Außenministers" des Familiensystems einerseits und "expressiver" Rolle der Mutter als emotionales Zentrum und "Innenminister" der Familie andererseits (Parsons, 1951; Parsons & Bales, 1955) nicht mehr gleichermaßen wie damals findet. Diese Binnendifferenzierung scheint eine nicht so unabdingbare Voraussetzung für die familiäre Funktionsfähigkeit zu sein - etwa zur Vermeidung von Konflikten zwischen den Ehepartnern - wie Parsons sie sah. Daß familiäre Rollen nicht vollständig und a priori durch den sozial-strukturellen Kontext determiniert sind, sondern der familiären (Re-)Definition bedürfen - eine Grundthese des Symbolischen Interaktionismus -, mag daher heute in stärkerem Maße gelten als zur Zeit der Weltwirtschaftskrise und entsprechend veränderte Bedingungen für die familiären Reaktionen schaffen.

Die auf Belastungen der Eltern und Veränderungen der familiären Interaktionen bezogenen Fragestellungen werden im vierten Kapitel behandelt, das den ersten Teil der empirischen Studie darstellt. Den jeweiligen Hypothesen, Auswertungsverfahren und Befunden sowie deren Diskussion ist eine ausführlichere Darstellung relevanter Befunde anderer Untersuchungen vorangestellt.

Auf die Reaktionen der in den Familien mitbetroffenen Jugendlichen wird im fünften Kapitel eingegangen, das den zweiten Teil der Untersuchung bildet. Hierbei werden mögliche Beeinträchtigungen des Selbstwertgefühls und kontranormative Reaktionen ebenso berücksichtigt wie auch "konforme" Lösungen im Sinne einer stärkeren Akzentuierung von leistungs- und erfolgsbezogenen Werthaltungen, die einen Gegenpol zur gängigen Sichtweise des resignativen Rückzugsverhaltens von Jugendlichen angesichts der unsicheren Zukunftsperspektiven darstellen könnten. Auch dieses Kapitel wird durch eine Zusammenstellung bisheriger empirischer Befunde anderer Studien eingeleitet, vor deren Hintergrund die eigenen Hypothesen konkretisiert werden.

Wer also nach der Einführung in den theoretischen Hintergrund und das Rahmenmodell der Untersuchung zunächst an einem ausführlichen Überblick über einschlägige Arbeiten interessiert ist, findet diese jeweils in den ersten beiden Abschnitten des vierten und fünften Kapitels. Sie lassen sich auch ohne Kenntnis des dritten Kapitels lesen. Der Literaturüberblick ist jedoch nicht so sehr darauf ausgerichtet, einen umfassenden und vollständigen Einblick in die Forschung zu familiären Konsequenzen ökonomischer Deprivation zu geben. Er dient vielmehr der Argumentation zur Absicherung jener Hypothesen, die jeweils im empirischen Teil des vierten und fünften Kapitels behandelt werden.

Wer schon weitgehend mit den Konzepten der Streßforschung und dem bisherigen Forschungsstand zu individuellen und familiären Reaktionen auf finanzielle Verluste und Arbeitslosigkeit vertraut ist, kann sich direkt dem dritten Kapitel und daraufhin den späteren Abschnitten des vierten und fünften Kapitels zuwenden, um sich über die Hypothesen, Methode und Befunde der empirischen Studie zu informieren.

Zwei allgemeine Perspektiven werden zur näheren Aufklärung der individuellen und familiären Konsequenzen finanzieller Einbußen verfolgt: Erstens wird gefragt, ob es sich um differentielle Konsequenzen handelt, die durch Merkmale des sozialen Kontexts, des Familiensystems oder der Person moderiert werden, d.h. in bestimmten Risikogruppen besonders gravierend ausfallen. Zweitens wird gefragt, ob sich die beobachteten Auswirkungen ökonomischer Verluste auf bestimmte Mediatoren zurückführen lassen, die das erklärende Bindeglied in einer unterstellten Ursache-Wirkungs-Kette darstellen könnten. Im Vordergrund steht hierbei, ob die Reaktionen der Kinder auf familiäre Einkommenseinbußen eine direkte Folge ökonomischer Deprivation sind, oder ob sie sich auf stärkere Beeinträchtigungen der Beziehungen und Interaktionen in den deprivierten Familien zurückführen lassen.

Beide Teile der empirischen Arbeit lassen sich auch als eigenständige Untersuchungen lesen. Soweit die im vierten Kapitel behandelten Befunde zu Auswirkungen ökonomischer Deprivation auf die Familienbeziehungen und das Erziehungsverhalten der Eltern die späteren Analysen zu deren Einfluß auf die Reaktionen der Kinder mitbestimmen, ist dies im fünften Kapitel vermerkt. Der eilige Leser, den vor allem die Perspektive der Jugendlichen interessiert, mag sich im Anschluß an das dritte Kapitel mit der Lektüre der Zusammenfassung und Diskussion der Ergebnisse im letzten Abschnitt des vierten Kapitels begnügen, um sich dann direkt dem fünften Kapitel zuzuwenden.

Nachdem die Befunde beider empirischer Teilstudien am Ende der jeweiligen Kapitel nochmals auf die einzelnen Hypothesen rückbezogen und diskutiert wurden, liefert das abschließende sechste Kapitel eine Zusammenschau im Lichte der Modellannahmen und deren Spezifikationen. Nicht ohne auf die Grenzen des gewählten Ansatzes und der Methode zu verweisen, wird ein Ausblick auf weiterführende Fragestellungen gegeben.

2. Ökonomische Einbußen als individueller und familiärer Stressor

2.1 Das Rahmenmodell

Einige der Untersuchungen zu familiären Auswirkungen ökonomischer Deprivation aus der Zeit der Weltwirtschaftskrise (z.B. Angell, 1965, orig. 1936; Bakke, 1969b, orig. 1940; Cavan & Ranck, 1969, orig. 1938) waren Vorläufer der Forschung zu Streß und Krisenbewältigung im Familiensystem, die in den letzten zwanzig Jahren beträchtlichen Aufschwung und konzeptuelle Präzisierungen erfahren hat (z.B. Burr, 1973; Hansen & Hill, 1964; Hansen & Johnson, 1979; McCubbin & Figley, 1983; Figley & McCubbin, 1983; zum Überblick vgl. McCubbin et al., 1980). Grundlegend für diese Konzeptionen ist eine systemische Sichtweise der Familie, wie sie etwa zum Ausdruck kommt, wenn die Familie definiert wird als "organization consisting of intricately related social positions that have complex sets of roles and norms, and ... the system exists to accomplish a wide variety of objectives such as reproduction, socialization, and emotionally intimate interaction" (Burr, 1973, S.200).

Eine systemische Sichtweise findet sich in unterschiedlichen theoretischen Ausrichtungen, wie etwa in kybernetischen Modellen der allgemeinen Systemtheorie (z.B. Broderick & Smith, 1979), in rollentheoretischen Ansätzen sensu Parson (1951; Parsons & Bales, 1955), die auf sozial-strukturelle Determinanten der familiären Binnendifferenzierung abheben[1] sowie in den Konzeptionen des Symbolischen Interaktionismus, die Aspekte aktiver Rollengestaltung und identitätsbildender Individuationsprozesse innerhalb des Familiensystems abheben (siehe Burr, Leigh, Day & Constantine, 1979). Auch im Rahmen entwicklungspsychologischer Fragestellungen hat sich zunehmend eine systemische Betrachtung familiärer Einflüsse durchgesetzt, in der die Interdependenz der familiären Subsysteme, wie die Ehebeziehung, Vater-Kind-, Mutter-Kind- und die Geschwisterbeziehung, vermehrte Aufmerksamkeit findet (z.B. Aldous, 1978;

---

1) siehe zum Beispiel auch die Analysen von Siegert (1977).

Bronfenbrenner, 1981; Kreppner, 1980; siehe auch Burr, 1973; Hansen & Hill, 1965)[2]

Die Arbeiten zur familiären Krisenbewältigung sind vorwiegend in der Tradition des Symbolischen Interaktionismus entstanden und zielen darauf ab, jenseits einfacher Annahmen der strukturellen Kontrolle und funktionalen Determination sozialen Handelns jene familiären Merkmale und Bedingungen zu bestimmen, die für bedeutungsvolle und reflexive Interaktionen für Personen unter Streß ausschlaggebend sind (vgl. Hansen & Johnson, 1979). Der Fokus liegt daher weitaus mehr auf den aktiven Veränderungs- und Anpassungsprozessen sowie den subjektiven Konstruktionen sozialer Realität als es in eher mechanistischen Modellen zur Wirkung kritischer Lebensereignisse (z.B. Holmes & Rahe, 1967) der Fall ist.

So stand auch in den frühen, zumeist von detaillierten Fallstudien ausgehenden Arbeiten die Frage im Mittelpunkt, welche spzifischen Dis- und Reorganisationsprozesse die Familien in Reaktion auf den sozio-ökonomischen Verlust durchlaufen, und inwieweit sich Familientypen je nach ihren Werthaltungen und strukturellen Ausgangsbedingungen hierbei unterscheiden. Eine allgemeine Formulierung der Randbedingungen familiärer Krisenerscheingungen bei kritischen Lebensereignissen liefert Hills klassisches A-B-C-X-Modell (Hill, 1949, 1958; Hansen & Hill, 1964), das auf den früheren Studien aufbaut. Es lautet:

"A (the event) - interacting with B (the family's crisis-meeting-resources) - interacting with c (the definition the family makes of the event) - produces X (the crisis). The second and third determinants - the family resources and definition of the event - lie within the family itself and must be seen in terms of the family's structures and values. The hardships of the event, which go to make up

---

2) Besonderes Interesse gilt hierbei den sogenannten "Effekten zweiter Ordnung" (siehe Bronfenbrenner, 1981), die aus dem spezifischen Zusammenspiel der Beziehungen und Interaktionen in den einzelnen Subsystemen resultieren. Beispielsweise hat die Qualität der Ehebeziehung einen bedeutsamen Einfluß nicht nur auf die Gestaltung der Eltern-Kind-Interaktion, sondern auch auf deren Konsequenzen für die Entwicklung der Kinder (vgl. Belsky, 1984; Maccoby & Martin, 1983).

the first determinant, lie outside the family and are an attribute of the event itself" (Hill, 1958, S.141).

Nicht das äußere Ereignis und die damit verbundenen Härten für sich genommen bestimmen also die familiären Konsequenzen - die "Krise" -, sondern erst die Interaktion des Ereignisses mit den verfügbaren Ressourcen zur Bewältigung der veränderten Situationsanforderungen und die jeweilig Situationsdefinition der Betroffenen.

Vor diesem Hintergrund und vor allem in Anlehnung and die Konzeptualisierung von Elder (Liker & Elder, 1982; vgl. auch Silbereisen, 1985; Walper & Silbereisen, 1982) läßt sich den weiteren Ausführungen ein Modell familiärer Belastungen und Anpassungsprozesse bei ökonomischer Deprivation voranstellen. Die Grundannahmen zum Zusammenhang der einzelnen Modellkomponenten (Stressor, Ressourcen, Situationsdefinition, Bewältigungsprozesse und Belastungsreaktionen) sowie einzelne Spezifikationen dieser Komponenten sind in Abbildung 1 wiedergegeben.

Makroökonomische Veränderungen als externe Kontextfaktoren

Den Ausgangspunkt bilden die gegenwärtigen makro-ökonomischen Veränderungen bzw. sozio-ökonomischen Rahmenbedingungen, die durch den gesellschaftlichen Makrokontext bestimmt sind. Wie in dem "trickle-down"-Modell zum Einfluß gesamtwirtschaftlicher Verschlechterungen auf die Kinder (Siegal, 1984) wird davon ausgegangen, daß sich die Effekte von dieser Ebene auf die Familie und die einzelnen Familienmitglieder weniger allgemein durch die Veränderung des sozio-ökonomischen "Klimas" auswirken, als vielmehr über konkrete Veränderungen in der jeweiligen ökonomischen Lage der Familie (durch z.B. Arbeitslosigkeit oder geschäfliche Einbußen).

Die Befunde von Elder (1974) verdeutlichen, daß selbst zur Zeit der Weltwirtschaftskrise in den stark betroffenen Regionen noch beträchtliche Unterschiede hinsichtlich der psycho-sozialen Konsequenzen dieser makro-ökonomischen Verschlechterungen bestanden, je nachdem, in welchem Ausmaß die Familien hiervon konkret betroffen waren. Die allgemeinen sozialen und historischen Einflüsse sind also von beträchtlichen Variationen innerhalb einer Kohorte überlagert. Hier ist nicht zuletzt an das Konzept der "Generationseinheit" von Mannheim (1952) zu denken, das sich gegen die Vorstellung eines allgemeinen

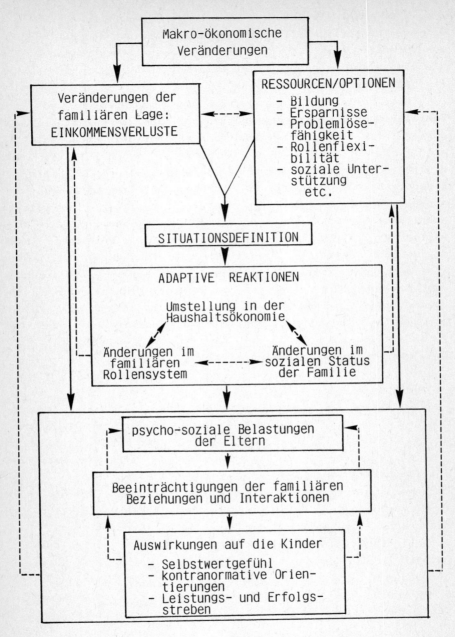

Abbildung 1: Modell zu den Auswirkungen ökonomischer Einbußen
auf das Familiensystem und auf die Entwicklung der Kinder

Einflusses des "Zeitgeistes" auf alle Angehörigen einer bestimmten historischen "Generationslage" absetzt und die Bedeutung spezifischer geteilter Erfahrungen als Determinante für die einheitsstiftende Funktion allgemeiner sozialer und historischer Veränderungen hervorhebt.

Dies schließt nicht aus, daß viele Jugendliche und ihre Familien auch von der Antizipation möglicher Arbeitslosigkeit, geringer Aufstiegschancen und ökonomischer Einbußen belastet sind (vgl. Allerbeck & Hoag, 1985; Frese & Mohr, 1977), denn die makroökonomischen Bedingungen beeinflussen gleichzeitig die Ressourcen und Optionen und hierüber die Einschätzungen der eigenen Lage. Kontraktionen des Arbeitsmarktes, verringerte Ausbildungsmöglichkeiten etc. wirken somit sowohl auf die Bewältigungsmöglichkeiten aktueller ökonomischer Notlagen, indem sie beispielsweise die (Wieder-)Eingliederung der Arbeitslosen aber auch ihrer Familienmitglieder in den Arbeitsmarkt erschweren, als auch allgemeiner auf die Entwicklungsmöglichkeiten der Jugendlichen und ihrer Eltern. Deutliche innerfamiliäre Veränderungen und Anpassungsprozesse sind jedoch weniger bei der Antizipation als vielmehr nach dem tatsächlichen Eintritt von Einkommenseinbußen zu erwarten.

Ökonomische Einbußen als Stressor

Im Rahmen familiärer Streßmodelle bezeichnet ein Stressor-Ereignis "anything that changes some aspect of the system such as the boundaries, structure, goals, processes, roles, or values" (Burr, 1973, S.201). Hiermit sind - im Gegensatz zum resultierenden familiären Streß - nur solche familiären Veränderungen angesprochen, die dem Ereignis selbst inhärent sind (z.B. Verlust der Verdienerrolle bei Arbeitslosigkeit) und nicht schon eine Reaktion der Betroffenen darstellen.[3]

Einbußen im Familieneinkommen als Stressor-Ereignis können je nach ihrem Ausmaß und den Anlässen bzw. situativen Begleitumständen mit unterschiedlichen Härten, d.h. Veränderungen der Lebensbedingungen verbunden sein. Hier ist beispielsweise an die Gegenüberstellung von Arbeitslosen und Selbständigen zu

---

3) zum Problem zirkulärer bzw. tautologischer Definitionen von Stressor und Streß vgl. McCubbin et al. (1980)

17

denken: Während für erstere die Arbeitstätigkeit verloren geht, kann für letztere die Arbeitsbelastung bei rückläufigem Gewinn sogar zunehmen. Läßt man solche Variationen außer Betracht und blickt zunächst nur auf jene Härten, die aufgrund der ökonomischen und symbolischen Funktionen des Einkommens selbst zu erwarten sind, so ist in zumindest dreifacher Hinsicht mit Veränderungen der familiären Lebensbedingungen zu rechnen: Ganz offensichtlich betroffen ist die Haushaltsökonomie. Aber auch das familiäre Rollensystem, das durch die Verteilung der "Ernährer"-Funktion mitstrukturiert wird, ist tangiert. Und nicht zuletzt ergeben sich relativ direkte Konsequenzen für die Plazierung der Familie im weiteren sozialen Kontext, da das Einkommen neben beruflicher Stellung und Bildung den sozio-ökonomischen Status bestimmt.

Daß aufgrund der veränderten Lebensbedingungen bisherige Handlungsstrategien erfolglos werden und in verschiedenen Bereichen neue Strategien herausgebildet werden müssen, ist entscheidend dafür, daß individuelle und familiäre Belastungen auftreten (Angell, 1965; Bakke, 1969; Elder, 1974; Jahoda et al., 1975; vgl. auch Moen et al, 1983). Zwar wirkt auch ein per se niedriges Einkommensniveau als (zumeist eher chronischer) Stressor. Ökonomische Verluste haben sich jedoch - im Sinne des life-event-Ansatzes, der auf die erforderlichen Neuorientierungen bei Veränderungen der Lebenslage abhebt - als belastender erwiesen (Duncan, 1980).

Weniger der absolute als vielmehr der relative Verlust im Einkommen der Familie gilt hierbei als entscheidend. In den Dreißiger Jahren wurde ein deutlicher Veränderungsdruck ab einem Einkommensverlust von 25% (Angell, 1965) oder 30% (Elder, 1974) angesetzt. Der durchschnittliche Verlust der ökonomisch deprivierten Familien lag zwar weitaus höher, wurde aber zum Teil durch deflationäre Preisentwicklungen angefangen. So berichtet Elder (1974) eine Senkung der Lebenshaltungskosten von 18% in der von ihm untersuchten Bay Area um San Francisco (Berkeley und Oakland) während der Weltwirtschaftskrise. Stellt man diese kompensatorisch wirkende Preissenkung in Rechnung, so dürften die damaligen relativen Verluste nicht wesentlich über den familiären Einkommenseinbußen liegen, die sich heute bei Arbeitslosigkeit eines Elternteils, vor allem des Vaters, ergeben. Sie betragen bei Arbeitslosigkeit des Mannes ca. 26%

und bei Arbeitslosigkeit der Frauen ca. 19% (vgl. Breuer et al., 1984). Pintar (1978) berichtet sogar eine durchschnittliche pro-Kopf-Verringerung des Netto-Haushaltseinkommens von 32% bei arbeitslosen Männer und 26% bei arbeitslosen Frauen.

Die Situationsdefinition

Wenn der Interpretation der Situation seitens der Betroffenen eine zentrale Vermittlerstellung im Hinblick auf die resultierenden Streß- und Bewältigungsreaktionen zugeschrieben wird (Burr, 1973; Hansen & Johnson, 1979; McCubbin et al., 1980; Moen et al., 1983), so trägt dies nicht zuletzt dem bekannten Thomas-Theorem Rechnung: "Wenn die Menschen Situationen als real definieren, so sind auch ihre Folgen real." (Thomas & Thomas, 1973, S.334; orig. 1928).

Die Bedeutung kognitiver Aspekte der Situationseinschätzung wird vor allem in Lazarus' transaktionalem Ansatz hervorgehoben (Lazarus, 1981; Lazarus & Launier, 1981). Bei der Einschätzung der Situation greifen nach Lazarus zwei Prozese ineinander: Die erste Einschätzung ("primary appraisal") bezieht sich darauf, ob die Situation bedeutsam ist oder nicht, ob sie in ihrer affektiven Tönung positiv oder negativ ist, und ob sie streßvoll ist. Hierbei kann das Ereignis - auch je nachdem, ob noch antizipiert wird oder schon eingetreten ist, - als Herausforderung, Bedrohung oder Schädigung/Verlust wahrgenommen werden. Zweitens erfolgt eine Einschätzung der Fähigkeiten und Möglichkeiten (Ressourcen und Optionen), die der Person für die Bewältigung zur Verfügung stehen ("secondary appraisal"). Hierbei kann es auch zu defensiven Situationswahrnehmungen kommen. Solche Einschätzungen begleiten den gesamten Bewältigungsprozeß, in dessen Verlauf also erneute Bewertungen im Zuge sich ändernder Gegebenheiten vorgenommen werden ("reappraisal").

Dieser Ansatz ist auch in der Arbeitslosenforschung aufgegriffen worden (z.B. Ulich, Haußer, Mayring, Strehmel, Kandler & Degenhardt, 1985). Arbeiten wie die von Pelzmann (1987; Pelzmann et al., 1985), die nicht nur die Folgen faktischer Arbeitslosigkeit, sondern auch die Belastungen während der Antizipation von Arbeitslosigkeit einbeziehen, sind ebenfalls hiervon beeinflußt, wenngleich Pelzmann noch stärker dem ursprünglichen physiologischen Streßkonzept verpflichtet ist.

Welche Aspekte der Situationsdefinition ausschlaggebend für die weiteren Reaktionen der Betroffenen sind, ist noch weitgehend offen (vgl. z.B. McCubbin et al., 1980). Häufig wird auf die wahrgenommene Ernsthaftigkeit der Veränderung ("definition of the seriousness of the event"; vgl. Burr, 1973) oder die Kausalattribution ("externalization of blame"; vgl. Burr, 1973; Elder & Liker, 1982; Hansen & Johnson, 1979) verwiesen. Hansen & Johnson (1979) argumentieren im Rahmen psychologischer Streßansätze (vor allem nach Lazarus, 1974, und Haan, 1977), daß die subjektive Unsicherheit bezüglich der Situationserfordernisse und adäquater Handlungsmuster eine Schlüsselstellung im familiären Streßprozeß einnimmt: Während geringe Grade von Unsicherheit durchaus förderlich für das Aushandeln neuer Interaktions- und Handlungsmuster ("institutive patterns") sind, ist bei hoher Verunsicherung kein Bemühen um situationsangepaßtes Handeln mehr zu erwarten, so daß eine Krise wahrscheinlicher wird. Bleibt hinzuzufügen, daß auch fatalistische Einschätzungen der Eingriffsmöglichkeiten - die Sicherheit, daß alle Bemühungen vergebens sind - diesen Effekt haben. [4)]

Den Ansätzen, die wie Lazarus den Streßprozeß als Wechselwirkung von persongebundenen und situativen Gegebenheiten sehen und die Bedeutung subjektiver Interpretationen hervorheben, stehen jene gegenüber, die von normativen Aspekten der Wahrnehmung kritischer Lebensereignisse ausgehen. Einen solchen Ansatz verfolgen Pearlin & Schooler (1978), indem sie die betrachteten Stressoren durch unabhängig ermittelte "strain scores" qualifizieren bzw. gewichten. Der Belastungsgrad der Ereignisse bzw. Stressoren läßt sich dann als intersubjektiv normierter Aspekt der Situationsdefinition verstehen, ähnlich wie es in anderen Ansätzen bezüglich der Erwünschtheit von Ereignissen oder deren

---

4) Einen Beleg hierfür liefert die Forschung zur gelernten Hilflosigkeit, nach der in aversiven, belastenden Situationen weitere Problemlösebemühungen und selbst Fluchtverhalten ausbleiben, wenn sich die bisherigen Handlungsstrategien als wirkungslos erwiesen haben. Dem entspricht auch das Bild, das Jahoda et al. (1975) für einige der von Arbeitslosigkeit betroffenen Familien zeichnen, die angesichts der unüberbrückbar erscheinenden, immer drängender werdenden Probleme eine fatalistische Haltung entwickelt haben und sich nicht mehr um Maßnahmen bemühen, den schweren familiären Beeinträchtigungen entgegenzuwirken. (siehe auch Kapitel 4.1.1)

Kontrollierbarkeit vorgenommen wird (vgl. Filipp, 1981b; Filipp & Brauckmann, 1983; Brim & Ryff, 1980; Reese & Smyer, 1983). Hierbei wird vor allem den Unterschieden zwischen Ereignissen, nicht jedoch denen zwischen Personen Rechnung getragen.

Streß und Krise

Ob und in welchem Ausmaß es angesichts des objektiven Stressors zu Streß und krisenhaften Erscheinungen seitens der Betroffenen kommt, ist also nicht nur vom jeweiligen äußeren Ereignis abhängig, sondern ist eine Funktion der familiären und individuellen Reaktionen: der Einschätzung der Situation und den entsprechenden Bewältigungsbemühungen, die ihrerseits von den verfügbaren Ressourcen und Optionen mitbestimmt sind. Die hierbei im System verbleibende Spannung bezeichnet den Streß oder die Krise. Sie kann durchaus variieren, wie etwa im Verständnis familiärer Krisen als "the amount of disruptiveness, incapacitedness, or disorganization of the family social system" bei Burr (1973, S.200) berücksichtigt wird. Ähnlich sprechen Hansen & Johnson (1979) von "variable disruptions of established patterns (S.585), um den zumeist mit umfassenden Auflösungserscheinungen verbundenen Begriff der Krise zu relativieren und die Aufmerksamkeit auch auf graduelle Abstufungen in der Unangemessenheit etablierter Handlungs- und Interaktionsmuster zu lenken.

In Anlehnung an das Streßkonzept von Lazarus (1981; Lazarus & Launier, 1981) hebt Elder (1974) die Schlüsselposition kognitiver Einschätzungsprozesse - der Situationsdefinition - hervor, wenn er die familiäre Krise bei ökonomischer Deprivation bestimmt als "problematic disparity between the claims of a family in a situation and its control of outcomes, or, more specifically, ... a gap between the socioeconomic needs and the ability to satisfy them" (S.9). Ähnlich faßt auf innerpsychischer Ebene Gurr (1970, S.23) relative Deprivation als das Spannungsverhältnis, das aus einer Diskrepanz zwischen dem "Ist" und dem "Soll" resultiert, wie es auch Merton (1967) in seinem Konzept der Anomia faßt, nämlich dem psychologischen Äquivalent einer Situation, in der sozial erwünschte Ziele nicht hinreichend institutionell abgesichert ist, d.h. die relevanten Mittel zur Erreichung dieser Ziele nicht zur Verfügung stehen. Solche psychischen Disparitäten zwischen

Bedürfnissen und den Möglichkeiten ihrer Einlösung können auf durchaus unterschiedlichen Ausgangsbedingungen (z.B. auch steigenden sozio-ökonomischen Erwartungen im Zuge sozialen Wertwandels) basieren.[5]

Die Streßbelastungen, die sich auf individueller und familiärer Ebene manifestieren, stehen in einem Wechselverhältnis, das sich für Eltern und Kinder unterscheidet. Während die Eltern schon aufgrund ihrer Verantwortung zur Sicherung des familiären Unterhalts direkt betroffen sind, dürften externe Belastungsfaktoren den Kindern - wie im Rahmen der ökologischen Sozialisationsforschung herausgestellt (z.B. Belsky, 1984; Schneewind et al., 1983) - hauptsächlich durch den familiären Kontext vermittelt werden. Beeinträchtigungen der familiären Beziehungen und Interaktionen, die ihrerseits auch aus den psychischen Belastungen der Eltern (als der direkter betroffenen Familienmitglieder) resultieren, stellen das wesentliche Bindeglied dar. Als drastischstes Beispiel ist an Kindesmißhandlungen zu denken, deren Zusammenhang zu ökonomischen Verschlechterungen aufgezeigt worden ist (z.B. Steinberg, Catalano & Dooley, 1981).

Allerdings ist dies nicht der einzige Weg, über den die Kinder von Auswirkungen ökonomischer Deprivation betroffen werden. Beispielsweise mögen Änderungen in der Haushaltsführung oder die Bewältigung von Statusinkonsistenzen die Entwicklung der Jugendlichen direkt beeinflussen, so wie sie auch direkten Einfluß auf die familiären Beziehungen und Interaktionen nehmen können. Welche innerfamiliären Veränderungen in welchem Maße ausschlaggebend für die Reaktionen der Kinder sind, wird in der Frage nach den Mediatoren zu klären sein. Schließlich sind auch Rückwirkungen von Reaktionen der Kinder auf die familiären Beziehungen und Interaktionen zu berücksichtigen, wie sie in verschiedenen Arbeiten aufgezeigt worden sind (vgl. Harper, 1975; Lerner & Spanier, 1978; Maccoby & Martin, 1983).

---

5) siehe etwa die Krisenkonstellationen in der Situationseinschätzung, die Hansen und Johnson (1979) anhand der Konzepte "claims" und "control" von Elder (1974) entwickeln.

Die Moderatorfunktion von Ressourcen und Optionen

Daß die Situationseinschätzungen, Bewältigungsstrategien und Belastungen in Reaktion auf den Stressor nicht bei allen Betroffenen gleich ausfallen, wird auf die jeweils verfügbaren individuellen und familiären Ressourcen und Optionen zurückgeführt. Beispiele hierfür sind Merkmale des sozio-ökonomischen Hintergrunds der Familie wie die Bildung der Eltern, damit verbundene Zugangsmöglichkeiten zu sozialen Institutionen, Statusbedürfnisse und Problemlösungsfähigkeiten, die Erwerbstätigkeit der Mutter sowohl als finanzielle Ressource wie auch als Kennzeichen des familiären Rollensystems, jene Beziehungsqualitäten und familiären Aufgaben, die im Verlauf des Familienzyklus charakteristischen Entwicklungsprozessen unterliegen, entwicklungsbedingt variierende Bedürfnisse und Kompetenzen der Kinder ebenso wie geschlechtsrollentypische Besonderheiten in der Vulnerabilität für familiäre Belastungen.

Wenngleich solche Faktoren auch unabhängig von ökonomischer Deprivation Einfluß auf die Persönlichkeitsentwicklung der Eltern und Kinder sowie die familiären Beziehungen und Interaktionen nehmen, so gilt doch hier das Hauptaugenmerk ihrer Moderatorfunktion, d.h. differentiellen Auswirkungen im Zusammenspiel finanzieller Einbußen und verfügbarer Ressourcen und Optionen. Die Frage lautet hierbei nicht nur: Unterscheiden sich die Konsequenzen ökonomischer Deprivation je nach den gegebenen Ressourcen und Optionen? sondern auch umgekehrt: Wird die Bedeutung bestimmter Ressourcen erst oder vor allem unter dem Einfluß ökonomischer Deprivation sichtbar?

In seiner Synthese von Konzepten zur familiären Streßbewältigung hat Burr (1973) die von Hansen (1965) getroffene Unterscheidung zwischen Vulnerabilität und regenerativer Kraft der Familie als separate Einflußgrößen aufgegriffen und mit einer Reihe von Faktoren, die sich als bedeutsame Ressourcen erwiesen hatten, in Beziehung gesetzt. Beide Arten von Merkmalen, die die familiären Reaktionen auf das kritische Ereignis mitbestimmen, nehmen auf jeweils verschiedene Zeitpunkte im Prozeßverlauf Bezug, nämlich einerseits auf die Zeit noch vor einer familiären Krise, in der Vulnerabilitätsfaktoren bestimmen, ob es zu einer Krise kommt, und andererseits auf die Zeit nach Eintreten von Disruptionserscheinungen und

Beeinträchtigungen, in der die regenerative Kraft Einfluß auf den Bewältigungprozeß nimmt.

Diese lediglich im zeitlichen Verlauf verankerte Differenzierung ist jedoch vielfach unklar geblieben. Hansen und Johnson (1979) haben sie neu gefaßt, indem sie Bemühungen, die der Aufrechterhaltung etablierter Handlungs- und Interaktionsmuster dienen, dem Aushandeln neuer Muster ("variable negotiations of institutive patterns", S.585) gegenüberstellen. Beide werden als voneinander unabhängige, also auch zeitlich koexistente Reaktionsweisen verstanden, eine Sichtweise, die sich mehr auf den Prozeßverlauf bezieht als mechanistische Streßmodelle, die den Stressor als einfachen kurzfristigen Stimulus sehen.

Hierdurch lassen sich auch scheinbar gegensätzliche Befunde aufklären: Einerseits findet Komarovsky (1973; orig. 1940), daß traditionell orientierte Familien bei Arbeitslosigkeit des Vaters geringere Disruptionserscheinungen in den Autoritätsbeziehungen erleben. Andererseits stellt Angell (1965) Traditionalismus als Merkmal eines wenig anpassungsfähigen Familiensystems heraus, das mit größerer Wahrscheinlichkeit krisenhafte Veränderungen bei ökonomischer Deprivation durchläuft. Der Schluß liegt nahe, daß traditionelle Familien eher in der Lage sind, bisherige Rollen- und Interaktionsmuster aufrechtzuerhalten, nicht jedoch, neue auszuhandeln. Zuvor positive Familienbeziehungen scheinen demgegenüber in beider Hinsicht einen Vorteil zu bedeuten (Komarovsky, 1973; Angell, 1965; siehe auch Abschnitt 2.3 und 4.2.2).

Der Prozeß der Streßbewältigung

Wie Mechanic (1974) betont, umfaßt der Streßprozeß ein komplexes Muster sich in der Zeit ändernder Bedingungen, die jeweils neue Handlungsanforderungen stellen: "Thus mastery of stress is not a simple repertoire, but an active process over time and relationships to demands that are themselves changing, and that are often symbolically created by the groups within which man lives and new technologies which such groups develop" (S.35; siehe auch Mechanic, 1975).

Auch das Doppel-A-B-C-X-Modell (McCubbin & Patterson, 1982, 1983a,b) baut auf diesen Vorstellungen auf, indem es zwischen den beiden Phasen vor und nach der Krise unterscheidet und einen möglichen "pile up of demands" herausstellt, der aus einer Verzögerung von adaptiven Bewältigungsbemühungen resultieren kann (siehe auch Lavee, McCubbin & Patterson, 1985 als empirische Studie zum dem Modell). Daß sich im Verlauf dieses Prozesses auch die Ressourcen und Optionen verändern können, daß sie quasi "aufgezehrt" werden, ist hierbei in Rechnung gestellt. Die interne zeitliche Verknüpfung unterschiedlicher Anforderungen und Härten, die ein Ereignis mit sich bringen kann, bleibt in den einfachen "Summationsmodellen" der life-event-Forschung (z.B. Holmes & Rahe, 1967; Holmes & Masuda, 1973; Dohrenwend, Krasnoff, Askenazy & Dohrenwend, 1978) unaufgeklärt, da die Vielfalt unterschiedlicher Veränderungen als "unabhängige" Belastungsfaktoren aufaddiert werden (vgl. auch Filipp, 1981 b).[6]

Trotz aller Variationen im Verlauf der Streßbewältigung lassen sich relativ regelhafte Reaktionssequenzen sowohl auf individueller als auch auf familiärer Ebene ausmachen. In ausführlichen Fallstudien über 28 Familien mit arbeitslosem Vater, die Bakke (1969b, orig. 1940b) während der Weltwirtschaftskrise acht Jahre lang untersuchte, hat er folgendes Phasenmodell familiärer Krisenreaktionen formuliert: Nach einer ersten kurzen Phase, in der die Beziehungen noch stabil bleiben ("momentum stability"), kommt es in der zweiten Phase zu vermehrter Kritik seitens der Frau ("unstable equilibrium"), die sich in der dritten Phase verschärft, wobei die Frau weitgehend das familiäre Regiment übernimmt und die Familieneinheit in deutlicher Auflösung begriffen ist ("disorganization"). Trennungen sind in dieser Phase nicht selten. In den

---

6) Zwar hat man durchaus Dimensionierungen und Klassifikationen der sehr heterogenen Ereignisse vorgenommen, sei es unidimensional, etwa nach dem Ausmaß der herbeigeführten Veränderungen (siehe die "life change units" der Social Readjustment Scale von Homes und Masuda, 1973) oder mehrdimensional nach Aspekten, die sich auf den Effekt, die Bedeutung bzw. Wahrnehmung des Ereignisses und Ereignismerkmalen wie Kontext, Typ und Quelle beziehen können (vgl. Brim & Ryff, 1980; Reese & Smyer, 1983). Die interne Struktur der Ereingisse bleibt hierbei jedoch offen, obwohl gerade Ereignisse wie Arbeitslosigkeit, Einkommensverluste und gesundheitliche Beeinträchtigungen in einem Kausalzusammenhang stehen (vgl. auch Filipp, 1981 b, Elder & Rockwell, 1978).

folgenden beiden Phase erfolgen dann die Anpassungen an die Arbeitslosigkeit (zunächst "experimental", dann "permanent"), in der die neue familiäre Lage und die veränderten Autoritäts-bezüge als real akzeptiert werden.

Eine sehr ähnliche Beschreibung der Phasen im Verlauf familiärer Anpassung an Arbeitslosigkeit des Mannes liefern auch Powell und Driscoll (1973). Weitaus häufiger als für Veränderungen der innerfamiliären Rollen und Beziehungen sind solche schrittweisen Abfolgen - entsprechend dem vorherrschen-den Forschungsinteresse - für die psychischen Reaktionen der von Arbeitslosigkeit Betroffenen aufgezeigt worden (vgl. Hill, 1978; Hayes & Nutman, 1981; siehe Abschnitt 4.1).

Im folgenden wird näher auf die Bewältigung ökonomischer Einbußen und der damit verbundenen Härten sowie auf relevante Ressourcen eingegangen.

2.2 Sozio-ökonomische Härten und ihre Bewältigung

Die Härten, die mit Einkommenseinbußen einhergehen, wurden schon - in Anlehnung an die Arbeiten zu familiären Konsequenzen ökonomischer Deprivation (vgl. Elder, 1974; Cavan, 1959) - nach drei Funktionsbereiche des Familiensystems unterschieden, in denen es durch finanziellen Verlust relativ direkt zu einer Gefährdung der familiären Kontrolle über die sozio-ökonomischen Bedürfnisse kommen kann:

(1) die Sicherung der Haushaltsökonomie: Entsprechen die bisher gewohnten Ausgaben nicht mehr dem Einkommen so muß eine neue Balance zwischen Bedürfnissen und Ausgaben nach dem Einkommen gefunden werden.

(2) das innerfamiliäre Rollen- und Statussystem: Kommt der (Haupt-)Verdiener im Zuge seines ökonomischen "Mißerfolgs" nicht mehr seiner familiären Aufgabe zur Sicherung des Lebens-unterhalts nach, so ist sein Status in der Familie gefährdet. Die Diskrepanz zwischen Rollenverpflichtungen und -privilegien macht eine Neubalancierung erforderlich, so daß es zu einer Redefinition von Rollenerwartungen kommt.

(3) der sozio-ökonomische Status der Familie im weiteren gesellschaftlichen Kontext: Erscheint die bisherige Lokalisie-rung im gesellschaftlichen Statusgefüge aufgrund der

26

Einkommensverluste - vor allem im Zuge beruflicher Abwärtsmobilität und Arbeitslosigkeit - als gefährdet, und/oder wird sie aufgrund resultierender Statusinkonsistenzen fraglich, so fallen die Statusaspirationen und die selbst oder von anderen wahrgenommene sozio-ökonomischen Stellung auseinander, was eine Neubalancierung notwendig macht.

Obwohl sich die drei Effekt-Bereiche ökonomischer Deprivation getrennt betrachten lassen, stehen sie doch nicht unverbunden nebeneinander. Die jeweiligen Anpassungen und Veränderungen greifen im Gegenteil deutlich ineinander und bedingen sich im Prozeßverlauf gegenseitig. So werden die familiären Konsumbedürfnisse nicht nur von familienstrukturellen Merkmalen wie der Haushaltsgröße sondern auch vom sozio-ökonomischen Status der Familie mitbestimmt. Wird an den Statusbedürfnissen festgehalten und nicht auf den Konsum entspechender Statussymbole verzichtet, so kann dies die Anpassung an die Haushaltsökonomie beträchtlich behindern und zu "irrationalen" Ausgaben führen (Elder, 1974; Cavan & Ranck, 1969). Umgekehrt erzwingt dann häufig die sich verschärfende finanzielle Problemlage eine Redefinition der familiären sozio-ökonomischen Stellung – temporär oder langfristig -, um die Diskrepanzen bzw. Dissonanzen im situationsangemessenen Handeln zu minimieren (vgl. auch Bakke, 1969b). Ähnlich können die familiären Umstellungen in der Haushaltsökonomie zu Veränderungen im familiären Statussystem beitragen: Die größeren Anforderungen an die Mutter als "Pförtner" in der Kanalisierung der Haushaltsfinanzen (Lewin, 1982, S.295ff.; orig. 1951) begünstigen eine Aufwertung ihrer Rolle.

In den Dreißiger Jahren waren Einkommensverluste aufgrund der vorherrschenden Rollenverteilung zumeist auf Einschränkungen in der Erwerbstätigkeit des Vaters als traditioneller Hauptverdiener zurückzuführen. Entsprechend stand dessen "Mißerfolg" in seiner Funktion als Ernährer der Familie im Vordergrund der Veränderungen der familiären Rollenbeziehungen. Nun ist seither in den Industrienationen die Erwerbsbeteiligung verheirateter Mütter beträchtlich gestiegen (Paukert, 1984; Waldman, 1983). Deshalb ist zu vermuten, daß heute familiäre Einkommenseinbußen häufiger auf Veränderungen in der Berufssituation der Frau zurückzuführen sind. Die Konsequenzen für das Rollensystem, die innerfamiliäre Verteilung von Status und

Prestige und die emotionale Qualität der Beziehungen stellen sich dann durchaus anders dar.

Dies läßt schon ein Befund aus der Arbeitslosenstudie von Pintar (1978) vermuten: Arbeitslose Frauen berichteten sogar etwas höhere Übereinstimmungen in der Ehebeziehung als erwerbstätige Frauen, während bei den Männern das Gegenteil der Fall war. Es liegt nahe anzunehmen, daß bei Arbeitslosigkeit der Frau - vermutlich im Zuge der Rückkehr zu einer traditionelleren Verteilung familiärer Aufgaben, wie es Heinemann, Röhrig & Stadie (1983) berichten, - vielfach eheliche Spannungen entfallen, die mit der Erwerbstätigkeit der Frauen verbunden waren. Dies muß nicht auch eine Verringerung des innerfamiliären Status' der Mutter bedeuten. Die - im Vergleich zu den Männern - größere Verfügbarkeit von Alternativrollen in Haushalt und Kindererziehung, die häufig zur Erklärung der geringeren Belastungen verheirateter arbeitsloser Frauen herangezogen wird (z.B. Brinkmann, 1978; Kaufmann, 1981), könnte durchaus kompensatorisch zur Aufrechterhaltung ihres innerfamiliären Status beitragen.

Andererseits läßt die generell größere Abhängigkeit des Familieneinkommens von der Erwerbstätigkeit des Mannes erwarten, daß auch heute gravierende Einbußen in der Regel auf sozio-önomischen "Mißerfolg" des Mannes als Hauptverdiener zurückzuführen sind (vgl. Breuer et al., 1984, s.o.). Insofern ist fraglich, ob im Rahmen des hier verfolgten Ansatzes die Arbeitslosigkeit der Mutter überhaupt relevant wird.

Betrachtet man die jeweiligen Formen der Problem- bzw. Streßbewältigung, so lassen sich zumindest drei Arten nach ihrer Funktion unterscheiden (Pearlin & Schooler, 1978): (1) Reaktionen, die direkte Änderungen der belastenden Situation herbeiführen; (2) Reaktionen, die die Bedeutung der belastenden Erfahrung kontrollieren bevor Streß auftritt; und (3) Reaktionen, die den Streß (emotionale Beeinträchtigungen) selbst kontrollieren. Ähnlich differenziert Lazarus (1981; Lazarus & Launier, 1981) in seinem Klassifikationsschema von Bewältigungsprozessen u.a. zwischen solchen Reaktionen, die der Problemlösung, der Regulation von Emotionen, dem Ertragen von affektivem Distreß und der Aufrechterhaltung einer positiven Lebensmoral dienen. Diese unterschiedlichen Bewältigungsformen manifestieren sich als Informationssuche, direkte Aktion, als

Aktionshemmung oder intrapsychische Bewältigung, wobei letztere wiederum auf die Bedeutung der Situationswahrnehmung verweist: Häufig wird das Problem durch Redefinition der Situation "gelöst".

Nicht alle Problemlagen sind allen Bewältigungsformen gleichermaßen zugänglich: ihr "Erfolg" - gemessen an der resultierenden Streßbelastung - scheint bereichsspezifisch unterschiedlich auszufallen. Nach Befunden von Pearlin & Schooler (1978) sind Formen der intrapsychischen Bewältigung wie selektives Ignorieren innerfamiliärer Probleme in Ehe und Erziehung nur bedingt effektiv. Selektives Ignorieren wirkt sich in diesen Bereichen sogar verstärkend auf den individuellen Streß aus. Demgegenüber zeigten sich in nur bedingt beeinflußbaren Bereichen wie finanziellen Problemen und Berufsbelastungen positive, streßreduzierende Auswirkungen intrapsychischer Strategien (z.B. positive Vergleiche, Abwertung von Geld oder intrinsischen Werten der Arbeitstätigkeit).

Obwohl auch in der Neubalancierung der Haushaltsökonomie in einzelnen Fällen aktive Bewältigung hinausgezögert wird (vgl. Elder, 1974; Cavan & Ranck, 1969), sind doch in der Regel bei gravierenden Einbußen Umstellungen unumgänglich. Nach Brinkmann und Spitznagel (1984; vgl. auch Breuer et al., 1984) nutzen die Mehrheit der Arbeitslosen-Haushalte mindestens eine der folgenden Strategien:
- Senkung der Ausgaben,
- Auflösung von Sparguthaben,
- Verringerung der Sparquote und Verschuldung,
- ein Haushaltsmitglied nimmt - sofern möglich - eine Arbeit
  auf oder bleibt länger als geplant in Arbeit.
Als weitere Strategie zur Bewältigung von Einkommenseinbußen nennt Elder (1974; Moen et al., 1983) für die Dreißiger Jahre:
- eine Steigerung der Arbeitsintensität im Haushalt. Durch sie wurde der aufgrund notwendiger Ausgabenkürzungen eingeschränkte Konsum von Fertigprodukten und geringere Rückgriff auf Dienstleistungen anderer kompensiert. Im Sinne der geschlechtsrollentypischen Rollenverteilung ging damals die Mehrarbeit im Haushalt fast ausschließlich zu Lasten der Mütter und Töchter (siehe auch Angell, 1965; Bakke, 1969b; Jahoda et al., 1975), während die Söhne eher zur Einkommenssicherung beitrugen. Gerade auch diese geschlechtsspezifischen Besonderheiten der

familiären Anpassungen scheinen die Erfahrungen der Kinder in ökonomisch deprivierten Familien mitbestimmt zu haben (vgl. Kapitel 4.2 und 5.1).

Auch heutige Befunde zur Intensivierung der Haushaltsarbeit arbeitsloser Frauen lassen sich in diesem Sinne interpretieren (z.B. Gnegel & Mohr, 1982). Sie werden zwar zumeist unter dem Gesichtspunkt von "Alternativrollen" im Haushalt oder Veränderungen in der innerfamiliären Arbeitsteilung (z.B. Heinemann, Röhrig & Stadié, 1983) betrachtet. Die produktive Funktion der Haushaltsführung ist jedoch - trotz der insgesamt gesunkenen Arbeitszeit im Haushalt (vgl. Schulze, 1986) - auch heute nicht zu unterschätzen: "Häuslicher Gewerbefleiß" stellt immer noch ein wesentliches Mittel zur Sicherung von Konsumbedürfnissen dar (vgl. auch König, 1976; Neidhardt, 1975).

Solche Anpassungen an die Verringerung des Einkommens im Bereich der Haushaltsführung sind zwar durchaus funktional - wenn auch manche von ihnen mit langfristig zweifelhaftem Erfolg, wie etwa hinsichtlich der Verschuldungen und Kreditaufnahmen, die für ein Drittel der Arbeitslosen zutreffen (Brinkmann & Spitznagel, 1984). Jenseits der Zweckrationalität sind sie jedoch häufig mit individuellen und familiären Spannungen verbunden. Sofern nicht parallel die familiären Bedürfnisse reduziert werden, was aber in der Regel ein langfristiger Prozeß ist (z.B. Bakke, 1969b; Elder, 1974), impliziert die notwendige Reduzierung der Ausgaben subjektive finanzielle Belastungen, wie sie in zahlreichen Arbeitslosenstudien belegt wurden (z.B. Brinkmann, 1976, 1978, 1984; Büchtemann/Infratest, 1983; Gore, 1978; Kasl & Kobb, 1979; Pearlin et al., 1981; Pintar, 1978).

Strategien zur Bewältigung ökonomischer Deprivation können also eine durchaus ambivalente Funktion haben, indem sie sich als bereichsspezifisch nützlich erweisen, aber in anderer Hinsicht zu neuen zusätzlichen Belastungen führen. Dies wird auch hinsichtlich der Änderungen des familiären Rollensystems deutlich. So trägt der Erwerbseintritt der Mutter einerseits zur Kompensation der Einkommensverluste bei, und eine Steigerung der Arbeitsintensität im Haushalt ist für den Ausgleich notwendiger Ausgabeneinschränkungen funktional. Andererseits kann dies über die damit verbundene Aufwertung der Mutter zu beträchtlichen Belastungen der familiären Beziehungen führen

(Elder, 1974; Angell, 1965). In diesem Sinne stellen die familiären Anpassungsleistungen ein wesentliches Bindeglied zwischen ökonomischer Deprivation und den resultierenden Belastungsreaktionen auf individueller und familiärer Ebene dar, die jedoch auch eine Verschärfung der psycho-sozialen Beeinträchtigungen begünstigen, d.h. zu neuem Streß führen können.

2.3 Ressourcen und Vulnerabilitätsfaktoren

Allgemein lassen sich drei Arten von Ressourcen unterscheiden, nämlich (1) externe, etwa die soziale Unterstützung in informellen Beziehungen (z.B. Freunde, Nachbarn) oder durch soziale Institutionen (Beratungsstellen, staatliche Unterstützung, Beihilfen zum Lebensunterhalt), (2) familiäre Ressourcen, die sich auf Merkmale des Familiensystems wie Beziehungsqualitäten oder auch strukturelle Aspekte wie Vollständigkeit/Unvollständigkeit der Familie beziehen, und (3) individuelle Ressourcen der einzelnen Familienmitglieder wie ihre Problemlösefähigkeit, ihr Optimismus oder ihr Selbstwertgefühl (vgl. McCubbin et al., 1980; Walker, 1985).

Mit Blick auf die Bedeutung des sozialen Kontexts für die Bewältigung kritischer Lebensereignisse ist der sozialen Unterstützung relativ viel Aufmerksamkeit geschenkt worden (z.B. Gore, 1978; Kasl & Cobb, 1979; Pearlin et al., 1981). Sie umfaßt eine Reihe unterschiedlicher Aspekte (vgl. Caplan, 1974; Wood, 1984), die sich auf eher instrumentelle Hilfsleistungen oder emotionale Unterstützung beziehen können, auf die Verfügbarkeit positiver Beziehungen, den Zugang zu sozialen Institutionen und die Integration in einen weiteren sozialen Kontext. Moss (1973, S.237) etwa definiert soziale Unterstützung als "the subjective feeling of belonging, of being accepted, of being loved, of being needed all for oneself and not for what one can do". Demgegenüber verwenden Myers et al. (1975) das Konzept der sozialen Integration, das Faktoren wie den sozioökonomischen Status, Familienstand und Berufszufriedenheit umfaßt, um den Einfluß des weiteren sozialen Kontexts auf die Bewältigung kritischer Lebensereignisse zu bestimmen. Sie schlußfolgern aus ihren Befunden: "People who have ready and meaningful access to others, feel integrated into the system, and are satisfied with their roles seem better able to cope with the impact of life events" (S.246).

Allerdings ist die Beziehung zwischen sozialer Unterstützung und effektiver Streßbewältigung recht komplex. Auch hier scheint die Annahme zu gelten, daß Ressourcen erst dann wirksam werden, wenn sie als solche wahrgenommen werden: Die wahrgenommene Unterstützung hat sich im Vergleich zur tatsächlichen Unterstützung - z.B. den verfügbaren Beziehungen - als bedeutsamer erwiesen (vgl. Moen et al., 1983; Walker, 1985; Wood, 1984). Hierbei ist zu bedenken, daß gerade bei jenen Ereignissen, die - wie Arbeitslosigkeit - häufig eine Stigmatisierung durch die Umwelt zur Folge haben, bisherige Sozialbeziehungen als belastend empfunden werden können. So verändert sich vielfach das soziale Bezugsfeld Arbeitsloser derart, daß vermehrt der Kontakt zu gleichartig Betroffenen gesucht wird (Marsden, 1982) - ein Beispiel dafür, daß auch die Ressourcen im Verlauf der Streßbewältigung Veränderungen unterworfen sein können. Weiterhin legen einige Befunde nahe, daß sich eher das Fehlen sozialer Unterstützung negativ auszuwirkt, als daß die wahrgenommene Verfügbarkeit sozialer Unterstützung schon von Vorteil wäre (Gore, 1978; Tucker, 1982). Und schließlich müssen wohl auch Charakteristika der Betroffenen in Rechnung gestellt werden, die sowohl deren Fähigkeit, Hilfe zu bekommen, als auch deren Neigung, sie zu nutzen, beeinflussen (vgl. Walker, 1985). So wissen Angehörige höherer sozio-ökonomischer Schichten häufig eher, wo sie Hilfe erhalten können, haben leichteren Zugang zu sozialen Institutionen und können sie effektiver nutzen. Dies wird mit für die größere Verbreitung psychischer Beeinträchtigungen in den unteren Statusgruppen verantwortlich gemacht (Liem & Liem, 1978).

Wenn Elder (1974) in das "adaptive Potential" der ökonomisch depriviertern Familien deren Schichtzugehörigkeit einbezieht, so trägt das noch einer Reihe weiterer Bedingungen Rechnung, die für Angehörige niedriger sozio-ökonomischer Gruppen die Bewältigung kritischer Lebensereignisse allgemein und finanzieller Einbußen im besonderen erschwert. Daß sie aufgrund fehlender individueller, sozialer und ökonomischer Ressourcen in erhöhtem Maße vulnerabel sind für Belastungsreaktionen, legen etwa Befunde der life-event-Forschung nahe, nach denen Unterschichtangehörige nicht nur von mehr kritischen Lebensereignissen betroffen sind, sondern auch unabhängig hiervon mit stärkeren psychischen Beeinträchtigungen reagieren (Dohrenwend, 1973; Kessler, 1979; vgl. auch Liem & Liem, 1978). Schon bei den finanziellen Ressourcen (etwa in Form von Rücklagen), deren Bedeutung angesichts ökonomischer Einbußen offensichtlich ist, sind die unteren Statusgruppen deutlich benachteiligt. Zudem wirken Einkommenseinbußen besonders belastend, wenn hierbei ein niedriges Einkommensniveau resultiert (vgl. Breuer et al., 1984), also kaum finanzieller Spielraum zur Deckung der notwendigen Bedürfnisse verbleibt.

So ließen sich in der Studie von Elder & Liker (1982) langristig differentielle Effekte ökonomischer Deprivation für Frauen der Mittel- und Unterschicht nachweisen: Bei den Frauen der Unterschicht zeigten sich noch vierzig Jahre nach der Weltwirtschaftskrise, die sie im jüngeren Erwachsenenalter erlebt hatten, psycho-soziale Beeinträchtigungen in Folge der früheren finanziellen Einbußen. Die ökonomisch deprivierten Frauen der Mittelschicht waren hingegen den nicht deprivierten Frauen aus der Mittelschicht hinsichtlich ihres emotionalen Wohlbefindens und ihrer Selbstsicherheit sogar überlegen. Anders als die Mütter aus Unterschichtfamilien scheinen sie im Zuge der Krisenbewältigung - vermutlich durch den vielfach notwendig gewordenen Berufseintritt - an Selbstsicherheit und Unabhängigkeit gewonnen zu haben. Wichtig ist, daß diese differentiellen Effekte unabhängig von Unterschieden in der gegenwärtigen Lebenssituation der Frauen bestehen: Der aktuelle Einfluß finanzieller Belastungen und des Familienstands im höheren Alter (verheiratet versus verwitwet/geschieden) wurde kontrolliert. Ausschlaggebend dürfte also gewesen sein, daß die Unterschichtfrauen schon mit geringeren Ressourcen in die Wirtschaftskrise gingen und die finanziellen Einbußen dementsprechend als viel gravierendere und nachhaltigere Belastung erlebten, als es für die Mittelschichtfrauen der Fall war.

Auch für relevante Systemmerkmale der Familie lassen sich Unterschiede zwischen den sozio-ökonomischen Statusgruppen erwarten. Zwei solche Merkmale des Familiensystems haben sich für die Bewältigung von Arbeitslosigkeit und ökonomischer Einbußen als bedeutsam erwiesen: die familiäre Integration (Angell, 1965) oder Organisation (Cavan & Ranck, 1938) als

Kennzeichen positiv-emotionaler Bindungen und befriedigender Erfüllung zentraler familiärer Funktionen einerseits und andererseits die Flexibilität (Jahoda et al., 1975) bzw. Adaptabilität (Angell, 1965) als jene Merkmale des Familiensystems, die eine Anpassung an die veränderten Situationsbedingungen erleichtern. [7] Beide Dimensionen sind in das Circumplex-Modell des Familiensystems (Olson & McCubbin et al., 1983) eingegangen, wo sie als deskriptive Merkmale unterschiedlicher Familientypen aber auch als erklärende Faktoren bei der Analyse familiärer Entwicklungs- und Veränderungsprozesse fungieren.

Angell (1965), dessen Hauptaugenmerk der Bewältigung von Rollenverschiebungen bei Einkommenseinbußen des Vaters als Hauptverdiener gilt, berücksichtigt drei Merkmale zur Kennzeichnung eines rigiden Familiensystems: materialistische Wertorientierungen, traditionelle Familienregeln und mangelndes Verantwortungefühl der Eltern. Allgemeiner fassen Olson und McCubbin et al. (1983) familiäre Adaptabilität als Systemflexibilität, d.h. als Fähigkeit des Familiensystems, seine Machtstrukturen, Rollenbeziehungen und Beziehungsregeln entsprechend den situativen Anforderungen zu ändern (S.48). Hier lassen sich nun gewisse Nachteile von Familien mit niedriger sozio-ökonomischer Stellung erwarten, da Befunde zu familiären Effekten der Erwerbstätigkeit der Frau nahelegen, daß in unteren Berufs- und Bildungsgruppen eher traditionelle Orientierungen und geringe Rollenflexibilität besteht (Hoffman, 1984; Lehr, 1981; Rallings & Nye, 1979). Auch die mehr positionsorientierten Interaktionsstile (vgl. Gecas, 1979; Steinkamp, 1980) und die größere Autoritätsorientierung in der Unterschicht (Neidhardt, 1975; Kohn, 1969; Steinkamp & Stief, 1982) weisen in diese Richtung. Entsprechende Fragen werden im folgenden

---

7) Cavan und Ranck (1969) bestimmen familiäre Organisation als Akzeptanz und Erfüllung zentraler familiärer Funktionen (Versorgung der Kinder, Sicherung der Erziehung, Gewährung gefühlsmäßiger Unterstützung und Zuwendung), das Bestehen einer befriedigenden Rollenverteilung und Einigkeit in den familiären Zielsetzungen und Idealen bzw. Standards. Recht ähnlich faßt Angell (1965) Integration als "bounds of coherence and unity" durch gemeinsame Interessen, gefühlsmäßige Bindungen und einen Sinn für ökonomische Interdependenz. Die genauere Spezifizierung der Adaptabilität ist demgegenüber weniger einheitlich.

aufgegriffen, wenn es darum geht, die Erwerbstätigkeit der Mutter als familiäre Ressource zur Bewältigung ökonomischer Deprivation zu beleuchten.

Sowohl die Familienintegration als auch die Adaptabilität variieren im Verlauf der familiären Entwicklung über dem Familienzyklus hinweg. Sie erreichen bei Familien mit Kindern im Jugendalter einen Tiefpunkt, vor allem in der "launching"- Phase, wenn die Kinder das Haus verlassen (Olson & McCubbin et al., 1983). Hierbei ist nicht nur an Spannungen in der Eltern- Kind-Beziehung zu denken, die aus den altersgemäß zunehmenden Autonomiebestrebungen der Kinder resultieren. Die entwicklungs- bedingten Veränderungen des Familiensystems erfordern eine - häufig konfliktträchtige - Redefinition der Beziehungen im umfassenderen Sinne, wie sich selbst in der Ehezufriedenheit der Eltern zeigt: Auch sie fällt in diesem Abschnitt gering aus (Aldous, 1979; Olson & McCubbin et al., 1983). Gemeinsam mit den erhöhten finanziellen Anforderungen, die sich den Familien mit Kindern im Jugendalter stellen, tragen solche entwicklungs- bedingten Belastungen der familiären Beziehungen zum "life cycle squeeze" (Estes & Wilensky, 1978) des mittleren Erwach- senenalters bei. Ob sich in diesem Sinne unterschiedliche Ausgangsbedingungen für die Bewältigung ökonomischer Einbußen an der Stellung der Familie im Familienzyklus bzw. dem Alter der Kinder festmachen lassen, ist eine weitere Frage, die uns im Hinblick auf die relevanten Ressourcen interessieren wird (siehe Abschnitt 4.1.1).

Schließlich sind es auch die individuellen Ressourcen, die die jeweiligen Reaktionen auf familiäre Einkommenseinbußen moderieren. Blickt man zunächst auf die Eltern, so ist diese Frage nach der individuellen Vulnerabilität für ökonomischen Streß eng verbunden mit der klassischen Debatte um soziale Selektion und soziale Verursachung (vgl. Aldwin & Revenson, 1986; Liem & Liem, 1978): Sind es Mechanismen sozialer Selek- tion, aufgrund derer Personen mit geringer Anpassungsfähigkeit in ökonomische Problemlagen geraten, die zu meistern sie dann nicht imstande sind? Oder tragen soziale Stressoren (wie finanzielle Verknappung und Arbeitslosigkeit) unter bestimmten persönlichen Gegebenheiten zu stärkeren Belastungsreaktionen bei, die wiederum ihrerseits - im Sinne eines Teufelskreises oder einer Abwärtsspirale negativer Wechselwirkungen - eine

35

Verringerung der persönlichen Ressourcen und die Perpetuierung oder Verschärfung ökonomischer Probleme begünstigt. Unterstellt das Selektionsmodell, daß manche Personen inhärent weniger anpassungsfähig sind, so geht das Vulnerabilitätsmodell davon aus, daß potentiell verletzliche Personen bei fehlendem äußeren Druck durchaus frei von Beeinträchtigungen sein können, und daß sich eine erhöhte Vulnerabilität auch als Resultat nachteiliger sozialer Einflüsse erklären läßt.

Im Sinne beider Erklärungsansätze finden sich Belege dafür, daß vor allem Personen mit einer erhöhten Rate psychischer Symptome zu Zeiten allgemeiner wirtschaftlicher Verschlechterungen ökonomischen Streß erfahren (Aldwin & Revenson, 1986). Dieser führt jedoch – im Einklang mit der Vulnerabilitätsthese – zu vermehrten psychischen Belastungen, und zwar vor allem bei ungünstigen persönlichen Voraussetzungen wie einem niedrigen Selbstwertgefühl, geringen internen Kontrollüberzeugungen oder erhöhter Irritierbarkeit (z.B. Pearlin et al., 1981; Liker & Elder, 1983). Für einen Teufelskreis spricht, daß manche Arbeitslose aufgrund der erhöhten psychischen Belastungen und Beeinträchtigungen ihrer Arbeitsfähigkeit größere Schwierigkeiten haben, eine neue Anstellung zu finden (Kasl, Gore & Cobb, 1975).

Aber es scheinen keineswegs durchgängig nur die schon zuvor stärker psychisch Belasteten zu sein, die auf ökonomischen Streß mit vermehrten Beeinträchtigungen, etwa psychosomatischen Symptomen reagieren. Aldwin und Revenson (1986) finden sogar – entgegen ihrer Hypothese –, daß vor allem die zuvor weitgehend Symptomfreien bei ökonomischen Streß eine erhöhte Rate psychosomatischer Beschwerden aufweisen.

Inwieweit solche psychische Vulnerabilität auch für die Reaktionen der mitbetroffenen Kinder ausschlaggebend ist, läßt sich nur vermuten. Da "schwierige" Kinder mit erhöhten Problemverhalten eher willkürliches Verhalten der Eltern provozieren (Elder, Liker & Cross, 1984; Patterson, 1982), deutet sich auch hier ein Teufelskreis negativer Einflüsse an. Auch subtilere sozial relevante Merkmale der Kinder scheinen sie einem erhöhten Risiko auszusetzen: Elder, Van Nguyen und Caspi (1985) finden beispielsweise, daß bei ökonomischer Deprivation nur die wenig attraktiven Mädchen zur Zielscheibe negativen Verhaltens ihrer Väter wurden. Nicht zuletzt ist auch an die entwicklungsgebundenen Kompetenzen und Bedürfnisse zu denken. Mangelnde Bewältigungsstrategien sowie die stärkere familiäre Einbindung machen vor allem kleine Kinder in höherem Maße vulnerabel für Belastungen der innerfamiliären Beziehungen (vgl. Elder, 1974; Bahr, 1979; Rutter & Garmezy, 1983).

Geschlechtstypisch differentielle Auswirkungen ökonomischer Deprivation lassen sich auch bei den Eltern erwarten. Wenn Dohrenwend (1973) findet, daß Frauen zwar insgesamt eine höhere Rate psychosomatischer Beschwerden aufweisen als Männer, daß aber Männer in dieser Hinsicht stärker auf kritische Lebensereignisse reagieren, vor allem auf die durch sie selbst mitbeeinflußten Ereignisse, so entspricht der naheliegende Schluß auch dem Tenor anderer einschlägiger Untersuchungen (z.B. Liker & Elder, 1983): Für Männer "...psychological distress may have been associated with their role in making their own and their families' way in the world" (Dohrenwend, 1973, S.232). Für Frauen scheint eher ihre Machtlosigkeit in der Kontrolle ihres Lebens den nachteiligen Einfluß kritischer Lebensereignisse zu bestimmen.

Bevor auf die einzelnen Befunde der bislang verfügbaren Studien näher eingegangen wird, soll zunächst - als Vorspann zu der eigenen empirischen Untersuchung, deren Vorgehen im folgenden Kapitel dargestellt wird, - noch auf einige methodische Probleme und Forschungsstrategien eingegangen werden.

2.4   Methodische Probleme und Forschungsstrategien

Die Vernetztheit von Anpassungsleistungen in den unterschiedlichen Bereichen und die Rekursivität der Zusammenhänge etwa zwischen Anpassungsleistungen, Belastungsreaktionen und Ressourcen legt nahe, daß die individuellen und familiären Reaktionen einer zeitlichen Dynamik folgen, die sowohl Schwankungen in der Reaktionsintensität als auch qualitative Veränderungen der jeweiligen Anpassungs- und Belastungsprozesse umfaßt. Daß dieser Prozeß keineswegs gradlinig nach der Regel "je länger desto mehr" verläuft, wird durch eine Reihe von Studien belegt, die gleichzeitig ein allgemeines Problem verdeutlichen, das sich bei der Untersuchung von Veränderungsprozessen über die Zeit stellt: die Auswahl der geeigneten

Zeitpunkte für die Erfassung der jeweils erwarteten Effekte des Stressor-Ereignisses.

Relevante Informationen hierzu liefern Zeitreihen-Analysen und Längsschnittuntersuchungen mit möglichst enger Taktung der einzelnen Erhebungen. Ausgehend von Befunden zur Wirkung kritischer Lebensereignissen, die eine relativ kurzfristige Wirkung unerwünschter Erfahrungen nahelegen (Brown & Harris, 1978; Jacobson, 1980) wählten etwa Catalano, Dooley und Jackson (1985) vierteljährliche Intervalle, um in ihrer Aggregatstudie die Beziehung zwischen makroökonomischen Kontraktionen des Arbeitsmarktes in zwei Gemeinden der U.S.A. (Orange County und Monroe County) und der jeweiligen Rate von Krankenhauseinweisungen psychisch Erkrankter zu bestimmen. Im Vergleich der einzelnen Zeitabschnitte vor, während und nach Verengungen des Arbeitsmarktes zeigten sich über mehrere Jahre hinweg auch kaum signifikante Korrelationen für die späteren Quartile. Die Mehrzahl der Effekte konzentrierte sich in den ersten drei folgenden Monaten (für Männer) und in dem zeitgleichen Abschnitt (für Frauen). Ähnlich gehen Steinberg, Catalano und Dooley (1981) in ihrer Aggregatstudie zu makroökonomischen Veränderungen (Arbeitslosenrate und Umfang des Arbeitsmarktes) und regionalen Statistiken zur Verbreitung von Kindesmißhandlungen und Fällen von Vernachlässigung der Kinder vor. Sie finden in den beiden betrachteten Gemeinden (Los Angeles County und Orange County) bei der Analyse von monatlichen Zeitabschnitten signifikante Zusammenhänge zwischen Kontraktionen des Arbeitsmarktes (jedoch nicht der Arbeitslosenquote) und einem Anstieg von Kindesmißhandlungen für jeweils den zweiten Monat nach den makroökonomischen Beeinträchtigungen.

Die Befunde von Catalano, Dooley und Jackson (1985) stehen damit in einem gewissen Widerspruch zu den Schlußfolgerungen, die Brenner (1979, orig. 1973) aus seiner klassischen Studie über Zusammenhänge zwischen ökonomischen Verschlechterungen auf der Ebene des Makrosystems und psychischen Erkrankungen zog, in der er die jeweiligen Veränderungen ab 1850 und vor allem für den Zeitraum von 1915 bis 1967 analysierte. Er berichtet, daß die Effekte zwei bis drei Jahre brauchen, um sich zu manifestieren. Allerdings betrachtet er auch nur zwei- und vier-Jahres-Intervalle.

Aggregatstudien bergen jedoch die Gefahr des "ökologischen Fehlschlusses" (vgl. Firebaugh, 1978), da keineswegs sichergestellt ist, daß die auf der Aggregatebene geltenden Beziehungen auch auf der Individualebene zutreffen. Zwar scheint der Rückschluß von der Aggregat- auf die Individualebene dadurch gerechtfertigt zu sein, daß ökologische Kontexte, die auf der Aggregatebene als "risikoreiche" oder "risikoarme" Nachbarschaften identifiziert wurden, mit vermehrtem Streß, geringer sozialer Unterstützung und Beeinträchtigungen des Erziehungsverhaltens auf individueller Ebene einhergehen (Garbarino & Sherman, 1980; Garbarino & Crouter, 1978). Über das jeweilige "timing" von Effekten geben diese, die Aggregat- und Individualebene verbindenden Studien allerdings keinen Aufschluß, da sie auf chronische Belastungsfaktoren abzielen.

Untersuchungen, die sich direkt auf Arbeitslose bzw. ökonomisch deprivierte Familien beziehen, stellen daher eine wichtige Ergänzung zu Aggregatstudien dar. Auch die entsprechenden Quer- und Längsschnittbefunde legen den Schluß nahe, daß schon kurzfristig beträchtliche Belastungen auftreten. Aldwin und Revenson (1986) berichten Ergebnisse einer Follow-up-Untersuchung, nach denen bei einem zeitlichen Abstand von mindestens acht und maximal achtzehn Monaten die früheren ökonomischer Probleme kein Prädiktor mehr für spätere psychosomatische Beschwerden sind, vermutlich, da sich ein Teil der Betroffenen inzwischen wieder in einer günstigeren finanziellen Lage befindet. Ein Vergleich nach dem Veränderungsmuster ökonomischer Belastungen zeigt, daß Personen mit akutem und dauerhaftem ökonomischem Streß gleichermaßen erhöhte Belastungen aufweisen. Demgegenüber fallen die Beschwerden derjenigen, die zu beiden Zeitpunkten keine finanziellen Probleme haben, und derjenigen, die sich finanziell erholt haben, deutlich geringer aus. Nach den Ergebnissen einer Untersuchung über Langzeitarbeitslosigkeit (Backlund, 1973; zit. nach Frese & Mohr, 1978) war die maximale Verschlechterung der Familienbeziehungen sogar nach kurzzeitiger Arbeitslosigkeit zu beobachten. Sie übertraf die bei Langzeitarbeitslosigkeit. Ausschlaggebend hierfür dürfte sein, daß im Verlauf fortgesetzter Arbeitslosigkeit des Vaters familiäre Anpassungen erfolgen, die mit einer Verringerung der Spannungen einhergehen. Belege hierfür liefern etwa Bakkes Fallstudien aus den Dreißiger

Jahren, die insgesamt einen Zeitraum von acht Jahren umspannen (Bakke, 1940b).

Damit wird deutlich, daß die Befunde vom gewählten Erhebungszeitpunkt abhängig sind. "Momentaufnahmen", die nur einen Punkt oder kurzen Abschnitt im Prozeßverlauf beleuchten, liefern keine umfassenden Erkenntnisse, sondern sind hierauf zu relativieren. Zudem ist mit beträchtlichen Variationen in den Veränderungsmustern zu rechnen, die durch die eher idealtypischen Beschreibungen der Phasenmodelle verdeckt werden. Jede Untersuchung, die nicht erlaubt, längsschnittlich differentielle Veränderungsmuster abzubilden, bleibt also begrenzt.

Ein zweites Problem ergibt sich bei der Bestimmung relevanter Vergleichsgruppen und - bei Veränderungsmessungen - baselines, die eine zumindest quasiexperimentelle Absicherung der Effekte ökonomischer Deprivation und Arbeitslosigkeit erlauben (zu quasi-experimentellen Designs vgl. Cook & Campbell, 1979). Zwar lassen sich bei Aggregatstudien die jeweiligen Ausgangsniveaus für die Veränderungen recht gut bestimmen, auf der Individualebene gestaltet sich dies jedoch wesentlich problematischer, da der Untersucher selten dem jeweiligen kritischen Ereignis zuvorkommen kann.

Zumeist wird daher auf retrospektive Berichte zurückgegriffen (z.B. Angell, 1965; Komarovsky, 1973; Fröhlich, 1981). Diese sind jedoch nicht als objektives Abbild der früheren Gegebenheiten zu werten, sondern beinhalten subjektive Rekonstruktionen aus der gegenwärtigen Perspektive, die auch von den zukünftigen Erwartungen mitbestimmt sind. Echte längsschnittliche Erhebungen, die schon vor Eintritt der Arbeitslosigkeit ansetzen, finden sich in Studien, die bei Werksstillegungen durchgeführt wurden und bereits in der "Antizipationsphase" vor dem tatsächlichen Verlust des Arbeitsplatzes Erhebungen unternommen haben (Kasl, Gore & Cobb, 1975; Gore, 1978; Kasl & Cobb, 1979; Pelzmann, 1985, 1987). Allerdings verhelfen auch solche ersten Messungen nicht zu eigentlichen baselines: Wie der Vergleich mit nicht von Arbeitslosigkeit bedrohten Kontrollgruppen zeigt, wirkt sich schon die Antizipation von Arbeitslosigkeit belastend aus (siehe Abschnitt 4.1).

Zudem lassen die Befunde zu Werksstillegungen nicht ohne weiteres eine Generalisierung auf andere Fälle von Arbeitslosigkeit zu: Wenn etwa von der Forschungsgruppe um Kasl, Cobb und Gore insgesamt nur geringe psychische Belastungen der arbeitslosen Männer berichtet werden, so kann dies weitgehend auf die geringen Selbstbezichtigungen in der Attribution der Arbeitslosigkeit zurückgeführt werden - was für eine realistische Situationseinschätzung der Betroffenen spricht (Kasl & Cobb, 1979). In diesem Sinne können also Untersuchungen zu Werksschließungen - wie auch die von Schindler (1979, vgl. Abschnitt 4.2) - zu Befunden führen, die nicht mit den Effekten von Arbeitslosigkeit durch z.B. punktuelle Rationalisierungen vergleichbar sind, wenn die Ursachen der eigenen Arbeitslosigkeit weniger offensichtlich sind (vgl. auch die Fallstudien von Marsden, 1982).

Ist also eine echte vorher-Messung kaum möglich, so ist die sorgfältige Auswahl einer Kontrollgruppe - die allerdings in vielen Arbeiten fehlt (vgl. Frese & Mohr, 1978) - umso wichtiger. Hierbei muß vor allem die Selektivität ökonomischer Deprivation berücksichtigt werden: Da nicht alle Faktoren, die zu Arbeitslosigkeit und finanziellen Einbußen beitragen und im Sinne von "Drittvariablen" die erwarteten Auswirkungen überlagern können, durch Einbeziehung in das Auswertungsdesign kontrolliert werden können, sind entsprechende Parallelisierungen unabdingbar.

In diesem Sinne waren besonders günstige Ausgangsbedingungen für die Reanalysen von Elder (1974) gegeben: Erstens haben die generellen wirtschaftlichen Einbußen der Dreißiger Jahre die Bevölkerung weniger selektiv betroffen; und zweitens konnte auf das umfangreiche Datenmaterial zweier Längsschnittuntersuchungen zurückgegriffen werden, die vor dem Höhepunkt der Weltwirtschaftskrise begonnen wurden und somit auch Informationen über die Familien noch vor Eintritt finanzieller Verluste liefern. Zum einen ist dies die Oakland Growth Study, die 1931 begann und 167 Kinder des Jahrgangs 1920/21 sowie deren Familien umfaßt. Bis 1939 wurden sie kontinuierlich längsschnittlich begleitet, teils bis über den zweiten Weltkrieg hinaus. Weiterhin standen die Daten der Berkeley Guidance Study zur Verfügung, die ab Ende der zwanziger Jahre 248 Kinder des Jahrgangs 1928/29 und deren Familien bis über das Jugendalter hinaus erfaßte. Die Analysen vergleichen sowohl Zeitpunkte als auch Familien, die in unterschiedlichem Maß von der Wirtschaftskrise betroffen waren.

Es handelt sich also um den Idealfall: prospektive Längs-schnittstudien, deren Stichproben nicht speziell unter dem Gesichtspunkt ökonomischer Deprivation ausgewählt wurden und daher nicht auf besondere Risikogruppen beschränkt sind. Gleichzeitig kann davon ausgegangen werden, daß diejenigen Familien, die im Verlauf der Untersuchung von gravierenden finanziellen Einbußen betroffen wurden, in vieler Hinsicht den restlichen Familien vergleichbar sind, also keine Sondergruppe darstellen, die sich ohnehin in entscheidenden Merkmalen von der sonstigen Bevölkerung abhebt.

Bevor die Befunde im Hinblick auf die hier verfolgten Fragestellungen näher behandelt werden, sollen im nächsten Kapitel der Hintergrund und das Verfahren der vorliegenden Untersuchung dargestellt werden. Die dort beschriebene Stich-probe und das verfügbare Datenmaterial bildet den Ausgangspunkt für die empirischen Teilstudien, deren Hypothesen und Befunde in den darauf folgenden Kapiteln dargestellt sind.

3. Überblick zur Methode der empirischen Untersuchung

Im Mittelpunkt der hier verfolgten Problemstellung steht die Frage nach den Konsequenzen ökonomischer Deprivation für die familiären Beziehungen und Interaktionen sowie die selbstbezogenen und sozialen Einstellungen der Jugendlichen. Hierbei soll geprüft werden,
- inwieweit sich Annahmen über spezifische Risikogruppen bestätigen lassen, in denen die Auswirkungen von familiären Einkommensverlusten besonders gravierend ausfallen,
- inwieweit die Beeinträchtigungen familiärer Beziehungen und Interaktionen ihrerseits auf individuelle psycho-soziale Belastungen der Eltern und Veränderungen des familiären Rollensystems zurückzuführen sind, und
- inwieweit die Konsequenzen ökonomischer Deprivation für die Kinder über Beeinträchtigungen der Familienintegration und der Eltern-Kind-Interaktion vermittelt werden.

Die erste Frage bezieht sich auf Moderatorfunktion familiärer und individueller Ressourcen, die differentielle Auswirkungen familiärer Einkommensverluste erwarten lassen. Die beiden letztgenannten Problemstellungen behandeln die Mediatorfunktion vermittelnder Prozesse, durch die sich die jeweiligen Auswirkungen ökonomischer Deprivation entsprechend der Modellannahmen aufklären lassen sollten.

Im folgenden werden zunächst der Untersuchungskontext, in dem die vorliegende Arbeit entstanden ist, sowie der empirische Ansatz dargestellt. Die Schilderung der Methode geht auf die Stichprobenziehung, die Modalitäten der Erhebungen bei Eltern und Kindern und die erhobenen Variablen ein. Die Befunde zu Veränderungen in der Haushaltsführung und im familiären Rollensystem werden an dieser Stelle vorweggenommen, da sie - teils als Validierung der von den Familien berichteten Einkommensverluste - den Ausgangspunkt für die weitere Untersuchung darstellen.

Daran anschließend werden im vierten und fünften Kapitel die Ergebnisse der empirischen Arbeit berichtet, wobei jeweils zuvor Hypothesen aus entsprechenden Befunden früherer Untersuchungen abgeleitet werden. Diese Darstellung ist in zwei Hauptabschnitte gegliedert: (1) Im vierten Kapitel werden die Zusammenhänge von Einkommensverlusten und psychischen

Belastungen der Eltern sowie Aspekten der familiären Beziehungen und Interaktionen behandelt. Hierbei soll geklärt werden, (a) ob sich differentielle Effekte von ökonomischer Deprivation in Abhängigkeit von der Bildung der Eltern, der Erwerbstätigkeit der Mutter und dem Alter der Kinder als familiäre Ressourcen und Vulnerabilitätsfaktoren ergeben, und (b) durch welche vermittelnden Prozesse Beeinträchtigungen der familiären Beziehungen und Interaktionen bedingt sind. (2) Im fünften Kapitel werden die Auswirkungen ökonomischer Deprivation auf die Jugendlichen untersucht, wobei gefragt wird (a) inwieweit sich alters- und geschlechtsrollentypische Konsequenzen ökonomischer Deprivation und differentielle Effekte in Abhängigkeit von der elterlichen Bildung ausmachen lassen, sowie (b) inwieweit hierbei die Veränderungen familiärer Beziehungen und der Eltern-Kind-Interaktion eine vermittelnde Funktion ausüben.

3.1 Untersuchungskontext und allgemeines methodisches Vorgehen

Die vorliegende Untersuchung wurde im Rahmen des Berliner Jugendlängsschnitts (Silbereisen & Eyferth, 1983, 1985) durchgeführt, dessen jährliche Erhebungen Ende 1982 aufgenommen wurden. Den Ausgangspunkt für die Selektion der hier verwendeten Stichprobe bilden die 823 Jugendlichen und ihre Familien, die an der ersten Schüler- und Elternbefragung teilgenommen haben. Diese rekrutieren sich ihrerseits aus der damals insgesamt erfaßten Stichprobe Berliner Schüler (n=1415), die unter Einschluß der verschiedenen ethnischen Gruppen für zwei Altersgruppen weitgehend repräsentativ ist (zum Design und der schulbasierten Stichprobenziehung des Berliner Jugendlängsschnitts vgl. Boehnke, Silbereisen & Eyferth, 1982; Boehnke & Scherrinsky, 1985). Die Gesamtstichprobe der Schüler umfaßte bei der ersten Erhebungswelle eine jüngere Gruppe von Kindern im frühen Jugendalter (mittleres Alter: 11,6 Jahre; n=398 Jungen und n=412 Mädchen) sowie eine ältere Gruppe von Kindern im mittleren Jugendalter (durchschnittliches Alter: 14,6 Jahren; n=299 Jungen und n=306 Mädchen).

Die auf deutsche Familien beschränkte erste Elternbefragung erfolgte im Januar/Februar 1983, kurz nach der Erhebung

44

bei den Jugendlichen (Herbst/Winter 1982). Die Rücklaufquote betrug ca. 70%. Ein etwaiger Stichprobenbias durch selektive Teilnahmebereitschaft der Eltern ließ sich hinsichtlich der Stratifikationsmerkmale für die Jugendlichenstichprobe (Schultyp, räumliche Lage und sozio-ökonomische Qualität des Schul- und Wohngebiets, Geschlecht des Kindes; vgl. Boehnke et al., 1982) nicht beobachten. Die entsprechenden statistischen Vergleiche mit der Gesamtpopulation deutscher Familien in Berlin ergab keine signifikanten Unterschiede (Boehnke & Scherrinsky, 1985).[1] Ebenso erwies sich die Elternstichprobe hinsichtlich des Anteils von vollständigen und unvollständigen Familien, Schulbildung der Eltern, Erwerbstätigkeit der Mutter und Erwerbslosenraten als weitgehend repräsentativ für Berliner Erwachsene mit Kindern dieser Altersgruppe (Walper, 1985).

Da für diese Arbeit die Daten der zweiten Elternerhebung noch nicht zur Verfügung standen, ließ sich ein quasi-experimentelles längsschnittliches Design, wie es für eine stringentere Prüfung der Hypothesen wünschenswert wäre, nicht verwirklichen. Eine solche Beschränkung auf einen querschnittlichen korrelativen Ansatz schafft zwei Probleme: (1) Bei den zumeist als statische Zustandsbeschreibung erfaßten Variablen lassen sich stationäre, interindividuell erfaßte Zusammenhänge zwischen "abhängiger" und "unabhängiger" Variable nicht schlüssig als das Resultat von vorausgegangen intraindividuellen Veränderungen (der abhängigen Variable als Effekt der unabhängigen Variable) interpretieren. (2) Beobachtete Zusammenhänge zwischen "unabhängiger" und "abhängiger" Variable können durch eine (nicht beobachtete) Drittvariable verursacht sein.[2]

---

1) Lediglich die jüngere Teilstichprobe weist einen leichten Mittelschicht-Bias auf, der jedoch durch eine Unterrepräsentierung der (sozio-ökonomisch schlechter gestellten) ausländischen Familien bedingt ist (Boehnke & Scherrinsky, 1985). Da hier ohnehin nur deutsche Familien betrachtet werden, ist der Stichprobenbias für diese Untersuchung unbedeutend.

2) Das Problem der Drittvariable läßt sich allerdings auch durch rein längsschnittliches Vorgehen nicht ausschließen, da parallele Veränderungen in zwei beobachteten Variablen ebenso durch Veränderungen in einer nicht erfaßten Drittvariable verursacht sein können. Es ist bei Querschnittsuntersuchungen
Forts. Fußnote

Um den genannten Problemen zu begegnen, wurde zumindest in einzelnen Bereichen auf direkte Veränderungsmessung zurückgegriffen, nämlich Angaben zu Veränderungen beispielsweise in den familiären Haushaltsstrategien und der Befindlichkeit der Eltern in einem vorgegebenen Zeitraum statt zum aktuellen Zustand zum Zeitpunkt der Befragung. Auch Einkommenseinbußen bzw. relative ökonomische Deprivation wurde im Sinne der direkten Veränderungsmessung als Ereignis, d.h. als von den Familien retrospektiv berichteter Verlust erfaßt (siehe Abschnitt 3.3). Zweitens wurde eine weitgehende Kontrolle möglicher konfundierter Drittvariablen durch Konstanthaltung bzw. Parallelisierung angestrebt. Das entsprechende Vorgehen bei der Stichprobenzusammenstellung ist im nächsten Abschnitt beschrieben.

Als Zeitrahmen für die Erfassung von retrospektiv berichteten Einkommenseinbußen wurde maximal ein Jahr vorgegeben. Im Hinblick auf die in Abschnitt 2.4 berichteten Befunde zur relativ kurzfristigen Wirkung ökonomischer Einbußen ist eine Überprüfung der Hypothesen in diesem Schätzintervall durchaus sinnvoll. Da die Befragungen der Eltern und der Jugendlichen zeitlich versetzt erfolgen, war zu entscheiden, ob die vor oder nach der ersten Elternbefragung erhobenen Daten der Jugendlichen in die Analyse einbezogen werden sollten. Die Entscheidung fiel zugunsten der ersten Schülererhebung, die in das letzte Viertel des vorgegebenen Zeitrahmens für die Einkommenseinbußen fällt. Sie hat damit einen geringeren zeitliche Abstand zur ersten Elternerhebung als die zweite Befragung der Jugendlichen, die aufgrund der längeren Erhebungsphase bis zu 20 Monate später erfolgt (Mindestabstand: acht Monate). Zwar mag in Einzelfällen der Einkommensverlust nach der Schülerbefragung erfolgt sein. Der resultierende Fehler wäre jedoch konservativ und somit vertretbar.

Forts. Fußnote
lediglich verschärft, da zu veränderlichen Drittvariablen auch stabile Einflußfaktoren hinzutreten können. Entsprechende Maßnahmen zur Kontrolle externer Einflüsse sind auch bei Längsschnitterhebungen notwendig, sei es durch explizite Berücksichtigung solcher Variablen in dem zu prüfenden Modell und/oder durch Verwendung einer Kontrollgruppe.

<u>Durchführung</u>. Sowohl die Schüler- als auch die Elternbefragung erfolgt schriftlich mittels standardisierter Fragebögen. Die schulbasierte Erhebung bei den Jugendlichen fand im Herbst/Winter 1982 während der Unterrichtszeit in Gruppensitzungen unter Anleitung eines oder mehrerer Untersucher statt. Der dreiteilige umfangreiche Gesamtfragebogen enthält Fragen zu Bereichen wie: Freundschaftskonzepte, politische Einstellungen, Selbstkonzept, Freizeitmotive, -orte und -beschäftigungen, elterlicher Erziehungsstil und Drogengebrauch.

Die Befragung der Eltern Ende Januar 1983 wurde postalisch durchgeführt. Jede Familie erhielt neben einem Anschreiben drei Teilfragebögen: einen Haushaltsfragebogen, der von einem beliebigen Elternteil oder gemeinsam ausgefüllt werden konnte, und je einen getrennten Fragebogen für Mutter und Vater. Die Fragebögen für Mütter und Väter sind - von einzelnen Itemformulierungen abgesehen - identisch. Die Elternerhebung richtete sich nicht nur an die leiblichen Eltern der Jugendlichen, sondern gegebenenfalls auch an andere Personen, die die Erziehung übernommen haben, etwa Stief- Adoptiv-, Pflege- oder Großeltern.[3] Bei fehlendem Rücklauf wurden die Familien in vierzehntätigem Abstand insgesamt zweimal angeschrieben und um ihre Teilnahme gebeten.

3.2   <u>Stichprobe</u>

3.2.1   <u>Selektionsstrategie</u>

Ausgehend von den 823 Familien der ersten Elternerhebung wurde nach einer Reihe von Kriterien die Stichprobe der vorliegenden Untersuchung zusammengestellt. Einen Überblick über den Selektionsprozeß gibt Abbildung 2.

Zunächst beschränkt sich die hier verwendete Stichprobe auf vollständige Familien. Zwar sind gerade Familien mit alleinerziehender Mutter von finanziellen Problemen betroffen, da das Familieneinkommen durchschnittlich geringer ausfällt als

---

3) In Heimen untergebrachte Kinder bzw. deren verantwortliche Erzieher waren jedoch von der Elternbefragung ausgenommen.

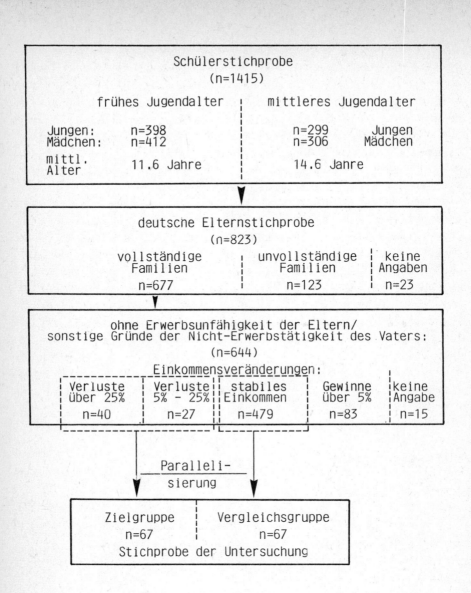

Abbildung 2: Selektionsverfahren bei der Auswahl der Stichprobe

in vollständigen Familien und zudem – etwa aufgrund unregelmä-
ßiger oder ausbleibender Unterhaltszahlungen – eher Schwankungen unterliegt (McLanahan, 1985; Napp-Peters, 1985; Weiss,
1984; Fthenakis, Niesel & Kunze, 1982). Auf deren Einschluß
wurde jedoch aus zwei Gründen verzichtet: Erstens mußte einer
Konfundierung von familiären Einkommenseinbußen und familienstrukturellen Merkmalen vorgebeugt werden. Zweitens stellen
sich bestimmte Fragen, etwa die nach Veränderungen im familiären Rollensystem, bei ein-Eltern-Familien anders als in vollständigen Familien. Um dem Rechnung zu tragen, wäre eine
getrennte Betrachtung vollständiger und unvollständiger Famili-
en notwendig gewesen, die den Aufwand der Untersuchung beträchtlich erhöht hätte. Dies bleibt späteren Analysen vorbe-
halten.

Zwei weitere Selektionskriterien dienen dazu, den Einfluß
möglicher Drittvariablen zu kontrollieren: Nicht berücksichtigt
wurden Familien, in denen ein Elternteil erwerbsunfähig ist
und/oder der Vater aus anderen Gründen als Arbeitslosigkeit
erwerbslos ist.[4] Diese beiden Kriterien sollen vor allem den
finanziellen Verlusten vorausgegangene gesundheitliche Belastungen der Eltern als Drittvariable ausschließen.[5]

Entsprechend dieser Kriterien verblieben 644 der insgesamt
erfaßten 823 Familien. In einem zweiten Schritt wurde zunächst
die Zielgruppe ökonomisch deprivierter Familien ausgewählt.
Hierzu wurde auf die Auskünfte der Eltern zu Veränderungen des
Familieneinkommens im Jahr vor der Befragung zurückgegriffen.

---

4) Väter, die aus anderen Gründen als Arbeitslosigkeit
erwerbslos sind, wurden nicht in die Untersuchung einbezogen,
weil in diesen Fällen mit Unterbrechungen der Erwerbstätigkeit
durch Krankheit, Umschulung oder ähnliche, nicht unbedingt
durch den Arbeitsmarkt erzwungene Gründe gerechnet werden muß.
Da die Erfassung von Gründen der Nicht-Erwerbstätigkeit neben
Arbeitslosigkeit und Erwerbsunfähigkeit nur diese unspezifische
Restkategorie vorsieht, ist eine solche Differenzierung nicht
möglich, so daß auf diese Fälle insgesamt verzichtet wurde.

5) Obwohl nicht vermittelbare Langzeitarbeitslose teilweise als
erwerbsunfähig deklariert werden, ohne daß Behinderungen
vorliegen müssen was für einen Einschluß dieser Gruppe in die
Untersuchung sprechen würde wurde hier das strengere Kriterium
bevorzugt, da sich anhand der vorliegenden Daten diese Fälle
nicht von denen echter Erwerbsunfähigkeit unterscheiden lassen.

Die entsprechende Frage "Hat sich im Verlauf des letzten Jahres das Einkommen, das Ihrer Familie insgesamt zur Verfügung steht, verändert?" sieht fünf Antwortalternativen vor: Verluste um mehr als 25%, Verluste zwischen 5% und 25%, keine Veränderungen von mehr als 5%, Gewinne zwischen 5% und 25%, Gewinne von mehr als 25%. Sowohl diejenigen Familien, die hohe Verluste von über 25% angaben (n=40), als auch diejenigen mit mittleren Verlusten zwischen 5% und 25% des Familieneinkommens (n=27) bilden die Zielgruppe ökonomisch deprivierter Familien. Innerhalb dieser Zielgruppe ist somit ein Vergleich nach dem Ausmaß familiärer Einkommenseinbußen möglich, der zusätzlichen Aufschluß darüber liefern soll, ob merkliche oder besonders prägnante Auswirkungen ökonomischer Deprivation in einzelnen Bereichen nur bei hohen Verlusten auftreten oder sich auch schon bei mittleren Einbußen zeigen. Zum Vergleich mit Studien aus den Dreißiger Jahren sei daran erinnert, daß ein 25prozentiger Einkommensverlust bei Angell (1936) das Kriterium zur Bestimmung ökonomischer Deprivation bildete, während bei Elder (1974; siehe auch Elder, Van Nguyen & Caspi, 1985) der Realverlust - bei Berücksichtigung der Deflationsrate - ca. 10% betrug.

Zu diesen insgesamt 67 Familien wurde eine Vergleichsgruppe ökonomisch stabiler Familien ausgewählt, die sich aus den Familien mit Einkommensschwankungen bis zu 5% (entsprechend der bisherigen Selektionskriterien: n=479) rekrutiert. Familien mit Einkommensgewinnen über 5% (n=83) wurden hierbei nicht einbezogen, da bei einem Zuwachs des Familieneinkommens spezifische Effekte zu erwarten wären, die eine getrennte Betrachtung dieser Gruppe erfordert hätte.[6]

Um den Einfluß stabiler sozio-ökonomischer Einflußfaktoren, der Erwerbstätigkeit der Mutter sowie des Alter und Geschlechts der Jugendlichen von den Effekte familiärer Einkommenseinbußen zu dekonfundieren, wurde bei der Selektion der Vergleichsgruppe für jede der ökonomisch deprivierten Familien eine jeweils entsprechend parallelisierte Vergleichsfamilie mit

---

[6] zu entsprechenden Hypothesen im Sinne der Ressourcen-Theorie und des life-event-Ansatzes, die gegenläufige Vorhersagen über die Wirkung ökonomischer Gewinne machen, siehe z.B. Thoits und Hannan (1979).

weitgehend stabilem Einkommen ausgewählt. Folgende Parallelisierungskriterien wurden verwendet: Schulbildung der Mutter und des Vaters (jeweils vier Kategorien: Hauptschule ohne Abschluß, Hauptschulabschluß, mittlere Reife, Abitur), gegenwärtige bzw. letzte berufliche Stellung beider Eltern (fünf Kategorien: Hausfrau/-mann, Arbeiter/-in, Angestellte/r, Beamter/Beamtin, selbständig), gegenwärtiger Erwerbsstatus beider Eltern (entsprechend der Vorselektion für Väter vier und für Mütter fünf Kategorien: vollzeit-, teilzeit-, in Kurzarbeit beschäftigt, arbeitslos, oder - nur für Mütter - aus sonstigen Gründen nicht erwerbstätig), Anzahl der Wohnräume pro Kopf der im Haushalt lebenden Personen (rekodiert als fünfstufige Variable), Geschlecht und Alter (frühe versus mittlere Jugend)[7] des Kindes, das an der Untersuchung teilnimmt. Die pro-Kopf-Zahl der Wohnräume wurde als zusätzlicher sozio-ökonomischer Faktor berücksichtigt, da er für die Gestaltung des Familienlebens gerade unter belastenden Bedingungen besonders relevant erschien. So dürfte eine größere Wohndichte einerseits im Zusammenleben wechselseitige Störungen der Familienmitglieder und damit auch vermehrte Reibereien begünstigen. Andererseits ließen sich dann vermehrte außerhäusliche Aktivitäten der Kinder erwarten, was wiederum spezifische Erfahrungen vermittelt (vgl. Steinkamp, 1980). Da das pro-Kopf-Verhältnis der Wohnräume und die Anzahl der Kinder erwartungsgemäß negativ korreliert sind (r=-.21 in der Gesamtstichprobe vollständiger Familien, n=603, p=.09; r=-.35 in der hier verwendeten selegierten Stichprobe), wurde indirekt auch die Verteilung der Kinderzahl in den Untersuchungsgruppen ausgeglichen.

In Anbetracht der zahlreichen Parallelisierungskriterien mußten in einer Reihe von Fällen Kompromisse geschlossen werden, da unter den einkommensstabilen Familien nicht für jede

---

7) Zur Unterscheidung der Altersgruppen wird der Schnittpunkt am Übergang von der Grundschule zur weiterführenden Schule angelegt. Im Berliner Schulsystem erfolgt dieser Schulwechsel nach der sechsten Klasse. Die hier erfaßten Grundschüler - die Kinder im frühen Jugendalter - besuchen die 5. und 6. Klasse und sind mit einer Ausnahme maximal 12 Jahre alt (mittleres Alter: M=11.3 Jahre). Das Alter der Oberschüler - sie werden der mittleren Jugend zugerechnet - liegt zwischen 13 und 16 und beträgt durchschnittlich 14.5 Jahre.

deprivierte Familie ein identischer "Zwilling" zu finden war. Zudem fehlten in den ökonomisch deprivierten Familien die jeweiligen Angaben für eine Mutter und acht Väter. In diesen Fällen wurden anhand der Angaben des anderen Elternteils Familien gesucht, in denen beide Ehepartner jeweils ähnliche Schulbildung und berufliche Stellung aufweisen. Das resultierende Sample umfaßt insgesamt n=134 Familien. Lediglich Familien mit arbeitslosem oder von Kurzarbeit betroffenem Vater konnten nicht erfolgreich parallelisiert werden, da – erwartungsgemäß – zwölf dieser insgesamt 14 Familien hohe Verluste von mehr als 25% des Familieneinkommens berichten, und eine weitere Familie zwischen 5% und 25% verlor. Bedenkt man die fehlenden Angaben von Vätern der deprivierten Familien, so liegt der Arbeitslosenanteil (einschließlich Kurzarbeiter) dort vermutlich noch höher. Arbeitslosigkeit des Vaters – hierunter sind im Folgenden auch die wenigen Kurzarbeiter eingeschlossen – und familiären Einkommenseinbußen sind also in hohem Maße konfundiert, was jedoch die Generalisierbarkeit der Befunde nicht einschränkt, sondern lediglich den erwartbaren Ursachen für ökonomische Deprivation entspricht. Um dem dennoch Rechnung zu tragen, wird in den folgenden Analysen geprüft, inwieweit innerhalb der deprivierten Familien differentielle Effekte von Arbeitslosigkeit des Vaters auszumachen sind. Diese Auswertungen beziehen sich nur auf jene Familien, für die die Angaben der Väter zu ihrem gegenwärtigen Erwerbsstatus vorliegen.

Für alle anderen Parallelisierungskriterien sowie die Stratifikationsmerkmale bei der Ziehung der Jugendlichen-Gesamtstichprobe war das matching-Verfahren erfolgreich: Entsprechende statistische Vergleiche zwischen den von Verlusten betroffenen und den ökonomisch stabilen Familien ergaben keine auch nur der Tendenz nach signifikanten Unterschiede (ANOVA, Chi-Quadrat-Tests bei Zusammenfassung beider Verlustgruppen aufgrund zu geringer Erwartungswerte für einzelne Zellenbesetzungen). Tabelle 1 zeigt die Verteilung der Selektions- und matching-Kriterien für beide Verlust-Gruppen und die einkommensstabile Vergleichsgruppe. Für eine Gegenüberstellung dieser parallelisierten Stichprobe mit den restlichen, nicht weiter betrachteten Familien sowie mit der (diese beiden Gruppen umfassenden) repräsentativen Ausgangsstichprobe aller 823 Familien sind auch diese Angaben in die Tabelle aufgenommen.

Tabelle 1: Verteilungen (in Prozent[a]) bzw. Mittelwerte und Standardabweichungen der Selektions- und Parallelisierungs- kriterien sowie anderer deskriptiver Merkmale für die drei Vergleichsgruppen nach Einkommensverlusten (1 bis 3) sowie für die restliche Elternstichprobe (4) und die Gesamtstich- probe aller im Berliner Jugendlängsschnitt erfaßten Familien (1 bis 4; einschließlich des matched sample)

	T E I L S T I C H P R O B E			Teil-stich-probe insges. (1-3)	restl. Eltern-stich-probe (4)	Eltern-stich-probe insges. (1-4)
	stabiles Einkom-men (1)	Verlust zwisch. 5%-25% (2)	Verlust über 25% (3)			
Schulbildung[b] Väter						
HS o.Ab.	7.8	16.0	18.8	12.4	5.9	7.1
HS m.Ab.	62.5	44.0	56.3	57.4	45.9	48.0
mittl.Reife	20.3	28.0	18.8	21.5	28.3	27.0
Abitur	9.4	12.0	6.3	9.1	19.9	17.9
(n)	(64)	(25)	(32)	(121)	(538)	(659)
Schulbildung[b] Mütter						
HS o.Ab.	7.5	7.7	18.9	10.8	6.8	7.4
HS m.Ab.	50.7	42.3	40.5	46.2	43.8	44.2
mittl.Reife	34.3	42.3	32.4	35.4	38.8	38.2
Abitur	7.5	7.7	8.1	7.7	10.6	10.1
(n)	(67)	(26)	(37)	(130)	(650)	(780)
Mit abgeschlossener Berufsausbildung						
Väter	89.4	92.0	81.8	87.9	92.5	92.0
(n)	(66)	(25)	(33)	(124)	(547)	(671)
Mütter	84.6	76.9	78.4	81.3	81.2	81.2
(n)	(65)	(26)	(37)	(128)	(660)	(788)
Berufliche Stellung des Vaters						
Hausmann	0.0	4.3	0.0	0.8	0.9	0.9
Arbeiter	38.5	34.8	54.8	42.0	23.3	26.7
Angest.	38.5	26.1	29.0	33.6	45.6	43.4
Beamter	6.2	4.3	3.2	5.0	22.5	19.4
Selbst.	16.9	30.4	12.9	18.5	7.6	9.6
(n)	(65)	(23)	(31)	(119)	(537)	(656)
Berufliche Stellung der Mutter						
Hausfrau	22.4	46.2	28.9	29.0	30.2	30.0
Arbeiter	16.4	15.4	15.8	16.0	13.5	13.9
Angest.	53.7	26.9	55.3	48.9	47.4	47.7
Beamter	3.0	7.7	0.0	3.1	4.8	4.5
Selbst.	4.5	3.8	0.0	3.1	4.0	3.9
(n)	(67)	(26)	(38)	(131)	(645)	(776)

Tabelle 1 (Fortsetzung):

	T E I L S T I C H P R O B E			Teil-	restl.	Eltern-
	stabiles Einkommen (1)	Verlust zwisch. 5%-25% (2)	Verlust über 25% (3)	stich- probe insges. (1-3)	Eltern- stich- probe (4)	stich- probe insges. (1-4)

Erwerbsstatus Väter

vollzeit	96.9	91.7	56.3	85.1	92.4	91.1
teilzeit	0.0	0.0	6.3	1.7	0.7	0.9
Kurzarb.	3.1	4.2	0.0	2.5	0.9	1.2
arbeitslos	0.0	4.2	37.5	10.7	1.7	3.3
erw.unfähig	--	--	--	--	1.7	1.4
sonst.nicht erwerbstätig	--	--	--	--	2.6	2.1
(n)	(65)	(24)	(32)	(121)	(540)	(661)

Erwerbsstatus Mütter

vollzeit	29.2	25.9	32.4	29.5	28.7	28.8
teilzeit	35.4	33.3	35.1	34.9	35.4	35.3
Kurzarb.	0.0	0.0	0.0	0.0	1.1	0.9
arbeitslos	6.2	11.1	5.4	7.0	2.4	3.1
erw.unfähig	--	--	--	--	2.7	2.2
sonst.nicht erwerbstätig	29.2	29.6	27.0	28.7	29.8	2.2
(n)	(65)	(27)	(37)	(129)	(635)	(764)

Geschlecht des Kindes

% weiblich	43.3	33.3	50.0	43.3	51.8	50.4
(n)	(67)	(27)	(40)	(134)	(689)	(823)

Alter des Jugendlichen

% <13Jahre	56.7	63.0	50.0	56.0	57.6	57.4
(n)	(67)	(27)	(40)	(134)	(689)	(823)
Jahre M	12.7	12.7	12.9	12.8	12.7	12.7
SD	1.7	1.7	1.7	1.7	1.7	1.7
(n)	(67)	(27)	(40)	(134)	(687)	(821)

Vollständigkeit der Familien[c)]

beide Elt.	100.0	100.0	100.0	100.0	81.5	84.6
nur Mutter	--	--	--	--	15.3	12.7
nur Vater	--	--	--	--	2.3	1.9
Großelt.o.ä.	--	--	--	--	0.9	0.7
(n)	(67)	(27)	(40)	(134)	(666)	(800)

Erwerbstätigkeit der Eltern

beide Elt.	64.1	50.0	46.7	56.8	58.6	58.3
nur M.od.V.	35.9	50.0	36.7	39.0	38.5	38.6
keiner	0.0	0.0	4.2	4.2	2.8	3.1
(n)	(64)	(24)	(30)	(118)	(493)	(611)

Tabelle 1 (Fortsetzung):

| | T E I L S T I C H P R O B E | | | Teil- | restl. | Eltern- |
	stabiles Einkom- men (1)	Verlust zwisch. 5%-25% (2)	Verlust über 25% (3)	stich- probe insges. (1-3)	Eltern- stich- probe (4)	stich- probe insges. (1-4)
Anzahl der Kinder						
eins	30.2	29.2	27.0	29.0	31.6	31.1
zwei	50.8	54.2	40.5	48.4	45.0	45.6
drei	15.9	4.2	18.9	14.5	14.7	14.7
vier	1.6	4.2	10.8	4.8	4.3	4.4
fünf u.mehr	1.6	8.3	2.7	3.2	4.3	4.1
(n)	(63)	(24)	(37)	(124)	(624)	(748)
M	1.9	2.2	2.3	2.0	2.0	2.0
SD	0.8	1.6	1.2	1.0	1.0	1.0
Wohnräume pro Haushaltsmitglied						
M	1.0	1.0	1.0	1.0	1.1	1.1
SD	.5	.4	.4	.4	.6	.6
(n)	(62)	(24)	(37)	(123)	(539)	(662)
Alter des Vaters						
M	43.6	42.0	41.8	42.8	43.5	43.3
SD	5.9	5.3	6.1	5.9	6.5	6.4
(n)	(66)	(24)	(33)	(123)	(539)	(662)
Alter der Mutter						
M	40.7	39.9	39.4	40.2	40.4	40.4
SD	5.4	5.2	5.9	5.5	5.9	5.9
(n)	(66)	(27)	(38)	(131)	(642)	(773)
Schultyp des Kindes (%)						
Grund-S.	49.3	59.3	45.0	50.0	53.8	53.2
Gesamt-S.	9.0	11.1	15.0	11.2	8.0	8.5
Haupt-S.	7.5	0.0	12.5	7.5	4.9	5.3
Real-S.	10.4	11.1	5.0	9.0	10.3	10.1
Gymnasium	19.4	11.1	15.0	16.4	20.0	19.4
Sonder-S.	4.5	7.4	7.5	6.0	2.9	3.4
(n)	(67)	(27)	(40)	(134)	(689)	(823)

Anmerkungen:

a) Aufgrund von Berechnungsungenauigkeiten addieren sich die Werte nicht in jedem Fall auf 100.0%

b) Legende der Abkürzungen: HS o.Ab.= Hauptschule ohne Ab- schluß; HS m.Ab.= Hauptschule mit Abschluß; mittl.Reife= mittlere Reife/ Realschulabschluß.

c) nicht nur leibliche, sondern auch Adoptiv-, Pflege- und Stiefeltern berücksichtigt.

3.2.2 Einschätzung der parallelisierten Untersuchungsgruppen im Vergleich zur Gesamtstichprobe der Familien

Vergleicht man die selegierte Stichprobe deprivierter und einkommensstabiler Familien mit der Gesamtstichprobe aller im Berliner Jugendlängsschnitt erfaßter Familien, so zeigt sich erwartungsgemäß ein Unterschichtbias, der auf entsprechende Korrelationen von Einkommenseinbußen mit den jeweiligen Merkmalen der Familien in der Gesamtstichprobe zurückzuführen ist (siehe Anhang 1). Während in der Gesamtstichprobe 55,1% aller Väter die Hauptschule besucht haben (mit oder ohne Abschluß), sind dies in der hier verwendeten Stichprobe bedeutend mehr, nämlich 69,4%. Der entsprechende Unterschied zwischen dem parallelisierten Sample und der restlichen Elternstichprobe ist hochsignifikant (Chi^2=16.41, df=3, p<.001). Demgegenüber unterscheidet sich die Schulbildung der Mütter in der selegierten Stichprobe nicht bedeutsam von der der Mütter in der restlichen Elternstichprobe. Auch hinsichtlich der angeschlossenen Berufsausbildung sind es eher die Väter, für die sich ein - allerdings nur tendentiell bedeutsamer - Nachteil der parallelisierten Stichprobe gegenüber den restlichen Familien abzeichnet (87,9% versus 92,5%; korrigierter Chi^2=2.73, df=1, p=.09). Für die Mütter besteht kein entsprechender Unterschied. Am deutlichsten sind die Abweichungen der selegierten Stichprobe von der Elterngesamtstichprobe hinsichtlich der beruflichen Stellung der Väter sichtbar: Ersteres enthält mit 42,0% wesentlich mehr Arbeiter als die Gesamtstichprobe (26,9%), während Beamte mit nur 5% gegenüber 19,4% deutlich unterrepräsentiert sind. Selbständige sind mit 18,5% gegenüber 9,6% wiederum erwartungsgemäß überrepräsentiert. Der Vergleich zwischen selegierter Stichprobe und der restlichen Elternstichprobe erbringt einen hochsignifikanten Befund (Chi^2=43.37, df=3, p<.0001; Die wenigen Hausmänner wurden wegen zu geringer Erwartungswerte von der Berechnung ausgeschlossen.). Auch hinsichtlich dieser Variable sind für die Mütter keine Unterschiede zwischen den Stichproben zu beobachten.

Wichtig für die weiteren Betrachtungen ist, daß schon diese Befunde einen Rückschluß darauf zulassen, auf wessen berufliche Beeinträchtigungen die berichteten Verluste im Familieneinkommen weitgehend zurückzuführen sein dürften:

nämlich auf die der Väter. Nicht nur, daß die Arbeitslosigkeit der Mutter keinen Zusammenhang zu den angegebenen finanziellen Einbußen aufweist; auch für die weiteren Kennzeichen bekannter Risikogruppen entspricht nur das Bild, das sich für die Väter ergibt, den Erwartungen. Für die entsprechenden Merkmale der Mütter zeichnen sich keine konsistenten Unterschiede ab. Erst vor diesem Hintergrund lassen sich die Hypothesen zu familiären Rollenänderungen bzw. zu rollenspezifischen Belastungen sinnvoll prüfen.[8]

Blickt man nun auf die Merkmale der Kinder, so zeigt sich, daß trotz des Unterschicht-Bias der selegierten Stichprobe, wie er sich an den demographischen Merkmalen der Vätern festmachen ließ, keine statistisch bedeutsamen Unterschiede bezüglich des von den Kindern besuchten Schultyps bestehen. Zwar sind Gesamt-, Haupt- und Sonderschüler leicht überrepräsentiert, während Gymnasiasten in etwas geringerem Maße vertreten sind (vgl. Tabelle 1), aber diese Differenzen sind nicht signifikant ($Chi^2=7.07$, df=5, p>.20). Auch die von Einkommenseinbußen betroffenen und einkommensstabilen Familien unterscheiden sich nicht hinsichtlich des Schultyps des Kindes ($Chi^2=2.18$, df=5, n.s., wobei wiederum beide Verlustgruppen zusammengefaßt sind).

Der Anteil der Mädchen ist in dem matched sample mit 43,3% gegenüber 51,8% in den restlichen Familien tendentiell niedriger (korrigierter $Chi^2=2.93$, df=1, p=.08). Hinsichtlich des Alters der Kinder bestehen jedoch keine signifikanten Unterschiede, ebensowenig wie hinsichtlich der Anzahl der Verdiener

---

8) Zwar könnten auch die Anpassungen in der Haushaltsökonomie unabhängig vom "Verursacher" eine zunehmend zentralere Stellung der Mutter begünstigen. Andererseits wäre im Sinne der Ressourcentheorie (Rodman, 1970; siehe auch Burr, 1973) zu erwarten, daß der innerfamiliäre Einfluß der Mutter geschwächt wird, wenn der ökonomische Verlust auf eine Verringerung ihrer finanziellen Ressourcen zurückzuführen ist. Abgesehen von der Arbeit von Heinemann et al. (198.) geben die verfügbaren Studien hierüber jedoch wenig Aufschluß. Daß die Frage der Verursachung auch für die individuellen Belastungen nicht ohne Bedeutung ist, zeigt sich darin, daß Männer wohl hauptsächlich auf solche familiären Einkommensverluste mit psychischen Beeinträchtigungen reagieren, die auf sie selbst zurückzuführen sind (Duncan & Liker, 1983).

pro Familie[9], der Anzahl der Kinder, des pro-Kopf-Verhältnisses der Wohnräume. Die bestehenden Unterschiede hinsichtlich der Vollständigkeit der Familien und des Erwerbstatus beider Eltern ergeben sich weitgehend aus dem Selektionsverfahren.

Damit kann zwar einerseits davon ausgegangen werden, daß der Einfluß von familienstrukturellen und sozio-ökonomischen Drittvariablen auf die Ergebnisse für die hier betrachtete Stichprobe weitgehend ausgeschlossen ist. Andererseits unterliegen die Befunde jedoch insofern Einschränkungen, als sie sich auf nur vollständige Familien und insgesamt eher sozioökonomisch schlecht gestellte Familien beziehen. Inwieweit sich die Befunde anders darstellen könnten, wenn auch vermehrt Familien mit günstigeren sozio-ökonomischen Ausgangsbedingungen einbezogen wären, wird anklingen, wenn differentielle Reaktionen in Abhängigkeit von der Bildung der Eltern betrachtet werden. Sie mögen jedoch noch deutlicher ausfallen, wenn eine größere Variationsbreite - vor allem im Bereich höherer Schichten - gegeben ist und im Vergleich zur vorliegenden Stichprobe feinere Unterscheidungen möglich sind.

3.3 Variablen

Dieser Abschnitt gibt einen Überblick über die wesentlichen Variablen, die im Rahmen der empirischen Untersuchung verwendet wurden. Ausführlicher sind jene Merkmale dargestellt, die als "unabhängige" Variablen das Design bestimmen. Weitere Angaben zu den hier nur kursorisch erwähnten Skalen, die der Erfassung individueller und familiärer Reaktionen dienen, finden sich bei der Schilderung der Methode im vierten und fünften Kapitel.

Einbußen im Familieneinkommen. Wie schon bei der Stichprobenbeschreibung erwähnt, wurde zur Erhebung vergangener

---

9) Hierbei wurden nur die Eltern berücksichtigt, da über die Kinder, d.h. möglicherweise berufstätige Geschwister der Jugendlichen, keine entsprechenden Informationen vorlagen. Wegen sonst zu geringer Erwartungswerte wurde nur zwischen Doppelverdiener-Ehen und Familien ohne bzw. mit nur einem Verdiener unterschieden.

Einkommensverluste auf Selbstauskünfte der Elter zu folgender Frage rekurriert: "Hat sich im Verlauf des letzten Jahres das Einkommen, das Ihrer Familie insgesamt zur Verfügung steht, verändert?". Als zeitlicher Bezugsrahmen für die erfragten Veränderungen wurde ein Jahr vorgegeben, da dies den Erhebungs-intervallen im Berliner Jugendlängsschnitt entspricht.

Anstatt Veränderungen hinsichtlich der jeweiligen Einkünf-te einzelner Familienmitglieder und der möglichen verschiedenen Einnahmequellen separat zu erfassen, wurde diese allgemeine Frage aus zwei Gründen bevorzugt: Erstens ist die Haushaltsöko-nomie vom gesamten Familieneinkommen anstatt einzelner Einnah-mequellen abhängig, so daß es ohnehin notwendig gewesen wäre, die spezifischen Informationen zu kombinieren, um die gesamte Veränderung zu schätzen. Zweitens stand dem wiederum entgegen, daß bei einer detaillierten Befragung zu den familiären Finan-zen mit einer geringeren Beteiligungsrate zu rechnen war.

Da es sich bei den Selbstauskünften der Eltern zu finanzi-ellen Veränderungen um "weiche" Daten handelt, deren Validität zunächst fraglich war, wurden eine Reihe von Analysen durchge-führt, die den Zusammenhang zu demographischen Variablen in der Gesamtstichprobe aufklären sollten (vgl. Walper, 1985). Die Befunde, die sich auch auf Familien mit Einkommensgewinnen beziehen, entsprechen weitgehend denen, die in der Gegenüber-stellung von selegierter Untersuchungsgruppe und der verblei-benden Gesamtstichprobe als "Stichprobenbias" angeklungen sind. Was sich dort aufgrund der Selektionsstrategie nicht zeigen ließ ist, daß erwartungsgemäß unvollständige Familien (n=123) häufiger als vollständige Familien (n=677) von Verlusten betroffen sind. So berichten nur 6,8% der vollständigen aber 16,0% der unvollständigen Familien Einkommensverluste von über 25%, wobei die alleinerziehenden Väter (14,3%) kaum besser gestellt sind als die alleinerziehenden Mütter (17,2%). Auch bei den mittleren Einbußen bis zu 25% übertreffen die unvoll-ständigen Familien die vollständigen um mehr als das doppelte (10,1% versus 4,1%). Der Vorteil vollständiger Familien zeigt sich auch, wenngleich weniger deutlich, hinsichtlich der Gewinne. Hierbei gibt die Erwerbssituation beider Eltern den Ausschlag: 67,7% der mittleren und 80,0% der hohen Gewinne in vollständigen Familien stammen aus Doppelverdiener-Ehen, was jeweils deren Anteil an den vollständigen Familien (58,4%)

übertrifft. Umgekehrt sind in den stark deprivierten Familien (mit Verlusten von über 25%) diejenigen ohne erwerbstätigen Elternteil überrepräsentiert (20,5% gegenüber einem Gesamtanteil von 2,7% an den vollständigen Familien).

Wenngleich für die erste Elternerhebung keine Auskünfte zum monatlichen Netto-Einkommen der Familien zur Verfügung stehen, die eine weitere Validierung der Angaben erlauben, können hierzu inzwischen Ergebnisse der zweiten Elternbefragung herausgezogen werden. Die Rangkorrelationen zwischen berichteten Einkommensveränderungen und monatlichem Familieneinkommen[10] beträgt Spearman's r=-.24 (p<.001, n=826), wenn alle fünf Kategorien der Einkommensveränderung zugrundegelegt sind (kodiert von 0=hohe Gewinne bis 4=hohe Verluste) und r=.23 (p<.001, n=753), wenn Familien mit Gewinnen von über 5% von der Berechnung ausgeschlossen sind. Dieser mittlere Zusammenhang entspricht der Erwartung, daß sich die Verluste auch in absoluten Unterschieden im Familieneinkommen niederschlagen, ohne ihnen völlig zu entsprechen.

Auch die Analysen zu Auswirkungen der berichteten Einkommensverluste auf Umstellungen in der Haushaltsführung, die für die vorliegende Stichprobe durchgeführt wurden, dienen der Validierung elterlicher Auskünfte zu Einkommensveränderungen. Sie sind in Anhang 1 ausführlich dargestellt und werden am Ende dieses Abschnitts zum Überblick zusammengefaßt.

In dieser Stichprobe sind aufgrund des Selektionsverfahrens (siehe Abschnitt 3.2) nur drei der insgesamt fünf Antwortmöglichkeiten repräsentiert, nämlich: keine Veränderung von mehr als 5% des gesamten Familieneinkommens (einkommensstabil), Verluste über 5% bis zu 25% (mittlere Verluste) und Verluste von mehr als 25% (hohe Verluste). Genauere Angaben über den relativen Anteil der Einbußen liegen nicht vor, so daß sich die tatsächliche Variation innerhalb der vorgegebenen Grenzwerte

---

10) Um einen Vergleich mit Berliner Statistiken zu ermöglichen, wurde das monatliche Netto-Einkommen der Familie nach zwölf Kategorien erfragt, die von "unter 600 DM" bis "mehr als 5.000 DM" reichen. Die einzelnen Kategorien sind - wie in den öffentlichen Statistiken - nicht gleichabständig, sind jedoch mehrheitlich in Intervallen von jeweils 400 DM abgestuft (vgl. Walper, 1985).

nicht näher bestimmen läßt. Inwieweit sich nicht nur bei
Familien mit hohen Verlusten, die eher den klassischen Bestim-
mungen ökonomischer Deprivation entsprechen, sondern auch schon
bei mittleren Verlusten, die nur geringfügig über den üblichen
Einkommensschwankungen liegen können, Unterschiede zu den
einkommensstabilen Familien zeigen, ist eine der Fragen, die
hier beantwortet werden sollen. Entsprechend wird in den Auswertungen auch innerhalb der deprivierten Familien nach dem
Ausmaß der finanziellen Einbußen differenziert. Wo es aufgrund
der Befunde gerechtfertigt erscheint und/oder vom Auswertungsdesign her erforderlich ist, werden die Familien mit mittleren
und hohen Verlusten jedoch zusammengefaßt. Schließlich wird
eine weitere Differenzierung nach dem Anlaß der Einkommenseinbußen vorgenommen, wobei besondere Effekte von Arbeitslosigkeit des Vaters im Vergleich zu den restlichen Familien
exploriert werden.

Schulbildung der Eltern. Als Indikator für die sozio-ökonomischen und Problemlöse-Ressourcen der Familien wurde die
Schulbildung der Eltern verwendet, ein Merkmal, das seinerseits
kaum von den finanziellen Einbußen beeinflußt sein dürfte, also
auf Unterschiede in den familiären Lebensbedingungen noch vor
Eintritt der ökonomischen Verluste abzielt. Die Bildung spricht
zwar einerseits nur eine Dimension der sozio-ökonomischen
Stellung an, hat sich jedoch im Hinblick auf erziehungsbezogene
Einstellungen der Eltern als besonders relevant erwiesen, sogar
unabhängig von weiteren Schichtindikatoren (Kohn, 1969, 1981;
vgl. auch Gecas, 1979). Auch bezüglich der Funktion der mütterlichen Erwerbstätigkeit lassen sich bildungsspezifische Unterschiede erwarten, auf die wir noch zurückkommen werden. Die
Angaben zur beruflichen Stellung der Eltern sind so wenig
differenziert, daß sie nicht weiter berücksichtigt wurden.

Jeweils vier Kategorien waren bei der Erfassung der
elterlichen Schulbildung vorgegeben: (1) Hauptschule ohne
Abschluß, (2) Hauptschulabschluß, (3) mittlere Reife/Realschul-
abschluß und (4) Abitur. Obwohl für die Bestimmung sozio-ökonomischer Merkmale von Familien zumeist lediglich die entsprechenden Angaben der Väter herangezogen werden, wurde hier
entschieden, ein kombiniertes Merkmal zu bilden, das die
Bildung von Mutter und Vater gleichermaßen berücksichtigt.
Damit wird zum einen - hinsichtlich der finanziellen Lage der

Familie - in Rechnung gestellt, daß die Verdienstmöglichkeiten
erwerbstätiger Mütter auch von deren Ausbildung mitbestimmt
sind. Zweitens ist davon auszugehen, daß etwa hinsichtlich
schichtspezifischer Muster im Erziehungsverhalten der Bildungshintergrund der Mütter mindestens ebenso relevant für deren
Erziehungsstrategien ist wie der der Väter.

Da die Bildung beider Eltern erwartungsgemäß hoch korreliert ist (r=.59), wäre es nicht sinnvoll, die Angaben der
Mütter und Väter separat zu berücksichtigen. Daher wird zum
Teil der Durchschnittswert der elterlichen Schulbildung (bei
Kodierung der einzelnen Angaben von 1 bis 4) als kontinuierliches Merkmal verwendet. Für Gruppenvergleiche wird ein dichotomer Indikator herangezogen, der zwischen folgenden Gruppen
unterscheidet: (1) In den Familien mit niedriger elterlicher
Bildung haben entweder beide Eltern höchstens den Hauptschulabschluß oder ein Elternteil hat die mittlerer Reife, wobei der
Partner jedoch keinen Hauptschulabschluß erreicht hat. (2)
Entsprechend verbleiben für die Familien mit höherer Bildung
der Eltern all diejenigen, bei denen ein Elternteil mindestens
den Realschulabschluß und der Partner mindestens den Hauptschulabschluß besitzt oder zumindest ein Elternteil das Abitur
erreicht hat. Dieses Kriterium entspricht der Medianhalbierung.
Die Verteilung der jeweiligen Bildungskonstellationen beider
Eltern innerhalb der Stichprobe ist in Tabelle 2 wiedergegeben.

Erwerbstätigkeit der Mutter. Wenn in den hier verfolgten
Analysen nach Auswirkungen der Erwerbstätigkeit der Mutter -
vor allem in Interaktion mit ökonomischer Deprivation - gefragt
wird, so wird lediglich zwischen Familien mit (voll- oder
teilzeit-) erwerbstätiger[11] und (wegen Arbeitslosigkeit oder
aus sonstigen Gründen) nicht erwerbstätiger Mutter unterschieden. Eine weitere Differenzierung nach dem zeitlichen
Umfang der Erwerbstätigkeit war nicht möglich, da dies bei
mehrfaktoriellen Designs zu sehr kleinen Gruppenbesetzungen

---

11) Nur 0,9% der Mütter der Elterngesamtstichprobe (n=764 mit
entsprechenden Angaben) befinden sich in Kurzarbeit. Sie sind
in der hier verwendeten Stichprobe nicht vertreten, da in
keiner der ökonomisch deprivierten Familien die Mutter in
Kurzarbeit tätig ist und solche Familien auch nicht für die
parallelisierte Vergleichsgruppe ausgewählt wurden.

Tabelle 2: Verteilung der elterlichen Bildungskonstellation[a]

	%	(n)
NIEDRIGE BILDUNG DER ELTERN		
beide Eltern ohne Hauptschulabschluß	6.1	(7)
je ein Elternteil mit und ohne HS-Abschluß	9.6	(11)
beide Eltern mit Hauptschulabschluß	33.0	(38)
je ein Elternteil ohne HS- und mit RS-Abschluß	1.7	(2)
HÖHERE BILDUNG DER ELTERN		
je ein Elternteil mit HS- und RS-Abschluß	28.7	(33)
beide Eltern mit Realschulabschluß	9.6	(11)
je ein Elternteil mit RS-Abschluß und Abitur	6.1	(7)
beide Eltern mit Abitur	5.2	(6)
gesamt	100.0	(115)

Anmerkung:

[a] Legende der Abkürzungen: HS-Abschluß = Hauptschulabschluß, RS-Abschl. = Realschulabschluß/mittlere Reife. Familien mit Abitur eines Elternteils und maximal Hauptschulabschluß des Partners sind nicht in der Stichprobe vertreten.

geführt hätte. Insgesamt halten sich in der hier verwendeten Stichprobe die Familien mit vollzeit- und teilzeitbeschäftigter Mutter weitgehend die Waage (29,5% und 34,9% bezogen auf 129 Familien mit entsprechenden Angaben).

Anzahl der Kinder. Die Anzahl der Kinder mußte aus insgesamt vier Angaben der Jugendlichen zur jeweiligen Anzahl jüngerer und älterer Brüder und Schwestern (einschließlich des Jugendlichen selbst) geschätzt werden. Bei höherer Kinderzahl mögen sich Ungenauigkeiten ergeben, da die Antwortvorgaben für jedes Item ab drei Geschwistern einer Kategorie (z.B. "jüngere Schwestern" oder "ältere Brüder") keine Differenzierung erlauben. Im Durchschnitt haben die Familien zwei Kinder (SD=1; vgl. Tabelle 1). Aufgrund der linksschiefen Verteilung wurden die Familien mit fünf und mehr Kindern zusammengefaßt. Sie stellen nur 3,2% der hier betrachteten Stichprobe. Ein Vergleich der Auswirkungen ökonomischer Einbussen in Abhängigkeit von der Kinderzahl war nicht möglich, da lediglich die Unterscheidung zwischen Familien mit einem und denen mit mehr Kindern akzeptable Gruppengrößen geliefert hätte. Dies schien jedoch nicht sinnvoll. Die Kinderzahl wird daher lediglich als Kovariate in die Analysen einbezogen, um zu prüfen, inwieweit die Befunde von der Anzahl der Kinder mitbestimmt sind.

An dieser Stelle sei ein Befund vorweggenommen, der die unterschiedliche Anzahl der Kinder bei Erwerbstätigkeit der Mutter in beiden Bildungsgruppen betrifft, also gleichzeitig zur Charakterisierung dieser Subgruppen beiträgt. So zeigt sich, daß die erwerbstätigen Mütter der unteren Statusgruppe im Durchschnitt mehr Kinder haben (M=2.26, n=34) als die nicht erwerbstätigen Mütter dieser Gruppe (M=1.80, n=20), während sich in den Familien mit höherer elterlicher Bildung das Verhältnis umkehrt. Dort haben die erwerbstätigen Mütter weniger Kinder zu versorgen als die nicht erwerbstätigen Frauen (M=1.79, n=29 versus M=2.16, n=19). Wie eine entsprechende Varianzanalyse zur Kinderzahl in Abhängigkeit von der mütterlichen Erwerbstätigkeit und der elterlichen Schulbildung zeigt, sind beide Faktoren für sich genommen keine Prädiktoren der Kinderzahl (jeweils F<1, n.s.), während die Interaktion beider Faktoren signifikant ist (F=4.76, df=1, p=.032).

Dies entspricht den Befunden anderer Studien, wonach in den unteren Schichten zumeist finanzielle Motive für die Erwerbstätigkeit der Mutter im Vordergrund stehen, während in der Mittelschicht stärker berufsbezogene Interessen ausschlaggebend sind, die ihrerseits eine Entscheidung gegen mehr Kinder begünstigen (vgl. z.B. Hoffmann, 1986; Lehr, 1981). Auch in dieser Stichprobe zeigt sich dies in den unterschiedlichen familiären Kontextbedingungen für die Berufstätigkeit der Frauen mit niedriger und höherer Bildung der Eltern.

Alter des Kindes in der Untersuchung. Bei der Analyse von Auswirkungen des Alters der Jugendlichen wird das Alter teils als kontinuierliches Merkmal (einschließlich Dezimaldifferenzierung) und teils als dichotomer Indikator zur Unterscheidung von Altersgruppen einbezogen. Die Gruppenunterscheidung wird insofern durch das Berliner Schulsystem begünstigt, als es mit einer sechsjährigen Grundschuldauer eine sinnvolle Einteilung auch nach dem "sozialen Alter" der Kinder ermöglicht. Die Differenzierung erfolgt hier zwischen Grund- und Oberschülern (n=63 und n=52), was - mit einer Ausnahme - der Unterscheidung zwischen zehn- bis zwölfjährigen Kinder im frühen Jugendalter und 13- bis 16jährigen Jugendlichen in der mittleren Adoleszenz entspricht. Lediglich ein 13jähriger Schüler besucht noch die sechste Klasse und wird somit zur jüngeren Gruppe gerechnet.

Das durchschnittliche Alter der Jugendlichen in beiden Gruppen beträgt M=11.3 Jahre (SD=.61) und M=14.5 Jahre (SD=.75).

Die Familien mit Jugendlichen der beiden Altersgruppen sind allerdings nur bedingt als verschieden in ihrer Stellung im Familienzyklus anzusehen. 58% (n=40) der jüngeren Jugendlichen haben noch ältere Geschwister und 30,9% (n=17) der älteren haben jüngere Geschwister. Trotz dieser Überlappungen hinsichtlich des Alters der Kinder in der Familie schien es sinnvoll, die Unterscheidung zwischen den Altersgruppen auch im Hinblick auf beispielsweise Fragen des Familienklimas aufzugreifen, denn immerhin geben auch 41,1% (n=33) derer in der mittleren Adoleszenz noch ältere Geschwister und 30% (n=21) der Kinder im frühen Jugendalter noch jüngere Geschwister an.

Abhängige und vermittelnde Variablen. Wie schon eingangs erwähnt, sind diejenigen Variablen, die im Sinne des Rahmenmodells (vgl. Abbildung 1) Aufschluß über die einzelnen Aspekte familiärer und individueller Reaktionen geben sollen, hier nur zum Überblick dargestellt. Folgende Merkmale werden in den einzelnen Analysen - je nach der entsprechenden Fragestellung - als abhängige und/oder vermittelnde Variablen berücksichtigt: die persönliche Perspektive der Eltern:

- individuelle Belastungsreaktionen der Mütter und Väter: vermehrte familiäre Sorgen und Inkompetenzgefühle sowie Pessimismus;

auf der Ebene familiärer Rollen, Beziehungen und Interaktionen:

- Anpassungen im familiären Rollensystem: der Einflußgewinn der Mutter;

- die Familienintegration als Kennzeichen positiv-emotionaler Beziehungen im gesamten Familiensystem;

- als Merkmale der Eltern-Kind-Interaktion: das selbstperzipierte unterstützende und restriktiv-bestrafende Verhalten der Mütter und Väter;

als psycho-soziale Belastungsreaktionen der Jugendlichen:

- Beeinträchtigungen der persönlichen Befindlichkeit und kontranormative Reaktionen der Jugendlichen: Selbstabwertung, abwertende Einstellungen gegenüber der normativen Struktur und die Bereitschaft zu normverletzendem Verhalten; und schließlich zur Bewältigung von Statusdiskrepanzen und (drohender) Abwärtsmobilität:

- die familiäre Reduktion von Statusaspirationen für die

soziale Plazierung der Heranwachsenden sowie das Status- und
Erfolgsstreben der Jugendlichen selbst: verringerte Bildungs-
wünsche der Eltern für ihre Kinder und leistungsbezogene
Werthaltungen der Kinder.

Der erste Schritt: Auswirkungen finanzieller Verluste auf die Haushaltsführung

Zunächst wurde jedoch untersucht, ob und inwieweit sich
die finanziellen Einbußen der Familien in Maßnahmen nieder-
schlagen, die sich auf die Regulation der Haushaltsökonomie
beziehen. Entsprechend gibt die Untersuchung auch Auskunft über
- Anpassungen in der Haushaltsökonomie: Verknappung in der
Haushaltsführung (Einsparungen), subjektive Bedeutsamkeit der
Haushaltsplanung, Mehrarbeit der Mütter und Väter im Haushalt,
Wünsche der Eltern zur Mehrarbeit der Kinder.

Die Überprüfung dieser Veränderungen in der Haushaltsführung ist insofern grundlegend für die eigentlich interessieren-
den familiären Konsequenzen ökonomischer Deprivation, als sie
gleichzeitig eine Validierung der elterlichen Selbstauskünfte
über vergangene Einkommenseinbußen liefert. Erst nachdem
sichergestellt war, daß die berichteten Einkommensverluste auch
mit entsprechenden Veränderungen in der Haushaltsführung
einhergehen, wie sie in verschiedenen Untersuchungen belegt
worden sind (vgl. Abschnitt 2.2), konnten die weiteren Analyse-
schritte als inhaltlich legitimiert gelten. Die hierauf bezogenen Befunde sind im Anhang dargestellt, sollen hier jedoch kurz
zusammengefaßt werden, da sie auch im Hinblick auf differentielle Reaktionen der Familien - etwa in Abhängigkeit von
der Bildung der Eltern - von Interesse sind.

Erwartungsgemäß steigt mit dem Ausmaß der Einkommenseinbußen die Verknappung in der Haushaltsführung, d.h. die Ausgaben
werden zunehmend eingeschränkt. Während in dieser Hinsicht
keine Unterschiede zwischen den beiden Bildungsgruppen bestehen, zeigen sich bildungsspezifisch differenzielle Reaktionen
auf ökonomische Deprivation sowohl in der Bedeutsamkeit, die
der Haushaltsplanung zugeschrieben wird, als auch in der
Mehrarbeit der Mütter im Haushalt: Zwar wird bei Einbußen im
Familieneinkommen insgesamt die Haushaltsplanung subjektiv
zentraler, aber dieser Effekt fällt in Familien mit geringen

sozio-ökonomischen Ressourcen (nämlich niedriger Bildung der Eltern) stärker aus als in Familien mit besseren Ausgangsbedingungen. Zudem steigern lediglich die Mütter der unteren Bildungsgruppe bei Einkommenverlusten ihre Arbeiten im Haushalt, und zwar unabhängig davon, ob sie erwerbstätig sind, oder nicht.

Zusätzlich zu den Ausgabenkürzungen greifen die Familien der niedrigen Bildungsgruppe also noch auf andere kompensatorische Strategien zurück als die der höheren Bildungsgruppe. Dies läßt sich jedoch - fragt man nach den jeweiligen Zukunftsperspektiven hinsichtlich der Einkommensverknappung als einen Aspekt der Situationsdefinition - nicht auf unterschiedliche Einschätzungen der zukünftigen finanziellen Lage zurückführen: Daß auch weiterhin mit einem eingeschränkten Einkommen gewirtschaftet werden muß, wird in den deprivierten Familien beider Bildungsgruppen gleichermaßen erwartet. Unterschiedliche Ausprägungen und Konsequenzen finanzieller Einbußen in beiden Bildungsgruppen bestehen also nicht pauschal, nicht einmal hinsichtlich der Haushaltsführung. Ob die Mutter durch ihre Erwerbstätigkeit zum Familieneinkommen beiträgt, hat keinen maßgeblichen Einfluß auf die Anpassungen in der Haushaltsführung, stellt also auf dieser Ebene keinen generellen oder gruppenspezifischen Vorteil dar.

4. Psycho-soziale Belastungen der Eltern und Veränderungen der familiären Beziehungen und Interaktionen

In diesem Kapitel werden zunächst die Konsequenzen von Arbeitslosigkeit und finanziellen Einbußen auf die familiären Beziehungen und Interaktionen behandelt. Hierbei wird nicht nur nach moderierenden Randbedingungen, sondern auch nach vermittelnden Einflußfaktoren gefragt, die ihrerseits die Auswirkungen ökonomischer Deprivation auf die Qualität der Beziehungen im Familiensystem bestimmen.

Zwei Arten von Prozessen sind als mögliche Mediatoren zu berücksichtigen: soziale Belastungen auf der Ebene des Familiensystems, die aus den erforderlichen Anpassungen an die veränderte sozio-ökonomische Situation resultieren, und individuelle Belastungsreaktionen der Eltern im familiären Kontext. Da individuelle und familiäre Beeinträchtigungen nicht voneinander unabhängig sind, wird zu klären sein, wie sich das Wechselspiel ihres Zusammenhangs im zeitliche Verlauf gestaltet: Bedingen die gespannten familiären Beziehungen zu einem gegebenen Zeitpunkt eher die psychischen Belastungen der Eltern, wie es häufig in Querschnittanalysen vorausgesetzt wird (z.B. Pearlin & Schooler, 1978; Kandel, Davies & Raveis, 1985), oder verhält es sich eher umgekehrt? Wenn wir zuerst auf die individuellen psycho-sozialen Belastungen der Eltern eingehen, so greift dies die Antwort gewissermaßen schon voraus.

4.1 Psycho-soziale Belastungen der Eltern bei Arbeitslosigkeit und ökonomischer Deprivation

4.1.1 Ökonomische Einbußen und Arbeitslosigkeit des Hauptverdieners

Individuelle psychische Konsequenzen ökonomischer Einbußen werden zumeist im Rahmen von Studien zur Arbeitslosigkeit behandelt, die ein breites Spektrum psycho-sozialer Belastungen herausgestellt haben (vgl. Breuer et al., 1984; Frese & Mohr, 1978; Hill, 1978; Jahoda, 1979, 1983; Kieselbach & Offe, 1979; Wacker, 1983). Neben der Reduktion der ökonomischen Basis zur Sicherung von Konsumbedürfnissen, der Beeinträchtigung der

Verdienerfunktion im familiären Rollensystem und des an Einkommen und Beruf gebundenen sozialen Status und Prestiges umfaßt der Verlust latenter psycho-sozialer Funktionen der Arbeitstätigkeit noch zusätzliche Härten, die die Arbeitslosigkeit als spezifisches individuelles "kritisches Lebensereignis" charakterisieren lassen (vgl. Frese & Mohr, 1978; Hayes & Nutman, 1981; Jahoda, 1979). So sind auf der Seite negativer Veränderungen weiter zu nennen:

- der Verlust der zeitlichen Strukturierung des Tages durch die Arbeit,
- der Verlust der Einbindung in überindividuelle Ziele und Werte,
- Der Verlust einer Möglichkeit zur Befriedigung produktiver Bedürfnisse,
- der Verlust der an den Beruf gebundenen individuellen Lebensperspektive (z.B. der beruflichen Karriere).

Dem stehen auch mögliche positive Seiten des Arbeitsverlustes gegenüber:

- mehr Zeit zur Verfügung zu haben, die für Hobbys, Interessen und Sozialkontakte genutzt werden kann,
- der Wegfall belastender Arbeitsbedingungen,
- die Möglichkeit eines beruflichen Neuanfangs (z.B. durch Umschulung).

Diese positiven Aspekte überwiegen jedoch allenfalls in den ersten Wochen der Arbeitslosigkeit, die von manchen Betroffenen noch als "willkommener Urlaub" definiert werden (Hill, 1978; Hayes & Nutman, 1981), oder kommen dann zum Tragen, wenn die Arbeitslosen freiwillig aus dem Arbeitsmarkt ausscheiden und sich in Alternativrollen zurückziehen (etwa als Hausfrau oder Rentner; vgl. Breuer et al., 1984). Ein solcher Rückzug kann aber auch die Folge einer - nach langer vergeblicher Arbeitssuche - resignierenden Einschätzung eigener Chancen sein. Eisenberg & Lazarsfeld (1938, S.378) beschreiben diesen Anpassungsprozeß im Verlauf der Arbeitslosigkeit:

"We find that all writers who have described the course of unemployment seem to agree on the following points: First there is a shock, which is followed by an active hunt for a job, during which the individual is still optimistic and unresigned; he still maintains an unbroken attitude. Second, when all efforts fail, the individual becomes pessimistic, anxious, and suffers active distress; this is the most crucial state of all. And third, the individual becomes fatalistic and adapts himself to this new state but with a narrower scope. He now has a broken attitude." (zu sehr ähnlichen Verlaufsmodellen vgl. Hayes & Nutman, 1981; Hill, 1978; Jahoda, 1979).

Diesen Charakterisierungen der einzelnen Stufen im Prozeßverlauf entsprechen auch weitgehend die Haltungstypen, die Jahoda et al. (1975) in ihrer klassischen Marienthal-Studie zu Beginn der Dreißiger Jahre beschrieben haben. Nach ca. zwei Jahren Arbeitslosigkeit, die aufgrund einer Werksstillegung fast die gesamte Bvölkerung der kleinen Ortschaft betroffen hatte, waren unter den 478 betroffenen Familien folgende psychischen Reaktionen zu beobachten: Knapp ein Viertel erwiesen sich als die "Ungebrochenen", die noch optimistisch waren, Zukunftspläne machten und sich um Arbeit bemühten (23%); der weitaus größte Anteil, nämlich dreimal soviele, gehörten zu den "Resignierten", die keine Pläne mehr verfolgten, sich maximal einschränkten, aber noch ein relatives Wohlbefinden zeigten (69%); vereinzelt gab es jedoch auch "Verzweifelte", die sich von den Resignierten häuptsächlich durch Depressivität und Bitterkeit in der Einschätzung ihrer Lage und häufige Vergleiche mit der besseren Vergangenheit unterschieden (2,3%) sowie - etwas häufiger - die "Apathischen", die durch Passivität und Gleichgültigkeit gekennzeichnet waren, wobei der Familienverband weitgehend in Auflösung begriffen war (5,3%).

Diese Reaktionen waren keineswegs nur auf die Arbeitslosen selbst beschränkt, sondern beschreiben eher - ähnlich wie die von Bakke (1969b) gekennzeichneten Phasen der familiären Krisenbewältigung (siehe Abschnitt 2.1) - das psychische Klima in den Familien. Als ausschlaggebend für die "Widerstandskraft' der Familien in der psychischen Bewältigung von Arbeitslosigkeit erwies sich das Ausmaß der ökonomischen Verknappung. Je gravierender sich die finanziellen Ressourcen im Haushalt verringerten, desto schneller scheint der "psychische Verfallsprozeß" stattgefunden zu haben, den die Autoren aus den verschiedenen Reaktionen erschließen: Die Auswegslosigkeit der Situation wurde dann umso offensichtlicher. Eine zunehmende Verengung der zukunftsbezogenen Zeitperspektive und damit des subjektiven Lebensraums (Lewin, 1948), wie sie auch für überdauernde Bedingungen sozio-ökonomischer Deprivation belegt worden sind (vgl. Gecas, 1979; Trommsdorff, Burger, Füchsle, & Lamm, 1978), scheint unter diesen Lebensumständen in zumindest zweifacher Hinsicht begünstigt zu werden, d.h. für deren Bewältigung funktional zu sein: Erstens werden hierdurch die starken psychischen Spannungen, wie sie für die "Verzweifelten" charakteristisch sind, teilweise abgefangen. Zweitens nehmen die momentanen praktischen Anforderungen zunehmend mehr Kraft und Aufmerksamkeit in Anspruch und machen somit eine Ausrichtung auf die gegenwärtigen Gegebenheiten notwendig.

Depressivität und Apathie als Folge von Arbeitslosigkeit werden heute zumeist im Rahmen von streßtheoretischen Konzepten (z.B. Pearlin, Lieberman, Menaghan & Mullan, 1981) und der Theorie der gelernten Hilflosigkeit (Seligman, 1983; z.B. Frese, 1978, 1979) behandelt (vgl. auch Frese & Mohr, 1978). Hierbei steht die Frage im Vordergrund, welche vermittelnden psychischen Veränderungsprozesse solchen Folgen von Arbeitslosigkeit zugrunde liegen, und wie verschiedene Bewältigungsstrategien und externe Ressourcen, besonders soziale Unterstützung, diesen Prozeß beeinflussen. Sie geben damit einen differenzierteren Einblick als die eher typologischen Beschreibungen.

So zeigte sich in der Längsschnittuntersuchung von Frese (1979) nicht nur, daß anhaltende und wiederholte Arbeitslosigkeit mit einem Anstieg der Depressivität einhergeht, sondern auch, daß hierfür der Verlust von zukunftsbezogenen Kontrollüberzeugungen, d.h. der Hoffnung, auf die eigene Situation Einfluß nehmen zu können, entscheidend ist. Eine häufig vertretene Gegenthese, wonach Depressivität ihrerseits zu langfristiger Arbeitslosigkeit führt (etwa aufgrund mangelnder Bemühungen um eine Arbeitsstelle), fand demgegenüber keine Bestätigung. Die Studie von Kasl & Cobb, 1979, s.u.) spricht zwar für einen Effekt auch in diese Richtung, verweist aber gleichzeitig darauf, daß noch andere Faktoren hinzutreten müssen: Hohe Depressivität zu Beginn der Arbeitslosigkeit ging nur dann mit längerfristiger Arbeitslosigkeit einher, wenn die Arbeitslosen geringe soziale Unterstützung durch Freunde, Verwandte und in der Ehe erlebten. Der wahrgenommene Mangel an Hilfe und Akzeptanz durch andere wirkt sich dann zusätzlich negativ auf die Wiedereingliederung in den Beruf aus.

71

Pearlin, Lieberman, Menaghan & Mullan (1981) konnten in ihrer Längsschnittuntersuchung ebenfalls den Zusammenhang zwischen unfreiwilligen Unterbrechungen der Berufstätigkeit (die Kategorie ist breiter gefaßt und enthält z.B. auch Krankheitsfälle) und einer Zunahme depressiver Symptome bestätigen sowie hinsichtlich relevanter Mediatoren näher aufklären. Die Studie, die auf Panel-Befragungen bei 2.300 erwachsenen Hauptverdienern (Männer und - allerdings zumeist alleinstehende - Frauen) im Abstand von vier Jahren zurückgriff, trägt vor allem auch den ökonomischen Belastungen im Zuge von Arbeitsunterbrechungen Rechnung. So ließ sich der Einfluß, den Unterbrechungen der Erwerbstätigkeit auf eine Steigerung der Depressivität hatten, zu einem großen Teil auf die vermehrten subjektiven finanziellen Belastungen (economic strain) zurückführen, die ihrerseits aus den berufsbedingten Einkommensverlusten resultierten. Weiterhin zeigte sich, daß die subjektiven ökonomischen Belastungen vor allem indirekte, über das Selbstkonzept vermittelte Konsequenzen für die gesteigerte Depressivität haben: Ihre Wirkung war weitgehend, wenn auch nicht ausschließlich über nachteilige Veränderungen des Selbstwertgefühls und der Einschätzung eigener Einflußmöglichkeiten in der Lebensgestaltung (mastery) vermittelt.

Auch dem Einfluß psychischer Bewältigungsstrategien und sozialer Unterstützung wurde in der Arbeit von Pearlin et al. (1981) nachgegangen, sowohl hinsichtlich ihres allgemeinen Einflusses - d.h. der jeweiligen Haupteffekte unabhängig von Unterbrechungen der Erwerbstätigkeit - als auch im Hinblick auf ihr Zusammenspiel mit diesem und den vermittelnden Belastungsfaktoren. Eine Abwertung der Bedeutung finanzieller Standards und Bedürfnisse sowie positive zeitliche und soziale Vergleiche hinsichtlich der eigenen finanziellen Situation ("Coping") erwiesen sich hierbei schon als generell vorteilhaft für Veränderungen der subjektiven finanziellen Belastungen und des Selbstkonzepts, nicht jedoch der Depression. Gleiches gilt für die emotionale Unterstützung durch positive Ehe- und Freundschaftsbeziehungen, mit der Ausnahme, daß sie keinen allgemeinen Einfluß auf das Selbstwertgefühl hatte. Zudem moderieren diese Bewältigungsstrategien und soziale Unterstützung jedoch auch den Einfluß von Arbeitsunterbrechungen: Deren Auswirkungen auf subjektive ökonomische Belastungen und auf Depression zeigen sich nur bei geringen Bewältigungsstrategien; hinsichtlich der Selbstwirksamkeit (mastery) sind die Effekte von Arbeitsunterbrechungen auf Personen mit geringer sozialer Unterstützung beschränkt; und bezüglich des Selbstwertgefühls kommen beide Moderatoren zum Tragen, wobei diejenigen mit hohen Bewältigungs- und sozialen Ressourcen sogar eher von der Arbeitsunterbrechung profitieren, während diejenigen mit nur geringen Ressourcen negativ in ihrem Selbstwertgefühl beeinflußt werden. Die nachteiligen Effekte von Unterbrechungen der Berufstätigkeit werden also je nach den verfügbaren Ressourcen an spezifischen Stellen der Vermittlung im zugrundegelegten Kausalmodell abgefangen.

Aufschluß über den zeitlichen Verlauf von Streßreaktionen in Folge von Arbeitslosigkeit sowie den Einfluß von sozialer Unterstützung geben vor allem die Arbeiten der Forschungsgruppe von Kasl, Gore und Cobb (1975; Gore, 1978; Kasl & Cobb, 1979). In ihrer Längsschnittstudie an 100 verheirateten männlichen Arbeitern aus zwei stillgelegten Betrieben und einer Vergleichsgruppe von 74 erwerbstätigen Arbeitern mit ähnlichen Berufen wurden die fünf Meßzeitpunkte nach theoretischen Gesichtspunkten gewählt. Die Erhebungen erfolgten (1) in der Antizipationsphase (nach Bekanntgabe der Betriebsschließung, sechs Wochen vor der tatsächlichen Stillegung), (2) bei der Schließung (einen Monat nach der Stillegung, wobei ca. 50% der Männer arbeitslos und der Rest in der Probephase einer neuen Arbeitsstelle waren), (3) während der Wiederanpassung (sechs Monate nach der Schließung, wobei 90% der Männer wieder erwerbstätig waren), (4) ein Jahr nach der Stillegung und (5) zwei Jahre nach der Betriebsschließung.

In den sehr umfangreichen und komplexen Befunden zeigte sich unter anderem:
- Die Gruppe der von der Betriebsstillegung betroffenen Männer wies schon in der Antizipationsphase eine besonders erhöhte Rate von Tagesbeschwerden auf, die - mit Fluktuationen über die Zeit - in der letzten Phase am niedrigsten war (Kasl, Gore & Cobb, 1975). Ein solcher Antizipationseffekt konnte auch für einen Teil der anderen Streßindikatoren nachgewiesen werden (Gore, 1978).
- Die soziale Unterstützung durch positive Ehe-, Freundschafts- und Verwandtschaftsbeziehungen hatte bei kurzfristiger

73

Arbeitslosigkeit noch keinen Einfluß auf die subjektiven ökonomischen Belastungen, sondern erst bei längerfristiger Arbeitslosigkeit. Die Belastungen der Männer mit höherer sozialer Unterstützung lagen dann unter denjenigen der Gruppe mit geringerer Unterstützung (Kasl & Cobb, 1979). Demnach sind die ersten Reaktionen in der "Schock-Phase" noch weitgehend unabhängig von den sozialen Beziehungen. Deren Einfluß kommt erst bei Fortdauer der Belastungssituation zum Tragen.

- Hinsichtlich verschiedener Streßreaktionen der von Betriebsstillegung betroffenen Männer (Steigerung des Cholesterin-Spiegels, Krankheitssymptome, affektive Reaktionen) schien soziale Unterstützung – entgegen der gängigen Sichtweise und Befunden, wie sie etwa die zuvor berichtete Studie von Pearlin et al. (1981) erbrachte – weniger als "Puffer" zu wirken. Vielmehr erwies sich das Gefühl mangelnder sozialer Unterstützung als zusätzlicher Stressor (Gore, 1978).

- Psychische Beeinträchtigungen wie Ärger, Irritierbarkeit, Anomia, Feindlichkeitsgefühle waren lediglich bei den Arbeitslosen aus dem städtischen Betrieb erhöht, für die der Betrieb ein zentraler Kommunikationspunkt war. In dem zweiten ländlichen Betrieb scheint die insgesamt größere soziale Integration der Betroffenen psychische Belastungsreaktionen weitgehend verhindert zu haben (Kasl & Cobb, 1979). Wenn also der Verlust von über die Arbeitstätigkeit vermittelten Kontaktmöglichkeiten vor allem für städtische Arbeitslose entscheidend ist, so legt dies gleichzeitig nahe, daß für sie die Familie eine umso zentralere Stellung einnehmen wird.

Aus rollentheoretischer Perspektive konzeptualisiert Warr (1984) Arbeitslosigkeit als Rollenübergang und lenkt dabei den Blick näher auf die jeweiligen Kosten und Gewinne bei Verlust von Merkmalen der Erwerbsrolle und dem Erlernen bzw. der Neuorientierung auf andere Rollen. Hohe Kosten sind in diesem Sinne vor allem bei hoher Ausrichtung auf den Beruf, also starker Anbindung an die Erwerbsrolle zu erwarten. Ein entsprechender Zusammenhang zwischen Berufsbindung und gesundheitlichen Beeinträchtigungen, niedrigem Selbstwertgefühl sowie negativen affektiven Reaktionen bei Arbeitslosigkeit konnte in mehreren der von Warr (1984) berichteten Studien seiner Arbeitsgruppe bestätigt werden. Auch Fröhlich (1982) berichtet für arbeitslose Ehemänner einen deutlichen Zusammenhang zwischen der Zentrierung auf den Beruf und Anomie, dem Gefühl persönlicher Wertlosigkeit und des Ausgegrenztseins aus dem weiteren gesellschaftlichen Kontext.

Veränderungen der Ausrichtung auf den Beruf im Verlauf des Lebenszyklus werden auch als Erklärung für den kurvilinearen Zusammenhang zwischen Alter und negativen Effekten von Arbeitslosigkeit bei Männern herangezogen (Warr, 1984). Die höhere Arbeitsorientierung bei vermehrter familiärer Verantwortung und größeren finanziellen Anforderungen akzentuieren die negativen psychischen Konsequenzen von Arbeitslosigkeit im mittleren Erwachsenenalter. Dies zeigen etwa die Befunde von Estes und Wilensky (1978) zum "life cycle squeeze" in diesem Abschnitt der Lebensspanne: Die psychischen Belastungen der finanziell stark beeinträchtigten Arbeitslosen waren am höchsten, wenn die Kinder - wie in der hier betrachteten Stichprobe - noch im Schulalter waren, während die Ablösungsphase unter diesen Bedingungen als eher entlastend erlebt wurde.

4.1.2 Arbeitslosigkeit von Frauen

Auf die unterschiedliche Zentralität der Verdienerrolle und die differentielle Verfügbarkeit von Alternativrollen für verheiratete Männer und Frauen, vor allem, wenn Kinder zu versorgen sind, werden auch die geschlechtsspezifischen Effekte von Arbeitslosigkeit zurückgeführt (z.B. Brinkmann, 1978; Kaufman, 1981; Pintar, 1978; Warr, 1984; vgl. auch Breuer et al., 1984). Allerdings schlüsseln die Studien nicht immer nach dem Familienstand auf.

So zeigte sich in der Befragung von Pintar (1978), daß arbeitslose Frauen in geringerem Maße als arbeitslose Männer das Gefühl gesellschaftlicher Wertlosigkeit haben und weniger fatalistisch sind. Zwar liegen diese Belastungen bei längerer Arbeitslosigkeit für die Frauen ebenso wie für die Männer höher. Dies erlaubt jedoch noch keinen Rückschluß auf entsprechende Veränderungsprozesse über die Zeit. Mit steigender Dauer der Arbeitslosigkeit scheinen die verheirateten Frauen vielfach in die Hausfrauenrolle zurückgekehrt zu sein, so daß die entsprechenden höheren Durchschnittswerte dann wohl eher Selektions- als Veränderungseffekte wiedergeben.

75

Auch in der Repräsentativbefragung von Brinkmann (1978) gaben arbeitslose Frauen beispielsweise seltener als arbeitslose Männer an, daß sie sich überflüssig vorkamen (47% versus 62%), daß es ihnen schwerfiel, von der Arbeitslosigkeit zu erzählen (35% versus 55%), und daß sie sich oft gefragt hatte, ob sie nicht selbst schuld an der Arbeitslosigkeit sind (11% versus 24%). Die einzige Ausnahme bilden hierbei Sozialkontakte zu Kollegen, die den Frauen häufiger fehlen als den Männer (59% versus 46%). Bei den Männer steht demgegenüber das Gefühl der Langeweile an erster Stelle der Belastungen.

Wie schon angedeutet, zeigt sich bei einer Differenzierung nach dem Familienstand, daß die berichteten geringeren Belastungen der arbeitslosen Frauen nicht generelle geschlechtsspezifische Unterschiede darstellen, sondern nur in Abhängigkeit von ihrem jeweiligen Familienstand, nämlich bei den Verheirateten, zu beobachten sind. Sowohl bei nicht verheirateten Frauen als auch bei alleinerziehenden Müttern fallen die Belastungen keineswegs geringer aus als bei Männern, den traditionellen "verantwortlichen" Hauptverdienern (z.B. Warr, 1984; Kaufman, 1981). Eine gewisse Ausnahme bilden die Befunde von Gnegel und Mohr (1982), die in ihrer Untersuchung von arbeitslosen an- und ungelernten Arbeiterinnen keinen Unterschied der berichteten Belastungen je nach Familienstand finden. Allerdings ist unklar, ob die Frauen Kinder zu versorgen haben. Da dies in der Regel zu geringerem beruflichem Engagement und einer Reduktion von positiven Auswirkungen der Erwerbstätigkeit für die Frauen führt (Warr & Parry, 1982), wären hauptsächlich für verheiratete Mütter geringere Belastungen bei Arbeitslosigkeit zu erwarten.

Ein detailliertes Bild liefert die Längsschnitt-Untersuchung von Heinemann, Röhrig und Stadié (1983). Die Autoren vergleichen fünf Gruppen, die nach dem jeweiligen Erwerbsstatus der Frauen (erwerbstätig, arbeitslos, Hausfrau) zu beiden Erhebungszeitpunkten (Juni/Juli und November 1978) unterschieden sind. Dies sind zum einen zunächst arbeitslose Frauen, die entweder aus der Arbeitslosigkeit in die Erwerbstätigkeit oder in die Hausfrauenrolle wechseln oder arbeitslos bleiben, und zum anderen Frauen, die zu beiden Zeitpunkten erwerbstätig oder Hausfrau sind, also - wie die letztgenannte Gruppe der Arbeitslosen - in ihren Rollen bleiben. Sie erlaubt also Aussagen über

Unterschiede zwischen diesen fünf Gruppen zu beiden Zeitpunkten wie auch über die Veränderung der individuellen Reaktionen und familiären Anpassungen in Abhängigkeit vom Statuswechsel der Frauen.

Aus den vielfältigen Befunden seien hier nur einige herausgegriffen. Wie zu erwarten war, unterscheiden sich die die zunächst Arbeitslosen je nach ihrem späteren Statuswechsel schon vorher in ihrer Anbindung an die Familie, ihrer Berufsorientierung und ihren Rollenbildern. Allerdings scheinen diese Orientierungen nicht nur den jeweiligen Wechsel in die Hausfrauen- oder Berufsrolle mitzubestimmen. Zumindest teilweise sind sie auch durch den Verlauf der Arbeitslosigkeit geprägt, der also seinerseits Rückwirkungen auf die jeweilige Familien und Berufsorientierung der Frauen hat.

Hinsichtlich der psychischen Belastungen der Frauen zeigen sich teils deutliche Unterschiede zwischen den einzelnen Verlaufsgruppen, die jedoch nicht für alle betrachteten Indikatoren gleich ausfallen. Eine erhöhte emotionale Labilität findet sich etwa sowohl bei den Frauen, die in der Arbeitslosigkeit verbleiben, als auch bei den Hausfrauen, die zu beiden Zeitpunkten diese Rolle innehaben, während diejenigen Arbeitslosen, die in die Hausfrauenrolle oder die Erwerbstätigkeit wechseln, eine gleichermaßen niedrigere emotionale Labilität aufweisen. Ein Vergleich nach der Dauer der Arbeitslosigkeit legt nahe, daß vor allem die späteren Hausfrauen einen "Entlassungsschock" erleben, dem schon nach wenigen Monaten eine Verbesserung der psychischen Verfassung folgt. Allerdings steigt der Anteil der Frauen mit hoher emotionaler Labilität mit fortschreitender Dauer deutlich an. Die negativen Folgen langfristiger Arbeitslosigkeit für die emotionale Festigkeit und Selbstsicherheit betreffen am stärksten diejenigen Frauen, die später wieder eine Erwerbstätigkeit aufnehmen oder in der Arbeitslosigkeit verbleiben. Die zunächst Arbeitslosen, die später in die Hausfrauenrolle überwechseln, sind demgegenüber - wohl aufgrund iherer geringeren beruflichen Orientierung und veränderten Zukunftsperspektive - mit längerer Dauer der Arbeitslosigkeit weniger belastet. Allerdings stellt sich diesbezüglich die Situation alleinstehender Frauen anders dar: Hier sind es vor allem die Hausfrauen, auch die zunächst arbeitslosen, die eine erhöhte emotionale Labilität aufweisen, wohl nicht zuletzt aufgrund der sozialen Isolation, die der Verzicht auf den Beruf für sie mit sich bringt.

Resignation erweist sich als eine - wenn auch eher kurzfristige - Reaktion aller Arbeitslosen, unabhängig davon, ob die Frauen später in die Hausfrauenrolle wechseln, in den Beruf zurückkehren oder in der Arbeitslosigkeit verbleiben. Mit dem Statuswechsel aus der Arbeitslosigkeit heraus (sei es in den Haushalt oder in den Beruf) verringert sich die resignative Haltung, die also vor allem Ausdruck der unsicheren Situation sein dürfte. Auch hier zeigt sich, daß sowohl Arbeitslosigkeit wie auch die Hausfrauenrolle für Alleinstehende eine grundsätzlich andere Bedeutung hat: Unter den alleinstehenden Hausfrauen, die zunächst noch arbeitslos sind, steigt der Anteil derer mit hoher Resignation auf 91% und liegt auch nach dem Wechsel in die Hausfrauenrolle mit 60% noch weit über dem Durchschnitt.

Die jeweilige (familiäre) Situation arbeitsloser Frauen erweist sich also ebenso wie der Verlauf der Arbeitslosigkeit als entscheidend für deren Reaktionen. Wenn verheiratete Frauen in dieser Hinsicht im Vorteil sind, sowohl gegenüber ihren alleinstehenden Geschlechtsgenossinnen, wie auch im Vergleich zu arbeitslosen Ehemännern, so mag dies jedoch nicht nur auf ihre geringere soziale Isolation und die größerer Verfügbarkeit von Alternativrollen zurückzuführen sein, sondern - zumindest teilweise - auch auf die geringeren ökonomischen Belastungen bei Arbeitslosigkeit der Frau als des Mannes zurückführen sein.

Nun stellt sich hier die Frage nach den individuellen Folgen ökonomischer Deprivation für die Mütter und Väter vor allem in einem anderen Sinne, weist doch die Arbeitslosigkeit der Mutter keinen Zusammenhang zu den berichteten Einkommensverlusten der Familien auf (vgl. Kapitel 3.1). Dies führt uns zu rollenspezifischen Auswirkungen ökonomischer Deprivation, die enger mit der Frage nach der unterschiedlichen Verantwortung für die finanzielle Lage der Familie verbunden sind. Soweit im Sinne der Befunde von Duncan (1980) auch ausschlaggebend ist, ob die Verknappung des Familieneinkommens aus Verlusten im eigenen Einkommen resultieren, sollte sich die Lage der mitbetroffenen Mütter anders darstellen als die der Väter.

78

4.1.3 Reaktionen der mitbetroffenen Ehefrauen bei Arbeitslosigkeit und ökonomischen Einbußen des Mannes

Einige Studien aus den Dreißiger Jahren legen nahe, daß die finanzielle Verknappung damals vielfach zu einer Stärkung der innerfamiliären Stellung der Mütter führte, ohne auch mit denselben Belastungsreaktionen seitens der Mütter einherzugehen, wie sie für die Männer - im Sinne ihres "Mißerfolgs" als verantwortliche Hauptverdiener - zu beobachten waren (z.B. Bakke, 1969 b; Elder, 1974). Nach den Befunden der Längsschnittanalyse von Liker und Elder (1983) zeigten sich in den untersuchten 117 Familien nur bei den Vätern Auswirkungen ökonomischer Deprivation auf deren Irritierbarkeit (wobei viele dieser Männer sogar noch erwerbstätig waren), nicht jedoch bei den Müttern. Hierbei erwiesen sich die individuellen psychischen Ressourcen bzw. Dispositionen der Männer als ausschlaggebend: Die Irritierbarkeit der Männer stieg mit dem ökonomischen Verlust vor allem dann an, wenn sie schon zuvor eine erhöhte Irritierbarkeit aufwiesen. Die Belastungssituation hat also bei ihnen zu einer Akzentuierung von vorherigen ungünstigen Tendenzen in der Persönlichkeit geführt, nicht jedoch bei den Müttern (zur Akzentuierungshypothese, die sich nicht nur individuelle, sondern auch familiäre Streßreaktionen bezieht, siehe auch Abschnitt 4.2.1).

Wenngleich also hinsichtlich dieses relativ stabilen Persönlichkeitsmerkmals für die Mütter keine negativen Folgen ökonomischer Deprivation nachzuweisen waren, so heißt dies jedoch nicht, daß die Frauen in ihrer Befindlichkeit unbeeinträchtigt geblieben wären. Elder (1974) findet andere emotionale Belastungen auch seitens der deprivierten Mütter, allerdings nur in den Mittelschichtfamilien. Die zumeist von Abwärtsmobilität durch Arbeitslosigkeit des Mannes betroffenen Frauen der Mittelschicht wiesen höhere Unzufriedenheit, Erschöpfung, Inkompetenzgefühle und ein geringeres Sicherheitsgefühl auf als Frauen aus den nicht deprivierten Mittelschichtfamilien. Da sich in der Unterschicht kein entsprechender Unterschied zwischen den Müttern aus deprivierten und nicht deprivierten Familien zeigte, legt den Schluß nahe, daß damals für die psychischen Reaktionen der Frauen vor allem der sozio-ökonomische Abstieg der Familie ausschlaggebend war.

Inwieweit dies auch heute noch gilt, scheint jedoch fraglich. Im Zuge des Wandels der Geschlechtsrollen in der jüngeren Vergangenheit wird heute den Frauen eine aktivere Rolle und größere Mitverantwortung im Bereich familiärer Entscheidungen und Arbeiten zugesprochen (Thornton, Alwin & Camburn, 1983). Entsprechend dieser stärkeren Teilhabe an ökonomischen Belangen der Familie - nicht zuletzt auch aufgrund der gestiegenen Erwerbsbeteiligung der Frauen - ließe sich heute eher eine Angleichung der Reaktionen von Vätern und Müttern erwarten.

Auf einen solchen Weg, über den Arbeitslosigkeit des Mannes zu vermehrten Belastungen auch seitens der Frau führen kann, weist Kaufman (1981) hin. Gerade bei hochqualifizierten Berufsgruppen zeigte sich, daß die Arbeitslosigkeit der Männer auch mit stärkeren psychischen Reaktionen der Ehefrauen einherging, was auf die größere Anteilnahme dieser Frauen an der Berufstätigkeit des Mannes zurückgeführt wird. Hier scheint also weniger das Statusbewußtsein als vielmehr die gemeinsam geteilte Sorge am beruflich-ökonomischen Schicksal der Familie im Vordergrund gestanden zu haben. Galambos und Silbereisen (1987a), deren Untersuchung im Rahmen desselben Projekts entstanden ist wie die vorliegende Studie, allerdings auf eine andere Stichprobe zurückgreift, finden, daß finanzielle Veränderungen im Familieneinkommen die Zukunftsaussichten der Mütter und Väter in gleicher Weise beeinflussen. Hierbei sind jedoch auch Familien mit Einkommensgewinnen einbezogen. Da diese häufig auf einen Erwerbseintritt oder Mehrarbeit der Mütter zurückzuführen sein dürften, ist nicht auszuschließen, daß vor allem positive Veränderungen des Familieneinkommens zu einer besseren Zukunftsperspektive der Mütter, und negative Veränderungen zu einer pessimistischeren Sicht der Väter beitragen. Insofern bleibt offen, ob Mütter und Väter jeweils gleichermaßen auf ökonomische Einbußen reagieren.

Allerdings belegen eine Reihe weiterer Arbeiten den Zusammenhang von ökonomischer Deprivation und psychischen Beeinträchtigungen auch für Frauen. Dies gilt sowohl auf der Aggregatebene hinsichtlich der Inanspruchnahme psychiatrischer Hilfe bei makro-ökonomischen Verschlechterungen (Dooley & Catalano, 1980; Catalano, Dooley & Jackson, 1985), für den Zusammenhang zwischen ökonomischen Belastungen und psychischen

Störungen speziell in der Unterschicht (Brown, Bhrokhain & Harris, 1975), als auch hinsichtlich der Folgen eines niedrigen und/oder unvorhersagbaren Einkommens und der Abhängigkeit von Sozialleistungen für emotionalen Distresses und Beeinträchtigungen des psychischen Wohlbefindens bei Müttern (Belle, 1980; Conger, McCarthy, Yang, Lahey & Kropp, 1984). Wenngleich also die Konsequenzen finanzieller Verluste für die Väter (als die "verantwortlichen" Hauptverdiener) stärker ausfallen mögen als für die Mütter, so wird doch deutlich, daß die Mütter hiervon keineswegs unberührt bleiben.

Wie einige Studien zur Arbeitslosigkeit nahelegen, wird nicht zuletzt durch die individuellen Belastungen und die wahrgenommene Stigmatisierung bei ökonomischer Deprivation und Arbeitslosigkeit zwar einerseits vielfach der Rückzug in die Familie begünstigt (z.B. Fröhlich, 1982; Jahoda et al., 1975; Marsden & Duff, 1983). Die ökonomische Probleme und die hierüber in Gang gesetzten Veränderungen der innerfamiliären Rollenbeziehungen bringen jedoch andererseits auch Belastungen des Familiensystems mit sich, die sich in den innerfamiliären Beziehungen niederschlagen und damit - durch Beeinträchtigungen der sozialen Unterstützung im familiären Kontext - auf die Eltern rückwirken. Schon die Befunde zum verzögerten Einfluß sozialer Unterstützung auf die individuellen Streßreaktionen bei Arbeitslosigkeit (Kasl & Cobb, 1979) deuten darauf hin, daß diese Rückwirkungen der sozialen Beziehungen auf die individuelle Befindlichkeit erst im weiteren Verlauf der Krisenbewältigung zum Tragen kommen. Welche Veränderungen der familiären Beziehungen und Interaktionen bei ökonomischer Deprivation zu erwarten sind, und welche Einflußfaktoren hierfür ausschlaggebend sind, wird im nächsten Abschnitt behandelt.

4.2 Beeinträchtigungen der familiären Beziehungen und Interaktionen

"Economic hardship entails sacrifice, and choices on expenditure force the question of who is to sacrifice or give up what. Marriage and family life may thus become an arena of competing interests for scarce resources." (Elder, 1974, S.92)

4.2.1 Individuelle und soziale Einflußfaktoren

Daß durch die finanzielle Verknappung bei ökonomischen Einbußen und Arbeitslosigkeit vielfach familiäre Konflikte begünstigt werden, belegen eine Reihe von Untersuchungen. So gaben in einer Repräsentativbefragung bei Arbeitslosen aus dem Jahr 1975 (Brinkmann, 1978) 49,4% derjenigen, die mit Zahlungs-verpflichtungen in Verzug gekommen waren, an, daß sie "in der Familie häufiger als sonst Ärger" hatten, während familiäre Reibereien nur bei 14,3% derjenigen vermehrt auftraten, die "kaum finanzielle Schwierigkeiten" hatten. Und nur 39,3% derjenigen mit Zahlungsproblemen war es "ganz lieb, mehr für die Familie tun zu können", wohingegen dies 59,8% derjenigen angaben, die kaum finanzielle Schwierigkeiten hatten.

Auch nach den Befunden von Brinkerhoff & White (1978) geht ökonomische Instabilität durch Beeinträchtigungen in der Erwerbstätigkeit des Mannes zumindest unterhalb einer gewissen Einkommensgrenze und bei längerer Arbeitslosigkeit (über drei Monate) mit geringerer Ehezufriedenheit einher, wobei sich die subjektive Einschätzung bzw. Bewertung der finanziellen Situation als entscheidend erwies. Wenn hier die Effekte als nicht sonderlich gravierend erscheinen, so mögen dem Besonderheiten der Stichprobe zugrundeliegen: Die untersuchten Familien lebten in einer Gemeinde, wo saisonal bedingte Arbeitslosigkeit die Regel ist, so daß in vielen Fällen ohnehin eine gewisse Gewöh-nung an niedriges Einkommen und Arbeitslosigkeit stattgefunden haben dürfte.

Aufschluß über vermittelnde Einflußfaktoren, die für die Auswirkungen ökonomischer Deprivation auf die Ehebeziehung bedeutsam sind, gibt vor allem die Arbeit von Liker & Elder (1983), in der zwei Mediatoren betrachtet werden: (1) soziale Belastungen des Familiensystems durch gesteigerte finanzielle Konflikte und (2) individuelle Belastungsreaktionen der Eltern. In ihrer Längsschnittstudie bei 117 amerikanischen Familien, die während der Dreißiger Jahre in unterschiedlichem Ausmaß von ökonomischen Verlusten betroffen waren, berichten sie einen starken Zusammenhang zwischen der Höhe relativer Einkommensein-bußen einerseits und finanziellen Konflikten sowie vermehrter Irritierbarkeit der Eltern andererseits, wobei der Einfluß von zuvor bestehenden Konflikten und Irritierbarkeit beider

Ehepartner kontrolliert wurde. Diese finanziellen Konflikte ebenso wie die gesteigerten emotionalen Belastungsreaktionen der Männer erklärten weitestgehend die vermehrten ehelichen Spannungen bei ökonomischer Deprivation.

Da - umgekehrt - Beeinträchtigungen der Ehebeziehung keinen zeitlich direkten Einfluß auf die Irritierbarkeit der Männer zu haben schienen, legen die Befunde weiterhin nahe, daß weniger innerfamiliäre Faktoren als vielmehr das Gefühl des Mißerfolgs in der Verdienerrolle die starken emotionalen Reaktionen der Männer begünstigt hat. Zwar ergab sich langfristig auch ein negativer Effekt der ehelichen Spannungen auf die individuellen Belastungsreaktionen der Männer. Wesentlich stärker und zeitlich direkter war jedoch der umgekehrte Effekt: Die Ehebeziehungen verschlechterten sich durch die gesteigerte Irritierbarkeit der Männer. Auch die Irritierbarkeit der Mütter führte zu Beeinträchtigungen der Ehebeziehungen, blieb allerdings ihrerseits durch die ökonomische Situation der Familie unbeeinflußt (s.o. Abschnitt 4.1).

Fragt man nun nach dem moderierenden Einfluß familiärer Ressourcen, so führt uns dies zu der Akzentuierungs-Hypothese (vgl. Moen et al., 1983), die schon hinsichtlich der individuellen Belastungsreaktionen bei ökonomischer Deprivation angesprochen wurde (siehe oben, Abschnitt 4.1). Nach einer Reihe von Befunden aus den Dreißiger Jahren führen Arbeitslosigkeit und Einkommenseinbußen hauptsächlich dann zu Beeinträchtigungen der familiären Beziehungen und Interaktionen, wenn schon zuvor gespannte Beziehungen (Bakke, 1969 b; Elder, 1974; Jahoda et al., 1975; Komarovsky, 1973), geringe Familienintegration (Angell, 1965) oder familiäre Desorganisation (Cavan & Ranck, 1969) gegeben waren. In der Studie von Cavan & Ranck (1969) zeigte sich etwa, daß 35% der 48 zuvor gut organisierten Familien ohne größere Desorganisation auf den ökonomischen Verlust reagierten, während dies nur für 17% der 52 zuvor schlecht organisierten Familien galt. Ökonomische Deprivation führt demnach im wesentlichen zu einer Akzentuierung von schon zuvor bestehenden Tendenzen des Familiensystems, die durch die finanzielle Verknappung zusätzlich verschärft werden.

Daß hierbei nicht nur latente Konflikte hervortreten, sondern die ökonomischen Restriktionen zum neuen Problem werden, für dessen Bewältigung Familien mit ungünstigen

83

Beziehungen weniger gewappnet sind, legen weitere Befunde von Liker & Elder (1983) nahe. Es zeigte sich, daß finanzielle Konflikte bei ökonomisch deprivierten Familien in stärkerem Maße zunahmen, wenn zuvor erhöhte Spannungen in der Ehebeziehung bestanden. In Familien, die zuvor nur geringe Ehespannungen aufwiesen, war der Anstieg finanzieller Konflikte vergleichsweise geringer. Zudem hatten die finanziellen Konflikte in zuvor belasteten Ehen einen größeren Einfluß auf die Qualität der Ehebeziehung als in spannungsfreien Ehen.

Es sind also (auch) problemspezifische Konfliktfelder, in denen und durch die eine Akzentuierung von Beziehungstendenzen sichtbar wird. Nun läßt dies noch offen, inwieweit nicht nur alte Konfliktthemen in einem zusätzlichen neuen Gewand erscheinen, also auf ein anderes Terrain verschoben und dort vermehrt ausgetragen werden. Gegen ein solches Ausbrechen ausschließlich latenter Konflikte spricht jedoch noch deutlicher, daß vor allem in den Mittelschicht-Familien finanzielle Konflikte bei Einkommenseinbußen anstiegen, was auf deren stärkeres Statusbewußtsein und daraus resultierende Anpassungsschwierigkeiten im Verzicht auf Konsumgewohnheiten zurückgeführt wird (vgl. auch Cavan, 1959).

Die Akzentuierungshypothese bezieht sich jedoch nicht nur auf stärkere Beeinträchtigungen bei zuvor belasteten Familienbeziehungen, sondern legt auch mögliche Stärkungen der familiären Bindungen bei günstigen Ausgangsbedingungen nahe. Die Befunde hierzu sind jedoch weniger eindeutig. So beschreibt Angell (1965) für einige Familien sogar eine positive Akzentuierung, d.h. eine Verbesserung der Familienintegration vor allem in den zuvor gut integrierten Familien, die aus der Erfahrung familiärer Solidarität und Kooperation in der Bewältigung der Einkommensverluste zu resultieren scheint. Auch bei den von Cavan und Ranck (1969) untersuchten Familien ergab sich teilweise eine Verstärkung der familiären Einheit, allerdings bei gut und schlecht integrierten Familien in gleichem Maße (je 17%). Liker und Elder (1983) konnten die positive Akzentuierungshypothese nicht bestätigen. Jahoda et al. (1975) berichten, daß sich nach zwei Jahren Arbeitslosigkeit nur in sehr wenigen Fällen die familiären Beziehungen verbessert hatten, und zwar hauptsächlich dann, wenn zuvor große Zuneigung unter den Eheleuten bestand, aber ein vermehrtes Zusammensein und

gemeinsames Engagement für die Familie durch starkte Arbeitsbe-
lastungen des Mannes behindert wurden (zu ähnlichen Befunden
siehe die Fallstudien von Marsden, 1982).

Steigende finanzielle Konflikte im Zuge der notwendigen
Ausgabenkürzungen stellen jedoch nur einen der "sozialen"
Einflußfaktoren dar, über die es relativ direkt und unabhängig
von Persönlichkeitsbeeinträchtigungen der Eltern zu Belastungen
der familiären Beziehungen und Interaktionen kommen kann.
Veränderungen im familiären Rollensystem als ein zweites
solches Bindeglied werden im nächsten Abschnitt behandelt.

4.2.2 Veränderungen der familiären Rollenbeziehungen

"Apparently actual reduction of dollars earned was less
devastating than changes in roles." (Cavan, 1959, S.140)

Sowohl der ökonomische "Mißerfolg" des Mannes in seiner
Verdienerfunktion als auch eine Ausweitung der innerfamiliären
Funktionen seitens der Mutter im Zuge von Anpassungen in der
Haushaltsökonomie haben in den Dreißiger Jahren Veränderungen
der innerfamiliären Rollendefinitionen begünstigt, die mit
einer Umverteilung des innerfamiliären Status und Prestiges,
der rollengebundenen Einflußmöglichkeiten und - in deren Folge
- teils deutlichen Beeinträchtigungen der Familienbeziehungen
einhergingen (Angell, 1965; Bakke, 1969 b; Cavan & Ranck, 1969;
Elder, 1974; Komarovsky, 1973). Dies scheint auch heute nicht
anders zu sein (Larson, 1984; Levitan, 1971; Schindler, 1979).
Cavan (1959) nennt drei Wege, durch die Arbeitslosigkeit des
Vaters zu einer Abwertung seiner Rolle in der Familie führt:
(1) wenn er - mit fortschreitender Zeit - keine neue Arbeit
findet, (2) wenn andere Familienmitglieder die Rolle des
Hauptverdieners übernehmen und (3) wenn staatliche Institutionen um Hilfe angegangen werden müssen, also Personen außerhalb
der Familie die Funktion übernehmen, die ökonomische Basis der
Familie zu sichern.

Hansen und Hill (1964) beschreiben die Auswirkungen
solcher Rollenänderungen auch auf die emotionalen Beziehungen
in der Familie: "Stress causes changes in the role patterns:
expectations shift, and the family is forced to work out

different patterns. In the process, the family is slowed up in its affectional and emotion-satisfying performances until new patterns are worked out and avenues for expressing affection are opened once more." (S.806)

Aufschluß über die Folgen von Verlagerungen der Verdiener-funktion in der Familie gibt die Studie von Angell (1965). Seine Untersuchung bei 50 Familien, die während der Weltwirt-schaftskrise einen dauerhaften Einkommensverlust von mindestens 25% erlitten hatten, zeigte, daß die bis dahin geltenden Interaktionsformen und Rollendefinitionen nur in solchen Familien aufrechterhalten werden konnten, in denen weiterhin hauptsächlich der Vater zum Familieneinkommen beitrug. 18 von 30 solcher Familien erwiesen sich als "firmly invulnerable". Alle anderen Familien, in denen eine Modifikation oder sogar Umkehrung in der Verteilung der Ernährerfunktion erfolgt war, durchliefen entweder einen krisenhaften Anpassungsprozeß, der zu einer Veränderung der familiären Rollenerwartungen und Kooperationsformen entsprechend den Situationsanforderungen führte ("readjustively invulnerable" waren zwölf dieser sech-zehn Familien) oder zeigten gravierende dauerhafte Beeinträch-tigungen (als "vulnerable" erwiesen sich vier dieser sechzehn Familien). Die restlichen vier Familien waren schon zuvor durch eine so geringe Strukturierung und Integration gekennzeichnet, daß sie für eine solche Analyse wenig geeignet erschienen.

Daß sich nach den Befunden von Angell (1965) Familien mit hoher Adaptabilität in der Bewältigung dieser Rollenänderungen als weniger vulnerabel erwiesen, dürfte vor allem auf geringen Traditionalismus in den Familienregeln - ein Aspekt eines flexiblen Familiensystems - zurückzuführen sein, sollte dies doch die wechselseitige Akzeptanz der neuen Rollenverteilung erleichtert haben. Hierfür sprechen schon die Beobachtungen von Bakke (1969 b), nach denen die individuellen und familiären Beeinträchtigungen bei Arbeitslosigkeit des Vaters in traditio-nell eingestellten Familien stärker waren. Ebenso berichtet Anderson (1980) nach seinen Umfragen und Beobachtungen bei arbeitslos gewordenen philippinischen Landarbeiterfamilien auf Hawai, daß vor allem diejenigen Familien von starken Störungen des familiären Rollengefüges betroffen waren, die zuvor durch eine rigide Rollenfestlegung und traditionelle Arbeitsteilung charakterisiert waren, in denen die Mutter jedoch aufgrund der

Arbeitslosigkeit des Vaters eine außerhäusliche Erwerbstätigkeit aufnehmen mußte.[1)]

Auch die Ergebnisse einer neueren Untersuchung bei 41 arbeitslosen und 40 erwerbstätigen Arbeitern sowie deren Ehefrauen (Larson, 1984) legen nahe, daß traditionelle Orientierungen die familiäre Bewältigung von Arbeitslosigkeit des Vaters erschweren. Zunächst ließ sich bestätigen, daß die Qualität der Ehebeziehung und die Kommunikation zwischen beiden Ehepartnern in Familien mit arbeitslosem Vater gegenüber denjenigen mit erwerbstätigem Vater beeinträchtigt ist. Zudem erbrachte ein Vergleich innerhalb der Familien mit arbeitslosem Vater, daß diejenigen mit traditionellen Rollenerwartungen gegenüber Familien mit egalitären Rollenerwartungen hinsichtlich ihrer Qualität der Ehebeziehung und der Kommunikation zwischen beiden Partnern deutlich im Nachteil sind. Wenngleich hierbei offen bleibt, ob dies nicht auch für Familien mit erwerbstätigem Vater gilt, liegt doch der Schluß nahe, daß die Belastungen der Familienbeziehungen bei Arbeitslosigkeit des Vaters weitgehend auf die traditionell orientierten Familien zurückgeht bzw. auf sie beschränkt ist.

Bei Verlusten oder Umverteilungen der innerfamiliärer Funktionen und der damit verbundenen sozialen und ökonomischen Ressourcen steht nicht zuletzt die Machtverteilung in der Familie, also die jeweiligen Einflußmöglichkeiten der einzelnen Mitglieder (vgl. Burr, 1973, S.188 ff.) zur Disposition. Nach Rodmans "Theorie der Ressourcen im kulturellen Kontext" (Rodman, 1967) und deren Modifikation durch Burr (1973) hängt das Ausmaß familiärer Macht sowohl von der kulturell-normativen Zuschreibung von Macht für die jeweilige Rolle - hier: Ehemann/Vater oder Ehefrau/Mutter - als auch der Menge und dem Wert der Ressourcen ab, über die der Rollenträger bzw. die

---

[1)]Eine rigide Rollenverteilung nach dem traditionellen Muster scheint in vielen dieser Familien dadurch begünstigt worden zu sein, daß eine großer Altersunterschied zwischen den Ehepartnern gegeben war. In der Folge eines früheren Einwanderungsgesetzes hatte ein großer Anteil der Männer wesentlich jüngere Frauen geheiratet, so daß die geschlechtsrollentypische Dominanzverteilung noch durch das Altersgefälle verstärkt wurde.

Rollenträgerin verfügt. Sozio-ökonomischer Status, Berufspre-
stige und Einkommen sind wesentliche Bestandteile dieser
Ressourcen (Blood & Wolfe, 1960; Scanzoni, 1979), die sich bei
ökonomischer Deprivation mehr oder minder zwangsläufig verrin-
gern. Demnach wäre ein innerfamiliärer Machtverlust in umso
höherem Maß zu erwarten, (1) je größer der Verlust sozio-ökonomischer Ressourcen ist, (2) je mehr Wert ihnen beigemessen wird
und (3) je weniger die kulturellen Normen die Macht der beiden
Ehepartner - unabhängig von ihren Ressourcen - festlegen und
somit stabilisieren.

Autoritätsverlust in der Ehebeziehung

Aufschluß über den innerfamiliären Autoritätsverlust von
Vätern, die im Zuge der Weltwirtschaftskrise seit mindestens
einem Jahr arbeitslos waren, gibt die Arbeit von Komarovsky
(1973, orig. 1940). Ein Verlust an Autorität bzw. Kontrolle
wird hierbei nicht auf die Verringerung des tatsächlichen
innerfamiliären Einflusses beschränkt. Zentral ist vielmehr die
Frage, inwieweit sich die Bereitschaft der anderen Familienmitglieder ändert, die väterliche Kontrolle zu akzeptieren. In
immerhin 13 der befragten 58 Familien hatte im Verlauf der
Arbeitslosigkeit ein Zusammenbruch der Autorität der Männer in
der Ehebeziehung stattgefunden. Obwohl zum Teil auch andere,
nicht-ökonomische Folgen der Arbeitslosigkeit für den Autoritätsverlust verantwortlich waren, hat nach den Selbstauskünften
der Familien der Verlust der Ernährerfunktion und finanzieller
Sanktionsmöglichkeiten in der überwiegenden Mehrzahl der Fälle
den Ausschlag gegeben: In zehn Familien führten die Einkommenseinbußen selbst zum Autoritätsverlust, und nur in drei Fällen
wurden eher die vermehrte Anwesenheit zuhause und Persönlich-
keitsveränderungen bzw. Verhaltensprobleme des Mannes in
Reaktion auf die Arbeitslosigkeit für seinen Verlust des
innerfamiliären Status verantwortlich gemacht.

Ob es zu einem Autoritätsverlust der Väter kam, war von
der Grundlage der Ehebeziehung vor der Arbeitslosigkeit abhängig: Beruhte die Stellung des Mannes in der Ehe lediglich auf
Furcht vor seiner Macht oder auf seiner ökonomischen Effektivität, so war eine Abwertung sehr wahrscheinlich: In acht von
zwölf solchen instrumentell begründeten Ehebeziehungen erfolgte
ein Abwertung. War die Ehe demgegenüber "primär" begründet,

d.h. beruhte sie auf starker Zuneigung oder traditionellen Werthaltungen, so war ein Autoritätsverlust des Mannes sehr unwahrscheinlich: Unter den 35 primär begründeten Ehebeziehungen verringerten sich nur in zwei Fällen Ansehen und Einfluß der Männer. Bei den restlichen elf Familien, in denen sowohl instrumentelle als auch primäre Aspekte in der Ehebeziehung gegeben waren, erfolgte in drei Fällen eine Abwertung.

Auch in der Untersuchung von Elder (1974) zeigte sich der Einfluß des ökonomischen "Mißerfolgs" der Väter auf deren innerfamiliären Status. Ein Vergleich der Machtverteilung in den Familien der Oakland-Kohorte ergab, daß in Familien mit starken Einkommenseinbußen deutlich häufiger die Mutter domi-nierte – vor allem, wenn der Vater arbeitslos geworden war – als in nicht-deprivierten Familien: So hatte die Mutter in 49% der auch von Arbeitslosigkeit betroffenen Familien die stärkere Position, in 33% der Familien mit Einkommensverlusten ohne Arbeitslosigkeit des Vaters und nur in 12% der nicht-deprivier-ten Familien. Dominanz der Mutter korrelierte sogar stärker mit ökonomischen Einbußen als mit den absoluten ökonomischen Verhältnissen, gemessen an der Schichtzugehörigkeit der Fami-lie. Der größere Einfluß der Mütter bei Einkommensverlusten war vor allem auf Merkmale der "Inkompetenz" des Mannes in der Verdienerrolle wie ein instabiles Arbeitsverhältnis, berufli-chen und sozio-ökonomischen Abstieg, sowie Berufseintritt der Mutter zurückzuführen.

Daß sich auch heute ähnliche Effekte ergeben, zeigt die Untersuchung von Schindler (1979). 34 Kinder im Alter zwischen 12 und 15 Jahren, deren Vater durch Betriebsstillegungen arbeitslos geworden waren, und 76 bezüglich Alter und sozialer Herkunft vergleichbare Kinder mit erwerbstätigen Vätern wurden zur Autorität des Vaters befragt. Der Einfluß der arbeitslosen Männer erwies sich als signifikant niedriger als derjenige der erwerbstätigen Väter. So hatten 77% der erwerbstätigen Väter bei Uneinigkeit in der Ehe das letzte Wort, aber nur 59% der arbeitslosen Väter. In der Ehe zurückstecken mußten lediglich 23% der erwerbstätigen Väter gegenüber 56% der Arbeitslosen.

Autoritätsverlust gegenüber den Kindern

Arbeitslosigkeit und Einkommenseinbußen wirken sich auch auf die Autorität des Vaters gegenüber den Kindern aus. So zeigte sich in der Untersuchung von Komarovsky (1973), daß die Autorität des Vaters durch seinen Verlust der Ernährerrolle vor allem gegenüber Kindern im Jugendalter gefährdet war. Die Väter verloren gegenüber 27% ihrer über 15 Jahre alten Kinder die Autorität, aber nur gegenüber 6% der sieben- bis elfjährigen und 18% der zwölf- bis 14jährigen. Hierbei war der Verlust der Ernährerrolle vor allem für die Reaktionen derjenigen Jugendlichen entscheidend, die selbst erwerbstätig waren, also in ihren sozio-ökonomischen Ressourcen einen Vorsprung vor dem Vater hatten.

Für die nicht erwerbstätigen Jugendlichen und besonders die jüngeren Kinder schien der ökonomische Verlust weniger bedeutsam zu sein. Eine Veränderung ihrer Beziehung war in weitaus höherem Maße von dessen psychischen Veränderungen und Verhaltensproblemen sowie seiner vermehrten Anwesenheit zuhause abhängig. Zum Teil verbesserte sich auch die Beziehung des Vaters zu den Kindern, aber das war weitgehend auf die jüngeren Kinder beschränkt, zu denen die Väter schon zuvor große Zuneigung hatten. Sie beschäftigen sich dann mehr mit ihren Kindern, die die vermehrte Anwesenheit des Vaters entsprechend positiv erlebten.

In machtorientierten, negativen Vater-Kind-Beziehungen führte der Verlust finanzieller Kontrollmöglichkeiten häufig dazu, daß die Kinder weniger bereit waren, sich den väterlichen Anordnungen unterzuordnen (vgl. auch Marsden, 1982). Wie auch bei den Reaktionen der Kinder auf Verhaltensprobleme des Vaters hatte hierbei die Beziehung der Mutter zum Vater eine moderierende Funktion: Besonders wenn die Mütter ihren Männern gegenüber abwertend eingestellt waren, verloren die Väter an Autorität gegenüber ihren Kindern.

Elder (1974) berichtet für die Jugendlichen aus den Oakland-Familien ebenfalls, daß die Attraktivität des Vaters als Ratgeber und Begleiter bei Freizeitaktivitäten in deprivierten Familien geringer war als in nicht-deprivierten Familien, wobei gleichzeitig - quasi kompensatorisch - eine Aufwertung der Mutter sowie eine vermehrte Suche nach Kontakten außerhalb der Familie, vor allem zu Gleichaltrigen begünstigt wurde.

Auch in der Studie von Schindler (1979) unterschieden sich die Kinder arbeitsloser und erwerbstätiger Väter hinsichtlich ihrer Beziehung zum Vater. So gaben beispielsweise nur 59% der Kinder arbeitsloser Väter aber 78% der Kinder erwerbstätiger Väter an, daß für sie das Wort des Vaters mehr zählt als das der Mutter. Verglichen mit den Befunden von Komarovsky erwiesen sich die familiären Konsequenzen der Arbeitslosigkeit der Väter in Schindlers Untersuchung als weniger drastisch. Allerdings waren die Väter in Schindlers Befragung auch erst seit zwei bis drei Monaten arbeitslos, während viele der Betroffenen in Komarovskys Studie schon zwei Jahre lang ohne Arbeit waren.

Festzuhalten bleibt, daß das Ansehen und die Einflußmöglichkeiten in der Ehebeziehung ebenso wie die Autoritätsstellung des Vaters gegenüber den Kindern von seiner ökonomischen Effektivität mitbeeinflußt wird.[2] Welche weiteren Folgen ökonomischer Deprivation – auch im Sinne von Gegenreaktionen auf einen Autoritätsverlust – für die Eltern-Kind-Interaktion zu erwarten sind, wird im folgenden Abschnitt behandelt.

4.2.3 Gegenreaktionen bei Kontrollverlust und Beeinträchtigungen der Eltern-Kind-Interaktion

Extremes Beispiel für die negativen Auswirkungen sozioökonomischer Beeinträchtigungen auf die Eltern-Kind-Interaktion sind Kindesmißhandlungen, deren Anstieg bei makro-ökonomischen Verschlechterungen auf der Aggregatebene bestätigt wurde (Steinberg, Catalano & Dooley, 1981). Wie Gelles (1973; 1986; Gelles & Strauss, 1979) herausstellt, lassen sich solche Formen innerfamiliärer Gewalt nicht nur im Rekurs auf die individuelle Psychopathologie der Eltern erklären, sondern sozio-strukturelle Einflußfaktoren spielen hierbei eine entscheidende Rolle.

----

[2] Auch andere Studien, die jedoch nicht Einkommensverluste oder Arbeitslosigkeit behandeln, lassen hierauf schließen: Einen positiven Zusammenhang zwischen dem Familieneinkommen und der Nähe, die die Söhne zu ihrem Vater empfinden, berichtet Mortimer (1976). Nach den Befunden von Jacob (1974) scheint sich der Nachteil von Vätern mit geringem sozio-ökonomischen Status vor allem im Jugendalter zu zeigen: Der wachsende Einfluß der Söhne geht in der Unterschicht eher auf Kosten des Vaters, während in der Mittelschicht die Mütter mehr zurückstecken.

Dieser Position der "kranken Gesellschaft", die Garbarino (1986, S.178) dem Erklärungsmodell der "kranken Eltern" gegenübergestellt hat, entsprechen eine Reihe von Befunden (vgl. auch Belsky, 1984; Siegal, 1984).

Derartige Reaktionen entsprechen der These, daß es bei Verlust der Kontrolle über die Lebensbedingungen häufig zur Machtanwendung kommt, um die Kontrolle zurückzugewinnen (Goode, 1971). Die Konsequenzen müssen jedoch nicht immer so drastisch ausfallen. Komarovsky (1973) berichtet, daß die arbeitslosen Väter bei einer Gefährdung ihrer innerfamiliären Stellung teilweise geringere Konzessions- und Hilfsbereitschaft zeigten und ihre Autorität überbetonten. Zwar hatte auch ein Großteil der Väter den Kampf um die Erhaltung ihres Status aufgegeben, aber nur in einem Fall scheint es zu einer völligen Anpassung an die veränderten Autoritätsbeziehungen gekommen zu sein. Und soweit die Väter ihre innerfamiliäre Lage als weitgehend aussichtslos sahen, gewannen außerfamiliäre Bestätigungen als Kompensation für den innerfamiliären Mißerfolg an Bedeutung (siehe auch Anderson, 1980).

Schindler (1979) findet bei arbeitslosen im Vergleich zu erwerbstätigen Vätern ein deutlich höheres Ausmaß an autoritärem und etwas weniger demokratisches Erziehungsverhalten. Daß der Effekt für die demokratischen Erziehungspraktiken schwächer ausfällt als für die autoritären, ist ein Hinweis auf eine größere Änderungsresistenz von mehr kindzentrierten, egalitären Interaktionsmustern.

Ein weiterer Befund dieser Studie entspricht der Hypothese, daß Machtanwendung eine Gegenreaktion bei Kontrollverlust ist: Während bei den Kindern erwerbstätiger Väter die jeweiligen Autoritätsbeziehungen weitgehend unabhängig vom wahrgenommen Erziehungsverhalten der Eltern war, ging in der Gruppe der Kinder mit arbeitslosem Vater eine geringere Stellung des Vaters als Vorbild und Vertrauensperson mit vermehrt autoritärem Erziehungsverhalten der Väter einher, während die Mütter, die als demokratisch wahrgenommen wurden, eher die Stellung der Vertrauensperson und des Vorbilds hatten. Die These: "Autoritäres Verhalten ergibt sich in dem Maß, in dem Autorität nicht existiert." (Neidhardt, 1975, S.60) bestätigt sich hier zumindest für die Familien mit arbeitslosem Vater, d.h. - soweit man

aus einer Querschnittuntersuchung auf Veränderungen zurück-
schließen kann[3] - für die Fälle eines Autoritätsverlusts.

Den Einflüssen von emotionalen Belastungsreaktionen der
Eltern und Beeinträchtigungen in der Ehebeziehung als Mediator
zwischen ökonomischen Einbußen und Erziehungsverhalten der
Eltern geht die Studie von Elder, Caspi und Downey (1984) nach.
Hierbei zeigten sich unterschiedliche Vermittlungsprozesse in
der Wirkung ökonomischer Deprivation auf das Erziehungsverhalten der Väter und Mütter: Zwar trugen bei beiden Eltern emotionale Instabilität ebenso wie Spannungen in der Ehebeziehung zu
vermehrtem bestrafenden Verhalten gegenüber den Kindern bei.
Die Einflüsse ökonomischer Deprivation waren jedoch bei den
Müttern ausschließlich über Beeinträchtigungen in der Ehebeziehung vermittelt, wohingegen das bestrafende Verhalten der Väter
bei ökonomischer Deprivation auf deren gesteigerte emotionale
Instabilität zurückzuführen war, die sowohl direkt als auch
indirekt, nämlich über ihre negative Wirkung auf die Ehebeziehung, zu vermehrten Bestrafungen beitrug.[4]

Demgegenüber erwiesen sich in der Studie von Conger et al.
(1984) auch bei den Müttern psychische Faktoren als Vermittler
zwischen ökonomischen Belastungen und Erziehungsverhalten. In
ihrer Beobachtungsstudie mit 74 Familien wies emotionaler
Distreß der Mütter signifikante Zusammenhänge zu Indikatoren
ökonomischer Belastungen auf (Familieneinkommen, Abhängigkeit
von öffentlichen Sozialleistungen) und ging seinerseits mit
einer geringeren Rate positiver Verhaltensweisen sowie einem
höheren Anteil negativer Verhaltensweisen in der Interaktion
mit dem Kind einher. Obwohl sie in ihre Regressionsanalysen die
verschiedenen psychologischen Variablen, die sie als Mediatoren

---

[3] Da die von Schindler (1979) untersuchten Arbeitslosen
ihre Erwerbstätigkeit durch Betriebsschließungen verloren
hatten, sind keine besonderen Selektionseffekte zu erwarten, so
daß daß dieser Rückschluß durchaus berechtigt erscheint.

[4] Der Zusammenhang zwischen Feindlichkeiten und Spannungen
in der Ehebeziehung und vermehrten Bestrafungen der Kinder
sowie geringerer Anwendung induktiver Kontrollstrategien ist
auch durch andere, nicht auf die Effekte ökonomischer
Deprivation bezogene Studien belegt (z.B. Dielmann, Barton &
Cattell, 1977; Kemper & Reichler, 1976; Johnson & Lobvitz,
1974; vgl. auch Belsky, 1984).

zwischen ökologischen Belastungsfaktoren und dem Interaktionsverhalten der Mütter betrachten, nicht separat analysieren,
legen die Befunde doch den Schluß nahe, daß die unter Bela-
stungsbedingungen stärker negative psychische Verfassung der
Mütter ein Verbindungsglied zwischen externen Stressoren und
ihrem familiären Interaktionsverhalten darstellen. Es zeigten
sich nicht nur deutliche direkte Effekte der äußeren Lebensbedingungen auf das Interaktionsverhalten, sondern auch indirekte, über die psychischen Mediatoren vermittelte Einflüsse.

Weniger offensichtliche Gründe für die Auswirkungen
ökonomischer Deprivation auf die Eltern-Kind-Interaktion mögen
darin liegen, daß die Eltern für die Kinder nur psychisch und
physisch weniger erreichbar sind, wenn andere Probleme als die
mit der Elternrolle verbundenen Aufgaben die Aufmerksamkeit der
Eltern beanspruchen (Zussmann, 1980; Greenley, 1979; vgl.
Siegal, 1984). Bedenkt man, daß das vermittelnde und zuwen-
dungsvolle Verhalten der Mütter moderierenden Einfluß darauf
nimmt, inwieweit Arbeitslosigkeit und ökonomische Deprivation
zu Beeinträchtigungen der Vater-Kind-Beziehung führt
(Komarovsky, 1973; Elder, Caspi & Van Nguyen, 1986), so wird
deutlich, daß sich mangelnde Unterstützung über solche "Effekte
zweiter Ordnung" (Bronfenbrenner, 1981) zusätzlich nachteilig
auswirken kann.

Die Studie von Elder, Caspi und Van Nguyen (1986) zeigt,
daß die Beeinträchtigungen der Eltern-Kind-Interaktion bei
ökonomischer Deprivation auch von den Reaktionen der Kinder
beeinflußt wird, und unterstreicht gleichzeitig die Bedeutung,
die vermittelndes, den Kindern zugewandtes Verhalten der Mütter
in solchen Belastungssituationen hat. Nach den längsschnittli-
chen Analysen für die Familien der Berkeley-Kohorte begünstigten die gesteigerte Irritierbarkeit der Väter und die vermehrte
emotionale Instabilität "schwieriger" Kinder in den deprivierten Familien eine Teufelskreis negativer Interaktionen. Zuwen-
dungsvolle Mütter konnten jedoch weitgehend verhindern, daß
durch das willkürliche Verhalten der Väter negative Reaktionen
der Kinder verstärkt wurden.

Vergleicht man die Ergebnisse, die Elder für die ältere
Oakland-Kohorte (Elder, 1974) und die jüngere Berkeley-Kohorte
(Elder, 1979) berichtet, so scheinen die jeweiligen Effekte
ökonomischer Deprivation auf die Vater-Kind-Beziehung auch vom

Alter und Geschlecht des Kindes abhängig zu sein: Während in der jüngeren Gruppe der Verlust des Vaters als positives Rollenmodell für die Söhne zu stärkeren Beeinträchtigungen der Beziehung zum Vater führte als für die Töchter, konzentrierten sich die Konflikte in der älteren Gruppe auf die Vater-Tochter-Dyade. So nahm etwa das ablehnende Verhalten der Väter in deprivierten Familien der Oakland-Kohorte nur gegenüber den Töchtern, nicht jedoch den Söhnen zu (Elder, Van Nguyen & Caspi, 1985).

Für diese Beeinträchtigungen der Vater-Kind-Beziehungen in deprivierten Familien mit Jugendlichen scheint weniger der Prestigeverlust des Vaters als vielmehr die veränderten familiären Aufgaben der Jugendlichen ausschlaggebend gewesen zu sein. So scheint das Prestige des Vaters auch in der älteren Gruppe nur aus der Sicht der Söhne durch ökonomische Deprivation beeinträchtigt worden zu sein, ohne daß sich die Väter ihnen gegenüber auch ablehnender verhalten hätten (Elder, Van Nguyen & Caspi, 1985). In Bezug auf die parallele Aufwertung der Mutter standen die Väter zwar gegenüber den Töchtern schlechter da als gegenüber den Söhnen (Elder, 1974, S.100 ff.); ob aber gerade diese relative Verschiebung des innerfamiliären Prestiges zugunsten der Mutter und weniger der absolute Statusverlust der Väter ausschlaggebend für ihre Reaktionen gegenüber den Töchtern war, muß dahingestellt bleiben.

Vermutlich waren es die höheren Haushaltsverpflichtungen der Mädchen aus ökonomisch deprivierten Familien, die mit ihrem entwicklungsbedingten Bedürfnis nach größerer Unabhängigkeit konfligierten und so zu häufigeren Auseinandersetzungen mit der klassischen Autoritätsperson führten (Elder, 1974). Auch die häufigere Anwesenheit der Töchter zuhause dürfte dazu beigetragen haben, daß sie eher zur Zielscheibe von Aggressionen seitens des Vaters wurden als die Söhne, wobei die wenig attraktiven Mädchen der deprivierten Familien besonders von der Ablehnung des Vaters betroffen waren (Elder, Van Nguyen & Caspi, 1985). Umgekehrt kam die vermehrte Erwerbstätigkeit der Söhne zur Kompensation der familiären Einkommensverluste ihrem Unabhängigkeitsbedürfnis entgegen, da dadurch die einschränkende Macht des Vaters wegfiel: Sie berichteten dann weniger Konflikte (Elder, 1974). Je nach den entwicklungsbedingten Bedürfnissen der Kinder und ihren familiären Rollen, die aus

95

Anpassungen in der Haushaltsökonomie resultierten, scheinen also die Belastungen der Väter und die Dominanzverschiebungen zwischen den Ehepartnern damals geschlechts- und altertypische Konfliktkonstellationen in der Vater-Kind-Interaktion begünstigt zu haben.

4.2.4 Exkurs: Alternativrollen arbeitsloser Männer in Haushalt und Familie

Wenn in den früheren Studien die Veränderung familiärer Rollenbeziehungen vor allem bei einem Erwerbseintritt der Frau deutliche Belastungen mit sich brachten und die Männer vielfach mit geringerer Hilfs- und Konzessionsbereitschaft reagierten, so stellt sich die Frage, ob arbeitslose Väter heute eher alternative Betätigungsfelder in Haushalt und Familie finden, als es damals der Fall war. Eine direkte Antwort auf diese Frage läßt sich zwar anhand der verfügbaren Studien nicht geben, aber Befunde zu Haushaltsarbeiten arbeitsloser Männer mögen einigen Aufschluß geben.

Daß Familie und Haushalt zumindest in begrenztem Umfang alternative Betätigungsfelder eröffnen, zeigt die in Großbritannien durchgeführte Studie von Warr und Paine (1983). In ihrer Befragung bei 399 verheirateten arbeitslosen Männer im Alter zwischen 25 und 39 Jahren finden sie einen deutlichen Anstieg von häuslichen Arbeiten aller erfragten Arten. Zwischen 58% und 72% der Befragten geben an, mehr Einkäufe zu erledigen, sich mehr um die Kinder zu kümmern, häufiger Mahlzeiten zuzubereiten und mehr Haushaltspflichten zu erledigen. Dies gilt für Arbeiter und Mittelschichtangehörige gleichermaßen. Eine vermehrte häusliche Betätigung scheint also nicht auf höher Gebildete oder qualifiziertere Berufsgruppen beschränkt zu sein.

Die Untersuchung von Fröhlich (1982) zeichnet jedoch ein etwas anderes Bild. Nach seinen Befunden verstärken lediglich die verheirateten arbeitslosen Männer ohne Kinder deutlich ihr Engagement im Haushalt, während sich die arbeitslosen Männer in Mehr-Personen-Haushalten kaum mehr an den häuslichen Pflichten beteiligten. Trotz des höheren Arbeitspensums, das in den größeren Familien zu bewältigen sein dürfte, scheint es also sogar seltener zu einer Entlastung der anderen Familienmitglieder durch die arbeitslosen Väter zu kommen als in kinderlosen Familien. Dies mag sowohl durch eine stärkere Traditionalisierung der familiären Rollenverteilung nach Geburt des ersten Kindes als auch die stärkere Übertragung von Haushaltsarbeiten auf die Kinder bedingt sein.

Weiterhin zeigte sich, daß auch die Erwerbstätigkeit der Frau einen Einfluß auf die Hilfsbereitschaft der Männer im Haushalt hat - allerdings in eine unerwartete Richtung: Der Anteil der "passiven" Männer ist am höchsten, wenn die Frau berufstätig ist, und steigt auch innerhalb dieser Gruppe mit der Familiengröße.

Zwar mag die mangelnde Hilfsbereitschaft eines großen Teils der arbeitslosen Männer mit erwerbstätiger Ehefrau - wie Fröhlich anmerkt - Problemfamilien zuzuschreiben sein, in denen die Frau eine Arbeit angenommen hat, um dem belastenden Familienklima zu entgehen. Sie kann aber auch im Sinne der Befunde von Komarovsky (1973) darauf beruhen, daß sich Männer mit traditionellen Rolleneinstellungen in ihrem Selbstwertgefühl stärker gefährdet sehen, wenn sie arbeitslos, ihre Frauen jedoch erwerbstätig sind. Eine Verweigerung der Beteiligung an Haushaltsarbeiten hätte dann die Funktion, den Rollentausch nicht noch weiter zu untermauern. Welche dieser alternativen Interpretationen am ehesten zutrifft, läßt sich anhand der Daten nicht entscheiden.

Es finden sich aber auch Hinweise darauf, daß die Reaktionen der arbeitslosen Männer mit berufstätiger Ehefrau nicht einheitlich passiv ausfallen: Auch der Anteil der "sehr aktiven" Männer ist bei Erwerbstätigkeit der Ehefrau gegenüber den Familien mit Hausfrauen erhöht. Hier scheinen weitere Faktoren hinzuzutreten, die die unterschiedlichen Reaktionen der Männer mitbestimmen.

Ein weiterer Faktor, der sich für die aktivere Haushaltsbeteiligung der arbeitslosen Männer als bedeutsam erwies, ist die Berufsorientierung der Männer. Anders als man vielleicht zunächst erwarten könnte, sind es vor allem diejenigen mit hoher Berufsorientierung, die bei Arbeitslosigkeit auch ein stärkeres Engagement im familiären Bereich zeigen. Dies steht jedoch im Einklang damit, daß eine hohe Berufsorientierung eher in qualifizierteren Berufsgruppen gegeben ist, die wiederum

stärker egalitärere Rollenmuster in der Familie aufweisen. In
diesem Sinne bestätigt sich auch bei Fröhlich (1982) ein
positiver Zusammenhang zwischen der beruflichen Position der
Männer und ihrer Arbeitsorientierung. Ein direkter Einfluß der
Berufsposition auf die Steigerung von Haushaltsarbeiten während
der Arbeitslosigkeit ist allerdings - wie auch bei Warr und
Paine (1983) - nicht auszumachen. Ob das Qualifikationsniveau
erst in Interaktion mit anderen Merkmalen der familiären
Rollenverteilung, nämlich der Erwerbstätigkeit der Mutter,
einen bedeutsamen Einfluß darauf hat, in welchem Maße sich für
die deprivierten Männer "Alternativrollen" in der Familie
erschließen, bleibt jedenfalls offen.

4.3 Fragestellungen

Vor dem Hintergrund der berichteten Befunde lassen sich
zunächst eine Reihe allgemeiner Hypothesen zu den Auswirkungen
finanzieller Einbußen formulieren. So ist zu erwarten:
**(1) ökonomische Einbußen gehen mit vermehrten psychischen
Belastungen der Eltern einher;**
**(2) Bei ökonomischen Einbußen ist das Erziehungsverhalten der
Eltern im Vergleich zu den einkommensstabilen Familien beeinträchtigt;**
**(3) Ökonomische Einbußen begünstigen einen Einflußgewinn
seitens der Mutter; und**
**(4) Die ökonomisch deprivierten Familien weisen eine geringere
Familienintegration auf als einkommensstabile Familien.**
Inwieweit sich die früheren Befunde zu rollenspezifisch
stärkeren Belastungsreaktionen der Väter als der Mütter auf die
heutige Situation übertragen lassen, scheint fraglich. Der
Trend zu mehr egalitären Ehen und die steigende Erwerbsbeteiligung verheirateter Mütter (vgl. Scanzoni & Scanzoni, 1981;
Lehr, 1982) ließe erwarten, daß heute die Verantwortung für die
Sicherung der ökonomischen Basis der Familie in stärkerem Maße
von beiden Ehepartner getragen wird somit auch die psychischen
Reaktionen auf die finanzielle Finanzlage eher ähnlich ausfallen. Zudem könnte die Erwerbstätigkeit der Mutter deutlicher
als familiäre Ressource fungieren, ohne mit den damaligen

Belastungen für das Rollensystem verbunden zu sein (vgl. auch schon Cavan, 1959).

Andererseits besteht auch gegenwärtig eine insgesamt noch weitgehend traditionelle Aufteilung der Rollen im Haushalt, etwa hinsichtlich der Art der Arbeiten, die Väter und Mütter übernehmen (z.B. Allerbeck & Hoag, 1985). Wenn sich heute eine größere Gleichverteilung der Arbeitszeit im Haushalt unter den Ehepartnern findet, vor allem in Doppelverdiener-Familien, so ist dies wohl weniger auf eine vermehrte Mitarbeit der Männer als vielmehr den reduzierten Arbeitsaufwand der Frauen (durch z.B. technische Hilfsmittel; vgl. Schulze, 1986) zurückzuführen (Pleck, 1983). Daß selbst die Familien mit erwerbstätiger Mutter nicht generell flexiblere Rollenmuster aufweisen, zeigen nicht zuletzt die Befunde zu den "Alternativrollen" arbeitsloser Männer im Haushalt. Hier scheinen noch zusätzliche Einflußgrößen eine Rolle zu spielen.

Da auch in der vorliegenden Stichprobe die familiären Einkommenseinbußen mehrheitlich auf Beeinträchtigungen in der Erwerbstätigkeit des Mannes zurückzuführen sein dürften (vgl. Abschnitt 3.2), sollen folgende Erwartungen geprüft werden:

(5) Ökonomische Deprivation führt zu stärkeren psychischen Belastungen und Beeinträchtigungen des Erziehungsverhaltens seitens der Väter als der Mütter.

(6) Die Erwerbstätigkeit der Mutter sowie die Bildung der Eltern haben einen moderierenden Einfluß auf die Effekte familiärer Einkommenseinbußen, wobei Familien mit erwerbstätiger Mutter und höherer Bildung im Vorteil sind. Ob beide Faktoren schon für sich genommen einen moderierenden Einfluß zeigen oder erst im Zusammenspiel differentielle Wirkungen ökonomischer Deprivation sichtbar werden, wird hierbei zunächst offengelassen und soll exploratorisch geklärt werden.

Hinsichtlich der negativen Auswirkungen ökonomischer Einbußen auf die familiären Beziehungen sind zwei Wege bzw. Mediatoren aufgezeigt worden, über die Beeinträchtigungen der Beziehungen vermittelt werden: individuelle Belastungsreaktionen der Eltern und soziale Spannungen des Familiensystems, die durch die erforderlichen Anpassungen an die sozio-ökonomischen Härten begünstigt werden. Daß vermehrte finanzielle Konflikte ein solches Bindeglied auf der Ebene des Familiensystem darstellen, ist schon bestätigt worden (Liker & Elder, 1983).

Inwieweit ein paralleler Einfluß von Veränderungen des Rollensystems besteht, soll in der vorliegenden Arbeit geprüft
werden. Die entsprechende Hypothese besagt:

**(7) Einkommenseinbußen führen über einen steigenden innerfami-
liären Einfluß der Mutter sowie vermehrte psychische Belastungen der Eltern zu Beeinträchtigungen der Familienintegration.**

Zur Richtung des Zusammenhangs zwischen einem Einflußgewinn der Mutter einerseits und den psychischen Belastungen
sowie dem Erziehungsverhalten der Eltern andererseits werden
keine weiteren Annahmen getroffen, da beispielsweise ein
Rückzug des Vaters oder vermehrt autoritäres Verhalten der
Mutter sowohl einen steigenden Einfluß der Mutter begünstigen
als auch hierdurch bedingt sein könnten. Entsprechende Analysen
würden längsschnittliche Daten erfordern. So wird hier hinsichtlich der Mediatoren für Beeinträchtigungen des elterlichen
Erziehungsverhaltens nur vorhergesagt:

**(8) Die Effekte ökonomischer Deprivation auf das Erziehungsver-
halten der Eltern sind auf vermehrte psychische Belastungen der
Eltern zurückzuführen.**

Da zu erwarten ist, daß Familien mit Kindern im Jugendalter im Vergleich zu denen mit jüngeren, präadoleszenten Kindern
besonders vulnerabel für negative Auswirkungen ökonomischer
Deprivation auf die familiären Beziehungen und Interaktionen
sind, wird weiterhin folgende Hypothese geprüft:

**(9) Familiäre Einkommenseinbußen haben je nach dem Alter der
Kinder differentielle Effekte auf die Familienintegration und
das Erziehungsverhalten der Eltern, wobei stärkere Beeinträchtigungen in der älteren Gruppe erwartet werden.**

Schließlich soll im Sinne der Befunde von Elder (z.B.
Elder, Van Nguyen & Caspi, 1985) auch das Geschlecht der Kinder
als möglicher Moderator für Belastungen der Eltern-Kind-Interaktion bei ökonomischer Deprivation geprüft werden. Die entsprechende Hypothese lautet:

**(10) Ökonomische Deprivation führt je nach der Geschlechtsrolle
der Jugendlichen zu unterschiedlichen Beeinträchtigungen des
elterlichen Erziehungsverhaltens, wobei Mädchen stärker im
Nachteil sind als Jungen.** Ob dieser geschlechtsrollentypische
Effekt nur auf die Vater-Kind-Interaktion beschränkt ist, sei
hier dahingestellt.

4.4 Methode

Variablen

Als unabhängige Variablen werden in den folgenden Analysen - wie schon in Abschnitt 3.3 beschrieben - neben Einkommenseinbußen die Schulbildung der Eltern, Erwerbstätigkeit der Mutter, Anzahl und Alter sowie das Geschlecht der Kinder berücksichtigt, letzteres jedoch nur in den Analysen zum perzipierten Erziehungsverhalten der Eltern. Hinsichtlich der abhängigen Variablen werden folgende Indikatoren verwendet:

Vermehrte Belastungen der Eltern werden für sowohl Mütter als auch Väter jeweils durch einen zwei-Item-Indikator erfaßt, der sich auf eine Steigerung von Inkompetenzgefühlen und familiären Sorgen während des Jahres vor der Befragung bezieht (direktes Veränderungsformat; Einleitungsfrage: "Wenn Sie an das letzte Jahr zurückdenken, inwieweit treffen folgende Veränderungen für Sie zu?"). Das erste Item zielt auf Rollenbelastungen im Sinne von Goode (1960) als "felt difficulty in fulfilling role obligations" (S.483) ab und lautet: "Ich habe in letzter Zeit häufiger das Gefühl, meine Aufgaben nicht mehr bewältigen zu können". Das zweite Item erfaßt ungünstige Vergleiche der gegenwärtigen mit der früheren Familiensituation: "Ich denke jetzt häufiger, daß es unserer Familie früher besser ging und wir weniger Sorgen hatten". Die Antwortskala ist jeweils vierstufig und reicht von "stimmt nicht" (=0) bis "stimmt völlig" (=3).

Die Korrelation der beiden Items liegt bei den Vätern mit $r=.59$ ($n=118$) etwas höher als bei den Müttern ($r=.30$, $n=130$), das heißt: für die Väter geht individuelles "Rollenversagen" eher mit familiären Sorgen einher als für die Mütter. Wie zu erwarten, ist die Übereinstimmung beider Eltern hinsichtlich familiärer Sorgen deutlich höher als hinsichtlich der eher individuellen Inkompetenzgefühle ($r=.64$, $p<.001$ versus $r=.22$, $p<.01$, jeweils $n=118$). Da die jeweiligen Durchschnittswerte für vermehrte Belastungen der Mütter und Väter recht hoch korreliert sind ($r=-.55$, $p<.001$, $n=116$), werden die Angaben beider Eltern in einzelnen Analysen auch zusammengefaßt betrachtet. Die interne Konsistenz dieser vier-Item-Skala beträgt Cronach's Alpha$=.72$. Alle drei Skalen sind deutlich linksschief verteilt. Der jeweilige Mittelwert liegt für Mütter bei $M=.88$ ($SD=.89$), für Väter bei M=.61 (SD=.79) und für die Gesamtskala bei M=.74 (SD=.74).

Zusätzlich wird ein einzelnes Item zu Pessimismus in den persönlichen Zukunftserwartungen einbezogen, das aufgrund des abweichenden Antwort und Frageformats separat betrachtet wird. Es lautet: "Meine persönlichen Zukunftsaussichen sehe ich eher ... " mit den Antwortalternativen "optimistisch", "pessimistisch" oder "neutral,weiß nicht". Bei quantitativen Berechnungen erfolgt die Werte-Zuweisung im Sinne einer Pessimismus-Skala: "pessimistisch"=1, "neutral/weiß nicht"=0, "optimistisch"=-1.

Die perzipierte Familienintegration wird bei den Müttern durch vier, bei den Vätern durch drei Items erhoben, die der deutschsprachigen Adaption von Moos' (1974) Familienklima-Skalen durch Engfer et al. (1978) entnommen sind. Während das ursprüngliche Erhebungsinstrument nach Moos (1974) das Klima bzw. die "Persönlichkeit" der Familie als soziales System nach zehn Aspekten, die sich wiederum drei Metadimensionen zuordnen lassen, differenziert erfaßt, konnte im Rahmen des Berliner Jugendlängsschnitts nur auf eine gröbere Bestimmung des Familienklimas zurückgegriffen werden. Die hier verwendeten Items liefern jedoch eine gute Entsprechung für die Dimension "positiv-emotionales Klima", wie sie sich in den Analysen von Engfer et al. (1978) als Sekundärfaktor der einzelnen Subskalen zeigte (vgl. Walper, 1985).

Die jeweiligen Items der Mütter und Väter haben nicht den gleichen Wortlaut, entstammen aber - mit einer Ausnahme - den gleichen Subskalen und sprechen folgende Aspekte an: familiärer Zusammenhalt (Mütter: "Wenn zuhause etwas gemacht werden soll, versucht sich jeder zu drücken", invertiert; Väter: "Es kommt bei uns zuhause häufiger vor, daß man dem anderen nur ungern und widerwillig hilft", invertiert), Gleichberechtigung (als Teilaspekt des Zusammenhalts; Mütter: "Jeder in unserer Familie hat die gleichen Rechte, wenn es etwas zu entscheiden gibt"; Väter: "Bei uns hat jeder die gleiche Stimme, wenn etwas entschieden wird, was für die ganze Familie wichtig ist"), geringe Konfliktneigung (Mütter: "In unserer Familie kommt es oft zu Reibereien" (invertiert); Väter: "In unserer Familie geht es harmonisch und friedlich zu") und Offenheit (nur Mütter: In unserer Familie ist es eher so, daß man seine

102

Gefühle nicht zeigt", invertiert). Die Antwortskala ist jeweils vierstufig und reicht von "stimmt nicht" (=0) bis "stimmt völlig" (=3).

Die interne Konsistenz der Skalen beträgt für die Mütter Alpha=.58 und für die Väter Alpha=.59, liegt also im mittleren Bereich. Angesichts der geringen Skalenlänge und der vorgegebenen Breite des angesprochenen Bedeutungsbereichs sind diese Werte durchaus akzeptabel (vgl. Nunally, 1967). Die jeweiligen Mittelwerte der Skalen für Mütter und Väter sind zu r=.49 (p<.001) korreliert. Sie werden auch in einzelnen Analysen - im Sinne von "couple scores" zu Merkmalen des Familiensystems (z.B. Olson & McCubbin et al., 1983) - als sieben-Item-Gesamtskala zusammengefaßt (Alpha=.72). Da die jeweiligen Skalen der Angaben von Müttern und Vätern nicht die gleiche Itemzahl aufweisen, wird für diese Gesamtskala der Durchschnitt beider Werte der jeweiligen Teilskalen gebildet.

Zur Erfassung des selbstperzipierten Erziehungsverhaltens beider Eltern wurden je zwei Indikatoren für Mütter und Väter verwendet, die zum einen unterstützendes und zum anderen restriktiv-bestrafendes Erziehungsverhalten erfassen. Als Vorlage für die Items dienten die Skalen zum "Allgemeinen Familienklima" (Helmke & Väth-Szusdziara, 1980), die sich speziell auf das Erziehungsklima aus Sicht des Kindes beziehen. Die vier für die Schülerbefragung im Berliner Jugendlängsschnitt ausgewählten Items wurden für die Elternerhebung entsprechend umformuliert und durch drei weitere Items ergänzt (siehe Boehnke & Walper, 1982; Walper & Silbereisen, 1982). Exploratorische Faktorenanalysen zu den jeweiligen Angaben der Mütter und Väter aller vollständigen Familien in der Eltern-Gesamtstichprobe (n=593) erbrachten für die Mütter zwei und für die Väter drei Faktoren. Die Ladungsmuster der ersten beiden Faktoren stimmen für beide Eltern jeweils weitgehend überein und liefern eine gute Entsprechung zu den inhaltlichen Syndromen des "egalitären" und "autoritären Erziehungsklimas", die sich in den Analysen von Helmke und Väth-Szusdziara (1980) für die Skalen zum Allgemeinen Familienklimas zeigten (vgl. auch Walper, 1985). Die beiden hier verwendeten Indikatoren wurden auf der Grundlage der exploratorischen Faktorenanalysen gebildet. Sie umfassen jeweils diejenigen Items, die (1.) eine Ladung von über .50 auf dem entsprechenden Faktor und (2.) eine

103

Trennschärfe (Korrelation des Items mit der restlichen Gesamt-skala) von über .20 aufweisen.

Elterliche <u>Unterstützung</u> wird bei Müttern und Vätern durch eine jeweils identische drei-Item-Skala erfaßt, die sich auf unterstützendes und autonomieförderndes Kommunikationsverhalten sowie Zuverlässigkeit der Eltern i.S. stabiler Interaktionsmu-ster bezieht ("Wenn etwas schiefgelaufen ist, rede ich mit meinem Kind über die Sache"; "Ich frage mein Kind oft nach seiner eigenen Meinung"; "Wenn ich meinem Kind etwas verspro-chen habe, dann halte ich mich auch auf jeden Fall daran"; interne Konsistenz der Skala für Mütter: Alpha=.49, für Väter: Alpha=.52). Im Hinblick auf die unterschiedlichen Aspekte elterlicher Unterstützung sind hierbei Merkmale der Kommunika-tion zwischen Eltern und Kindern stärker vertreten, die auf-grund ihres engen Zusammenhangs zum zentralen Aspekt der "companionship" wichtige Kennzeichen elterlicher Unterstützung abbilden sollten (vgl. Ellis, Thomas & Rollins, 1976). Ähnlich wie bei den Angaben zur Familienintegration korreliert auch das unterstützende Erziehungsverhalten beider Eltern zu r=.47 (p<.001).

Der zweite Indikator zu <u>restriktiv-bestrafendem Erzie-hungsverhalten</u> der Eltern umfaßt entsprechend der faktorenana-lytischen Befunde für die Väter zwei und für die Mütter drei Items. Gemeinsam sind den beiden Skalen für Mütter und Väter jene Items, die Bestrafungen durch den Entzug von Privilegien und eine geringe Kommunikationsbereitschaft bei Meinungsver-schiedenheiten ansprechen ("Wenn mein Kind etwas angestellt hat, verbiete ich ihm Dinge, die es gerne tut, z.B. Fernsehen, Aufbleiben, Ausflüge, Taschengeld" und "Es geschieht selten, daß ich mit meinem Kind über Dinge rede, zu denen wir verschie-dene Ansichten haben"; Korrelation der Items für die Väter: r=.21). Für Mütter geht zusätzlich ein drittes Item zu inkonsi-stentem Verhalten in der Erziehung ein ("Manchmal verbiete ich meinem Kind, was ich ihm ein anderes Mal erlaube"; interne Konsistenz der drei-Item-Skala für Mütter: Alpha=.49). Trotz diese Abweichung in der Skalenbildung sind die jeweiligen Angaben der Mütter und Väter zu ihrem restriktiv-bestrafenden Verhalten hoch korreliert (r=.58, p<.001).

Wie auch bei den Items zur Familienintegration ist die Antwortskala der Items vierstufig. Die Skalenbildung erfolgt durch Berechnung der mittleren Zustimmung (ohne Gewichtung).

Der Einflußgewinn der Mutter bei familiären Entscheidungen wurde durch einen drei-Item-Indikator erhoben, der Veränderungen im innerfamiliären Einfluß zugunsten der Mutter während des Jahres vor der Befragung erfaßt (Überschrift: "Werden heute in Ihrer Familie Entscheidungen anders gefällt als vor einem Jahr?"). Die in den drei Items angesprochenen Inhaltsbereiche umfassen "finanzielle Entscheidungen", "Entscheidungen, die die Kinder betreffen" und "andere wichtige Entscheidungen in familiären Angelegenheiten". Das Itemformat ist jeweils: "Bei ...(Inhaltsbereich der Entscheidungen)... hat heute im Vergleich zu früher" mit den Antwortkategorien: "der Vater an Einfluß gewonnen", "die Mutter an Einfluß gewonnen", "der Sohn/die Tochter an Einfluß gewonnen", "keine Veränderung stattgefunden". Obwohl Mehrfachantworten zugelassen waren, kamen sie faktisch nicht vor. Die Antworten pro Item wurden dichotomisiert, so daß sie jeweils einen Einflußgewinn der Mutter (ja/nein) angeben. Da die Summenskala der drei Items erwartungsgemäß sehr linksschief verteilt ist, wurde sie dichotomisiert (kein Einflußgewinn der Mutter / Einflußgewinn der Mutter in mindestens einem Bereich). Aufgrund der im Anhang ausführlich wiedergegebenen Befunde zu den jeweiligen Angaben der Mütter und Väter wurden für die hier verfolgten Analysen nur die Angaben der Väter verwendet.

Die Interkorrelationen der abhängigen Variablen für Mütter einerseits und Väter andererseits sind in Tabelle 3 wiedergegeben. Am niedrigsten fallen bei beiden Eltern die Zusammenhänge zwischen dem Einflußgewinn der Mutter (aus Sicht der Väter) und den restlichen Variablen aus. Sie liegen zwischen $r=.18$ ($p<.05$) und $r=-.36$ ($p<.001$). Die jeweils höchste Korrelation besteht bei Müttern wie auch Vätern zwischen den Angaben zur Familienintegration und dem unterstützenden Erziehungsverhalten (Mütter: $r=.56$; Väter: $r=.43$; jeweils $p<.001$). Dem entspricht, daß beide Variablen Aspekte der Familienbeziehungen erfassen. Deutliche Abweichungen zwischen Müttern und Vätern sind lediglich bei der Korrelation zwischen dem restriktiv-bestrafendem Verhalten und den restlichen Merkmalen auszumachen. Mit

Tabelle 3: Interkorrelationen der abhängigen Variablen getrennt für die Angaben der Mütter und Väter[a]

(A) **Mütter** (n=105)

	(2)	(3)	(4)	(5)	M	SD
(1) vermehrte Belastungen	-.20*	.36***	-.38***	.31***	.89	.88
(2) Unterstützung	-	-.53***	.56***	-.19*	2.54	.43
(3) restriktiv-bestrafend		-	-.41***	.18*	1.09	.69
(4) Familienintegration			-	-.32***	2.09	.60
(5) Einflußgewinn Mutter[b]				-	.18	.39

(B) **Väter** (n=107)

	(2)	(3)	(4)	(5)	M	SD
(1) vermehrte Belastungen	-.23**	.20*	-.32***	.28**	.59	.79
(2) Unterstützung	-	-.28**	.43***	-.26**	2.47	.46
(3) restriktiv-bestrafend		-	-.13$^+$	.20*	1.10	.86
(4) Familienintegration			-	-.36***	2.22	.63
(5) Einflußgewinn Mutter				-	.17	.37

<u>Anmerkungen</u>:

[a] Pearson-Korrelationen bei einseitig Signifikanztest; Signifikanzangaben: *** p<.001, ** p<.01, * p<.05, $^+$ p<.10.

[b] Einflußgewinn der Mutter nach Angaben der Väter (s. Text)

Ausnahme des Zusammenhangs zum Einflußgewinn der Mutter fallen sie bei den Vätern geringer aus als bei den Müttern.

Insgesamt liegen die Zusammenhänge der abhängigen Variablen im mittleren Bereich. Von den jeweils zehn Koeffizienten liegen bei den Müttern drei und bei den Vätern sogar sieben unter einem Wert von r=.30, und nur zwei Koeffizienten fallen höher als r=.50 aus, beide bei den Müttern.

Auswertung

Schon aufgrund der nur mittleren Zusammenhänge zwischen den abhängigen Variablen, aber mehr noch, weil das Interesse spezifischen Auswirkungen auf einzelne Aspekte der individuellen Belastungen seitens der Eltern und der familiären Beziehungen und Interaktionen gilt, wurde auf eine multivariate Auswertung verzichtet. Selbst bei den Analysen, die für alle abhängigen Variablen gleichermaßen durchgeführt werden, beziehen sich die Angaben auf univariate Effekte, d.h. die Merkmale werden separat betrachtet.

Ein Ablaufschema der einzelnen Auswertungsschritte ist in Abbildung 3 wiedergegeben. Wie dort angegeben ist, bestimmen die Befunde der ersten Analysen den weiteren Verlauf der Hypothesenprüfung, etwa bei der Betrachtung einzelner Subgruppen oder bei der Wahl von Indikatoren zur Differenzierung innerhalb der deprivierten Familien nach der Höhe der Einkommensverluste.

Zunächst werden mittels dreifaktorieller Varianzanalysen (ANOVA) differentielle Effekte von Einkommenseinbußen in Abhängigkeit von der Schulbildung der Eltern und Erwerbstätigkeit der Mutter geprüft. Aufgrund der geringen Stichprobengröße sind alle drei Faktoren dichotomisiert, wobei hinsichtlich der Effekte ökonomischer Deprivation die Familien mit hohen und mittleren Verlusten zusammengefaßt sind. Die Prüfung der jeweiligen Haupt- und Interaktionseffekte erfolgt hierarchisch, d.h. zunächst werden simultan alle Haupteffekte, sodann simultan alle zweifaktoriellen Interaktionseffekte und schließlich der dreifaktorielle Interaktionseffekt ermittelt. Den Haupteffekten wird also Priorität eingeräumt und komplexe Interaktionen kommen nur insofern zum Tragen, also der durch sie aufgeklärte Anteil der Varianz nicht schon durch einfachere Effekte aufgeklärt werden kann. Letzteres wird schon durch die teils

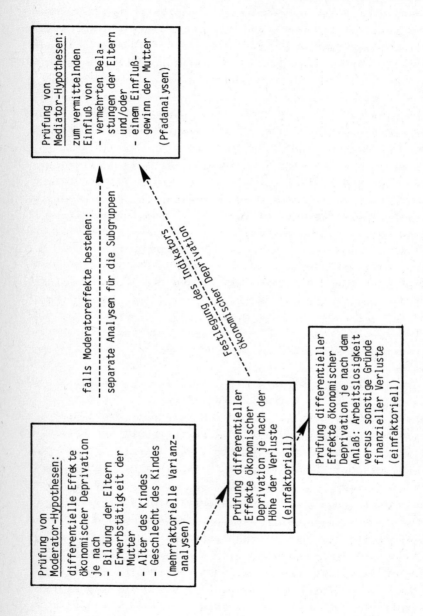

Prüfung von
Moderator-Hypothesen:

differentielle Effekte
ökonomischer Deprivation
je nach
- Bildung der Eltern
- Erwerbstätigkeit der
  Mutter
- Alter des Kindes
- Geschlecht des Kindes

(mehrfaktorielle Varianz-
analysen)

falls Moderatoreffekte bestehen:

separate Analysen für die Subgruppen

Festlegung des Indikators
ökonomischer Deprivation

Prüfung von
Mediator-Hypothesen:

zum vermittelnden
Einfluß von
- vermehrten Bela-
  stungen der Eltern
  und/oder
- einem Einfluß-
  gewinn der Mutter

(Pfadanalysen)

Prüfung differentieller
Effekte ökonomischer
Deprivation je nach der
Höhe der Verluste
(einfaktoriell)

Prüfung differentieller
Effekte ökonomischer
Deprivation je nach dem
Anlaß: Arbeitslosigkeit
versus sonstige Gründe
finanzieller Verluste
(einfaktoriell)

Abbildung 3: Ablaufschema der Auswertungsstrategie bei der Hypothesenprüfung

108

sehr kleinen Zellenbesetzungen nahegelegt. Die Berechnung erfolgt sowohl mit als auch ohne die Kovariate Anzahl der Kinder, um zu prüfen, inwieweit die jeweiligen Befunde Bestand haben, wenn diese Einflußgröße berücksichtigt wird. Hierbei wird die Kovariate simultan mit den Haupteffekten eingegeben. Die Kovarianzanalysen sind nicht zuletzt in Hinblick auf differentielle Effekte der Erwerbstätigkeit der Mutter in beiden Bildungsgruppen von Interesse, da die Berufstätigkeit der Mutter in beiden Gruppen jeweils unterschiedliche Zusammenhänge zur Kinderzahl aufweist (vgl. Abschnitt 3.3). Möglichen Interaktionseffekten könnte also alternativ ein einfacher Einfluß der Kinderzahl zugrundeliegen.

Zusätzlich werden mögliche unterschiedliche Auswirkungen mittlerer und hoher Einkommenseinbußen in einfaktoriellen Varianzanalysen (mit dem dreistufigen Faktor Einkommensverluste) getestet. Um zu klären, inwieweit die Effekte ökonomischer Deprivation auf die Gruppe der Familien mit nur hohen Verlusten zurückzuführen sind, werden die Familien mit hohen Einbußen (1) gegen sowohl die einkommensstabilen als auch die Familien mit mittleren Einbußen kontrastiert und (2) mit nur den einkommensstabilen Familien verglichen. Weiterhin wird durch entsprechende Kontraste innerhalb der Verlustgruppen geprüft, ob die Familien mit arbeitslosem Vater stärkere Belastungen aufweisen als die restlichen deprivierten Familien. Daß die Prüfung von besonderen Effekten hoher Verluste und Arbeitslosigkeit des Vaters in aufeinander folgenden Analysen vorgenommen wird, trägt der ungleichen und teils nur geringen Besetzung der Subgruppen innerhalb der deprivierten Familien Rechnung: Die getrennte Betrachtung der von Arbeitslosigkeit betroffenen Familien kann hier nur dazu dienen sicherzustellen, daß die beobachteten Effekte ökonomischer Verluste nicht auf diese Gruppe beschränkt sind. Insofern ist sie den Vergleichen zwischen deprivierten und nicht-deprivierten Familien sowie denen nach der Höhe ökonomischer Verluste nachgeordnet.

Soweit nicht auf abweichende Befunde hingewiesen wird, weisen die jeweils betrachteten Gruppen homogene Varianzen auf (Cochran's C, Bartlett-Box-Test, $p > .01$; vgl. Lienert, 1973). Bei inhomogenen Varianzen wird auf den non-parametrischen Kruskall-Wallis-Test (vgl. Siegel, 1976) zurückgegriffen.

Ausgenommen von den Varianzanalysen ist das Item zu pessimistischen Zukunftserwartungen der Eltern, das qualitative Antwortkategorien vorgibt. In diesem Fall beschränkt sich die Auswertung auf Chi^2-Tests zu Unterschieden zwischen den drei Verlustgruppen.

Differentielle Effekte von Einkommenseinbußen in Abhängigkeit vom Alter der Jugendlichen werden in einer dreifaktoriellen Varianzanalyse mit den jeweils dichotomen Faktoren Einkommensverluste, Schulbildung der Eltern und Alter der Jugendlichen getestet. Bei der Betrachtung des Erziehungsverhaltens der Eltern wird in den entsprechenden Analysen neben diesen drei Faktoren auch das Geschlecht der Jugendlichen einbezogen, um gleichzeitig geschlechtsspezifische Auswirkungen ökonomischer Deprivation abschätzen zu können. Inwieweit die so erzielten Befunde Bestand haben, wenn auch - wie in den erstgenannten Varianzanalysen - die Erwerbstätigkeit der Mutter einbezogen ist, wurde in zusätzlichen Gesamtanalysen geprüft, in die alle Faktoren eingingen. Auf diese Ergebnisse wird jedoch nur insoweit eingegangen, als sie zu einer veränderten Sicht der bisherigen Ergebnisse beitragen.

Für die Analysen zur Mediatorfunktion elterlicher Belastungen und eines Einflußgewinns der Mutter wurden mittels multipler Regressionen Pfadmodelle berechnet, wobei alle Variablen der im Modell voranliegenden Einflußfaktoren simultan eingegeben werden (vgl. Nie et al., 1975). Es handelt sich jeweils um gerade identifizierte,, rekursive Modelle, d.h. die Zahl der berechneten Parameter entspricht der Zahl von Korrelationen. Wichtige methodische Voraussetzungen für eine pfadanalytische Betrachtung (vgl. Judd & Kenny, 1981; Schumm et al., 1980) sind erfüllt, da die Modellannahmen zur Richtung der Effekte auf unabhängigen Evidenzen aus anderen Studien basieren und die finanziellen Veränderungen für einen Zeitraum vor der Erhebung der anderen Merkmale erfaßt wurden.

Ob tatsächlich ein Mediatoreffekt vorliegt, läßt sich daran ablesen (vgl. Judd & Kenny, 1981), daß zunächst auch ohne Einbeziehung des Mediators ein bedeutsamer einfacher Zusammenhang zwischen exogenem Prädiktor (hier: finanzielle Verluste) und abhängiger Variable besteht, dem jedoch im vollständigen Pfadmodell (das den Mediator einschließt) kein bedeutsamer bzw. ein nur deutlich schwächerer direkter Pfad entspricht.

Gleichzeitig muß je ein bedeutsamer Pfad von der exogenen Variable zum Mediator und vom Mediator zur abhängigen Variable führen.

Um die Effekte von Einkommenseinbußen jeglicher Höhe und speziell hoher Verluste unabhängig voneinander abschätzen zu können, wurde in den Pfadanalysen zum Teil auf eine Dummy-Kodierung der Variable Einkommenseinbußen zurückgegriffen, die i.S. einer Effekt-Kodierung (vgl. Cohen & Cohen, 1975) die drei Verlustgruppen folgendermaßen gegeneinander kontrastiert:

Verluste:	hohe	mittlere	keine	Summe
Dummy 1	1	-1	0	0
Dummy 2	0	-1	1	0

Bei gemeinsamer Eingabe beider Dummy-Variablen in die Regressionsgleichungen werden die jeweiligen Überschneidungen auspartialisiert, so daß Effekte hoher Einkommenseinbußen (Dummy-Variable 1) unabhängig von den Effekten eines unverändert gebliebenen Einkommens insgesamt (Dummy-Variable 2) ersichtlich sind. Diese Dummy-Kodierung wird jedoch nur in solchen Pfadanalysen verwendet, denen die gesamte Stichprobe zugrundegelegt ist. Bei einer getrennten Betrachtung einzelner Subgruppen wird ein einfacher Indikator für die familiären Einkommensverluste verwendet, um die Variablenzahl in einem angemessenen Verhältnis zur Gruppengröße zu belassen. Je nach den vorherigen Befunden zu unterschiedlichen Auswirkungen hoher und mittlerer Einbußen ist dieser Indikator zwei- oder dreifach gestuft.

4.5 Ergebnisse

4.5.1 Vermehrte Belastungen der Eltern

Differentielle Effekte ökonomischer Deprivation in beiden Bildungsgruppen und bei Erwerbstätigkeit der Mutter

Betrachten wir zunächst die Befunde der dreifaktoriellen (Ko-)Varianzanalysen zu vermehrten Belastungen beider Eltern, die Aufschluß über den Einfluß finanzieller Einbußen, der

111

Bildung der Eltern und der Erwerbstätigkeit der Mutter geben.
Die F-Werte der zumindest tendentiell bedeutsamen Effekte sind
in Tabelle 4 wiedergegeben; die Mittelwerte der einzelnen
Sub-Gruppen sind in Tabelle 5 ersichtlich. Vorweg sei ange-
merkt, daß die Angaben der Väter in den einzelnen Gruppen
heterogene Varianzen aufweisen, denen noch in zusätzlichen
Analysen Rechnung getragen wurde (siehe unten). Ausschlaggebend
hierfür ist weniger eine einzelne Gruppe als vielmehr die in
den deprivierten Familien insgesamt erhöhte Variation der
Reaktionen. Dies wiederum dürfte im wesentlichen auf die
deutlich linksschiefe Verteilung der Skala zurückzuführen sein:
Nur selten werden höhere Werte im positiven Antwortbereich der
Skala erreicht, und diese höhere Zustimmung ist dann weitgehend
auf die deprivierten Familien beschränkt, während die Väter der
einkommensstabilen Familien recht durchgängig die Fragen zu
gesteigerten Belastungen ablehnen. Innerhalb der einzelnen
Subgruppen der deprivierten Familien bestehen jedoch keine
divergierenden Reaktionen der Väter, d.h. die Varianzen erweisen sich dort als homogen.

Tabelle 4: Vermehrte Belastungen beider Eltern in Abhängigkeit
von Einkommenseinbußen, elterlicher Schulbildung und Erwerbstätigkeit der Mutter (1) ohne und (2) mit Berücksichtigung der
Anzahl der Kinder: F-Werte (p<.10) der
dreifaktoriellen Varianzanalyse ohne und mit Kovariate (n=98)

	Mütter		Väter	
	(1)	(2)	(1)	(2)
Einkommensverluste	31.20^{***}	36.29^{***}	34.70^{***}	46.09^{***}
elterliche Bildung	n.s.	n.s.	n.s.	n.s.
Erwerbstät.d.Mutter	n.s.	n.s.	n.s.	n.s.
Kinderzahl (Kov.)	–	n.s.	–	n.s.
Verluste x Bildung	n.s.	n.s.	3.83^{+}	n.s.
Verluste x Erwerb.M.	n.s.	n.s.	n.s.	n.s.
Bildung x Erwerb.M.	n.s.	n.s.	4.52^{*}	n.s.
Verlust x Bildg.x Erw.M.	n.s.	n.s.	n.s.	4.29^{*}

Signifikanzangaben: *** p<.001, ** p<.01 * p<.05, $^{+}$ p<.10

Tabelle 5: Vermehrte Belastungen der Eltern in Abhängigkeit von Einkommensverlusten, Bildung der Eltern und Erwerbstätigkeit der Mutter: Mittelwerte und Gruppengrößen

| | | Mütter | | | Väter | | |
| | | Einkommensverluste | | | Einkommensverluste | | |
		nein	ja	gesamt	nein	ja	gesamt
Gesamtstichprobe							
	M	.44	1.41	.87	.19	1.13	.61
	(n)	(54)	(44)	(98)	(54)	(44)	(98)
Bildung der Eltern							
niedrig	M	.41	1.52	.93	.15	1.23	.66
	(n)	(27)	(24)	(51)	(27)	(24)	(51)
hoch	M	.46	1.27	.81	.24	1.00	.56
	(n)	(27)	(20)	(47)	(27)	(20)	(47)
Erwerbstätigkeit der Mutter							
nein	M	.34	1.55	.95	.18	1.13	.66
	(n)	(19)	(19)	(38)	(19)	(19)	(38)
ja	M	.49	1.30	.82	.20	1.12	.58
	(n)	(35)	(25)	(60)	(35)	(25)	(60)
Niedrige Bildungsgruppe nach Erwerbstätigkeit der Mutter							
nein	M	.28	1.45	.89	.17	.95	.58
	(n)	(9)	(10)	(19)	(9)	(10)	(19)
ja	M	.47	1.57	.95	.14	1.43	.70
	(n)	(18)	(14)	(32)	(18)	(14)	(32)
Höhere Bildungsgruppe nach Erwerbstätigkeit der Mutter							
nein	M	.40	1.67	1.00	.20	1.33	.74
	(n)	(10)	(9)	(19)	(10)	(9)	(19)
ja	M	.50	.95	.68	.26	.73	.45
	(n)	(17)	(11)	(28)	(17)	(11)	(28)

Sowohl bei den Müttern wie auch den Vätern bestätigt ein einfacher Haupteffekt von Einkommenseinbußen die laut Hypothese 1 erwarteten nachteiligen Auswirkungen ökonomischer Deprivation auf ihre Befindlichkeit (mit Anzahl der Kinder als Kovariate: Mütter: F=36.29, Väter: F=46.09, jeweils mit df=1, p<.001). Wie in Tabelle 5 ersichtlich wird, liegen die mittleren Belastungssteigerungen beider Eltern in den deprivierten Familien jeweils über denen der einkommensstabilen Familien. Bei den Müttern ist keiner der weiteren Haupt- und Interaktionseffekte auch nur tendentiell bedeutsam (p>.10). Bezogen auf die in Hypothese 6 angesprochenen Moderatorhypothesen heißt das: Ihre Belastungen bei finanziellen Einbußen sind weitgehend unabhängig von ihrer Erwerbstätigkeit und dem Bildungshintergrund der Familie (als moderierende Faktoren) sowie der Anzahl der Kinder (als Kovariate).

Demgegenüber besteht hinsichtlich der vermehrten Belastungen der Väter ein marginaler Interaktionseffekt zwischen Einkommenseinbußen und Bildung (F=3.83, df=1, p=.053), der für eine solche Moderatorfunktion jener mit der elterlichen Bildung erfaßten familiären Ressourcen spricht, allerdings nur solange die Kinderzahl nicht als Kovariate berücksichtigt wird. Wie sich auch in den Mittelwerten der Mütter andeutet, fällt der Effekt von ökonomischen Einbußen in den Familien mit niedrigen Bildungs-Ressourcen stärker aus als in denjenigen mit höherer Bildung der Eltern: Die Diskrepanz zwischen den Vätern der einkommensstabilen Familien und den von Verlusten betroffenen Vätern ist mit M=.15 versus M=1.23 in den Familien der niedrigen Bildungsgruppe ausgeprägter als in denen der höheren Bildungsgruppe (M=.24 versus M=1.00). Gleichzeitig findet sich für die vermehrten Belastungen der Väter - wiederum nur solange die Kinderzahl außer Acht gelassen wird - ein bedeutsamer Interaktionseffekt von elterlicher Bildung und Erwerbstätigkeit der Mutter (F=4.52, df=1, p=.036). Den unteren Randverteilungen in Tabelle 5 ist zu entnehmen, daß die Belastungen der Väter in der niedrigen Bildungsgruppe bei Erwerbstätigkeit der Mutter höher liegen als in Familien, wo die Mutter Hausfrau ist, während in der höheren Bildungsgruppe das Verhältnis umgekehrt ist. Dies ließe sich zwar zunächst im Sinne bildungsspezifisch unterschiedlicher Rollenkonflikte bei Erwerbstätigkeit der Mutter deuten: Demnach würde es für die Väter der niedrigen Bildungsgruppe - unabhängig von ökonomischer Deprivation - höhere Belastungen mit sich bringen, wenn die Frau erwerbstätig ist, etwa weil sie sich dann stärker in ihrer traditionellen Rolle als Ernährer der Familie bedroht sehen könnten; demgegenüber könnten sich die Väter der höheren Bildungsgruppe in Doppelverdiener-Ehen eher entlastet fühlen. Andererseits entspricht dieses Bild aber auch genau dem, das für die Kinderzahl je nach Erwerbstätigkeit der Mutter in beiden Bildungsgruppen zu beobachten ist (vgl. Abschnitt 3.3).

Wie schon angedeutet, gehen beide Interaktionseffekte tatsächlich zu Lasten der Kovariate, werden also statistisch unbedeutend (p>.10), wenn die Anzahl der Kinder berücksichtigt wird. Allerdings hat die Kinderzahl ihrerseits keinen bedeutsamen unabhängigen Einfluß auf die vermehrten Belastungen beider Eltern, der über die Effekte der drei Faktoren Einkommensverluste, elterliche Bildung und Erwerbstätigkeit der Mutter hinausginge. Dies wäre auch nicht zu erwarten, da sich die Items auf Veränderungen während des letzten Jahres beziehen, mögliche höhere Belastungen durch mehr Kinder jedoch eher stabilen Charakter haben dürften.

Daß auch der Interaktionseffekt von ökonomischen Einbußen und elterlicher Bildung bei Berücksichtigung der Kinderzahl zur Unbedeutsamkeit reduziert wird, legt nun nahe, daß die höheren Belastungen der deprivierten Väter, die sich in der Gruppe mit geringen sozio-ökonomischen (Bildungs-)Ressourcen abzeichneten, vor allem auch die kinderreicheren Familien betreffen. Werden die ungünstige Ausgangsbedingungen für die Bewältigung finanzieller Verluste, die in diesen Familien kumulieren, hinsichtlich ihrer jeweiligen einzelnen Beiträge als unabhängige Einflußgrößen betrachtet - dies geschieht in der Kovarianzanalyse -, so ist der insgesamt bestehende Nachteil der Familien mit geringen Bildungsressourcen nicht mehr ersichtlich. Hierbei ist wichtig festzuhalten, daß sich die deprivierten Familien der beiden Bildungsgruppen nicht hinsichtlich der durchschnittlichen Kinderzahl unterscheiden (jeweils M=2.13 für die n=25 deprivierten Familien mit niedriger Bildung und die n=21 Familien der Vergleichsgruppe mit höherer elterlicher Bildung).

Interessanterweise tritt statt der zweifaktoriellen Interaktionseffekte in den Kovarianzanalysen für die vermehrten Belastungen der Väter ein signifikanter dreifaktorieller Interaktionseffekt von Einkommensverlusten, Bildung der Eltern und Erwerbstätigkeit der Mutter hervor (F=4.29, df=1, p=.041). Dies zeigt nun im Sinne der Hypothese 6 an, daß sich Einkommenseinbußen in den beiden Bildungsgruppen je nach Erwerbstätigkeit der Mutter unterschiedlich auf die Belastungen der Väter auswirken. Abbildung 4 liefert eine übersichtlichere Darstellung der mittleren Belastungen von Vätern und Müttern bei stabilem Einkommen und Einkommensverlusten je nach Erwerbstätigkeit der Mutter in den beiden Bildungsgruppen (vgl. auch Tabelle 5).

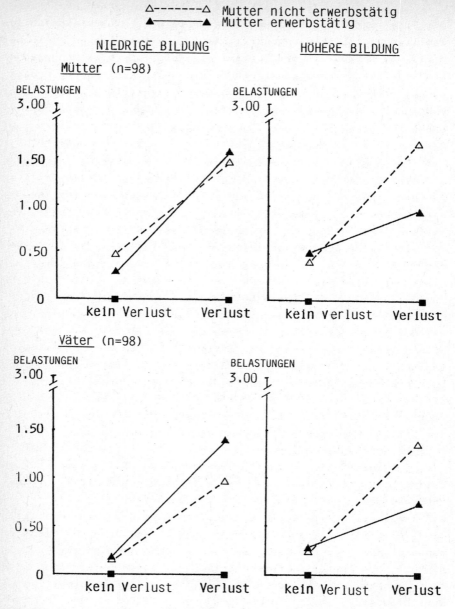

Abbildung 4: Gesteigerte individuelle Belastungen der Mütter und Väter in Abhängigkeit von Einkommensverlusten, elterlicher Schulbildung und Erwerbstätigkeit der Mutter

Zunächst ist festzuhalten, daß die vermehrten Belastungen der Väter in den einzelnen Subgruppen der einkommensstabilen Familien gleichermaßen niedrig ausfallen (sie liegen zwischen M=.14 und M=.26). In den deprivierten Familien bestehen jedoch - ungeachtet der insgesamt erhöhten Belastungen - noch deutliche Unterschiede. Betrachtet man die deprivierten Familien der höheren Bildungsgruppe, so scheinen die insgesamt etwas niedrigeren Belastungen der Väter in dieser Gruppe vor allem auf diejenigen Familien zurückzuführen zu sein, in denen die Mutter erwerbstätig ist. Der Mittelwert dieser Gruppe (M=.73; n=11) liegt deutlich unter dem der Vergleichsgruppe, in der die Mutter nicht erwerbstätig ist (M=1.33; n=9). Demgegenüber fallen in der unteren Bildungsgruppe die Belastungen der deprivierten Väter sogar etwas höher aus, wenn die Frau erwerbstätig ist (M=1.43; n=14) als wenn sie nicht zum Familieneinkommen beiträgt (M=.95; n=10).

Obwohl in den von Einkommenseinbußen betroffenen Familien mit niedrigen sozio-ökonomischen bzw. Bildungs-Ressourcen der Verdienst der Frauen einen mindestens ebenso hohen Stellenwert zur Sicherung der ökonomischen Basis des familiären Haushalts haben dürfte wie der der Frauen der höheren Bildungsgruppe, hat er doch für die Väter dieser Familien keine Entlastungsfunktion. Daß diese Befunde trotz der inhomogenen Varianzen Bestand haben, also kein methodisches Artefakt darstellen, konnte durch zusätzliche Auswertungen abgesichert werden.[5]

---

[5] Aufgrund der Varianzunterschiede wurde zur Absicherung dieser Befunde eine zusätzliche Auswertung nur für die Verlustgruppen vorgenommen. Der Interaktionseffekt zwischen Schulbildung beider Eltern und Erwerbstätigkeit der Mutter, der schon nach den Mittelwerten in den einkommensstabilen Familien nicht besteht, wurde für die von Verlusten betroffenen Familien wiederum ohne (n=42) und mit (n=39) Kovariate getestet. Die jeweiligen Haupteffekte der elterlichen Bildung und der Erwerbstätigkeit der Mutter sind nach beiden Berechnungsarten nicht bedeutsam (jeweils F<1.02, n.s.). Der Interaktionseffekt erreicht ohne Kovariate knapp die Signifikanzgrenze (F=3.94, df=1, p=.054) und ist bei Auspartialisierung der Kinderzahl noch tendenziell bedeutsam (F=3.94, df=1, p=.098). Hierbei läßt sich nicht ausschließen, daß das schwächere Ergebnis bei Einbeziehung der Kovariate durch die geringere Personenzahl (aufgrund fehlender Angaben zur Kinderzahl) mitbedingt ist. Die kleinste Gruppe ist dann nur noch mit n=8 Personen besetzt.

Forts. Fußnote

Da in den bisherigen Analysen die Familien mit mittleren und hohen Einbußen zusammengefaßt wurden, stellt sich die Frage, inwieweit das Ausmaß der Einkommensverluste für diesen Befund ausschlaggebend sein könnte. Daß die Höhe der Verluste tatsächlich einen Einfluß auf die vermehrten Belastungen der Väter (und auch der Mütter) hat, sei an dieser Stelle vorweggenommen (siehe unten). Betrachtet man nun die durchschnittlich berichteten Einkommensverluste (kodiert als keine=0, mittlere=1 und hohe=2) in den nach Bildung der Eltern und Erwerbstätigkeit der Mutter unterschiedenen Subgruppen, so ergeben sich jedoch keine Hinweise, die für eine solche Alternativerklärung sprächen: In der höheren Bildungsgruppe bestehen je nach Erwerbstätigkeit der Mutter keine Unterschiede (Mutter erwerbstätig: M=.66, SD=.82, n=32); Mutter nicht erwerbstätig: M=.64, SD=.79, n=22). In der unteren Bildungsgruppe sind die Familien mit nicht erwerbstätiger Mutter geringfügig benachteiligt, was zwar plausibel ist, dem beobachteten Interaktionseffekt aber eher entgegenläuft (M=.85, SD=.88, n=20; Mutter erwerbstätig: M=.66, SD=.88, n=35).

Auch eine differentielle Verteilung von Arbeitslosigkeit des Vaters (einschließlich Kurzarbeiter) dürfte nicht für die Befunde verantwortlich sein. Im Gegenteil sind sogar mehr Väter in der höheren als der niedrigen Bildungsgruppe von Arbeitslosigkeit betroffen (sieben versus vier), wobei in diesen Familien jeweils zu gleichen Anteilen die Ehefrau erwerbstätig ist (bei höherer Bildung in vier dieser sieben Familien, bei niedriger Bildung in zwei der vier Familien).

Wie aber sehen nun die Befunde zu unterschiedlichen Effekten ökonomischer Deprivation je nach der Höhe der finanziellen Verluste und bei Arbeitslosigkeit des Vaters aus? In den entsprechenden Analysen werden die bislang nach elterlicher Bildung und Erwerbstätigkeit der Mutter unterschiedenen Subgruppen zusammengefaßt, was nicht zuletzt angesichts der bisherigen Befunde gerechtfertigt erscheint. Wenn im folgenden auch auf einzelne Items eingegangen wird, so deshalb, um die

---

Forts. Fußnote
Immerhin scheint der - wenn auch nicht sehr ausgeprägte Befund - kein Artefakt zu sein, das sich durch inhomogene Varianzen oder die Anzahl der Kinder erklären ließe.

jeweiligen Ergebnisse für Mütter und Väter hinsichtlich der stärker selbstbezogenen Belastungen (Inkompetenzgefühle, persönlicher Pessimismus) und der fämiliären Sorgen zu vergleichen.

Unterschiedliche Auswirkungen ökonomischer Deprivation je nach Höhe der Verluste und spezifische Effekte von Arbeitslosigkeit des Vaters

Tabelle 6 zeigt für Mütter und Väter die Mittelwerte und Standardabweichungen der beiden Items zu vermehrten Belastungen sowie deren Durchschnittswert in Abhängigkeit vom Ausmaß der berichteten Einkommensverluste.Wie dort ersichtlich ist, liegen die **familiären Sorgen** sowohl der Mütter als auch der Väter bei hohen Verlusten weit über denen der einkommensstabilen Familien, wobei die Familien mit mittleren Verlusten auch eine mittlere Position einnehmen. Der Unterschied zwischen den drei Gruppen ist jeweils für beide Eltern hochsignifikant, sowohl bei varianzanalytischer Auswertung (Mütter: $F=29.89$, $df=2$, $p<.0001$; Väter: $F=26.72$, $df=2$, $p<.0001$) als auch im nonparametrischen Kurskal-Wallis-Test, der aufgrund inhomogener Varianzen zusätzlich berechnet wurde (Mütter: $Chi^2=36.23$, $p<.001$; Väter: $Chi^2=33.72$, $p<.001$). Auch der Kontrast speziell zwischen Familien mit hohen Verlusten und allen restlichen Familien ist für beide Eltern hochsignifikant (berechnet für getrennte Varianzen; Mütter: $t=4.52$, $df=46.5$, $p<.001$; Väter: $t=4.57$, $df=40.3$, $p<.001$). Während laut Hypothese 5 höhere Belastungsreaktionen der Väter als der Mütter bei ökonomischer Deprivation erwartet wurden, fallen die Effekte für beide Eltern gleich aus. Wie die jeweiligen Angaben der Mütter und Väter in Familien mit mittleren und hohen Verlusten zeigen, liegen die familiären Sorgen der Mütter sogar über denen der Väter (siehe Tabelle 6).

Demgegenüber ist der Einfluß von Einkommenseinbußen auf Inkompetenzgefühle bei den Vätern weitaus stärker als bei den Müttern (Väter: $F=12.86$, $p<.0001$; Mütter: $F=2.77$, $p=.07$). Vergleicht man die jeweiligen Mittelwerte, so ist dies jedoch nicht auf wesentlich höhere Belastungen der Väter als der Mütter in deprivierten Familien zurückzuführen, sondern auf die etwas geringeren Inkompetenzgefühle der Väter in einkommensstabilen Familien: Bei extremen Verlusten unterscheiden sich beide

119

Tabelle 6: Vermehrte Belastungen der Eltern in Abhängigkeit von der Höhe finanzieller Verluste: Mittelwerte, Standardabweichungen, F-Test und spezielle Kontraste

(A) Mütter

	Inkompetenz-gefühle		familiäre Sorgen		vermehrte Belastungen insgesamt		
	M	SD	M	SD	M	SD	(n)
hohe Verluste	1.07	1.12	2.04	1.17	1.55	.92	(28)
mittlere Verl.	.95	.95	1.30	1.33	1.16	.85	(22)
keine Verluste	.61	.85	.38	.70	.49	.65	(64)
gesamt	.79	.95	.97	1.20	.88	.86	(114)
F(df=2)=	2.77$^+$		29.89***		20.65***		
K-W-Test (Chi^2=)	4.75$^+$		36.23		29.39		
Kontraste:							
Konstrast 1$^{a)}$ (t=)	n.s.		4.52***		4.23***		
Konstrast 2$^{b)}$ (t=)	2.17*		6.98		6.14		

(B) Väter

	Inkompetenz-gefühle		familiäre Sorgen		vermehrte Belastungen insgesamt		
	M	SD	M	SD	M	SD	(n)
hohe Verluste	1.11	.99	1.68	1.16	1.39	.93	(28)
mittlere Verl.	.45	.60	.82	1.01	.64	.66	(22)
keine Verluste	.27	.63	.29	.55	.25	.44	(62)
gesamt	.51	.80	.74	1.01	.61	.79	(112)
F(df=2)=	12.86***		26.72***		30.95***		
K-W-Test (Chi^2=)	21.86		33.72		37.33		
Kontraste:							
Kontrast 1$^{a)}$ (t=)	3.68***		4.57***		4.99***		
Kontrast 2$^{b)}$ (t=)	4.11		6.05		6.23		

Anmerkungen:

a) Kontrast 1: hohe Verluste versus mittlere und keine Verluste.

b) Kontrast 2: hohe Verluste versus keine Verluste.

Signifikanzangaben: *** $p < .001$, ** $p < .01$, * $p < .05$; $^+$ $p < .10$

Eltern nicht hinsichtlich dieser vermehrten Rollenüberlastungen (Mütter: M=1.07; Väter: M=1.11), während bei stabilem Einkommen und mittleren Verlusten die Mütter die Väter leicht übertreffen (Mütter: M=.61 und M=.95; Väter: M=.27 und M=.45). Da die Inkompetenzgefühle der Mütter schon bei mittleren Einkommensverlusten erhöht sind, ist auch nur bei den Vätern, nicht jedoch den Müttern, der Kontrast zwischen stark deprivierten Familien und beiden restlichen Gruppen statistisch signifikant (Väter: t=3.68, df=35.6, p<.001 (bei getrennter Varianzschätzung); Mütter: t=1.36, df=111, n.s.).

Zwar bestehen hinsichtlich der Inkompetenzgefühle der Väter Varianzunterschiede zwischen den Gruppe (Cochran's C=.57, p<.001; Bartlett-Box =5.12, p<.001), da die Standardabweichung in der Gruppe mit hohen Verlusten deutlich gegenüber den beiden anderen Gruppen erhöht ist (vgl. Tabelle 6); aber auch der nonparametrische Kruskal-Wallis-Test liefert keine abweichenden Befunde: Die mittleren Rangplatzunterschieden entsprechen den Mittelwertsunterschieden der drei Gruppen (Chi^2=21.86, p<.001; mittlerer Rang für hohe, mittlere und keine Verluste: 77.13, 58.07 und 47.68).

Entsprechend sind auch die Unterschiede zwischen den drei Verlustgruppen hinsichtlich der elterlichen Belastungen insgesamt für sowohl die Mütter (F=20.65, df=2, p<.0001) als auch die Väter (F=30.95, df=2, p<.0001) hochsignifikant, wobei die Mütter höhere Mittelwerte aufweisen als die Väter (siehe oben Tabelle 6). Am deutlichsten sind die Unterschiede zwischen Müttern und Vätern wiederum in den von mittleren Verlusten betroffenen Familien, in denen die Mütter weitaus mehr belastet sind als die Väter (M=1.16 versus M=.64). Wie sich auch hinsichtlich der elterlichen Mehrarbeit im Haushalt zeigt (siehe Anhang), dürften die Mütter dieser mittleren Verlustgruppe mehr mit den Konsequenzen ökonomischer Verknappung konfrontiert sein als die Väter.

Betrachtet man nun die persönlichen Zukunftsaussichten beider Eltern, so bestehen wiederum - wie hinsichtlich der Inkompetenzgefühle - stärkere Effekte von Einkommensverlusten für die Väter als für die Mütter. Diesmal erbringt jedoch nicht nur der Vergleich zwischen deprivierten und einkommensstabilen Familien für die Väter deutlichere Unterschiede als für die

Mütter, sondern die von Verlusten betroffenen Männern sind auch
per se gegenüber ihren Ehefrauen im Nachteil: In den 28 Famili-
en mit hohen Verlusten geben 50% der Väter an, ihre persönlichen Zukunft pessimistisch zu sehen, während dies nur für 25%
der Mütter dieser Gruppe gilt. In der mittleren Verlustgruppe
sind dies immerhin noch 27% der Väter (n=6 von 22), allerdings
auch 21,7% der Mütter (n=5 von 23), und bei stabilem Einkommen
(n=64) sehen nur noch 15,6% der Väter und 9,4% der Mütter ihre
persönliche Zukunft pessimistisch. Optimistisch äußern sich in
den Familien mit hohen Verlusten jeweils 35,7% der Mütter und
Väter, verglichen mit 50% der Väter und 34,8% der Mütter in
Familien mit mittleren Einbußen und 56,3% der Väter sowie 51,6%
der Mütter mit stabilem Familieneinkommen. Der Chi^2-Test ist
(einschließlich der "neutralen" Antworten) nur für die Väter
signifikant (Chi^2=11.98, df=4, p=.017), nicht jedoch für die
Mütter (Chi^2=5.50, df=4, p=.24). Daß dennoch in beiden Fällen
ein bedeutsamer linearer Zusammenhang zwischen dem Ausmaß der
Einkommenseinbußen und dem geäußerten Pessimismus-Optimismus
besteht, wird insofern ersichtlich, als die entsprechenden
Pearson-Korrelationen nicht nur für Väter, sondern auch für
Mütter signifikant ausfallen (bei Kodierung der Antwortalter-
nativen als pessimistisch=1, neutral=0 und optimistisch=-1;
Mütter: r=.20, p=.017; Väter: r=.27, p=.002).

Schon dies legt nahe, daß es sich bei den unterschiedlichen Befunden für Mütter und Väter eher um graduelle Abweichungen handelt. Wenn sich nur für Väter, nicht jedoch auch die
Mütter ein signifikanter Effekt familiärer Einkommensverluste
bestätigen läßt, so muß dies nicht bedeuten, daß dieser Unterschied seinerseits im statistischen Sinne signifikant ist.

Da die Gruppe mit Einkommenseinbußen von über 25% -
abgesehen von einer Ausnahme - auch alle Familien mit arbeitslosem Vater umfaßt, wurde in der Analyse zu spezifischen
Effekten von Arbeitslosigkeit des Vaters als weitere Differenzierung zwischen Familien mit arbeitslosem Vater und den
restlichen von hohen Verlusten betroffenen Familien unterschieden. Aufgrund inhomogener Varianzen wurde der nonparametrische
Kruskal-Wallis-Test verwendet. Die Auswertungen beziehen sich
lediglich auf die insgesamt vermehrten Belastungen der Eltern.
Sowohl für die Väter (Chi^2=37.96, p<.001) als auch für die
Mütter (Chi^2=34.79, p<.001) ergeben sich hochsignifikante

Unterschiede zwischen den vier Gruppen. Die mittleren Rangplätze der vermehrten Belastungen beider Eltern sind in Tabelle 7 wiedergegeben.

Tabelle 7: Vermehrte Belastungen der Mütter und Väter nach familiären Einkommensverlusten und Arbeitslosigkeit des Vaters: mittlere Rangplätze und Chi^2-Test

		Vater arbeitslos	sonstige hohe	mittl. Verluste	keine Verluste	adjust. Chi^2
Mütter	R	83.73	73.66	67.92	39.80	34.70***
	(n)	(11)	(16)	(20)	(61)	
Väter	R	90.91	70.13	55.45	40.24	37.96***
	(n)	(11)	(16)	(20)	(58)	

Signifikanzangaben: *** p<.001

Vergleicht man die vier Gruppen, so zeichnet sich bei beiden Eltern ein weitgehend konsistenter Trend derart ab, daß die Belastungen bei Arbeitslosigkeit des Vaters am höchsten (Mütter: R=83.73, Väter: R=90.91; jeweils n=11) und bei stabilem Familieneinkommen am niedrigsten ausfallen (Mütter: R=39.80, n=61; Väter: R=40.24, n=58). Allerdings liegen die vermehrten Belastungen der arbeitslosen Väter deutlicher über denen der Väter in den restlichen Familien mit hohen Einbußen, als es bei den Müttern der jeweiligen Familien der Fall ist: Die Differenz des mittleren Rangplatzes zwischen den von Arbeitslosigkeit des Vaters betroffenen Familien und den restlichen stark deprivierten Familien ist für die Väter doppelt so hoch wie für die Mütter (Väter: R=90.91 versus R=70.31; Mütter: R=83.73 versus R=73.66). Bei den Müttern fällt eher der ausgeprägte Unterschied zwischen den einkommensstabilen Familien und der darauf folgenden Gruppe mit mittleren Einbußen auf (R=39.80 versus R=67.92).

Zusammenfassung
Die Befunde lassen sich wie folgt zusammenfassen:
- Mit dem Ausmaß der Einkommensverluste steigen die Belastungen beider Eltern.

- Hinsichtlich der eher persönlichen Belastungen fallen die Effekte von speziell hohen Verlusten bei den Vätern stärker aus als bei den Mütter, besonders bei Arbeitslosigkeit des Vaters.
- Differentielle Effekte von ökonomischen Deprivation in Abhängigkeit von der Bildung beider Eltern und Erwerbstätigkeit der Mutter bestehen nur für die Väter, wobei die beiden Moderatorvariablen für sich genommen (als Haupteffekte) keinen Einfluß auf die Belastungen der Eltern zeigen.
- Väter aus ökonomisch deprivierten Familien mit höherer Bildung der Eltern "profitieren" von der Erwerbstätigkeit ihrer Ehefrau, d.h. berichten geringere Belastungen als deprivierte Väter dieser Bildungsgruppe, deren Ehefrau nicht erwerbstätig ist. In der unteren Bildungsgruppe besteht ein eher gegenläufiger Effekt.
- Trotz dieser differentiellen Effekte für die Väter zeigen jedoch nicht nur die Mütter, sondern auch die Väter aller deprivierten Subgruppen im Vergleich zu den einkommensstabilen Familien erhöhte Belastungen.

4.5.2 Selbstperzipiertes Erziehungsverhalten der Eltern

Differentielle Effekte ökonomischer Deprivation in beiden Bildungsgruppen und bei Erwerbstätigkeit der Mutter

Auch hinsichtlich der Angaben von Müttern und Vätern zu ihrem Erziehungsverhalten betrachten wir zunächst die Befunde der dreifaktoriellen Varianzanalysen, die Aufschluß über mögliche differentielle Effekte ökonomischer Deprivation in Abhängigkeit von der Bildung beider Eltern und der Erwerbstätigkeit der Mutter geben. Die Analysen wurden wiederum mit und ohne die Kovariate Anzahl der Kinder berechnet. In Tabelle 8 sind die F-Werte der Haupt- und Interaktionseffekte für das unterstützende und restriktiv-bestrafende Verhalten der Mütter und Väter angegeben, die zumindest tendentiell statistisch signifikante Effekte anzeigen ($p < .10$). Die Mittelwerte der einzelnen Subgruppen sind in Tabelle 9 ersichtlich. Auf Unterschiede zwischen den Eltern aus Familien mit hohen und mittleren Einkommensverlusten und Besonderheiten der von Arbeitslosigkeit des Vaters betroffenen Familien wird im fortlaufenden

Tabelle 8: Selbstperzipiertes elterliches Erziehungsverhalten in Abhängigkeit von Einkommenseinbußen, elterlicher Schulbildung und Erwerbstätigkeit der Mutter (1) ohne und (2) mit Berücksichtigung der Anzahl der Kinder: F-Werte (p<.10) der dreifaktoriellen Varianzanalyse ohne und mit Kovariate (Mütter n=107; Väter n=100)

(A) Unterstützendes Erziehungsverhalten

	Mütter (1)	(2)	Väter (1)	(2)
Einkommensverluste	3.33+	4.81*	n.s.	n.s.
elterliche Bildung	3.41+	n.s.	n.s.	n.s.
Erwerbstät.d.Mutter	n.s.	n.s.	n.s.	n.s.
Kinderzahl (Kov.)	-	n.s.	-	n.s.
Verluste*Bildung	n.s.	n.s.	3.83+	n.s.
Verluste*Erwerb.M.	n.s.+	n.s.+	n.s.	n.s.
Bildung*Erwerb.M.	2.71+	3.21+	n.s.	n.s.
Verlust*Bildg.*Erw.M.	n.s.	n.s.	4.12*	3.73+

(B) Restriktiv-bestrafendes Erziehungsverhalten

	Mütter (1)	(2)	Väter (1)	(2)
Einkommensverluste	4.60*/**	6.40*/**	n.s.*	3.74*
elterliche Bildung	8.75	7.34	2.82*	n.s.
Erwerbstät.d.Mutter	n.s.	n.s.	n.s.	n.s.
Kinderzahl (Kov.)	-	n.s.	-	n.s.
Verluste*Bildung	6.02*	4.71*	6.40*	4.64*
Verluste*Erwerb.M.	n.s.	n.s.	n.s.	n.s.
Bildung*Erwerb.M.	n.s.	n.s.	n.s.	n.s.
Verlust*Bildg.*Erw.M.	n.s.	n.s.	n.s.	n.s.

Signifikanzangaben: *** p<.001, ** p<.01 * p<.05, + p<.10

Text eingegangen. Die entsprechenden Angaben sind in den Tabellen 10 und 11 zusammengestellt.

Für das unterstützende Verhalten der Mütter bestehen keine signifikanten Interaktionseffekte von Einkommensverlusten und

Tabelle 9: Selbstperzipiertes Erziehungsverhalten beider Elten in Abhängigkeit von Einkommensverlusten, Bildung der Eltern und Erwerbstätigkeit der Mutter: Mittelwerte und Gruppengrößen

(A) Unterstützendes Erziehungsverhalten

		Mutter Einkommensverluste			Väter Einkommensverluste		
		nein	ja	gesamt	nein	ja	gesamt
Gesamtstichprobe							
	M	2.60	2.45	2.54	2.46	2.45	2.45
	(n)	(60)	(47)	(107)	(60)	(47)	(107)
Bildung der Eltern							
niedrig	M	2.58	2.32	2.46	2.47	2.38	2.43
	(n)	(30)	(24)	(54)	(30)	(24)	(54)
hoch	M	2.62	2.59	2.61	2.46	2.52	2.48
	(n)	(30)	(23)	(53)	(30)	(23)	(53)
Erwerbstätigkeit der Mutter							
nein	M	2.57	2.50	2.54	2.56	2.48	2.52
	(n)	(21)	(20)	(41)	(21)	(20)	(41)
ja	M	2.62	2.42	2.54	2.41	2.42	2.41
	(n)	(39)	(27)	(66)	(39)	(27)	(66)
Niedrige Bildungsgruppe nach Erwerbstätigkeit der Mutter							
nein	M	2.59	2.48	2.53	2.48	2.55	2.52
	(n)	(9)	(11)	(20)	(9)	(11)	(20)
ja	M	2.57	2.18	2.42	2.46	2.23	2.37
	(n)	(21)	(13)	(34)	(21)	(13)	(34)
Höhere Bildungsgruppe nach Erwerbstätigkeit der Mutter							
nein	M	2.56	2.52	2.54	2.61	2.41	2.52
	(n)	(12)	(9)	(21)	(12)	(9)	(21)
ja	M	2.67	2.64	2.66	2.35	2.60	2.46
	(n)	(18)	(14)	(32)	(18)	(14)	(32)

- wird fortgesetzt -

einem der anderen beiden Faktoren, die - im Sinne von <u>Hypothese</u> <u>6</u> - für differentielle Effekte ökonomischer Deprivation in Abhängigkeit von der elterlichen Bildung oder der Erwerbstätigkeit der Mutter sprächen. Wohl aber zeichnet sich ein Haupteffekt von Einkommensverlusten ab, der sogar bei Auspartialisierung der Kinderzahl etwas stärker ausfällt ($F=4.81$, $df=1$, $p=.03$; ohne Kovariate: $F=3.33$, $df=1$, $p=.07$). Wie laut <u>Hypothese</u> <u>2</u> erwartet wurde, geben die Mütter der deprivierten Familien

Tabelle 9 (Fortsetzung):

(B) Restriktiv-bestrafendes Erziehungsverhalten

		Mutter Einkommensverluste			Väter Einkommensverluste		
		nein	ja	gesamt	nein	ja	gesamt
Gesamtstichprobe							
	M	.99	1.26	1.11	1.02	1.25	1.12
	(n)	(59)	(48)	(107)	(59)	(48)	(107)
Bildung der Eltern							
niedrig	M	1.03	1.60	1.29	.98	1.58	1.25
	(n)	(30)	(25)	(55)	(30)	(25)	(55)
hoch	M	.94	.90	.92	1.05	.89	.98
	(n)	(29)	(23)	(52)	(29)	(23)	(52)
Erwerbstätigkeit der Mutter							
nein	M	1.10	1.20	1.15	.86	1.15	1.00
	(n)	(21)	(20)	(41)	(21)	(20)	(41)
ja	M	.93	1.31	1.09	1.11	1.32	1.20
	(n)	(38)	(28)	(66)	(38)	(28)	(66)
Niedrige Bildungsgruppe nach Erwerbstätigkeit der Mutter							
nein	M	1.11	1.39	1.27	.67	1.55	1.15
	(n)	(9)	(11)	(20)	(9)	(11)	(20)
ja	M	1.00	1.76	1.30	1.12	1.61	1.31
	(n)	(21)	(14)	(35)	(21)	(14)	(35)
Höhere Bildungsgruppe nach Erwerbstätigkeit der Mutter							
nein	M	1.08	.96	1.03	1.00	.67	.86
	(n)	(12)	(9)	(21)	(12)	(9)	(21)
ja	M	.84	.86	.35	1.09	1.04	1.06
	(n)	(17)	(14)	(31)	(17)	(14)	(31)

weniger unterstützendes Verhalten gegenüber ihren Kindern an als die Mütter der einkommensstabilen Familien (M=2.45, n=47 versus M=2.60, n=60). Allerdings liegen die mittleren Antworten der deprivierten Mütter auch noch im positiven Antwortbereich der Skala (M>1.50). Unterschiede je nach dem Ausmaß der Einkommensverluste bestehen nicht (vgl. Tabelle 10).

Die Anzahl der Kinder hat zwar selbst keinen bedeutsamen Einfluß auf das unterstützende Verhalten der Mütter (F<1, n.s.), scheint jedoch zu dem marginalen Haupteffekt der elterlichen Bildung beizutragen (F=3.41, df=1, p=.06 ohne Auspartialisierung der Kovariate gegenüber F=2.43, df=1, p=.12 bei

Tabelle 10: Selbstperzipertes Erziehungsverhalten beider Eltern in Abhängigkeit vom Ausmaß der Einkommenseinbußen : Mittelwerte und Standardabweichungen sowie F-Test und spezielle Kontraste a)

(A) Unterstützendes Erziehungsverhalten

	Mütter			Väter		
	M	SD	(n)	M	SD	(n)
hohe Verluste	2.49	.41	(28)	2.40	.47	(28)
mittl. Verluste	2.44	.54	(22)	2.55	.33	(22)
keine Verluste	2.61	.34	(64)	2.47	.49	(64)
gesamt	2.55	.41	(114)	2.47	.46	(114)

	Mütter	Väter
F(df=2)=	n.s.	n.s.
Kontrast 1 b)	t= -.37 d)	t=-1.01
	(df=52.7)	(df=111)
Kontrast 2 c)	t=-1.35 d	t= -.66
	(df=45.9)	(df=111)

(B) Restriktiv-bestrafendes Erziehungsverhalten

	Mütter			Väter		
	M	SD	(n)	M	SD	(n)
hohe Verl.	1.21	.73	(28)	1.43	1.02	(28)
mittl. Verl.	1.30	.63	(22)	1.00	.85	(23)
keine Verl.	.98	.67	(63)	1.02	.75	(64)
gesamt	1.10	.69	(113)	1.11	.85	(115)

	Mütter	Väter
F(df=2)=	2.39 +	2.60 +
Kontrast 1 b)	t= .48	t= 2.22 *
	(df=110)	(df=112)
Kontrast 2 c)	t= 1.53	t= 2.17 *
	(df=110)	(df=112)

Anmerkungen:

a) einfaktorielle Varianzanalyse mit dem dreistufigen Faktor Einkommenseinbußen; Kontrastprüfung (t-Test) mit den Signifikanzangaben * p<.05, + p<.10

b) Kontrast 1: hohe Verluste versus mittlere und keine Verluste

c) Kontrast 2: hohe Verluste versus keine Verluste

d) Kontrastprüfung für getrennte Varianzen

Berücksichtigung der Kinderzahl). Daß die Unterstützung der Mütter in den Familien mit geringen Bildungsressourcen etwas

Tabelle 11: Selbstperzipertes Erziehungsverhalten der Eltern
in Abhängigkeit von Arbeitslosigkeit des Vaters und familiären
Einkommensverlusten: Mittelwerte und Standardabweichungen

(A) Unterstüzendes Erziehungsverhalten

	Mütter				Väter		
	M	SD	(n)		M	SD	(n)
Vater arbeits- los	2.53	.41	(12)		2.53	.50	(12)
sonstige Ver- luste	2.47	.46	(36)		2.44	.41	(36)
stabiles Ein- kommen	2.59	.39	(61)		2.45	.49	(61)

(B) Restriktiv-bestrafendes Erziehungsverhalten

	Mütter				Väter		
	M	SD	(n)		M	SD	(n)
Vater arbeits- los	1.22	.66	(12)		1.50	1.04	(12)
sonstige Ver- luste	1.26	.71	(36)		1.15	.91	(37)
stabiles Ein- kommen	.99	.68	(60)		1.02	.74	(61)

niedriger ausfällt als in den restlichen Familien (M=2.46, n=54
versus M=2.61, n=53), dürfte also vor allem auf die kinderrei-
chen Familien in dieser Gruppe zurückgehen, in denen in mehrfa-
cher Hinsicht Belastungen kumulieren.

Weiterhin besteht - unabhängig von der Kinderzahl - ein
marginaler Interaktionseffekt von elterlicher Schulbildung und
Erwerbstätigkeit der Mutter (F=3.21, df=1, p=.06 mit Kovariate). Wie die jeweiligen Mittelwerte zeigen (vgl. Tabelle 9),
fällt in der unteren Bildungsgruppe das unterstützende Verhalten der erwerbstätigen Mütter etwas - wenn auch kaum - geringer
aus als das der Hausfrauen (M=2.42, n=33 versus M=2.53, n=20),
während in der höheren Bildungsgruppe die erwerbstätigen Mütter
etwas unterstützender sind als die nicht erwerbstätigen
(M=2.66, n=32 versus M=2.54, n=21). Der größte Mittelwerts-
unterschied besteht jedoch zwischen den erwerbstätigen Müttern
beider Bildungsgruppen (niedrige Bildung: M=2.42, höhere

Bildung: M=2.66). Wie schon erwähnt, läßt sich dies nicht auf die unterschiedliche Kinderzahl dieser Familien zurückführen: Der Interaktionseffekt tritt sogar in der Kovarianzanalyse eher stärker hervor.

Hinsichtlich des unterstützenden Erziehungsverhaltens der Väter ergibt sich lediglich ein signifikanter dreifaktorieller Interaktionseffekt von Einkommenseinbußen, elterlicher Bildung und Erwerbstätigkeit der Mutter (F=4.12, p=.04 ohne und F=3.73, p=.05 mit Kovariate, jeweils df=1). Keiner der Haupt- oder der anderen Interaktionseffekte ist auch nur tendentiell bedeutsam. Folglich läßt sich Hypothese 2 in diesem Punkte nicht bestätigen, da sich finanzielle Verluste für die Unterstützung der Väter als insgesamt bedeutungslos erweisen. Gleichzeitig ist damit Hypothese 5 für diesen Aspekt der Eltern-Kind-Interaktion widerlegt: Entgegen der Erwartung zeigen sich nur bei den Müttern und nicht auch bei den Vätern nachteilige Einflüsse ökonomischer Deprivation.

Wie stellen sich nun die in dem dreifaktoriellen Interaktionseffekt angezeigten Besonderheiten der einzelnen Subgruppen dar? Abbildung 5 verdeutlicht, daß in der unteren Bildungsgruppe der erwartete nachteilige Effekt ökonomischer Verluste auf das unterstützende Verhalten jener Väter beschränkt ist, deren Ehefrau erwerbstätig ist (M=2.23, n=13 bei finanziellen Verlusten versus M=2.46, n=21 bei stabilem Einkommen). Ist die Mutter nicht erwerbstätig, so geben die deprivierten Väter der unteren Bildungsgruppe sogar geringfügig mehr unterstützendes Verhalten gegenüber ihre Kindern an als die Väter mit stabilem Einkommen (M=2.55, n=11 bei Verlusten versus M=2.48, n=9 bei stabilem Einkommen).

Demgegenüber ergibt sich - ähnlich wie hinsichtlich der vermehrten psychischen Belastungen der Väter (vgl. Abschnitt 4.5.1) - in der Gruppe mit höherer elterlicher Bildung ein genau gegenläufiges Bild (siehe Abbildung 5). Hier unterscheiden sich allerdings schon die Väter der einkommensstabilen Familien je nach Erwerbstätigkeit ihrer Frau: Das unterstützende Verhalten der Väter fällt höher aus, wenn die Mutter nicht erwerbstätig ist (M=2.61, n=12 versus M=2.35, n=8). Umgekehrt liegt in den von Einkommensverlusten betroffenen Familien das unterstützende Verhalten der Väter mit nicht erwerbstätiger Frau etwas unter dem der Väter mit erwerbstätiger Frau (M=2.41,

130

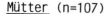

△ – – – – △ Mutter nicht erwerbstätig
▲ ————— ▲ Mutter erwerbstätig

NIEDRIGE BILDUNG HÖHERE BILDUNG

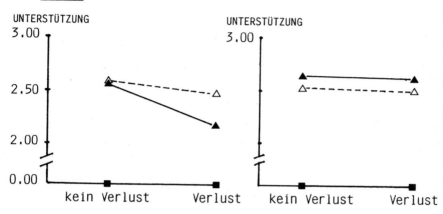

Mütter (n=107)

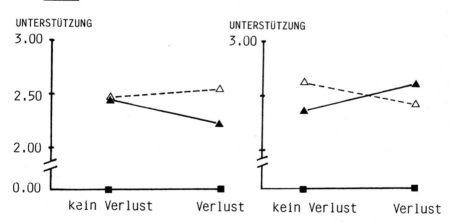

Väter (n=107)

Abbildung 5: Unterstützendes Verziehungsverhalten der Mütter und Väter in Abhängigkeit von Einkommenseinbußen, elterlicher Schulbildung und Erwerbstätigkeit der Mutter

131

n=9 versus M=2.60, n=14). Vergleicht man die beiden Bildungsgruppen, so besteht der größte Unterschied hinsichtlich des
unterstützenden Verhaltens der Väter zwischen den jeweils
deprivierten Familien mit erwerbstätiger Mutter: Bei niedriger
Bildung fällt dann die Unterstützung der Väter besonders gering
aus (M=2.23), bei höherer Bildung jedoch besonders hoch
(M=2.60).

Betrachtet man die ebenfalls in Abbildung 5 angegebenen
Werte der Mütter, so zeigt sich, daß in der unteren Bildungsgruppe - parallel zu den Vätern - auch ihr unterstützendes
Verhalten bei ökonomischer Deprivation vor allem dann beeinträchtigt ist, wenn sie berufstätig sind (M=2.18, n=13 versus
M=2.48, n=11 für die nicht berufstätigen Frauen dieser Vergleichsgruppe). In den einkommensstabilen Familien dieser
Bildungsgruppe unterscheidet sich die Unterstützung der Mütter
demgegenüber nicht nach ihrer Erwerbstätigkeit (Erwerbstätige:
M=2.57, n=21; nicht Erwerbstätige: M=2.59, n=9). Anders als bei
den Vätern bestehen in der höheren Bildungsgruppe keine differentiellen Effekte ökonomischer Deprivation: Hier fällt das
unterstützende Verhalten der Berufstätigen generell - also auch
bei stabilem Einkommen - höher aus als das der nicht erwerbstätigen Mütter. Der Nachteil der berufstätigen Mütter der unteren
Bildungsgruppe kommt also nur in den deprivierten Familien zum
Tragen, während der Vorteil der berufstätigen Mütter der oberen
Bildungsgruppe durchgängig zu bestehen scheint. Dennoch dominiert in diesen Analysen für die Mütter der zweifaktorielle
Interaktionseffekt von Bildung und Erwerbstätigkeit (siehe
oben), während das Zusammenspiel aller drei Einflüsse keinen
zusätzlichen Beitrag zur Erklärung ihres unterstützenden
Verhaltens liefert (F<1, n.s.). Auf hiervon abweichende Befunde, wenn zusätzlich das Alters des Kindes berücksichtigt wird,
wird noch später im Rahmen weiterer Analysen eingegangen.

Der Befund für die Unterstützung seitens der Väter läßt
sich angesichts der sehr kleinen Zellenbesetzungen nur mit
größter Vorsicht zu bewerten sind, zumal keiner der restlichen
Haupt- oder Interaktionseffekte auch nur annähernd statistisch
bedeutsam ist, also "einfachere" Einflüsse auf das unterstützende Erziehungsverhalten der Väter anzeigen würde. Auch bei
getrennter Betrachtung der von hohen Verlusten betroffenen Vätern oder nur der arbeitslosen Männer (vgl. Tabelle 10 und 11)

zeichnen sich keine Effekte ab, d.h. die Mittelwerte unterscheiden sich nicht (M=2.40 versus 2.55 versus 2.47 für hohe, mittlere und keine Verluste; bei Arbeitslosigkeit des Vaters: M=2.53). Daß sich ohnehin aus einem querschnittlichen Gruppenvergleich nicht schon auf einen Veränderungsprozeß rückschließen läßt, unterstreicht die gebotene Zurückhaltung bei der Bewertung der Befunde.

Wenn hier die deprivierten Männer in Doppelverdiener-Haushalten der höheren Bildungsgruppe gegenüber ihrer Vergleichsgruppe mit niedriger Bildung (den von finanziellen Verlusten betroffenen Vätern mit erwerbstätiger Frau) im Vorteil sind, so ist dies noch plausibel: Dies spricht dafür, daß die Erwerbstätigkeit der Mutter in Familien mit höherer Bildung eher als Ressource fungiert, nämlich nachteilige Auswirkungen ökonomischer Deprivation auf die Vater-Kind-Interaktion abzufangen hilft. Auffällig ist jedoch, daß die Unterstützung der Väter in der erstgenannten Gruppe auch höher ausfällt als die der nicht-deprivierten Väter aus Doppelverdiener-Familien mit höherer Bildung. Dies spräche sogar für einen positiven Effekt ökonomischer Deprivation in dieser Gruppe.

Daß zudem innerhalb der einkommensstabilen Familien der höheren Bildungsgruppe das unterstützende Verhalten der Väter niedriger ausfällt, wenn die Mutter berufstätig statt Hausfrau ist, entspricht nicht den Erwartungen. Da in diesen Doppelverdiener-Familien ohne Einkommensverluste das unterstützende Erziehungsverhalten der Mütter nicht gleichermaßen niedrig ausfällt wie das der Väter - es liegt mit M=2.67 versus M=2.35 (jeweils n=18) deutlich höher -, scheinen keine generellen familiären Beeinträchtigungen vorzuliegen. Weiteren Aufschluß hierzu werden die Auswertungen zur Familienintegration geben (siehe Abschnitt 4.5.4). Stattdessen ließe sich zunächst vermuten, daß in diesen Familien die Erziehungsaufgaben hauptsächlich an die Mütter delegiert sind - trotz ihrer Erwerbstätigkeit. Angesichts der geringen Kinderzahl in dieser Gruppe mag eine stärkere Berufs- als Familienorientierung der Väter hierfür mitverantwortlich sein.

Festzuhalten bleibt, daß das unterstützende Erziehungsverhalten der Väter gegenüber ihren Kindern nicht per se durch Einkommenseinbußen beeinträchtigt ist, sondern sich sogar gegenläufige Effekte andeuten. Gemeinsam mit den Befunden zu vermehrten psychischen Belastungen der Väter liefern die Ergebnisse doch einige Hinweise darauf, daß im Sinne von Hypothese 6 am ehesten das Zusammenspiel von familiären Einkommenseinbußen, elterlichen Bildungsressourcen und Erwerbstätigkeit der Mutter ausschlaggebend ist für die jeweiligen Konsequenzen, hier jedenfalls auch hinsichtlich der Zuwendung und Unterstützung, die die Väter ihren Kindern geben.

Für das restriktiv-bestrafende Erziehungsverhalten der Mütter besteht unabhängig von der Kinderzahl ein signifikanter Haupteffekt familiärer Einkommenseinbußen ($F=6.40$, $df=1$, $p=.01$) sowie - neben einem hochsignifikanten Haupteffekt der elterlichen Bildung ($F=7.43$, $df=1$, $p<.01$) - ein bedeutsamer Interaktionseffekt für beide Faktoren ($F=4.71$, $df=1$, $p<.03$; alle Angaben für die Kovarianzanalyse; zu den Befunden der Varianzanalyse siehe Tabelle 8). Wie Abbildung 6 zu entnehmen ist, beruhen beide Haupteffekte weitgehend auf der erhöhten Restriktivität der Mütter in deprivierten Familien mit niedriger Bildung der Eltern. Sie liegen mit einem Mittelwert von $M=1.60$ ($n=25$) deutlich über dem Vergleichswert der nicht-deprivierten Mütter dieser Bildungsgruppe ($M=1.03$, $n=30$), während in der höheren Bildungsgruppe das restriktiver Verhalten der Mütter unabhängig von familiären Einkommensverlusten gleichermaßen niedrig ausfällt ($M=.94$, $n=29$ und $M=.90$, $n=23$ ohne und mit Verlusten).

Die Erwerbstätigkeit der Mutter hat weder für sich genommen (als Haupteffekt) noch in Abhängigkeit von Einkommensverlusten oder elterlicher Bildung einen Einfluß auf das restriktive Verhalten der Mütter. Auch die Höhe der Verluste ist insgesamt unbedeutend ($M=1.21$ bei hohen Verlusten und $M=1.30$ bei mittleren Einbußen versus $M=.98$ bei stabilem Einkommen; vgl. Tabelle 10). Somit läßt sich Hypothese 2 nur bedingt bestätigen: Im Sinne von Hypothese 6 sind die erwarteten nachteiligen Auswirkungen ökonomischer Deprivation auf Familien mit niedriger Bildung beschränkt.

Dem entsprechen auch weitgehen die Befunde für die Väter, wobei neben dem signifikanten Interaktionseffekt von Einkommenseinbußen und Bildung ($F=4.46$, $df=1$, $p<.03$ mit Kovariate) jedoch lediglich ein marginaler Haupteffekt für finanzielle Verluste besteht, der nur in der Kovarianzanalyse das konventionelle Signifikanzniveau erreicht ($F=3.64$, $df=1$, $p=.05$), und die Bildung für sich genommen (als Haupteffekt) keinen Einfluß

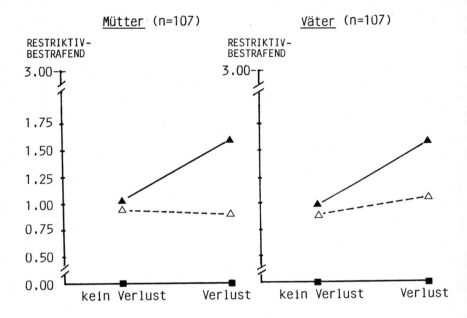

 niedrige Schulbildung beider Eltern
△--------△ höhere Schulbildung beider Eltern

Abbildung 6: Restriktiv-bestrafendes Erziehungsverhalten der Mütter und Väter in Abhängigkeit von Einkommenseinbußen und elterlicher Schulbildung.

hat. Wie in Abbildung 6 ersichtlich ist, sind auch hinsichtlich des restriktiv-bestrafenden Verhaltens der Väter die Effekte ökonomischer Deprivation weitgehend auf die Familien mit niedriger Bildung der Eltern beschränkt bzw. fallen dort deutlicher aus. Der Mittelwert der von Einkommenseinbußen betroffenen Väter dieser Gruppe liegt mit M=1.58 (n=25) deutlich über dem der einkommensstabilen Familien mit vergleichbarer Bildung (M=.97, n=30), während die deprivierten Väter der höheren Bildungsgruppe kaum mehr restriktives Verhalten angeben als die einkommensstabilen Väter dieser Gruppe (M=1.05, n=23 versus M=.89, n=29).

Wie eine getrennte Betrachtung nach dem Ausmaß der Einbußen ergibt (vgl. Tabelle 10), ist lediglich in den Familien mit hohen Einkommenseinbußen das restriktiv-bestrafende Verhalten der Väter erhöht (hohe versus mittlere versus keine Verluste:

M=1.43 versus M=1.00 versus M=1.02). Der entsprechende Kontrast zwischen Familien mit hohen Verlusten einerseits und denjenigen mit mittleren oder keinen Einbußen andererseits ist signifikant (t=2.22, df=112, p<.05). Hierbei scheinen es nicht nur speziell die arbeitslosen Väter zu sein, auf die dieser Befund zurückzuführen ist (vgl. Tabelle 11). Zwar ist das restriktive Verhalten der Väter bei Arbeitslosigkeit noch deutlicher erhöht als in den restlichen von Einkommensverlusten betroffenen Familien (M=1.50, n=12 versus M=1.15, n=37). Aber lediglich der Kontrast zwischen den arbeitslosen Vätern und den Vätern der einkommensstabilen Familien ist - zudem nur tendentiell - bedeutsam (t=1.80, df=107, p<.08), während der Unterschied zwischen arbeitslosen und allen anderen Vätern nicht signifikant ist (t=1.61, df=107, p=.11).

Wenn sich hier vor allem hohe Verluste für das restriktiv-bestrafende Verhalten der Väter als ausschlaggebend erweisen, so liefert dies keine alternative Erklärung für den berichteten Interaktionseffekt von Einkommensverlusten und elterlicher Bildung, sondern ergänzt wohl eher diesen Befund: In Familien mit niedriger elterlicher Bildung fallen die relativen finanziellen Verluste nicht insgesamt höher aus als in Familien mit höherer Bildung (einfaktorielle Varianzanalyse mit der elterlichen Bildung als zweistufigen Faktor und den dreistufig kodierten Einkommensverlusten als abhängige Variable: F<1, n.s.; mittlerer Verlust bei niedriger Bildung: M=.73, SD=.87, n=55; bei höherer Bildung: M=.65, SD=.80, n=54).

Anders als hinsichtlich der elterlichen Unterstützung bestätigt sich also hier für beide Eltern der in Hypothese 6 angesprochene Moderatoreffekt der elterlichen Bildung. Die Erwerbstätigkeit der Mutter ist demgegenüber ohne Einfluß auf das restriktiv-bestrafende Verhalten der Eltern, sowohl insgesamt als auch speziell bei ökonomischer Deprivation. Hypothese 5 findet wiederum keine Bestätigung: Der Haupteffekt finanzieller Verluste kommt sogar für die Mütter geringfügig stärker zum Tragen, ohne daß dieser Unterschied zu den Vätern jedoch bedeutsam sein dürfte.

Moderatoreffekte von Geschlecht und Alter der Jugendlichen
Um zu prüfen, ob sich stärkere Beeinträchtigungen der Eltern-Kind-Interaktion gegenüber den älteren Jugendlichen und

- parallel zu den Befunden von Elder, Van Nguyen und Caspi (1985) - vor allem in Vater-Tochter-Dyaden und weniger in den Interaktionen zwischen Vätern und Söhnen ergeben, wurden vierfaktorielle Varianzanalysen mit den jeweils dichotomen Faktoren Einkommensverluste, elterliche Schulbildung, Geschlecht und Alter der Jugendlichen berechnet (ANOVA). Die Kovariate Anzahl der Kinder wurde hierbei nicht mit einbezogen, da sie in den zuvor berichteten Analysen keinen Einfluß gezeigt hatte. Die Bildung ging jedoch weiterhin als Faktor ein, da sie sich hinsichtlich des restriktiv-bestrafenden Verhaltens der Eltern als bedeutsam erwiesen hatte. Die jeweiligen F-Werte der Haupt- und Interaktionseffekte sind in Tabelle 12 ersichtlich. Für eine bessere Übersichtlichkeit beschränken sich die Angaben zu den Interaktionseffekte nur auf diejenigen Effekte, die bei zumindest einer der betrachteten Merkmale des elterlichen Erziehungsverhaltens einen bedeutsamen Einfluß (p<.10) anzeigen.

Für das Erziehungsverhaltens der Mütter läßt sich neben den jeweiligen Effekten familiärer Einkommensverluste und - hinsichtlich des restriktiv-bestrafenden Verhaltens - der elterlichen Bildung noch ein weiterer signifikanter Haupteffekt ausmachen: Die Unterstützung unterscheidet sich je nach dem Geschlecht des Kindes (F=5.89, df=1, p=.02), wobei die Mädchen mehr Zuwendung von ihren Müttern erhalten als die Jungen (M=2.66, n=47 versus M=2.47, n=63).

Der zuvor berichtete Interaktionseffekt von Einkommenseinbußen und elterlicher Bildung auf das restriktiv-bestrafende Verhalten bleibt sowohl für Mütter als auch Väter bestehen. Hinzu tritt für diesen Aspekt des Erziehungsverhaltens ein sowohl für Mütter wie auch Väter bedeutsamer Interaktionseffekt von Alter und Geschlecht des Kindes. Die jeweiligen Mittelwerte sind bei Jungen der älteren Gruppe im Vergleich zu allen anderen Gruppen erhöht (Mütter: M=1.33; Väter: M=1.56, n=26). Der größte Unterschied besteht jeweils zu den Mädchen dieser Altersgruppe, bei denen das restriktiv-bestrafende Verhalten beider Eltern am niedrigsten ausfällt (Mütter: M=.83; Väter: M=.80, n=23), gefolgt von den Jungen im frühen Jugendalter (Mütter: M=1.08; Väter: M=.99, n=37), die von den Vätern mit noch etwas geringeren Restriktionen bedacht werden als die jüngeren Mädchen (Mütter: M=1.12; Väter: M=1.17; n=24).

Tabelle 12: Selbstperzipertes Erziehungsverhalten der Mütter und Väter in Abhängigkeit von Einkommenseinbußen, Bildung beider Eltern, Geschlecht und Alter des Kindes: F-Werte der vier-faktoriellen Varianzanalyse [a]

	unterstützendes Erziehungs- verhalten		restriktiv- bestrafendes Erziehungs- verhalten	
	Mütter	Väter	Mütter	Väter
Einkommensverluste	2.99^+	n.s.	4.39^*	n.s.
Schulbildung Eltern	n.s.	n.s.	5.58^*	1.94
Geschlecht des Kindes	5.89^*	n.s.	n.s.	n.s.
Alter des Kindes	n.s.	n.s.	n.s.	n.s.
Verluste x Bildung	n.s.	n.s.	4.59^*	5.70^*
Verluste x Alter d.K.	4.75^*	n.s.	n.s.	n.s.
Geschlecht x Alter d.K.	n.s.	n.s.	4.10^*	9.00^{**}

Anmerkung:

[a] vier dichotome Faktoren; die Angaben zu den Interaktions-beschränken sich auf diejenigen Effekte, die hinsichtlich mindestens eines Aspektes des elterlichen Erziehungsver-halten bedeutsam sind $(p<.10)$.

Signifikanzangaben: *** $p<.001$, ** $p<.01$, * $p<.05$, $^+$ $p<.10$

Der laut **Hypothese 9** erwartete Interaktionseffekt von Einkommenseinbußen und Alter des Kindes besteht lediglich für das unterstützende Erziehungsverhalten der Mütter ($F=4.75$, $df=1$, $p<.05$): Wie Abbildung 7 zeigt, sind die Beeinträchti-gungen durch Einkommenseinbußen tatsächlich auf die ältere Gruppe beschränkt ($M=2.38$, $n=22$ versus $M=2.68$, $n=27$ bei stabi-lem Einkommen), während in der jüngeren Gruppe ökonomische Deprivation keinen Einfluß auf das mütterliche Erziehungsver-halten hat ($M=2.55$, $n=25$ und $M=2.56$, $n=36$). Dieser Inter-aktionseffekt bleibt auch bestehen, wenn zusätzlicher die Erwerbstätigkeit der Mutter als Faktor berücksichtigt

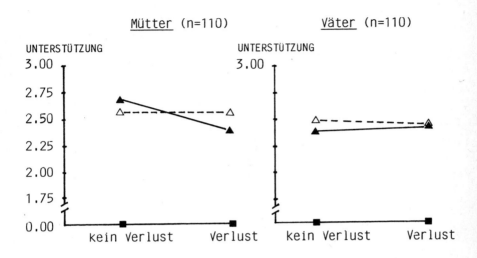

Abbildung 7 : Unterstützendes Erziehungsverhalten der Mütter und Väter in Abhängigkeit von Einkommenseinbußen und Alter des Kindes Kindes

wird.[6] Außerdem tritt dann der - zunächst scheints durch diese alterspezifische Variation überdeckte - dreifaktorielle Interaktionseffekt von Einkommensverlusten, Schulbildung und Erwerbstätigkeit der Mutter hervor ($F=5.15$, $df=1$, $p<.03$). Keiner der übrigen getesteten Effekte erreicht ein Signifikanzniveau von auch nur $p=.10$. Auch das Geschlecht des Kindes hat -

---

[6] In den entsprechenden vierfaktoriellen Varianzanalysen mit den jeweils dichotomen Faktoren Einkommensverluste, elterliche Bildung, Erwerbstätigkeit der Mutter und Alter des Kindes ist auch der Interkationseffekt zwischen Einkommensverlusten und Alter des Kindes statistisch bedeutsam ($F=4.69$, $df=1$, $p<.04$).

entgegen Hypothese 10 - keinen moderierenden Einfluß auf die Effekte ökonomischer Deprivation auf das elterlicher Erziehungsverhalten, weder bei Müttern noch bei Vätern.

Wie lassen sich nun die unterschiedlichen Auswirkungen ökonomischer Einbußen auf das unterstützende Verhalten der Mütter je nach dem Alter der Kinder erklären? Um dieser Frage nachzugehen, wird im folgenden Abschnitt die Mediatorfunktion von vermehrten Belastungen der Eltern beleuchtet, die Aufschluß über spezifische Vermittlungsprozesse in beiden Altersgruppen geben kann.

4.5.3 Vermehrte Belastungen der Eltern als Mediator für Beeinträchtigungen des unterstützenden Erziehungsverhaltens bei ökonomischer Deprivation: Unterschiedliche Prozesse je nach dem Alter des Kindes?

Nach den zuletzt berichteten Befunden sind nur die älteren Jugendlichen von Beeinträchtigungen der mütterlichen Unterstützung bei ökonomischen Einbußen betroffen, während sich für die jüngere Altersgruppe keine solchen nachteiligen Effekte finanzieller Verluste ausmachen lassen. Zumindest drei mögliche Erklärungen kann man hierfür anführen: (1) Die Einkommenseinbußen könnten in der älteren Gruppe zu stärkeren psychischen Belastungen der Mütter führen und hierüber die Beeinträchtigungen ihres unterstützenden Verhaltens bewirken. (2) Die jeweiligen Belastungen der deprivierten Mütter könnten in der älteren Gruppe einen "durchschlagenderen" Effekt auf ihr Erziehungsverhalten haben, etwa weil sich die Mütter gegenüber ihren älteren Kindern weniger zurücknehmen und mehr auf deren Verständnis bauen, während sich die Mütter gegenüber ihren jüngeren Kindern vielleicht eher darum bemühen, ihre psychischen Beeinträchtigungen nicht auch im Erziehungsverhalten zu zeigen. (3) Andererseits ließe sich die geringere Unterstützung der deprivierten Mütter gegenüber ihren älteren Kindern auch auf Reibungspunkte in der Eltern-Kind-Interaktion zurückführen, die nicht durch vermehrte psychische Belastungen der Mütter erklärbar sind. Stärkere Konflikte mit den älteren als den jüngeren Jugendlichen könnten solchen "direkten" Einflüssen finanzieller

140

Einbußen auf die Unterstützung der Mütter zugrundeliegen, die nicht über deren psychische Belastungen vermittelt wären.

Um solche Unterschiede in den Vermittlungsprozessen näher aufzuklären, wurden für beide Altersgruppen getrennte Pfadmodelle berechnet, in denen vermehrte Belastungen der Eltern als Mediator für Auswirkungen ökonomischer Deprivation auf das unterstützende Erziehungsverhalten berücksichtigt sind. Als exogene Variablen gehen ein: Einkommenseinbußen als dreistufige Variable (0=keine, 1=mittlere, 2=hohe), um den stärkeren Auswirkungen hoher Verluste auf die psychischen Belastungen der Eltern Rechnung zu tragen, die Schulbildung beider Eltern als kontinuierliches Merkmal und das Geschlecht der Jugendlichen. Endogene Variablen sind die jeweiligen Angaben der Eltern zu vermehrten Belastungen (als Mediator) und zum unterstützenden Erziehungsverhalten. Die Modelle wurden nicht nur für die Mütter, sondern auch - separat - für die Väter beider Altersgruppen berechnet. Zwar ließ sich für die Unterstützung der Väter kein Einfluß ökonomischer Deprivation ausmachen (siehe vorigen Abschnitt), der hier auf vermehrte Belastungen zurückgeführt werden könnte. Dennoch ist von Interesse, ob sich das jeweilige Netz der Zusammenhänge bei den Müttern und Vätern beider Altersgruppen ähnlich darstellt.

Die Ausgangskorrelationen der Merkmale sind in Tabelle 13 wiedergegeben. Die Pfadmodelle in Abbildung 8 zeigen die standardisierten Regressionskoeffizienten für Mütter oberhalb und für Väter unterhalb der Pfade. Um die Abbildung übersichtlich zu halten, wurde auf die Angaben zu denjenigen Pfaden verzichtet, für die in keiner Gruppe bei keinem Elternteil ein auch nur marginal bedeutsame Effekt (p<.10) besteht. Die Berechnung erfolgte jedoch für das vollständig identifizierte Modell, also unter Berücksichtigung aller möglicher Effekte in der vorgegebenen Wirkrichtung.

Zunächst ist festzuhalten, daß die einfachen Zusammenhänge, d.h. die Korrelationen der Merkmale (siehe Tabelle 13) den zuvor berichteten varianzanalytischen Befunden entsprechen: In der jüngeren Gruppe besteht kein Zusammenhang zwischen Einkommenseinbußen und unterstützendem Erziehungsverhalten der Eltern (Mütter: r=-.06; Väter: r=-.10). In der älteren Gruppe sind Einkommenseinbußen und unterstützendes Verhalten der

141

Tabelle 13: Ausgangskorrelationen und Skalenkennwerte des regressionsanalytischen Pfadmodells in Abbildung 8 [a]

(A) Familien der Kinder im frühen Jugendalter (n = 47)

	(2)	(3)	(4)	(5)	(6)	(7)	M	SD
(1) Eink.-verlust	.00	.04	.65***	.67***	-.28+	-.04	.75	.87
(2) Bildg. Eltern	--	.20	-.08	.13	.21	.14	2.21	.55
(3) Geschl. (weibl.) [b]		--	-.16	-.02	.27+	.12	.49	.51
(4) Belastg. Mutter			--	.50***	-.21	-.04	.94	.95
(5) Belastg. Vater				--	-.31*	-.22*	.63	.84
(6) Unterstützg.(M)					--	.53***	2.53	.45
(7) Unterstützg.(V)						--	2.45	.55

(B) Familien der Kinder im mittleren Jugendalter (n = 56):

	(2)	(3)	(4)	(5)	(6)	(7)	M	SD
(1) Eink.-verlust	-.20	.03	.38**	.47***	-.06	-.12	.61	.82
(2) Bildg. Eltern	--	-.16	-.14	-.15	.15	.00	2.43	.78
(3) Geschl. (weibl.) [b]		--	.17	.01	.25+	.09	.39	.49
(4) Belastg. Mutter			--	.52***	-.15	-.18	.80	.85
(5) Belastg. Vater				--	-.03	-.22+	.56	.76
(6) Unterstützg.(M)					--	.47***	2.55	.41
(7) Unterstützg.(V)						--	2.48	.45

Anmerkungen:

[a] Einkommenseinbußen als dreistufiges, Schulbildung beider Eltern als kontinuierliches Merkmal

[b] Geschlecht der Jugendlichen kodiert als 0=männlich, 1=weiblich

Signifikanzangaben: *** p<.001, ** p<.01, * p<.05, + p<.10

142

FAMILIEN DER KINDER IM FRÜHEN JUGENDALTER (n=56)

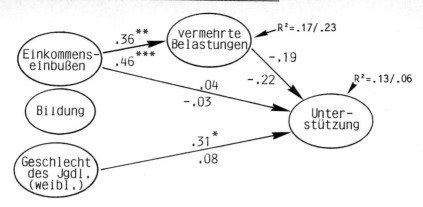

FAMILIEN DER KINDER IM MITTLEREN JUGENDALTER (n=47)

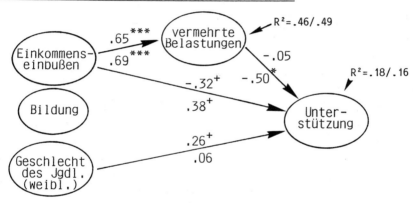

Abbildung 8: Unterstützendes Erziehungsverhalten der Mütter und Väter in Abhängigkeit von Einkommenseinbußen[a], elterlicher Schulbildung und Geschlecht des Jugendlichen als exogene Variablen und vermehrten Belastungen der Eltern als Mediator: separate Pfadmodelle für die Familien der Präadoleszenten und der Adoleszenten[b]

Anmerkungen:

[a] dreistufige Kodierung wobei keine Verluste=0, mittlere Verluste=1 und hohe Verluste=2.

[b] standardisierte Regressionskoeffizienten für die Angaben der Mütter oberhalb und für die Angaben der Väter unterhalb der Pfade. Angegeben sind nur diejenigen Pfade, die in mindestens einer der beiden Gruppen für ein Elternteil tendentiell bedeutsam sind ($p \leq .10$). Einschließlich R^2 für Mütter/Väter

Signifikanzangaben: *** $p < .001$, ** $p < .01$, * $p < .05$, + $p < .10$.

Mütter marginal korreliert (r=-.28, p=.061)[7], während bei den Vätern der älteren Gruppe wiederum kein entsprechender Zusammenhang zwischen Einkommensverlusten und unterstützendem Verhalten gegeben ist (r=.04).

Betrachtet man nun die pfadanalytischen Befunde (siehe Abbildung 8), so wird ersichtlich, daß in beiden Altersgruppen bedeutsame Effekte ökonomischer Einbußen auf vermehrte psychischen Belastungen der Mütter wie auch Väter bestehen. Sie fallen in Familien mit älteren Kindern tatsächlich etwas stärker aus als in den Familien mit jüngeren Kindern, und zwar jeweils bei beiden Elternteilen (ältere versus jüngere Gruppe: Mütter: beta=.67, p<.0001 versus beta=.36, p<.01; Väter: beta=.69, p<.0001 versus beta=.46, p<.001). Die vermehrten Belastungen der Mütter haben jedoch ihrerseits in beiden Altersgruppen keinen Einfluß auf das unterstützende Erziehungsverhalten (jüngere Gruppe: beta=-.19, n.s.; ältere Gruppe: beta=-.05, n.s.).

Das heißt: Entgegen den ersten beiden oben genannten Interpretationsmöglichkeiten sind die psychischen Belastungen der Mütter nicht der Mediator, über den die Auswirkungen ökonomischer Deprivation auf ihre Unterstützung gegenüber den älteren Jugendlichen vermittelt werden. Das weniger unterstützende Verhalten der deprivierten Mütter in der Gruppe der Kinder im mittleren Jugendalter stellt sich vielmehr als direkter Effekt ökonomischer Einbußen dar, der zwar nur schwach ausfällt, aber keineswegs geringer ist als der einfache Zusammenhang beider Merkmale (beta=-.32, p<.10). Dies steht nun eher im Einklang mit der dritten Alternative: Daß nämlich weniger die psychische Verfassung der Mütter als vielmehr "direkt" in der Interaktion mit den älteren Kindern gegebene Reibungspunkte

---

[7] Daß dieser Zusammenhang nur schwach ausfällt, dürfte darauf zurückzuführen sein, daß in diesen Analysen ein dreistufiges Maß für Einkommensverluste gewählt wurde, um die über vermehrte Belastungen der Eltern vermittelten Effekte ökonomischer Deprivation nicht zu unterschätzen. Da sich die Beeinträchtigungen des unterstützenden Verhaltens der Mütter in beiden Verlustgruppen als gleich erwiesen haben, unterschätzt die Korrelation mit der dreistufigen Variable diesen Zusammenhang.

für die geringere Unterstützung der deprivierten Mütter ausschlaggebend sind.

Bei den Vätern fällt der entsprechende Einfluß vermehrter
Belastungen auf das unterstützende Erziehungsverhalten gegenüber den jüngeren Kindern mit beta=-.23 zwar etwas höher aus
als für die Mütter, ist aber auch nicht statistisch bedeutsam
(p>.10). In der älteren Gruppe hingegen ist dieser Effekt
deutlich stärker und auch signifikant (beta=-.50, p=.016). Nur
für die Väter der älteren Jugendlichen entspricht also das Bild
der erwarteten Mediatorfunktion von vermehrten Belastungen.
Allerdings läßt sich selbst in dieser Altersgruppe kein einfacher Zusammenhang zwischen ökonomischen Einbußen und Unterstützung der Väter ausmachen, so daß nicht im eigentlichen Sinne
von einer Vermittlung von Effekten die Rede sein kann, jedenfalls nicht auf den ersten Blick. Interessanterweise wird
jedoch gleichzeitig einen Suppressor-Effekt sichtbar, der diese
mangelnde Korrelation erklären könnte: Werden - wie hier - die
über vermehrte Belastungen der Väter vermittelten nachteiligen
Auswirkungen als ein Weg berücksichtigt, über den Einkommenseinbußen indirekt zu geringer Unterstützung beitragen, so zeigt
sich zusätzlich ein gegenläufiger direkter, nämlich tendentiell
positiver Einfluß von Einkommensverlusten auf das unterstützende Verhalten der Väter (beta=.38, p<.07).

Dies ließe sich durchaus im Sinne divergierender Reaktionen interpretieren: Scheinbar wenden sich einige der von
Einbußen betroffenen Väter - nämlich diejenigen, die nicht
durch vermehrte Belastungen beeinträchtigt sind - sogar verstärkt ihren Kindern zu. Dieser Effekt ist jedoch auf die
älteren Kinder beschränkt. Ein solcher gegenläufiger Effekt
hatte sich schon in der höheren Bildungsgruppe bei den Vätern
mit erwerbstätiger Ehefrau gezeigt: Sie sind nicht durch
Einkommensverluste vermehrt belastet und berichten sogar im
Vergleich zu einkommensstabilen Familien mehr unterstützendes
Verhalten gegenüber ihren Kindern. Wenngleich diese Befunde
aufgrund der geringen Fallzahlen mit Vorsicht zu betrachten
sind, sprechen sie doch dafür, daß die Reaktionen der Väter
nicht gleichförmig ausfallen, sondern von einer Reihe situati-
ver Randbedingungen moderiert werden.

4.5.4 Perzipierte Familienintegration

Differentielle Effekte ökonomischer Deprivation in beiden Bildungsgruppen und bei Erwerbstätigkeit der Mutter

Auch hinsichtlich der wahrgenommenen Familienbeziehungen - der Familienintegration - wurde zunächst geprüft, ob die Auswirkungen ökonomischer Einbußen je nach der elterlichen Bildung und der Erwerbstätigkeit der Mutter unterschiedlich ausfallen. Wiederum wurden dreifaktorielle Varianzanalysen mit jeweils dichotomen Faktoren berechnet, und zwar sowohl mit als auch ohne Berücksichtigung der Kinderzahl als Kovariate. Weitere Analysen zu altersspezifischen Effekten werden weiter unten berichtet. Die F-Werte der zumindest tendentiell bedeutsamen Haupt- und Interaktionseffekte ($p < .10$) für die getrennten Angaben der Mütter und Väter sind in Tabelle 14 ersichtlich. Die Mittelwerte der einzelnen Gruppen sind in Tabelle 15 wiedergegeben, wobei sowohl die getrennten Angaben beider Eltern als auch die Gesamtskala zur Familienintegration berücksichtigt sind.

Tabelle 14: Perzipierte Familienintegration in Abhängigkeit von Einkommenseinbußen, Schulbildung beider Eltern und Erwerbstätigkeit der Mutter (1) ohne und (2) mit Berücksichtigung der Anzahl der Kinder als Kovariate [a]

	Mütter		Väter	
	(1)	(2)	(1)	(2)
Einkommensverluste	6.26[*]	5.90[*]	7.51[**]	6.86[**]
Bildung der Eltern	n.s.	n.s.	n.s.	n.s.
Erwerbst. d. Mutter	n.s.	n.s.	n.s.	n.s.
Kinderzahl (Kov.)	--	n.s.	--	n.s.
Verluste x Bildung	n.s.	n.s.	n.s.	n.s.
Verluste x Erwerb.d.M.	n.s.	n.s.	n.s.	n.s.
Bildung x Erwerb.d.M.	n.s.	n.s.	n.s.	n.s.
Verl.x Bild.x Erwerb.d.M.	6.33[*]	4.50[*]	n.s.	n.s.
(n)	(104)	(97)	(104)	(97)

[a] Signifikanzangaben: [***] $p < .001$, [**] $p < .01$, [*] $p < .05$, [+] $p < .10$

146

Tabelle 15: Perzipierte Familienintegration in Abhängigkeit von Einkommensverlusten, Bildung der Eltern und Erwerbstätigkeit der Mutter: Mittelwerte der Angaben beider Eltern (getrennt und zusammengefaßt) und Gruppengrößen

| | | Angaben Mütter | | | Angaben Väter | | | gemeinsame Angaben | | |
| | | Einkommens- verluste | | | Einkommens- verluste | | | Einkommens- verluste | | |
		nein	ja	gesamt	nein	ja	gesamt	nein	ja	gesamt
Gesamtstichprobe										
	M	2.21	1.92	2.08	2.32	2.01	2.18	2.27	1.97	2.14
	(n)	(58)	(46)	(104)	(58)	(46)	(104)	(56)	(44)	(100)
Bildung der Eltern										
nied- rig	M	2.20	1.89	2.06	2.38	2.03	2.22	2.30	1.95	2.14
	(n)	(29)	(24)	(53)	(29)	(24)	(53)	(27)	(23)	(50)
hoch	M	2.22	1.97	2.11	2.25	1.98	2.14	2.23	2.00	2.14
	(n)	(29)	(22)	(51)	(29)	(22)	(51)	(29)	(21)	(50)
Erwerbstätigkeit der Mutter										
nein	M	2.32	1.88	2.09	2.54	2.02	2.27	2.43	1.94	2.18
	(n)	(19)	(21)	(40)	(19)	(21)	(40)	(19)	(20)	(39)
ja	M	2.15	1.96	2.08	2.21	2.00	2.12	2.18	2.01	2.11
	(n)	(39)	(25)	(64)	(39)	(25)	(64)	(37)	(24)	(61)
Niedrige Bildung nach Erwerbstätigkeit der Mutter										
nein	M	2.16	2.05	2.09	2.54	2.06	2.26	2.35	2.04	2.18
	(n)	(8)	(11)	(19)	(8)	(11)	(19)	(8)	(10)	(18)
ja	M	2.21	1.75	2.04	2.32	2.00	2.20	2.28	1.88	2.11
	(n)	(21)	(13)	(34)	(21)	(13)	(34)	(19)	(13)	(32),
Höhere Bildung nach Erwerbstätigkeit der Mutter										
nein	M	2.43	1.70	2.08	2.55	1.97	2.27	2.49	1.83	2.18
	(n)	(11)	(10)	(21)	(11)	(10)	(21)	(11)	(10)	(21)
ja	M	2.08	2.19	2.13	2.07	2.00	2.04	2.08	2.16	2.11
	(n)	(18)	(12)	(30)	(18)	(12)	(30)	(18)	(11)	(29)

Zunächst ist festzuhalten, daß die Anzahl der Kinder keinen Einfluß auf die perzipierte Familienintegration hat (Mütter: F<1.00, Väter: F=1.15, beides n.s.) und auch die diesbezüglichen Effekte der anderen Faktoren nicht weiter tangiert. Entsprechend Hypothese 4 besteht nach den Angaben sowohl der Mütter als auch der Väter ein signifikanter Effekt von Einkommenseinbußen auf die Familienintegration (Mütter: F=6.26, p<.02 ohne Kovariate und F=5.90, p<.02 mit Anzahl der Kinder als Kovariate; Väter entsprechend: F=7.51, p<.01 und F=6.86, p<.01, jeweils df=1). Zusätzlich zeigt sich für die Angaben der Mütter ein signifikanter dreifaktorieller Interaktionseffekt zwischen Einkommensverlusten, Bildung der Eltern und Erwerbstätigkeit der Mutter (F=6.33, p<.02 ohne und F=4.50, p<.04 mit Kovariate, jeweils df=1), der jedoch bei den Vätern nicht gegeben ist (F<1.00, n.s.). Keiner der Haupteffekte von elterlicher Schulbildung und Erwerbstätigkeit der Mutter und keiner der zweifaktoriellen Interaktionseffekte ist statistisch bedeutsam, weder für die Angaben der Mütter noch für die der Väter.

Wie den Mittelwerte in Tabelle 15 zu entnehmen ist, fällt die Familienintegration erwartungsgemäß in den deprivierten Familien geringer aus als in einkommensstabilen Familien (Mütter: M=1.92 versus M=2.21; Väter: M=2.01 versus M=2.32). Stärkere Beeinträchtigungen der Familienintegration bei hohen als bei mittleren Verlusten sind nicht gegeben, ebensowenig wie besondere Belastungen der Beziehungen nur bei Arbeitslosigkeit des Vaters. Die entsprechenden Angaben sind in den Tabellen 16 und 17 ersichtlich. Daß die Werte für die Väter insgesamt höher liegen als die Angaben der Mütter, darf angesichts der unterschiedlichen Skalen nicht weiter interpretiert werden.

Auf welchen Besonderheiten beruht nun der dreifaktorielle Interaktionseffekt für die Angaben der Mütter? Abbildung 9 zeigt jeweils die mittlere Familienintegration der nach elterlicher Bildung und Erwerbstätigkeit der Mutter unterschiedenen einkommensstabilen und deprivierten Familien, sowohl für die Angaben der Mütter als auch für die der Väter.

Hierbei ergibt sich im Sinne von Hypothese 6 für die Mütter ein Bild, das weitgehend dem entspricht, wie es sich schon bei den Belastungen der Väter und deren unterstützendem Verhalten zeigte: Während in der unteren Bildungsgruppe die

148

<u>Tabelle 16</u>: Perziperte Familienintegration in Abhängigkeit vom Ausmaß der Einkommensverluste: Mittelwerte und Standardabweichungen sowie F-Test und spezielle Kontraste

	Angaben Mütter			Angaben Väter			gemeinsame Angaben		
	M	SD	(n)	M	SD	(n)	M	SD	(n)
hohe Verluste	1.98	.60	(26)	2.06	.64	(27)	2.02	.51	(25)
mittlere Verluste	1.82	.69	(23)	2.06	.66	(23)	1.94	.58	(23)
stabiles Einkom.	2.23	.52	(62)	2.32	.60	(64)	2.27	.50	(62)
gesamt	2.09	.60	(111)	2.20	.63	(114)	2.15	.53	(110)

F(df=2)=	4.96^{**}		2.44^{+}	4.44^{*}
Kontraste:				
Kontrast 1: a)	t= -.33 (df=108)		t= -.90 (df=111)	t= -.67 (df=107)
Kontrast 2: b)	$t=-1.87^{+}$ (df=108)		$t=-1.80^{+}$ (df=111)	$t=-2.03^{*}$ (df=107)

<u>Anmerkungen</u>:
a) Kontrast 1: hohe Verluste versus mittlere und keine Verluste
b) Kontrast 2: hohe Verluste versus keine Verluste
Signifikanzangaben: ** p<.01, * p<.05, $^{+}$ p<.10

<u>Tabelle 17</u>: Perzipierte Familienintegration in Abhängigkeit von Arbeitslosigkeit und Einkommensverlusten des Vaters: Mittelwerte und Standardabweichungen

	Angaben Mütter			Angaben Väter			gemeinsame Angaben		
	M	SD	(n)	M	SD	(n)	M	SD	(n)
Vater arbeitslos	1.86	.68	(11)	2.06	.74	(12)	1.95	.62	(11)
sonstige Verluste	1.92	.66	(36)	2.07	.63	(36)	2.00	.53	(35)
stabiles Einkommen	2.21	.53	(59)	2.32	.60	(61)	2.26	.50	(59)

△------△ Mutter nicht erwerbstätig
▲———▲ Mutter erwerbstätig

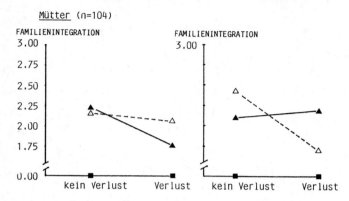

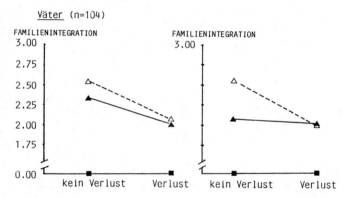

Abbildung 9: Perzipierte Familienintegration in Abhängigkeit von Einkommenseinbußen, elterlicher Schulbildung und Erwerbstätigkeit der Mutter: mittlere Angaben der Mütter und Väter

Erwerbstätigkeit der Mutter bei finanziellen Einbußen eher als zusätzlicher Belastungsfaktor zum Tragen kommt, scheint sie in der Gruppe mit höherer Bildung die Wirkung eines "Puffers" zu haben.

Betrachten wir die jeweiligen Gruppen näher: Die einkommensstabilen Familien mit niedriger elterlicher Bildung unterscheiden sich in ihrer Familienintegration nicht je nach der Erwerbstätigkeit der Mutter (mit erwerbstätiger versus nicht erwerbstätiger Mutter: M=2.21, n=21 versus M=2.16, n=8). Im

Vergleich hierzu ist jedoch bei Einkommenseinbußen die Familienintegration deutlich beeinträchtigt, wenn die Mutter berufstätig ist (M=1.75, n=13), während für die deprivierten Familien mit nicht erwerbstätiger Mutter kein vergleichbarer Nachteil besteht (M=2.15, n=11). In dieser Bildungsgruppe sind also Belastungen der Familienbeziehungen durch ökonomische Deprivation - aus Sicht der Mütter - nur in den Familien auszumachen, in denen die Mutter berufstätig ist. Umgekehrt sind in der höheren Bildungsgruppe die deprivierten Familien mit erwerbstätiger Mutter gegenüber der einkommensstabilen Vergleichsgruppe keineswegs im Nachteil (M=2.19, n=12 versus M=2.08, n=18). Dort sind nachteilige Effekte ökonomischer Deprivation nur auf diejenigen Familien beschränkt, in denen die Mutter nicht zum Familienunterhalt beiträgt (deprivierte versus einkommensstabile Familien: M=1.70, n=10 versus M=2.43, n=11). Allerdings unterscheiden sich in dieser Bildungsgruppe schon die einkommensstabilen Familien je nach der Erwerbstätigkeit der Mutter: Die Familienintegration fällt höher aus, wenn die Mutter nicht berufstätig ist (M=2.43 versus M=2.08). Dieser Vorteil geht jedoch bei finanziellen Einbußen verloren.

Die in Abbildung 9 ebenfalls ersichtlichen Mittelwerte für die Angaben der Väter zur Familienintegration weisen zwar für die höhere Bildungsgruppe in eine ähnliche Richtung. Für die Familien mit niedriger elterlicher Bildung bestehen jedoch keine unterschiedlichen Auswirkungen ökonomischer Deprivation je nach der Erwerbstätigkeit der Mutter. Insgesamt dominiert hinsichtlich der Familienbeziehungen aus der Sicht der Väter eindeutig der Haupteffekt finanzieller Einbußen. Der dreifaktorielle Interaktionseffekt ist, wie schon erwähnt, für die Angaben der Väter nicht einmal marginal bedeutsam.

Moderatoreffekte des Alters der Jugendlichen

Als nächstes wurde geprüft, ob sich entsprechend Hypothese 9 in den Familien der älteren Gruppe von Jugendlichen stärkere Beeinträchtigungen der Familienintegration bei Einkommenseinbußen ausmachen lassen, als in der jüngeren Gruppe. Hierzu wurden dreifaktorielle Varianzanalysen mit den jeweils dichotomen Faktoren Einkommensverluste, Schulbildung beider Eltern und Alter der Jugendlichen berechnet (n=105). Die elterliche

151

Bildung wurde ebenfalls als Faktor berücksicht, um mögliche dreifaktorielle Interaktionen zu explorieren. Es sei vorweggenommen, daß die Ergebnisse nicht wesentlich anders ausfallen, wenn auch die Erwerbstätigkeit der Mutter als Faktor einbezogen wird.[8] Die F-Werte der zumindest tendentiell bedeutsamen Haupt- und Interaktionseffekte (p<.10) sind in Tabelle 18 wiedergegeben.

Lediglich für die Angaben der Mütter zur Familienintegration ergibt sich der erwartete Interaktionseffekt von Einkommenseinbußen und Alter der Jugendlichen, der jedoch knapp das konventionelle Signifikanzniveau verfehlt (F=3.77, df=1, p<.06). Der vergleichbare Interaktionseffekt ist für die Väter statistisch unbedeutend (F<1.00). Dafür besteht bei den Vätern ein tendentieller Haupteffekt des Alters der Jugendlichen (F=2.86, df=1, p<.10), der bei den Müttern nicht gegeben ist. (F<1.00). Außer diesem und dem Haupteffekt von Einkommenseinbußen (Mütter: F=6.75, p<.001; Väter: F=5.93, p<.02) ist kein weiterer Effekt signifikant.

Wie den in Abbildung 10 wiedergegebenen Mittelwerten der einkommensstabilen und von Verlusten betroffenen Familien beider Altersgruppen zu entnehmen ist, stehen die Befunde für die Angaben der Mütter in Einklang mit Hypothese 9: Nachteilige Effekte von Einkommensverlusten auf die Familienintegration sind erwartungsgemäß auf die ältere Gruppe beschränkt. Zwar

---

[8] In einer zusätzlichen Analyse wurde geprüft, ob der Interaktionseffekt zwischen Einkommenseinbußen und Alter der Jugendlichen auch in Konkurrenz zu den zuvor berichteten Effekten (bei Berücksichtigung der Erwerbstätigkeit der Mutter) bestehen bleibt, oder ob er auf zufälligen Überschneidungen der jeweiligen Gruppen beruht. In der entsprechenden vierfaktoriellen Interaktionsanalyse (mit den Faktoren: Einkommensverluste, elterliche Bildung, Erwerbstätigkeit der Mutter, Alter des Kindes) fällt dieser Interaktionseffekt zwar etwas schwächer aus, bleibt aber tendentiell signifikant. (F=2.99, df=1, p=.09). Der dreifaktorielle Interaktionseffekt zwischen Einkommenseinbußen, elterlicher Bildung und Erwerbstätigkeit der Mutter tritt dann sogar noch deutlicher hervor (F=9.89, df=1, p=.002). Auch der Haupteffekt von Einkommensverlusten bleibt bestehen (F=5.96, df=1, p<.02). Für die Angaben der Väter zur Familienintegration ergeben sich ebenfalls keine Abweichungen von den berichteten Befunden: Das Alter der Jugendlichen hat keinen moderierenden Einfluß darauf, daß deren Sicht der Familienbeziehungen bei finanziellen Einbußen schlechter ausfällt (F<1.00, n.s.).

<u>Tabelle 18</u>: Perzipierte Familienintegration in Abhängigkeit von Einkommenseinbußen, Schulbildung beider Eltern und Altersgruppe der Jugendlichen: F-Werte der dreifaktoriellen Varianzanalysen (n=105)

| | Angaben der | |
	Mütter	Väter
Einkommensverluste	6.75*	5.93*
Bildung der Eltern	n.s.	n.s.
Alter der Jugendlichen	n.s.	2.86+
Verluste x Bildung	n.s.+	n.s.
Verluste x Alter d.J.	3.77+	n.s.
Bildung x Alter d.J.	n.s.	n.s.
Verl. x Bild. x Alter	n.s.	n.s.

a) Signifikanzangaben: * p<.05, + p<.10

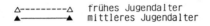

△--------△ frühes Jugendalter
▲————▲ mittleres Jugendalter

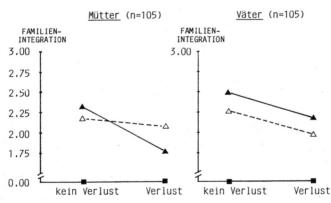

<u>Mütter</u> (n=105)   <u>Väter</u> (n=105)

<u>Abbildung 10</u>: Perzipierte Familienintegration nach Angaben der Mütter und Väter in Abhängigkeit von Einkommenseinbußen und Altersgruppe der Jugendlichen

fällt die Familienintegration bei den einkommensstabilen Familien in der älteren Gruppe höher aus als in der jüngeren Gruppe (M=2.31, n=25 versus M=2.18, n=34). In den ökonomisch deprivierten Familien kehrt sich jedoch dieses Verhältnis um, wobei die jeweiligen Mittelwerte unter denen der einkommensstabilen Familien liegen (ältere versus jüngere Gruppe: M=1.77, n=23 versus M=2.08, n=23). Insgesamt unterscheiden sich damit die beiden Altersgruppen nicht hinsichtlich ihrer Familieninte- gration aus Sicht der Mütter (ältere versus jüngere Gruppe: M=2.05, n=48 versus M=2.14, n=57).

Auch nach den Angaben der Väter liegt bei stabilem Einkom- men die Familienintegration der älteren Gruppe über der der jüngeren Gruppe (M=2.47, n=25 versus M=2.25, n=34). Die Beeinträchtigungen der deprivierten Familien sind jedoch in Relation zu den einkommensstabilen Vergleichsgruppen bei beiden Altersgruppen gleich stark (M=2.16, n=23 und M=1.96, n=23 für die ältere und jüngere Gruppe).

4.5.5 Beeinträchtigungen der Familienintegration durch vermehrte Belastungen der Eltern: Zur bildungs- spezifischen "Puffer"-Funktion der mütterlichen Erwerbstätigkeit

Die vorangegangenen Analysen zur Familienintegration legen nahe, daß die Bewältigung ökonomischer Einbußen in beiden Bildungsgruppen jeweils unterschiedlich von der Erwerbstätig- keit der Mutter moderiert wird. Während die Familien der niedrigen Bildungsgruppe keineswegs von der Berufstätigkeit der Mutter profitieren – sie scheinen sogar eher im Nachteil zu sein, so als würde sich die Doppelbelastung der Frauen auch in den Familienbeziehungen niederschlagen –, hat sich die Erwerbs- beteiligung der Mütter in der höheren Bildungsgruppe als Vorteil erwiesen. Diese Familien stellen sich als weitgehend invulnerabel dar, jedenfalls aus der Sicht der Mütter. In dieser Gruppe sind es die Familien ohne eine Erwerbsbeteiligung der Mutter, die durch finanzielle Verluste beeinträchtigt sind.

Als nächstes soll nun geklärt werden, inwieweit sich diese unterschiedlichen Reaktionen der deprivierten Familien auf vermehrte psychische Belastungen der Eltern zurückführen lassen. So könnten schon die subjektiven Reaktionen der Eltern auf den finanziellen Verlust den Ausschlag für die weiteren Konsequenzen im Bereich familiären Beziehungen geben. Es ist aber auch denkbar, daß sich je nach der familiären Rollenstruk- tur – im Hinblick auf die Berufstätigkeit der Frau – Konflikt-

154

punkte ergeben, die die Bewältigung ökonomischer Deprivation unabhängig von den psychischen Reaktionen der Eltern direkt beeinflussen.

Um dem nachzugehen, wurden für beide Bildungsgruppen mittels multipler Regressionen separate Pfadmodelle berechnet (niedrige Bildung der Eltern: n=49; höhere Bildung: n=44). Als exogene Variablen gehen ein: Einkommensverluste (als dreistufiges Merkmal, um den höheren psychischen Belastungen der von hohen Verlusten betroffenen Eltern Rechnung zu tragen), Erwerbstätigkeit der Mutter, ein Multiplikationsterm für Einkommenseinbußen und Erwerbstätigkeit der Mutter, der entsprechende Interaktionseffekte abzubilden erlaubt[9], sowie die Anzahl der Kinder als kontinuierliches Merkmal[10]. Durch die dreistufige Kodierung von Einkommensverlusten wird gleichzeitig geprüft, ob die Moderatoreffekte der mütterlichen Erwerbstätigkeit in beiden Bildungsgruppen auch bei stärkerer Gewichtung von extremen Einbußen bestehen bleiben. Der varianzanalytische Befund basiert auf einer Zusammenfassung beider Verlustgruppen, gibt also hierüber noch keinen Aufschluß. Endogene Variablen sind vermehrte psychische Belastungen der Eltern sowie deren Angaben zur Familienintegration.

Entsprechend der Modellannahmen zur Vermittlerfunktion von psychischen Belastungen der Eltern wurden zunächst die Effekte der exogenen Variablen auf die vermehrten Belastungen der Mütter und Väter ermittelt und in einem zweiten Schritt die perzipierte Familienintegration für Mütter und Väter auf die exogenen Variablen einschließlich vermehrter Belastungen zurückgeführt. Die Berechnung erfolgte getrennt für beide Elternteile. Die Ausgangskorrelationen für beide Bildungsgruppen sind in Tabelle 19 ersichtlich.

Wie den Korrelationen der Merkmale zu entnehmen ist,

---

[9] Bei jeweils dichotomer Kodierung beider Faktoren mit den Werten nein=0 und ja=1 wird nur den deprivierten Familien mit erwerbstätiger Mutter eine 1 zugewiesen.

[10] Die Kinderzahl ist in die Analysen mit einbezogen, da sie in beiden Bildungsgruppen jeweils gegenläufig mit der Erwerbstätigkeit der Mutter korreliert, also eine alternative Erklärung für den Moderatoreffekt der mütterlichen Erwerbstätigkeit liefern könnte.

Tabelle 19: Korrelationskoeffizienten für Einkommensverluste (VERL)[a], Erwerbstätigkeit der Mutter (ERW), Einkommenseinbussen bei Erwerbstätigkeit der Mutter (VERL*ERW)[b], Anzahl der Kinder (KINDER), Belastungen der Mütter (BEL.M) und Väter (BEL.V) sowie Familienintegration aus Sicht der Mutter (INTEG.M) und Väter (INTEG.V) getrennt für beide Bildungsgruppen

(A) niedrige Schulbildung (n=49)

	(2)	(3)	(4)	(5)	(6)	(7)	(8)	x	s
(1) VERL	.12	.59***	.20	.57***	.68***	-.17	-.35*	1.76	.88
(2) ERW	--	.46***	.25*	-.01	.04	-.05	-.04	.63	.49
(3) VERL*ERW		--	.21	.39**	.53***	-.32*	-.23	.27	.45
(4) KINDER			--	.29*	.20	.07	-.15	2.0	1.00
(5) BEL.M				--	.50***	-.34*	-.46***	.93	.96
(6) BEL.V					--	-.20	-.58***	.78	.79
(7) INTEG.M						--	.45***	2.06	.59
(8) INTEG.V							--	--	2.23	.61

(B) höhere Schulbildung (n=44)

	(2)	(3)	(4)	(5)	(6)	(7)	(8)	x	s
(1) VERL	.14	.56***	.02	.47***	.55***	-.17	-.17	1.59	.79
(2) ERW	--	.42**	.32*	-.26*	-.28+	.00	-.11	.59	.50
(3) VERL*ERW		--	-.27+	.02	.01	.04	-.08	.21	.41
(4) KINDER			--	.04	.11	-.13	-.01	1.86	.80
(5) BEL.M				--	.48***	-.47**	-.17	.80	.84
(6) BEL.V					--	-.35*	-.30*	.53	.74
(7) INTEG.M						--	.63***	2.11	.65
(8) INTEG.V							--	--	2.14	.68

Anmerkungen:

a) dreistufig mit 0 = keine Verluste, 1 = mittlere Verluste, 2 = hohe Verluste.

b) Multiplikationsterm für die beiden dichotomen Variablen Einkommensverluste (0 = nein, 1 = ja) und Erwerbstätigkeit der Mutter (0 = nein, 1 = ja).

Signifikanzangaben: *** $p < .001$, ** $p < .01$, * $p < .05$, + $p < .10$

besteht lediglich in der Gruppe mit niedriger elterlicher Bildung ein einfacher Zusammenhang zwischen Einkommenseinbußen und Familienintegration, und das auch nur für die Angaben der Väter (r=-.35, p<.05). Bei den Mütter dieser Bildungsgruppe ist lediglich der Interaktionsterm zwischen Einkommenseinbußen und Erwerbstätigkeit signifikant mit der perzipierten Familienintegration korreliert (r=-.32, p<.05). Vergleichbare Zusammenhänge lassen sich in der höheren Bildungsgruppe nicht ausmachen, weder für die Mütter noch für die Väter. Auch bei getrennter Betrachtung der Bildungsgruppen ergeben sich hier also kaum Hinweise darauf, daß hohe Einkommensverluste mit stärkeren Beeinträchtigungen der Familienintegration einhergehen. Ein entsprechender linearer Zusammenhang für die dreistufige Variable finanzieller Verluste findet sich nur für die Angaben der Väter der niedrigen Bildungsgruppe.

Bevor wir auf die pfadanalytischen Befunde eingehen, sei auf die jeweiligen Interkorrelationen der psychischen Belastungen und der wahrgenommenen Familienintegration im Vergleich beider Eltern innerhalb der Familien hingewiesen. So zeigt sich, daß in der niedrigen Bildungsgruppe subjektive Belastungen der Mütter aus Sicht beider Eltern mit einer geringeren Familienintegration einhergehen, wobei der Zusammenhang zu den Angaben der Väter sogar geringfügig höher ausfällt als der zu den eigenen Angaben der Mütter (r=-.46, p>.001 versus r=-.34, p>.05). Demgegenüber sind die psychischen Belastungen der Väter in dieser Gruppe zwar hoch mit ihrer eigenen Wahrnehmung der Familienbeziehungen korreliert, nicht jedoch mit der von den Müttern perzipierten Familienintegration (r=-.58, p>.001 versus r=-.20, n.s.). In der Gruppe mit höherer Bildung der Eltern sind die Verhältnisse umgekehrt: Dort weisen diee vermehrten psychischen Belastungen der Mütter lediglich einen Zusammenhang zu ihrer eigenen Wahrnehmung der Familienintegration auf und nicht auch zu den entsprechenden Angaben der Väter (r=-.47, p>.01 versus r=-.17, n.s.). Vermehrte psychische Belastungen der Väter gehen aber sowohl nach ihren eigenen Angaben als auch denen der Mütter gleichermaßen mit einer geringeren Familienintegration einher (r=-.30 und r=-.35, jeweils p<.05 für die von den Vätern und Müttern perzipierten Familienbeziehungen).

Hier ließe sich spekulieren, daß in der unteren Bildungs-
gruppe die Belastungen der Väter eher "idiosynkratische"
Qualitäten haben, die sich weniger im Gesamtbereich familiärer
Interaktionen auswirken, wie er auch von der Mutter wahrgenommen wird, als vielmehr hauptsächlich in dem ihnen zugänglichen
Ausschnitt des Familienlebens. So scheinen die Einschätzung der
Familienbeziehungen seitens der Mütter von anderen Faktoren als
den psychischen Belastungen der Väter beeinflußt zu werden.
Hier wäre nicht zuletzt an Konfliktpunkte in der Regelung ihrer
vielfältigen familiären Verpflichtungen zu denken, etwa auch in
der Interaktion mit den Kindern. Daß in diesen Familien die
Mütter möglicherweise eine zentralere Position haben, wird
insofern nahegelegt, als ihre Belastungen weitreichendere
Konsequenzen zu haben scheinen als die der Väter: Sie tangieren
die von beiden Ehepartnern perzipierte Familienintegration.

Das Gegenteil scheint in der höheren Bildungsgruppe der
Fall zu sein, wo die Belastungen der Mütter kein Prädiktor für
die von den Vätern perzipierte Familienintegration ist, während
die Belastungen der Väter auf die Wahrnehmung der Familienbeziehungen beider Ehepartner durchschlägt. Ob dies auf eine
unterschiedliche Partizipation der Ehepartner am Familienge-
schehen zurückzuführen ist, ob sich etwa in der einen Gruppe
die belasteten Väter, in der anderen die belasteten Mütter
stärker aus dem Sichtfeld des Partner zurückziehen, oder ob die
Wahrnehmung der familiären Beziehungen jeweils von rollenspezifischen Erfahrungsbereichen geprägt ist, die wiederum in beiden
Bildungsgruppen unterschiedlich gestaltet sind, muß jedoch
dahingestellt bleiben.

Doch nun zurück zur ursprünglichen Fragestellung: Inwieweit fungieren die vermehrten psychischen Belastungen der
Eltern als Mediator zwischen Einkommensverlusten und Familienintegration, und inwieweit läßt sich hierdurch die bildungsspezifisch unterschiedliche Moderatorwirkung der mütterlichen
Berufstätigkeit erklären? Die jeweiligen Pfadmodelle mit den
standardisierten Regressionskoeffizienten für die Mütter und
Väter beider Bildungsgruppen sind in Abbildung 11 wiedergegeben. Zur Vereinfachung sind lediglich die signifikanten Pfade
aufgeführt. In die Parameterschätzung gehen jedoch alle Faktoren der im Modell jeweils vorangehenden Einflußfaktoren ein.

158

Für die Haupteffekte von Einkommenseinbußen und Erwerbstätigkeit der Mutter sind die standardisierten Regressionskoeffizienten vor Eingabe des Interaktionsterms (Einkommensverluste x Erwerbstätigkeit der Mutter) angegeben, da die beta-Gewichte bei Eingabe des Multiplikationsterms aufgrund der Multikollinearität nicht interpretierbar sind (zum Kollinearitätsproblem vgl. Schumm, Southerly & Figley, 1980). Die Anzahl der Kinder wurde in der Berechnung als Einflußfaktor ebenfalls berücksichtigt, ist jedoch in der Abbildung nicht aufgeführt, da keine bedeutsamen Effekte bestehen (p>.10).

Wie Abbildung 11 zu entnehmen ist, tragen jeweils bei den Müttern wie auch Vätern beider Bildungsgruppen Einbußen im Familieneinkommen zu vermehrten psychischen Belastungen bei (zwischen beta=.44, p<.01 für die Mütter der höheren Bildungsgruppe und beta=.69 p<.0001 für die Väter der niedrigen Bildungsgruppe). Diese wirken sich wiederum negativ auf die Familienintegration aus (zwischen beta=-.35, p<.07 für die Väter der höheren Bildungsgruppe und beta=-.64, p<.001 für die Väter der niedrigen Bildungsgruppe). Direkte Einflüsse finanzieller Verluste auf die Familienintegration bestehen nicht, auch nicht bei den Vätern der niedrigen Bildungsgruppe, für die als einzige ein einfacher Zusammenhang zwischen beiden Merkmalen gegeben ist (vgl. Tabelle 18 oben). Der Korrelation von r=-.35 steht ein Pfadkoeffizient von nur beta=-.10 gegenüber. Streng genommen kann also auch nur in diesem Fall von einer Mediatorfunktion der vermehrten Belastungen gesprochen werden.

Allerdings zeigt sich für die Angaben der Frauen dieser Bildungsgruppe, daß Einkommensverluste bei gleichzeitiger Erwerbstätigkeit der Mutter einen direkten negativen Effekt auf die Familienintegration haben (beta=-.45, p<.05), der nicht über vermehrte psychische Belastungen vermittelt ist. Der vergleichbare Pfadkoeffizient für den Interaktionsterm ist für die Väter dieser Familien nicht statistisch bedeutsam (beta=.15). Die - aus Sicht der Mütter - nachteiligen Auswirkungen dieser spezifischen Bedingungskonstellation lassen sich also nicht auf besondere Beeinträchtigungen ihrer Befindlichkeit zurückführen. So sind die deprivierten und gleichzeitig berufstätigen Mütter in Familien mit niedriger Bildung auch keineswegs mehr subjektiv belastet als die restlichen Mütter dieser Bildungsgruppe (beta=.07 für den Interaktionsterm).

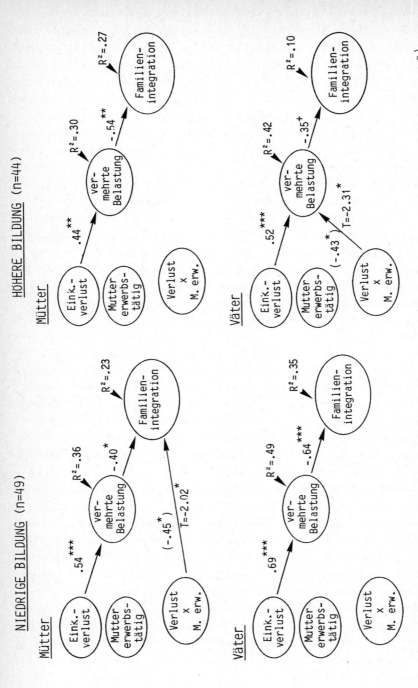

Abbildung 11: Vermehrte Belastungen der Eltern als Mediator zwischen Einkommensverlusten[a] und perzipierter Familienintegration: Moderatoreffekte der mütterlichen Erwerbstätigkeit in beiden Bildungsgruppen. (einschließlich Kinderzahl als Prädiktor; nicht aufgeführt. siehe Text)

Ganz anders das Bild für die Familien mit höherer Bildung der Eltern: Dort hat die Erwerbstätigkeit der Mutter bei ökonomischen Einbußen allenfalls einen indirekten Einfluß auf die Familienintegration - aus Sicht der Väter -, und das auch in gegenläufiger Richtung: Sie führt zu geringeren Belastungen der Väter (beta=-.43, p<.03), die sich ihrerseits jedoch ohnehin (bei Berücksichtigung der anderen Faktoren) nur tendentiell nachteilig auf ihre Wahrnehmung der Familienbeziehungen auswirken (beta=-.35, p<.07). Die Mütter scheinen in ihrer Befindlichkeit bei finanziellen Einbußen nicht gleichermaßen von ihrer Erwerbstätigkeit zu profitieren (beta=-.34, p=.11).

In der unteren Bildungsgruppe besteht kein bedeutsamer Interaktionseffekt hinsichtlich der psychischen Belastungen der Eltern. Zwar ist die Erwerbstätigkeit der Mutter bei ökonomischer Deprivation in dieser Gruppe signifikant mit vermehrten Belastungen der Eltern korreliert; sie hat aber neben dem Haupteffekt von Einkommenseinbußen keine spezifischen eigenständigen Auswirkungen auf die Befindlichkeit der Elten (Mütter: r=.39, beta=.07; Väter: r=.53, beta=.18). Das heißt nun auch: Der varianzanalytische Befund zur bildungsspezifisch unterschiedlichen Moderatorfunktion der mütterlichen Erwerbstätigkeit, wie er sich für die vermehrten Belastungen der Väter zeigte, beruht nicht so sehr auf einem Nachteil jener deprivierten Väter dieser Bildungsgruppe, deren Frau erwerbstätig ist. Dies wäre im Sinne rollenspezifischer Konfliktkonstellationen durchaus erwartbar gewesen, und die jeweiligen Gruppenmittelwerte gehen auch in diese Richtung (vgl. Abbildung 4, Abschnitt 4.5.1). Entscheident ist vielmehr der Vorteil von Doppelverdiener-Haushalten in der Gruppe mit höherer Bildung der Eltern.

Inwieweit läßt sich nun in Familien mit höherer Bildung der Eltern von einer "Vermittlung" von Einflüssen finanzieller Verluste auf die Familienintegration sprechen? Wie schon in den mehrfaktoriellen Varianzanalysen deutlich wurde, hat in dieser Gruppe die Erwerbstätigkeit der Mutter einen Suppressor-Effekt, d.h. weder Einkommenseinbußen allein noch Einkommenseinbußen bei Erwerbstätigkeit der Mutter haben einen direkten Einfluß auf die Familienbeziehungen. Erst die gemeinsame Betrachtung beider Effekte zeigt die jeweils gegenläufige Wirkung beider Variablen. Anders als in den bislang berichteten Analysen wäre

161

dem dadurch Rechnung zu tragen, daß alle Faktoren, auch der Interaktionsterm, zur Schätzung der jeweiligen Effekte gleichzeitig in die Berechnung eingegeben werden. Die Frage lautet dann, ob sich diese gegenläufigen Auswirkungen schon hinsichtlich der vermehrten psychischen Belastungen der Eltern bemerkbar machen, das heißt: ob die geringeren subjektiven Beeinträchtigungen der Eltern in deprivierten Doppelverdiener-Haushalten auch für deren Vorteil hinsichtlich der Familienbeziehungen ausschlaggebend sind.

Zur Beantwortung dieser Frage wurden für die Familien der höheren Bildungsgruppe zwei Modelle berechnet, in denen zur Vereinfachung jeweils die Angaben beider Eltern zusammengefaßt sind, sowohl hinsichtlich der vermehrten psychischen Belastungen als auch zur Bestimmung der Familienintegration. Dies scheint insofern gerechtfertigt, als die jeweiligen Befunde für Mütter und Väter zwar unterschiedlich prägnant aber doch sehr ähnlich ausfallen. In Modell 1 wurden zunächst die Regressionskoeffizienten für Effekte von Einkommensverlusten (wie zuvor dreistufig), Erwerbstätigkeit der Mutter sowie der Kombination beider Merkmale (Multiplikationsterm) auf die Familienintegration ermittelt. In Modell 2 sind zusätzlich vermehrte psychische Belastungen der Eltern als Mediator einbezogen. Auf eine Einbeziehung der Kinderzahl als weitere exogene Variable wurde verzichtet, da sie sich als bedeutungslos erwiesen hatte, aufgrund fehlender Angaben jedoch zu einer geringeren Fallzahl beitrug. Die Gruppengröße konnte so auf n=49 erhöht werden. Die Ausgangskorrelationen sind in Tabelle 20 wiedergegeben. Die pfadanalytischen Befunde sind in Abbildung 12 ersichtlich.

Vergleicht man die beiden Modelle, so bestätigt sich: Sowohl der nachteilige Effekt von Einkommensverlusten auf die Familienintegration (beta=-.52, p<.04) als auch der – unabhängig hiervon gegebene – Vorteil der deprivierten Doppelverdiener-Familien (beta=.39, p<.09), der in Modell 1 sichtbar wird, ist laut Modell 2 auf entsprechende Unterschiede hinsichtlich der psychischen Belastungen beider Eltern zurückzuführen (beta=.83, p<.0001 für die Effekte von Einkommensverluste und beta=-.41, p<.05 für den Effekt des Interaktionsterms auf psychische Belastungen der Eltern). Letzere haben einen signifikant negativen Effekt auf die Familienintegration (beta=.43, p<.03), während sich weder Einkommenseinbußen noch

die spezifische Konstellation von finanziellen Verlusten bei
Erwerbstätigkeit der Mutter direkt auf die Familienintegration
auswirken (beta=.07 und beta=.21, jeweils p>.10). Zudem ist das
erste Modell nur schwach und insgesamt nicht signifikant
(F=1.56, p>.20): Bei einer multiplen Korrelation von R=.31
werden nur 9% der Varianz (R^2) aufgeklärt. Es wird jedoch
wesentlich verbessert, wenn - wie im zweiten Pfadmodell - die
vermehrten Belastungen der Eltern einbezogen sind (F=2.56,
p<.05). Das multiple R erhöht sich dann auf R=.44 (R^2=.19).

Damit läßt sich zusammenfassen:
- Insgesamt bestehen in beiden Bildungsgruppen bedeutsame
Effekte von Einkommensverlusten auf vermehrte Belastungen der
Eltern und hierüber auch auf die Familienintegration. Wenn der

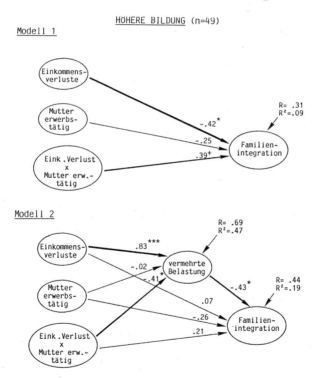

Abbildung 12: Effekte von Einkommensverlusten, Erwerbstätigkeit der Mutter sowie Einkommensverlusten bei Erwerbstätigkeit
der Mutter auf die Familienintegration (Modell 1) bei Berücksichtigung vermehrter Belastungen der Eltern als Mediator
(Modell 2): standardisierte Regressionskoeffizienten für Familien mit höherer Schulbildung der Eltern

163

Tabelle 20: Ausgangskorrelationen zu den Pfadmodellen in Abbildung 12 für Familien mit höherer Schulbildung der Eltern (n=49)

	(1)	(2)	(3)	(4)	(5)	x	s
(1) Ein- kommens- verluste a)	--	-.09	.58***	.59***	-.17	1.39	.79
(2) Mutter erwerbs- tätig		--	.45***	-.28	-.03	.59	.50
(3) Verlust * Mutter er- werbstät. b)			--	.06	.03	.22	.42
(4) vermehrte Belastg. beider Elt.				--	-.38**	.65	.66
(5) perzip. Familien- integration					--	2.13	.58

Anmerkungen:

a) dreistufig mit 0 = keine Verluste, 1 = mittlere Verluste, 2 = hohe Verluste

b) Multiplikationsterm für die beiden dichotomen Faktoren Einkommensverluste (0 = nein, 1 = ja) und Erwerbstätigkeit der Mutter (0 = nein, 1 = ja)

Signifikanzangaben: *** $p<.001$, ** $p<.01$, * $p<.5$, + $p<.10$

so vermittelte Zusammenhang (die Korrelation) zwischen Einkommensverlusten und Familienintegration in den zuletzt berichteten Analysen nur schwach bis unbedeutend ausfällt, so ist davon auszugehen, daß er durch das gewählte Maß ökonomischer Deprivation eher unterschätzt wird: Die Familienintegration scheint - anders als die subjektive Befindlichkeit der Eltern - bei hohen Verlusten nicht auch vergleichsweise stärker beeinträchtigt zu sein.
- Zusätzlich zu diesen indirekten, über vermehrte psychische Belastungen vermittelten Einflüssen ökonomischer Deprivation sind auch direkte Effekte auf die Familienintegration gegeben, die von der Erwerbstätigkeit der Mutter moderiert werden: Die größeren Beeinträchtigungen der Familienintegration, die aus Sicht der berufstätigen Mütter in den deprivierten Familien der

niedrigen Bildungsgruppe bestehen, lassen sich nicht auf deren psychische Mehrbelastungen zurückführen. Hierfür scheinen andere Konflikt- und Spannungsmomente den Ausschlag zu geben.

- Demgegenüber sind die geringeren familiären Beeinträchtigungen der deprivierten Familien mit erwerbstätiger Mutter in der höheren Bildungsgruppe darauf zurückzuführen, daß in diesen Familien schon die psychischen Belastungen der Eltern geringer ausfallen. Dies gilt zwar hauptsächlich für die Väter der höheren Bildungsgruppe. Der "Puffer"-Effekt der mütterlichen Erwerbsbeteiligung in dieser Bildungsgruppe bleibt jedoch auch bestehen, wenn die Belastungen beider Eltern gemeinsam betrachtet werden.

4.5.6 Vermehrte Belastungen der Eltern und Einflußgewinn der Mutter als Mediatoren zwischen Einkommenseinbußen und Familienintegration

Bislang wurden lediglich die subjektiven Belastungsreaktionen der Eltern als Mediator für Auswirkungen finanzieller Verluste auf die Familienbeziehungen betrachtet. Hierbei stand die Frage im Vordergrund, inwieweit sich diese Vermittlungsprozesse je nach bildungsspezifischen Risiken und Protektionsfaktoren der familiären Rollenstruktur unterscheiden, wie sie durch die Erwerbsbeteiligung der Mutter mitbestimmt ist. Als nächstes sollen nun Veränderungen der familiären Entscheidungsstruktur - auch ein Aspekt der Rollenverteilung - als zweiter potentieller Mediator einbezogen werden, wobei wir auf Verschiebungen im innerfamiliären Einfluß zugunsten der Mutter abheben. Laut Hypothese 3 wurde erwartet, daß ökonomische Deprivation zu einem Einflußgewinn der Mutter führt, der nach Hypothese 7 neben den vermehrten psychischen Beeinträchtigungen der Eltern zu einer geringeren Familienintegration der deprivierten Familien beiträgt.

Die Befunde zum Einflußgewinn der Mutter in Abhängigkeit von Einkommenseinbußen und Anpassungen in der Haushaltsführung sind ausführlich im Anhang wiedergegeben. Die Hypothese, daß bei ökonomischer Deprivation eine Aufwertung der innerfamiliären Stellung der Mutter erfolgt, läßt sich nach den Angaben der Väter bestätigen: Während bei stabilem Einkommen nur 9,5% der

Väter einen Einflußgewinn der Mutter berichten, sind es bei mittleren Verlusten schon fast doppelt soviele (17,4%) und bei hohen Verlusten sogar 40,7% (Chi^2=12.20, df=2, p<.01). Hierbei erweist sich die Verknappung in der Haushaltsführung als entscheidender Prädiktor, nicht jedoch die Mehrarbeit der Mütter im Haushalt. Weder die Bildung der Eltern noch die Erwerbstätigkeit der Mutter hat einen moderierenden Effekt auf die Auswirkungen ökonomischer Einbußen.

Um daraufhin die Mediatoren-Hypothese zu prüfen, wurden mittels multipler Regressionen für Mütter und Väter separate Pfadmodelle berechnet, in die als exogene Variablen die beiden Dummy-Variablen für hohe Einkommensverluste und stabiles Einkommen eingehen (vgl. Abschnitt 4.4). Mediatoren sind einerseits die vermehrten Belastungen der Mütter bzw. Väter sowie andererseits der Einflußgewinn der Mutter (nach Angaben der Väter). Ein gerichteter Einfluß zwischen den beiden Mediatoren wird hierbei nicht angenommen, sondern lediglich ein (positiver) Zusammenhang, da eine wechselseitige Beeinflussung in beide Richtungen denkbar ist. Die jeweiligen Angaben beider Eltern zur Familienintegration bilden die abhängigen Variablen. Aufgrund unvollständiger Angaben reduziert sich die Zahl der Familien für diese Analyse auf n=99. Die Ausgangskorrelationen sind in Tabelle 21 wiedergegeben.

Die einfachen Korrelationen der beiden Dummy-Variablen für Effekte eines stabilen Einkommens mit den Mediatoren und abhängigen Variablen sind - mit Ausnahme des Einflußgewinns der Mutter - durchweg signifikant. Der Einflußgewinn der Mutter ist lediglich mit hohen Einbußen korreliert (r=.26, p<.05). Allerdings werden die jeweiligen Effekte eines stabil gebliebenen Familieneinkommens (versus Verluste jeglicher Höhe) und die von speziell hohen Verlusten (versus mittlere und keine Einbußen) erst bei gleichzeitiger Eingabe beider Dummy-Variablen in die Regressionsanalysen angemessen wiedergegeben. Aufgrund der besonderen Effekt-Kodierung unterschätzen die einfachen Korrelationen eher die Zusammenhänge. Wenn bei der Interpretation von Mediationseffekten im folgenden gefragt wird, welcher Anteil des Zusammenhangs zwischen ökonomischer Deprivation und Familienintegration auf die Mediatoren zurückgeht, wird daher auch nicht die Korrelationen zwischen den Dummy-Variablen und der Familienintegration zum Vergleich herangezogen. Stattdessen

166

Tabelle 21: Korrelationskoeffizienten sowie Mittelwerte und Standardabweichungen der Indikatoren zu Abbildung 13 (n=99)

	(2)	(3)	(4)	(5)	(6)	(7)	M	SD
(1) stab. Einkommen	$.31^{**}$	$-.12$	$-.39^{***}$	$-.34^{***}$	$.30^{**}$	$.21^{*}$	.39	.78
(2) hohe Verluste	--	$.26^{*}$	$.17^{+}$	$.34^{***}$	.11	$-.04$	.06	.65
(3) Einfluß-gewinn Mut.		--	$.30^{**}$	$.32^{***}$	$-.28^{**}$	$-.36^{***}$	.16	.37
(4) Belastg. Mutter			--	$.51^{***}$	$-.37^{***}$	$-.25^{*}$	.86	.89
(5) Belastg. Vater				--	$-.22^{*}$	$-.36^{***}$	.58	.80
(6) Fam.-Integr.(M)					--	$.52^{***}$	2.10	.61
(7) Fam.-Integr.(V)						--	2.23	.62

Anmerkung
Signifikanzangaben: *** p<.001, ** p<.01, * p<.05, $^{+}$ p<.10

werden die Koeffizienten der Pfade für direkten Einflüsse den entsprechenden Pfadkoeffizienten für ein Modell ohne Mediatoren gegenübergestellt, das ebenfalls berechnet wurde.

Auch innerhalb der Mediatoren und abhängigen Variablen bestehen die erwarteten Zusammenhänge, wobei die Belastungen für jedes Elternteil jeweils stärker mit den eigenen Angaben zur Familienintegration korrelieren als mit denen des Partners (Mütter: r=-.37 versus r=-.25; Väter: r=-.36 versus r=-.22). Die vermehrten Belastungen beider Eltern sind mit r=.51 ebenso hoch korreliert wie die jeweiligen Angaben zur Familienintegration (r=.52). Wie den ebenfalls in Tabelle 21 angegebenen Item- und Skalenkennwerten zu entnehmen ist, sind die Varianzen der vermehrten Belastungen und perzipierten Familienintegrtion jeweils für beide Eltern gleich.

Die in Abbildung 13 wiedergegebenen pfadanalytischen Befunde zeigen, daß sich die Annahmen uneingeschränkt bestätigen lassen. Sowohl bei den Müttern als auch bei den Vätern bestehen jeweils hochsignifikante Effekte ökonomischer Deprivation auf vermehrte psychische Belastungen, die nicht nur einen

167

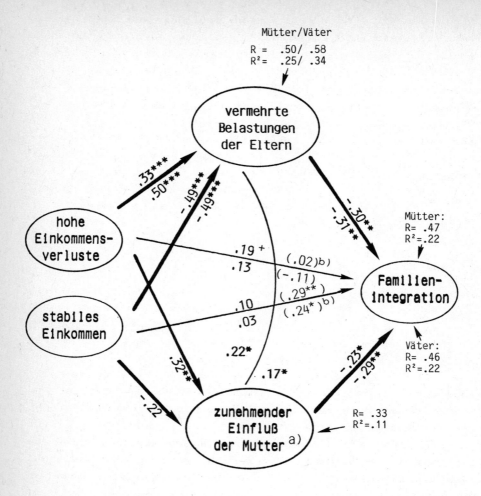

Abbildung 13: Vermehrte Belastungen der Eltern und zunehmender Einfluß der Mutter als Mediatoren zwischen Einkommensverlusten und Familienintegration: standardisierte Regressionskoeffizienten für Mütter oberhalb und für Väter unterhalb der Pfade. (n=99)

Anmerkungen:
a) nur Angaben der Väter berücksichtigt
b) Effekte der exogenen Variablen auf die Familienintegration ohne Berücksichtigung der Mediatoren

Signifikanzangaben: ***p<.001,   **p<.01,   *p<.05,   +p<.10

generellen Vorteil der einkommensstabilen Familien, sondern auch einen spezifischen Nachteil bei hohen Verlusten umfassen (Mütter: beta=-.49 für stabiles Einkommen und beta=.33 für hohe Verluste; Väter entsprechend: beta=-.49 und beta=.50, jeweils p<.001). Der Effekt von hohen Einbußen ist - wie schon aus den einfachen Korrelationen ersichtlich - für die Väter höher als für die Mütter. Auch für den Einflußgewinn der Mutter sind die beiden Pfade signifikant, wobei die Mütter in einkommensstabilen Familien seltener an Einfluß gewonnen haben als die Mütter beider Verlustgruppen (beta=-.22, p<.05), während in den stark deprivierten Familien ein Einflußgewinn der Mutter noch häufiger vorkam als in den restlichen Familien (beta=.32, p<.01).

Die jeweiligen Einflüsse, die die Mediatoren ihrerseits auf die Familienintegration haben, sind erwartungsgemäß durchweg (hoch-)signifikant (vermehrte Belastungen der Mütter: beta=-.30; der Väter: beta=-.31, jeweils p<.01; Einflußgewinn der Mutter: Mütter: beta=-.23, p<.05; Väter: beta=-.29, p<.01).

Bedeutsame direkte Effekte von hohen Einkommensverlusten oder einem stabil gebliebenem Familieneinkommen bestehen jedoch - im Einklang mit der Mediationshypothese - weder für Mütter noch für Väter. Eine Ausnahme ist allerdings anzumerken: Hinsichtlich der von den Müttern perzipierten Familienintegration ergibt sich in dem vollständigen Modell ein marginaler direkter Pfad von hohen Einkommensverlusten auf die Familienintegration, der mit beta=.19 (p<.08) sogar positiv ausfällt. Werden also jene Einflüsse auspartialisiert, die über vermehrte Belastungen und innerfamiliäre Veränderungen der Einflußstruktur vermittelt sind, so scheint demnach sogar ein schwacher integrationsfördernder Effekt von Einkommensverlusten zu bestehen, allerdings nur aus der Sicht der Mütter.

Daß es sich bei den ansonsten fehlenden direkten Einflüssen nicht nur um einen generell mangelnden Zusammenhang handelt, sondern daß die Auswirkungen ökonomischer Deprivation indirekt über die Mediatoren vermittelt werden, zeigen die Befunde des reduzierten Modells ohne Einbeziehung der Mediatoren: Insgesamt fällt die Familienintegration aus Sicht beider Eltern signifikant höher aus als in den von Verlusten betroffenen Familien (Mütter: beta=.29, p<.01; Väter: beta=.24, p<.03). Diesen "einfachen" Effekten eines stabil gebliebenen Einkommen (als Pendant zu den Korrelationen, s.o.) stehen deutlich

169

niedrigere Pfadkoeffizienten gegenüber, wenn die Mediatoren einbezogen sind (Mütter: beta=.10; Väter: beta=.03, jeweils n.s.). Hohe Verluste haben auch in diesem reduzierten Modell keinen besonderen Einfluß, der über den generellen Nachteil der deprivierten Familien hinausginge (Mütter: beta=.02; Väter, beta=-.11, n.s.).

Insgesamt betrachtet ist das Modell mit nur den beiden exogenen Variablen dem Mediatoren-Modell deutlich unterlegen: So liefert das reduzierte Modell, das lediglich die Effekte ökonomischer Deprivation berücksichtigt, nur einen marginalen Beitrag zur Erklärung der Angaben der Väter zur Familienintegration ($F=2.78$, $p<.07$), während es für die Mütter besser ausfällt ($F=4.77$, $p=.01$). Sind jedoch auch die Mediatoren einbezogen, so ergibt sich für beide Eltern ein hochsignifikanter Befund (Mütter: $F=6.79$, $p<.0001$, Väter: $F=6.44$, $p<.0001$). Durch dieses vollständige Modell werden jeweils für beide Eltern 22% der Varianz (R^2) aufgeklärt.

4.5.7 Zur Lokalisierung altersspezifischer Vulnerabilitäten der Familienintegration: Der steigende Einfluß der Mutter als Mediator?

Im folgenden soll versucht werden, näheren Aufschluß über die unterschiedlichen Effekte ökonomischer Deprivation auf die Familienintegration zu erhalten, die sich nach den Angaben der Mütter in den beiden Altersgruppen der Jugendlichen finden (vgl. Abschnitt 4.5.4). Während sich die familiären Beziehungen der jüngeren Gruppe aus Sicht der Mütter als weitgehend invulnerabel für nachteilige Effekte finanzieller Einbußen erwiesen haben, berichten in der älteren Gruppe die deprivierten Mütter eine deutlich geringere Familienintegration als die Mütter der einkommensstabilen Familien. Diese stärkeren Belastungen der Beziehungen im gesamten Familiensystem sollten - so wurde argumentiert - auf vermehrte Konflikte in der Eltern-Kind-Interaktion zurückzuführen sein, die im Zuge der finanziellen Verknappung vor allem gegenüber den älteren Jugendlichen begünstigt werden.

Diese Annahme kann anhand der verfügbaren Daten nicht direkt geprüft werden. Aufschluß über die sozialen Stressoren der Familienintegration geben hier lediglich die Verschiebungen in der familiären Entscheidungsstruktur, die im vorigen Abschnitt als ein Mediator für nachteilige Auswirkungen ökonomischer Deprivation auf die Familienintegration behandelt wurden. Geht man davon aus, daß der steigende Einfluß der Mutter in deprivierten Familien hauptsächlich zu Lasten des Vaters geht (vgl. Abschnitt 3.2), so sollten sich die resultierenden Konflikte primär in der Ehebeziehung konzentrieren. Damit läßt sich zumindest fragen, ob zusätzlich zu den Konfliktanteilen, die durch den Einflußgewinn der Mutter provoziert werden, in der älteren Gruppe weitere Spannungen durch Einkommenseinbußen entstehen, die sich nicht schon auf eine zentralere Stellung der Mutter zurückführen lassen.

Um diese Annahme zu prüfen, wurden mittels multipler Regressionen separate Pfadmodell für beide Altersgruppen und beide Eltern berechnet, in die als exogene Variablen Einkommenseinbußen (als dreistufiges Merkmal), die Schulbildung der Eltern (als kontinuierliches Merkmal) und das Geschlecht des Kindes eingehen. Als Mediator ist der Einflußgewinn der Mutter (nach Angaben der Väter) aufgenommen, und die jeweiligen Angaben der Mütter und Väter zur Familienintegration bilden die abhängigen Variablen. Die Ausgangskorrelationen für beide Altersgruppen sind in Tabelle 22 ersichtlich.

Bedeutsame Zusammenhänge zwischen Einkommenseinbußen und Familienintegration finden sich lediglich in den Familien der älteren Gruppe, sowohl nach Angaben der Mütter ($r=-.34$, $p<.05$) als auch - allerdings nur tendenziell - nach Angaben der Väter ($r=-.25$, $p<.09$). In der jüngeren Gruppe sind die vergleichbaren Korrelationen weitaus schwächer, vor allem für die Mütter, und nicht statistisch bedeutsam (Mütter: $r=-.01$; Väter: $r=-.15$).

Wie lauten nun die pfadanalytischen Befunde? Abbildung 14 zeigt die jeweiligen Pfadmodelle der beiden Altersgruppe, wobei die standardisierten Regressionskoeffizienten für die Mütter oberhalb und für die Väter unterhalb der Pfade wiedergegeben sind. Zur Vereinfachung wurde auf die Angaben zu jenen Pfaden verzichtet, die in keiner der Gruppen bei keinem Elternteil auch nur marginal bedeutsam sind ($p>.10$). Die Berechnung basiert jedoch auf dem vollständig identifizierten Modell.

In beiden Altersgruppen bestätigt sich zunächst, daß mit dem Ausmaß finanzieller Verluste ein Einflußgewinn der Mutter

<u>Tabelle 21</u>: Ausgangskorrelationen und Skalenkennwerte zu den regressionsanalytischen Pfadmodellen in Abbildung 14 [a]

(A) Familien der Kinder im frühen Jugendalter (n = 56)

	(2)	(3)	(4)	(5)	(6)	M	SD
(1)Ein-kommens-verlust	-.19	-.05	.27*	-.01	-.15	.61	.80
(2) Bil-dung d. Eltern	--	-.14	-.12	.10	-.10	2.41	.79
(3) Geschl. d. Kindes (weiblich)		--	-.01	.11	.27*	.39	.49
(4) Einfluß-gewinn d. Mutter			--	-.22+	-.36**	.14	.35
(5) Fam.-Integrat. (Mutter)				--	.59***	2.12	.56
(6) Fam.-Integrat. (Vater)					--	2.11	.64

(B) Familien der Kinder im mittleren Jugendalter (n = 49)

	(2)	(3)	(4)	(5)	(6)	x	s
(1)Ein-kommens-verlust	.03	.04	.29*	-.34*	.25+	.70	.87
(2) Bil-dung d. Eltern	--	.21	-.13	.04	-.03	2.19	.55
(3) Geschl. d. Kindes (weiblich)		--	-.09	.28+	.25+	.49	.51
(4) Einfluß-gewinn der Mutter			--	-.32*	-.35*	.20	.41
(5) Fam.-Integrat. (Mutter)				--	.45**	2.07	.64
(6) Fam.-Integrat. (Vater)					--	2.30	.63

[a] Signifikanzangaben: *** p<.001, ** p<.01, * p<.05, + p<.10

FAMILIEN DER KINDER IM FRÜHEN JUGENDALTER (n=57)

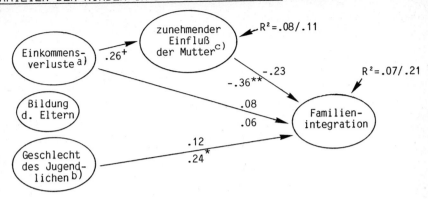

FAMILIEN DER KINDER IM MITTLEREN JUGENDALTER (n=49)

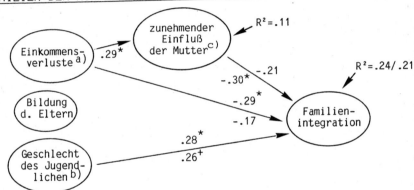

Abbildung 14: Familienintegration in Abhängigkeit von Einkommensverlusten, Schulbildung beider Eltern und Geschlecht des Jugendlichen als exogene Variablen und zunehmendem Einfluß der Mutter als Mediator: separate Pfadmodelle für die Familien der Kinder in früher und mittlerer Jugend mit standardisierten Regressionskoeffizienten für die Angaben der Mütter oberhalb und für die Angaben der Väter unterhalb der Pfade [d] einschließlich R^2 für die Angaben der Mütter/Väter.

Anmerkungen:
[a] dreistufige Kodierung mit keine=0, mittlere=1, hohe=2
[b] Kodierung des Geschlechts mit männlich=0, weiblich=1
[c] nur Angaben der Väter berücksichtigt
[d] nur Pfade wiedergegeben, die mindestens in einer der Gruppen für mindestens ein Elternteil tendentiell signifikant sind
Signifikanzangaben: ** p .01, * p .05, + p .10

wahrscheinlicher wird. Dieser Effekt verfehlt zwar in der jüngeren Gruppe das konventionelle Signifikanzniveau, fällt aber nur geringfügig schwächer aus als in der älteren Gruppe (jüngere: beta=.26, p<.07; ältere: beta=.29, p<.05). Ob die Mutter an Einfluß gewinnt, hat seinerseits jedoch nur aus Sicht der Väter einen Einfluß auf die Familienintegration: In beiden Altersgruppen findet sich der erwarteten nachteiligen Effekt (jüngere: beta=-.36, p<.01; ältere: beta=-.30, p<.05). Die Angaben der Mütter zur Familienintegration scheinen demgegenüber von solchen Verschiebungen des innerfamiliären Einflusses weitgehend unberührt zu sein (jüngere: beta=-.23; ältere: beta=-.21, jeweils n.s.). Zwar besteht in der älteren Gruppe durchaus ein substantieller Zusammenhang zwischen Einflußgewinn der Mutter und ihrer Warhnehmung der Familienintegration (r=-.32, p<.05). Der entsprechende Pfad erweist sich jedoch hier als schwächer. Das heißt: Nur für die Wahrnehmung der Familienintegration aus der Perspektive der Väter ergibt sich das erwartete Bild, nach dem der steigende Einfluß der Mutter zwischen finanziellen Verlusten und Beeinträchtigungen der Familienintegration vermittelt.

Ein direkter Pfad zwischen Einkommensverlusten und perzipierter Familienintegration besteht - wie schon aufgrund der Korrelationen erwartbar war - in der jüngeren Gruppe nicht (Mütter: beta=.08; Väter: beta=-.06). In der älteren Gruppe gilt dies auch für die Väter: Dem einfachen Zusammenhang zwischen Einkommensverlusten und Familienintegration (r=-.25, p<.09) entspricht im Pfadmodell kein vergleichbar hoher direkter Effekt (beta=-.17, n.s.). Im Sinne der Mediationshypothese läßt dies darauf schließen, daß der Zusammenhang zwischen finanziellen Einbußen und Belastungen der Familienbeziehungen zu Lasten des steigenden Einflusses der Mutter geht.

Wie erwartet bleibt jedoch für die Mütter der älteren Gruppe der direkte Einfluß ökonomischer Deprivation auf die Familienintegration bestehen (beta=-.29, p<.05). Obwohl also auch in dieser Gruppe ein Einflußgewinn der Mutter durch finanzielle Einbußen begünstigt wird, und obwohl sich auf der Ebene einfacher Korrelationen durchaus ein negativer Zusammenhang zwischen diesem möglichen Mediator und der Familienintegration gezeigt hat (s.o.), dominiert der direkte Effekt gegenüber dem des Mediators.

174

Auf eine weitere Besonderheit der älteren Gruppe, die sich lediglich in den Angaben der Mütter zur Familienintegration zeigt, sei hingewiesen: In den Familien der Kinder im mittleren Jugendalter scheint sich das Geschlecht der Jugendlichen auf die Qualität der Familienbeziehungen auszuwirken, wobei Familien mit Mädchen gegenüber denen mit Jungen im Vorteil sind (beta=.28, p<.05). In den Familien der jüngeren Präadoleszenten ist dieser Unterschied aus der Perspektive der Mütter jedoch nicht bedeutsam (beta=.12, n.s.). Demgegenüber haben die Familien mit Töchtern aus Sicht der Väter in beiden Altersgruppen eine leicht höhere Familienintegration (beta=.24 und .26, jeweils p<.10).

Hier ließe sich vermuten, daß sich für die Mütter mögliche Konflikte und Spannungen in der Auseinandersetzung mit den Söhnen, wie sie sich auch in der (allerdings altersunabhängig) geringeren Unterstützung gegenüber den Söhnen andeuten (vgl. Abschnitt 4.5.2 und 4.5.3) erst mit zunehmendem Alter der Jugendlichen bemerkbar machen. Für die Väter scheinen sie jedoch im hier betrachteten Altersrange der Kinder genereller gegeben zu sein, ohne daß sich dies in den Befunden zum Erziehungsverhalten entsprechend niederschlagen würde. Jedenfalls scheinen sich auch in dieser Hinsicht alterstypische Konfliktpunkte in den Familienbeziehungen, wie sie sich im Hinblick auf die Interaktion mit den Kindern gezeigt haben, eher in der Perspektive der Mütter niederzuschlagen als in der der Väter.

Wenn sich hier die Verschiebungen der innerfamiliären Entscheidungsmacht zugunsten der Mutter lediglich aus Sicht der Väter als bedeutsam für die Familienbeziehungen erwiesen haben, so darf der Unterschied zu den Befunden für die Mütter nicht überbewertet werden. Es handelt sich wohl eher um graduelle Unterschiede, denn die Koeffizienten gehen auch für die Angaben der Mütter in die gleiche Richtung. In der Tat haben die bisherigen Befunde auch durchaus Bestand, wenn die jeweiligen Angaben beider Eltern zur Familienintegration zusammengefaßt werden, also die Qualität der Beziehungen auf der Ebene des gesamten Familiensystems nicht mehr nur an der Perspektive eines Elternteils festgemacht werden. Das Bild, das sich dann ergibt, zeigt für die ältere Gruppe sowohl den indirekten Weg auf, wonach Beeinträchtigungen der Familienintegration bei finanziellen Einbußen über den steigenden Einfluß der Mutter

vermittelt werden, als auch den direkten Pfad von Einkommenseinbußen auf die Familienintegration, der hier nicht näher
aufgeklärt werden kann. Dieser direkte Pfad ist in der jüngeren
Gruppe nicht gegeben. Dort bestehen nur insoweit nachteilige
Auswirkungen ökonomischer Deprivation auf die Familienintegration, als hierdurch ein Einflußgewinn der Mutter begünstigt
wird, der seinerseits zu Belastungen der Familienbeziehungen
beiträgt.

4.6 Zusammenfassung und Interpretation

Im Hinblick auf die in Abschnitt 4.3 aufgeworfenen einzelnen Fragestellungen haben die Befunde der vorliegenden Untersuchung bestätigt:

(1) Die Eltern der ökonomisch deprivierten Familien
berichten im Vergleich zu den einkommensstabilen Familien
erhöhte psychische Belastungen, wobei mit dem Ausmaß des
Einmommensverlustes auch die Stärke der Belastungen steigt. Die
arbeitslosen Väter sind mehr subjektiv beeinträchtigt als ihre
Ehefrauen, aber mit dieser Ausnahme liegen die Belastungen der
Frauen in den deprivierten Familien jeweils höher. Daß die
Mütter auch schon bei mittleren Einbußen deutliche Belastungsreaktionen zeigen, gibt mit den Ausschlag dafür, daß die
Effekte speziell hoher Einkommensverluste bei den Vätern
geringfügig stärker ausfallen als bei den Müttern: Die Diskre-
panz zu den nicht gleichermaßen stark deprivierten Familien ist
bei den Vätern ausgeprägter als bei den Müttern, wobei die
Beeinträchtigungen hinsichtlich eher persönlicher Belastungen
im Sinne von Inkompetenzgefühlen und Pessimismus bei den
Männern deutlicher hervortreten als bei den Frauen.

(2) Im Gegensatz zu früheren Untersuchungen hat sich
hinsichtlich des Erziehungsverhaltens der Eltern gezeigt, daß
die Mutter-Kind-Interaktion bei Einkommenseinbußen stärker
beeinträchtigt ist als die Vater-Kind-Interaktion. Während die
Mütter deprivierter Familien sowohl eine geringere Unterstützung gegenüber ihren Kindern als auch ein vermehrt restriktiv-
bestrafendes Verhalten angeben, ist die Unterstützung der Väter
nach ihren eigenen Angaben nicht durch Einkommensverluste per

se beeinträchtigt, und der Effekt auf ihr restriktiv-bestrafendes Verhalten fällt nur schwach aus.

(3) Die dritte Hypothese hat sich bedingt bestätigen lassen: Die Väter attribuieren mit steigendem Ausmaß der Einkommensverluste den Müttern auch häufiger einen vermehrten Einfluß auf innerfamiliäre Entscheidungen. Für die entsprechenden Angaben der Mütter gilt dies nicht. Diese unterschiedlichen Befunde für die Angaben beider Eltern scheinen darauf zurückzuführen zu sein, daß die jeweiligen Wahrnehmungen von Veränderungen der innerfamiliären Entscheidungsstruktur bei beiden Ehepartnern von differentiellen Einflußfaktoren bestimmt werden, die sich hier an einzelnen Aspekten von Veränderungen in der Haushaltsführung festmachen ließen: Während für die Väter die - mit dem Ausmaß der Verluste steigende - Verknappung in den Ausgaben entscheidend ist, schreiben sich lediglich diejenigen Mütter mehr Einfluß zu, die ihre Arbeiten im Haushalt gesteigert haben. Eine solche Steigerung der Haushaltsarbeiten ist jedoch nur bei den deprivierten Frauen der unteren Bildungsgruppe der Fall (siehe Anhang).

Zumindest die Zuschreibungen der Väter stehen also im Einklang mit den von Elder (1974) berichteten Ergebnissen, wonach ökonomische Deprivation vor allem eine Aufwertung der Stellung der Mutter begünstigt und nicht auch gleichermaßen zu eine Abwertung des Vaters führen muß. Allerdings läßt sich anhand der vorliegenden Daten nicht klären, inwieweit sich der innerfamiliäre Einfluß des Vaters mit dem steigenden Einfluß der Mutter verringert hat.

(4) Hinsichtlich der perzipierten Familienintegration haben die Befunde bestätigt, daß die Eltern der ökonomisch deprivierten Familien eine geringere Familienintegration berichten als die Eltern der einkommensstabilen Familien. Das Ausmaß der Verluste hat hierbei keinen zusätzlichen Einfluß.

(5) Der Vergleich zwischen den jeweiligen Auswirkungen ökonomischer Deprivation auf die Mütter und Väter läßt eher unerwartete Ergebnisse festhalten: Zwar fallen die psychischen Beeinträchtigungen der Väter bei extremen Verlusten (im Vergleich zu mittleren Einbußen und stabilem Einkommen) etwas stärker aus als die der Mütter, was sich im Sinne der Erwartungen darauf zurückführen ließe, daß die Väter stärkeren Mißerfolgserlebnissen als verantwortliche Ernährer der Familie

177

ausgesetzt sind. Vermehrte psychische Belastungen sind jedoch keineswegs auf die Väter beschränkt. Hinsichtlich der Eltern-Kind-Interaktion zeigen sich sogar deutlichere negative Konsequenzen ökonomischer Deprivation für die Mütter als die Väter: Das unterstützende Verhalten ist bei Einkommenseinbußen per se nur bei den Mütter, nicht jedoch den Vätern beeinträchtigt.

Die Befunde zu den Moderatoreffekten legen nahe, daß dies auf zwei Faktoren zurückzuführen ist: (a) die differentiellen Effekte der Berufstätigkeit der Mutter in den deprivierten Familien beider Bildungsgruppen, vor allem die "Puffer"-Funktion, die die mütterliche Erwerbstätigkeit in den Familien mit höherer Bildung für die psychischen Belastungen der Väter zu haben scheint, und (b) die stärkere Konfrontation der Mütter mit innerfamiliären Konflikten, die weitgehend auch aus der Interaktion mit den Jugendlichen resultieren dürften. Zwar ließe sich auch vermuten, daß (c) die Väter insgesamt weniger bereit sind, Beeinträchtigungen ihres Erziehungsverhaltens zuzugeben. Bedenkt man jedoch, daß die Angaben der Väter insgesamt nicht weniger streuen als die der Mütter, und daß auch speziell die deprivierten Väter durchaus Beeinträchtigungen ihrer Befindlichkeit und der Familienintegration erkennen lassen, so scheint dies wenig plausibel.

Bei der Bewertung dieser Unterschiede zwischen den Befunden für Mütter und Vätern ist jedoch im Auge zu behalten, daß sie nicht eigens statistisch geprüft wurden. Auf eine inferenzstatistische Absicherung wurde verzichtet, da das Interesse auch graduellen Abweichungen in den Reaktionen beider Eltern galt. Daß die jeweiligen Effekte nicht im eigentlichen Sinne divergieren, also nicht in unterschiedliche Richtungen gehen, wurde verschiedentlich erwähnt.

(6) Betrachtet man nun die differentiellen Effekte ökonomischer Deprivation in Abhängigkeit von der Bildung der Eltern und der Erwerbstätigkeit der Mutter, so ergeben die Befunde ein komplexes Bild: Eine insgesamt größere Vulnerabilität der Familien mit niedrigen Bildungsressourcen läßt sich nur hinsichtlich des restriktiv-bestrafenden Verhaltens der Eltern bestätigen. Erwartungsgemäß geben lediglich die deprivierten Mütter und Väter der niedrigen Bildungsgruppe ein

vergleichsweise erhöhtes Ausmaß an restriktiv-bestrafendem Verhalten gegenüber ihren Kindern an.

Positionsorientierte Interaktionsstile, autoritäres Erziehungsverhalten und entsprechend konformitätsorientierte Erziehungsziele sind in anderen Untersuchungen als insgesamt charakteristisch für Unterschichtfamilien beschrieben worden (vgl. Gecas, 1979; Steinkamp, 1980; z.B. auch Kohn, 1981). Auch in den hier berichteten Befunden zeigt sich ein solcher Unterschied zwischen den Bildungsgruppen. Allerdings ist er hauptsächlich auf das gesteigerte restriktiv-bestrafende Verhalten der ökonomisch deprivierten Familien zurückzuführen: Die einkommensstabilen Familien der beiden Bildungsgruppen unterscheiden sich in dieser Hinsicht kaum. Dies ließe sich dahingehend erklären, daß besonders unter belastenden Lebensbedingungen bei geringen sozio-ökonomischen und Problemlösungs-Ressourcen der Rückgriff auf solche machtorientierten Verhaltensstrategien begünstigt wird.

Zwei weitere Einflußfaktoren lassen sich anführen, die stärker autoritätsbezogene Verhaltensweisen in den deprivierten Familien der niedrigen Bildungsgruppe begünstigen könnten: Erstens dürften die absoluten familiären Härten durch die Einkommenseinbußen in diesen Familien stärker ausfallen als in den Familien der höheren Bildungsgruppe. Dies zeigt sich auch teilweise in den Anpassungen in der Haushaltsökonomie (siehe Anhang). Die damit verbundenen Anforderungen an die Eltern lassen rigidere Verhaltensweisen und stärkere Einschränkungen der Kinder erwarten. Soweit die Kontrolle über die Sicherung der familiären Bedrüfnisse in den Familien der niedrigen Bildungsgruppe stärker gefährdet ist als die der deprivierten Familien mit höheren Bildungsressourcen, entspricht dies der These, daß Machtausübung vielfach eine Strategie ist, die Kontrolle über die eigene Lebenslage zurückzugewinnen (Goode, 1971).

Zweitens mag bei den deprivierten Eltern mit niedriger Bildung eine Wahrnehmung der eigenen Situation akzentuiert werden, die vielfach als Erklärung für mehr autoritätsorientierte Interaktionsmuster in Unterschichtfamilien angeführt worden ist (vgl. Gecas, 1979): Die Erfahrung eines geringen Handlungsspielraums, wie sie auch über die berufsspezifischen Erfahrungen dieser Statusgruppe vermittelt wird (Kohn &

Schooler, 1981) und ein damit verbundenens "dichotomes Gesellschaftsbild" (siehe Fröhlich, 1981), in dem die eigenen Situation als abgeschottet und unbeeinflußbar wahrgenommen wird, dürften unter den Bedingungen ökonomischer Deprivation deutlicher bewußt werden. Innerfamiliäre Gegenreaktionen zur Kompensation des Kontrollverlusts könnten so begünstigt werden. Eine Akzentuierung bzw. Zentrierung früherern Erfahrungen in der Wahrnehmung (vgl. auch Pearlin & Schooler, 1978) kann somit der zweite "Mechanismus" sein, auf den sich das stärker autoritätsorientierte, restriktiv-bestrafende Verhalten der Eltern aus den deprivierten Familien der unteren Bildungsgruppe zurückführen ließe.

Stärkere Belastungen bei Einkommensverlusten in der unteren Bildungsgruppe zeigen sich auch in den Befunden zu psychischen Beeinträchtigungen der Väter. Allerdings wird dieser differentielle Effekt zusätzlich durch die Erwerbstätigkeit der Mutter moderiert, die bildungsspezifisch unterschiedliche Konsequenzen für die Bewältigung ökonomischer Deprivation zu haben scheint. Auch hinsichtlich der Familienintegration und des unterstützenden Erziehungsverhaltens scheinen die Auswirkungen ökonomischer Deprivation vom spezifischen Zusammenspiel des jeweiligen Bildungshintergrundes und der innerfamiliären Rollenverteilung abhängig zu sein. So hat sich mehrfach gezeigt, daß in den beiden Bildungsgruppen für Familien mit berufstätiger Mutter gegenläufige Effekte ökonomischer Deprivation auszumachen sind: Während in den deprivierten Familien der unteren Bildungsgruppe die (von den Müttern perzipierte) Familienintegration und das unterstützende Verhalten beider Eltern am geringsten ausfallen, wenn die Mutter erwerbstätig ist, wirkt sich in der höheren Bildungsgruppe die Berufstätigkeit der Mutter eher belastungsmindern aus. Allerdings scheinen in dieser Hinsicht nicht so sehr die Mütter selbst, sondern vor allem die Väter zu profitieren. Vermehrte psychische Belastungen durch Einkommenseinbußen lassen sich dann für die Väter in weitaus geringerem Maße ausmachen, und ihr unterstützendes Verhalten gegenüber den Jugendlichen ist sogar etwas höher als in der nicht-deprivierten Vergleichsgruppe.

Daß in den deprivierten Familien der unteren Bildungsgruppe die Familienintegration (aus Sicht der Mütter) und das unterstützende Verhalten beider Eltern vor allem bei

Erwerbstätigkeit der Frau beeinträchtigt sind, läßt sich in zwei Richtungen interpretieren: Erstens fallen in den deprivierten Familien mit nur geringen bildungsgebundenen Ressourcen die Anpassungen in der Haushaltsökonomie zum Teil gravierender aus, ohne daß die Erwerbstätigkeit der Mütter eine entlastende Funktion hätte. So steigern etwa nur in der unteren Bildungsgruppe die Mütter der von finanziellen Verlusten betroffenen Familien ihre Arbeitsintensität im Haushalt, und zwar unabhängig davon, ob sie erwerbstätig sind, oder nicht. Weiterhin beschäftigen sich diese Familien notgedrungen mehr mit der Haushaltsplanung, d.h. sie überlegen stärker, wie das Haushaltsbudget in Zukunft balanciert werden kann, und diese Überlegungen werden subjektiv wichtiger (vgl. Anhang). Da derartige Anforderungen die Aufmerksamkeit von der Elternrolle ablenken und die Ausrichtung auf die Kinder einschränken, können sie nachteilige Auswirkungen auf die Eltern-Kind-Interaktion haben (z.B. Zussmann, 1980). In diesem Sinne liegt nahe, daß die vermehrten Haushaltsaufgaben der deprivierten Mütter in der unteren Bildungsgruppe vor allem dann zu Beeinträchtigungen der familiären Interaktionen beitragen, wenn zusätzliche Belastungsfaktoren durch die Erwerbstätigkeit der mutter hinzutreten.

Dem ließe sich zunächst entgegenhalten, daß diese gehäuften Anforderungen durch Rollenkumulation nicht auch in stärkeren psychischen Belastungen der erwerbstätigen Mütter dieser Bildungsgruppe sichtbar werden. Allerdings hat gerade für Frauen, deren familiäres Milieu belastend ist, die Erwerbstätigkeit eher positive Auswirkungen (Warr & Parry, 1982). Sie könnte also im Hinblick auf die subjektive Befindlichkeit der Mütter die stärkeren Anforderungen wieder ausbalancieren.

Auch die Befunde von Kandel, Davies & Raveis (1985) zeigen, daß die Erwerbstätigkeit von Müttern keineswegs zu psychischen Beeinträchtigungen im Sinne kumulierender Rollenanforderungen führen muß, sondern im Gegenteil positive Effekte auf ihr Wohlbefinden hat. Die Frauen mit multipler Rolleneinbindung (erwerbstätige Ehefrauen mit Kindern) wiesen in ihrer Untersuchung die geringsten depressiven Symprome auf. Zudem wurde der emotionale Streß, der sich aus Beeinträchtigungen in der Ehebeziehung ergab, bei den erwerbstätigen Müttern "abgefangen", d.h. der Zusammenhang zwischen emotionalem Streß in der Ehebeziehung und depressiven Symptomen war lediglich bei den nicht erwerbstätigen Müttern deutlich positiv, während er bei den erwerbstätigen Müttern sogar leicht negativ ausfiel. Erziehungsprobleme mit den Kindern haben die erwerbstätigen Mütter und die Hausfrauen gleichermaßen emotional bewältigt. Erst bei spezifischen hohen Belastungen im Beruf wirkt sich die Rollenkumulation negativ aus. Damit wären stärkere psychische Belastungen der deprivierten Mütter mit zusätzlicher Einbindung in den Beruf nicht ohne weiteres zu erwarten.

Eine zweite naheliegende Erklärung hebt – im Sinne der Befunde aus den Dreißiger Jahren – auf die Konsequenzen ökonomischer Deprivation im Kontext der bildungsspezifischen Rollenerwartungen ab: Während die deprivierten Väter der höheren Bildungsgruppe den ökonomischen Beitrag ihrer Frauen entlastend zu erleben scheinen, dürften die vermutlich mehr traditionell orientierten Väter der unteren Bildungsgruppe hierin stärker ihren ökonomischen Mißerfolg symbolisiert sehen. Unterstellt ist hierbei, daß die Erwerbstätigkeit der Frau in den Familien mit niedriger Bildung der Eltern nicht auf eine weniger traditionelle Rollenverteilung schließen läßt, während das in der höheren Bildungsgruppe eher naheliegen könnte. Dies liegt insofern nahe, als in der niedrigen Bildungsgruppe vor allem diejenigen Frauen erwerbstätig sind, die mehr Kinder zu versorgen haben. Demnach stehen wohl eher finanzielle Motive für die Berufstätigkeit der Mütter im Vordergrund. Rodman (1967) hat auf eine solchen ökonomisch motivierten "value stretch" der traditionell orientierten Unterschichtfamilien aufmerksam gemacht, und auch die Befunde zur Mehrarbeit der Mütter im Haushalt stützen eine solche Interpretation: Wie schon erwähnt sind es nur die Frauen dieser niedrigen Bildungsgruppe, die unabhängig von ihrem Beruf die eingeschränkten Ausgaben durch vermehrte Eigenproduktion kompensieren. Eine entsprechende Mehrarbeit auch der Väter im Haushalt ist in den deprivierten Familien dieser Bildungsgruppe weder generell noch bei Erwerbstätigkeit ihrer Frauen zu beobachten. Insofern scheinen die Doppelverdiener-Familien der niedrigen Bildungsgruppe keineswegs durch eine größere Rollenflexibilität der Ehepartner gekennzeichnet zu sein.

Zunächst ließe sich gegen diese Interpretation halten, daß sich der moderierende Einfluß der Erwerbstätigkeit der Mutter in den deprivierten Familien der unteren Bildungsgruppe kaum in vermehrten psychischen Belastungen der Väter niederschlägt. So wäre zu erwarten, daß die Belastungsreaktionen der Männer stärker ausfallen, wenn ihr ökonomischer Mißerfolg angesichts der Verdienerfunktion der Frau deutlicher zum Tragen käme, zumal wenn dies den Ausschlag für die stärkeren Belastungen in den familiären Beziehungen geben soll. Daß gerade das Problemverhalten der Männer in deprivierten Familien einen nachteiligen Einfluß auf die familiären Beziehungen hat, wurde in verschiedenen Untersuchungen aufgezeigt (Komarovsky, 1973; Liker & Elder, 1983).

Allerdings legen auch die Befunde von Larson (1984) nahe, daß traditionell orientierte Männer in der Arbeitslosigkeit nicht stärkeren Selbstzweifeln unterliegen als Männer mit egalitären Rollenvorstellungen. Zwar waren die ehelichen Spannungen, die sich hinsichtlich der Übereinstimmung und Kommunkation in der Ehebeziehung sowie der familiären Lebensgestaltung bei den Arbeitslosen im Vergleich zu den Erwerbstätigen zeigten, weitgehend auf die traditionell orientierten Familien beschränkt. Vergleichbare Belastungen des Selbstwertgefühls der Männer waren jedoch nicht zu beobachten, weder bei den Arbeitslosen insgesamt, noch speziell bei den traditionell orientierten. Das läßt nun darauf schließen, daß die sozialen Spannungen in der Familien vielfach direkter aus der veränderten familiären Lage resultieren. Auch die hier berichteten pfadanalytischen Befunde liefern keinen Hinweis darauf, daß die stärkeren Beeinträchtigungen der Familienintegration, wie sie sich für die deprivierten Familien mit berufstätiger Mutter in der niedrigen Bildungsgruppe zeigen, auf entsprechende psychische Belastungsreaktionen der Väter zurückgehen. Die jeweilige Rollenverteilung im Kontext der bildungsspezifischen Ressourcen scheint die sozialen Konsequenzen ökonomischer Deprivation im Bereich der familiären Beziehungen und Interaktionen auch ohne den "Umweg" über die subjektiven Belastungen der Eltern zu beeinflussen.

Dies wird auch durch einen weiteren Befund bestätigt:
(7) Nicht nur die vermehrten psychischen Belastungen, sondern auch der steigende Einfluß der Mutter vermitteln die nachteiligen Auswirkungen ökonomischer Deprivation auf die Familienintegration. Beide Mediatoren sind zwar nicht unabhängig

voneinander, sondern weisen einen erwartbar positiven Zusammenhang auf, liefern jedoch einen jeweils eigenständigen Beitrag zur Erklärung von Effekten finanzieller Verluste auf die familiären Beziehungen. Das heißt auch: Obwohl eine stärkere Kontrolle der familiären Entscheidungen durch die Mutter durchaus funktional ist, etwa um die Ausgaben zu überwachen, die Hausarbeit zu koordinieren etc., wirkt sie sich doch negativ auf die wahrgenommene Familienintegration aus. Dem entspricht, daß zentralisierte Kommunikationsstrukturen zwar im Hinblick auf die Qualität der Problemlösung effektiv ist, egalitäre Kommunikationssysteme jedoch eine größere Zufriedenheit mit der gefundenen Lösung versprechen (vgl. Klein & Hill, 1979),

(8) Fragt man nun nach den Mediatoren für die Effekte finanzieller Einbußen auf das elterliche Erziehungsverhalten, so zeigt sich: Ein vermittelnder Einfluß vermehrter Belastungen auf das unterstützende Erziehungsverhalten kann nur für die Väter der älteren Jugendlichen bestätigt werden. Daß hier trotz eines fehlenden Zusammenhangs zwischen Einkommensverlusten und väterlicher Unterstützung überhaupt von der Vermittlung eines Einflusses gesprochen werden kann, scheint insofern gerechtfertigt, als durchaus gegenläufige Reaktionen der Väter gegeben zu sein scheinen, die hier in einem Supressionseffekt tendenziell sichtbar werden. Soweit nämlich der negative Einfluß vermehrter psychischer Belastungen auf ihre Zuwendung gegenüber den Jugendlichen schon in Rechnung gestellt ist (d.h. auspartialisiert wird), haben Einkommenseinbußen sogar einen positiven Effekt auf das unterstützende Erziehungsverhalten der Väter.

Inwieweit hier aus dem querschnittlichen Befund auf eine positive Akzentuierung geschlossen werden kann, muß letztlich offen bleiben. Daß harte Zeiten nicht immer schlechte Zeiten sind, hat sich aber auch in den Studien über die Dreißiger Jahre gezeigt (z.B, Angell, 1965; Rockwell & Elder, 1982). Krisensituationen bieten auch die Chance zur Reorientierung, und mancher Arbeitslose mag es positiv erleben, sich mehr um die Kinder kümmern zu können. Wenn in einer Repräsentativbefragung von Arbeitslosen immerhin noch 39,3% derjenigen mit Zahlungsproblemen angaben, daß es ihnen ganz lieb war, mehr für die Familie tun zu können (Brinkmann, 1978), so liegt es nahe zu vermuten, daß diese Arbeitslosen auch weniger psychisch belastet waren.

Für die Mütter hat sich hier kein positiv akzentuierender Effekt ökonomischer Deprivation gezeigt. Im Gegenteil konnte für die Mütter bestätigt werden:

(9) In Familien mit älteren Jugendlichen bestehen bei ökonomischer Deprivation stärkere Beeinträchtigungen ihrer Unterstützung und der wahrgenommenen Familienintegration gegenüber den einkommensstabilen Familien dieser Altersgruppe, als es in Familien mit Kindern im frühen Jugendalter der Fall ist. Damit ist der zweite Punkt angesprochen, durch den sich die stärkeren Auswirkungen finanzieller Verluste auf das Erziehungsverhalten der Mütter als der Väter erklären lassen (siehe oben zur fünften Hypothese). Die Mütter dürften als "Innenminister" und als "Pförtner" in der Kanalisation der familiären Ausgaben und Konsummuster wesenlich mehr mit den altersbedingt größeren Bedürfnissen und Ansprüchen der Jugendlichen konfrontiert sein als die Väter.

Dem entsprechen Befunde zu stärkeren Beeinträchtigungen der Mutter-Kind-Interaktion gegenüber Kindern der hier angesprochenen späteren Entwicklungsphase zu Beginn und im Verlauf des mittleren Jugendalters (z.B. Jacob, 1974): In diesem Alter zeigt sich beispielsweise, daß die Eltern zur Sicherung ihrer Kontrolle "vis a vis the child's attempt to gain status in the family's changing influence structure" (ibid., S.9) die Kinder häufiger unterbrechen. Steinberg (1981) berichtet, daß zu Beginn der Pubertät die familiären Interaktionsmuster rigider werden, die Jugendlichen und ihre Mütter sich häufiger gegenseitig unterbrechen und sich weniger verständlich machen, und daß die Jugendlichen weniger gegenüber der Mutter nachgeben, während sich für die Väter eher ein gegenläufiges Muster der Veränderungen über die Zeit ergibt.

In diese Entwicklungsphase sind die hier betrachteten jüngeren Kinder noch nicht eingetreten, wenngleich sie - da ihnen diese Veränderungen direkt bevorstehen - dem frühen Jugendalter zugerechnet sind (vgl. Simmons et al., 1987). Vor allem diejenigen, die sich im Beginn des späteren Abschnitts befinden und neben den körperlichen Veränderungen die sozialen des Schulwechsels und der damit verbundenen Anforderungen zu bewältigen haben, entsprechen dem Bild, das für die Redefinition familiärer Rollen und Beziehungen gezeichnet wurde.

So erweisen sich auch in den vorliegenden Ergebnissen die familiären Beziehungen und die Mutter-Kind-Interaktion besonders gegenüber den älteren Kindern als vulnerabel für Beeinträchtigungen, allerdings nur angesichts der finanziellen Verknappung. Ein genereller Nachteil dieser Altersgruppe läßt sich weder für die Eltern-Kind-Interaktion noch für die Familienintegration ausmachen. Lediglich unter den Söhnen werden die älteren von beiden Eltern restriktiver behandelt als die jüngeren. Vermutlich sind die älteren Jungen - wohl aufgrund steigender Autonomiebedürfnisse - weniger kooperativ und widersetzen sich stärker den Kontrollversuchen der Eltern. Für diese Interpretation sprechen andere, hier nicht berichtete Befunde dieser Stichprobe, nach denen die Eltern am stärksten von den älteren Söhnen fordern, sich künftig mehr an den Haushaltsarbeiten zu beteiligen. Bei den Mädchen sind jedoch in beider Hinsicht keine entsprechenden Altersunterschiede zu beobachten.

Vergleicht man die Ergebnisse der vorliegenden Untersuchung mit den Studien über die Zeit der Dreißiger Jahre, so ergibt sich ein weitgehend ähnliches Bild. Eine Veränderung der innerfamiliären Rollenbeziehungen durch steigenden Einfluß der Mutter stellt auch heute noch ein familiäres Problem dar, das mit Beeinträchtigungen der Beziehungen einhergeht. Die Erwerbstätigkeit der Mutter bedeutet auch heute noch keinen generellen Vorteil für die Bewältigung ökonomischer Deprivation. Nur für die Familien der höheren Bildungsgruppe bildet sie eine Ressource zur Bewältigung ökonomischer Deprivation, während sie in den Familien der niedrigen Bildungsgruppe eher zur Verschärfung der Belastungen beiträgt.

Daß sozialer Wandel selektiv verläuft und wesentlich über den bildungsabhängigen Zugang zu Medien und anderen Trägern der sozialen Veränderungen bedingt ist, hat schon Bronfenbrenner (1958) für den historischen Trend im veränderten Erziehungsverhalten herausgestellt. Auch bezüglich der flexibleren Gestaltung innerfamiliärer Rollen erfolgen die Veränderungen nur langsam, und nicht-traditionelle Familien - nicht nur im Sinne von Doppelverdiener-Ehen, sondern auch im Hinblick auf die Arbeitsteilung im Haushalt und die familiären Werthaltungen - sind noch keineswegs die Regel (vgl. Schulze, 1986; Scanzoni & Scanzoni, 1982; Allerbeck & Hoag, 1986).

Einen Befund dieser Untersuchung gilt es noch hervorzuheben: Daß nämlich die familiären Probleme bei ökonomischer Deprivation keineswegs auf diejenigen Familien beschränkt sind, die von Arbeitslosigkeit des Vaters betroffen sind. Weder die Familienintegration noch die Eltern-Kind-Interaktion sind spezifisch durch Arbeitslosigkeit des Vaters beeinträchtigt. Vielmehr scheint es, als seien die negativen Auswirkungen finanzieller Einbußen eher unabhängig vom jeweiligen Anlaß. Allerdings läßt sich dies nur mit Vorbehalt schlußfolgern, da lediglich die Selbstauskünfte der Eltern zu ihrer Erwerbssituation herangezogen werden konnten. So ist nicht auszuschließen, daß mancher Arbeitslose sich als "im Prinzip" erwerbstätig betrachtet oder aufgrund von Schamgefühlen nicht bereit ist, Arbeitslosigkeit anzugeben (vgl. Pintar, 1978). Insofern wäre eine Absicherung dieser Befunde durch objektive Daten zur Erwerbstätigkeit der Eltern wünschenswert. Dies ist jedoch hier nicht möglich.

Nachdem im vorigen Kapitel die Perspektive der Eltern und Veränderungen der familiären Beziehungen und Interaktionen behandelt wurden, gilt es nun, die psychosoziale Konsequenzen ökonomischer Deprivation für die Entwicklung der Kinder näher zu betrachten[1]. Dies geschieht unter drei Gesichtspunkten: Im ersten Abschnitt steht die Frage im Vordergrund, inwieweit Belastungen der Kinder auf ökonomisch bedingte Veränderungen im familiären Zusammenleben zurückzuführen sind. Hierbei wird auf Befunde zur Einbindung der Kinder in die Haushaltsführung und Reaktionen auf Beeinträchtigungen der Beziehungen und Interaktionen zwischen den Familienmitgliedern eingegangen. Alters- und geschlechtsrollenspezifische Unterschiede sowohl in der Vulnerabilität für Einflüsse ökonomischer Deprivation und resultierender familiärer Belastungen als auch hinsichtlich der jeweiligen Reaktionsformen der Jugendlichen werden dargestellt.

In einem zweiten Abschnitt werden weitere Vermittlungs- prozesse betrachtet, die für die psycho-sozialen Reaktionen der Jugendlichen bei ökonomischer Deprivation relevant werden können. Hierbei werden sowohl innerpsychische Faktoren der subjektiven Verarbeitung von Erfahrungen im Zuge finanzieller Verknappung behandelt als auch weitere soziale Einflüsse, die jedoch im außerfamiliären Bereich liegen.

Anschließend wird im dritten Schritt die hier verfolgte Fragestellung vor dem Hintergrund von Theorien zur Genese von Devianz und jugendtypischen Problemverhalten spezifiziert, die einen integrativen Rahmen zur Interpretation unterschiedlicher Reaktionsformen bieten. Die Befunde der vorliegenden Untersu- chung sind in Abschnitt 5.4 dargestellt und werden in Abschnitt 5.5 zusammengefaßt sowie diskutiert. Die Gesamtdiskussion der Ergebnisse, wie sie sich im Lichte der beiden Untersuchungs-

---

1) In den Studien der Dreißiger Jahre, auf die hier im wesentlichen zurückgegriffen werden muß, standen vielfach auch gesundheitliche Beeinträchtigungen aufgrund der extremen materiellen Verhältnisse im Vordergrund. Sie werden hier jedoch vernachlässigt (zum Überblick vgl. Madge, 1983; Eisenberg & Lazarsfeld, 1938; zu den frühen familienbezoge- nen Studien siehe auch Sternheim, 1938).

teile darstellen, erfolgt in Kapitel 6, wobei auf weiterführende Fragestellungen eingegangen wird.

5.1 Emotionale Belastungsreaktionen und Problemverhalten im familiären Kontext

Eine Reihe früher unkontrollierter Beobachtungsstudien wie auch methodisch stringentere Arbeiten zeigen, daß die Kinder auf Arbeitslosigkeit der Eltern (in der Regel des Vaters) und andere Formen ökonomischer Deprivation teils mit ähnlichen Belastungen reagieren wie die Eltern. Emotionale Instabilität, leichte Verletzbarkeit und Zornausbrüche sind ebenso Beispiele hierfür wie Inkompetenzgefühle, Zukunftsängste und Depressivität im Jugendalter (vgl. Eisenberg & Lazarsfeld, 1938; Madge, 1983; Siegal, 1984). Als wesentliche Mediatoren für diese Reaktionen sind willkürliches und bestrafendes Verhalten der Eltern, familiäre Spannungen und Verlust der Eltern als positives Vorbild herausgestellt worden.

Erziehungsverhalten und familiäre Beziehungen als Mediator

In der Studie von Elder, Liker und Cross (1984) waren es die Väter, deren gesteigertes willkürliches Verhalten sich als entscheidendes Bindeglied zwischen familiären Einkommenseinbußen und dem Problemverhalten der 5- bis 7jährigen Kinder der Berkeley-Kohorte erwies. Daß die Kinder aus ökonomisch deprivierten Familien häufiger und intensivere Zornausbrüche zeigten, ging vollständig zu Lasten des negativen Verhaltens der Väter. Anders als die Zornausbrüche wiesen "schwieriges" Verhalten der Kinder (streitsüchtig, negativistisch, irritierbar) und introvertierte Verhaltensweisen zwar selbst keinen Zusammenhang zu familiären Einkommensverlusten auf; auch sie wurden aber durch das willkürliche Verhalten der Väter begünstigt, das seinerseits mit unter den Bedingungen ökonomischer Deprivation anstieg. Da schon zuvor bestehende Unterschiede in der Irritierbarkeit der Väter und früherem Problemverhalten der Kinder kontrolliert wurden, sind diese Befunde besonders aussagekräftig.

Beide Arten sozial-aggressiver Reaktionen der Kinder (temper tantrums und "schwieriges" Verhalten) entsprachen einem

Syndrom der Auflehnung gegen Erwachsene, besonders für die Jungen. Das Problemverhalten der Kinder stellt sich also hier nicht als direkte Reaktion auf die problematische finanzielle Situation der Familie dar, sondern als Antwort auf das gesteigerte willkürlich-autoritäre Verhalten der deprivierten Väter, gegen das sich die Kinder zur Wehr setzen.

In einer anderen Analyse von Daten dieser Kinder berichten Rockwell und Elder (1982) bedeutsame Effekte der Ehequalität vor Eintritt der finanziellen Einbußen. Sie moderiert die Auswirkungen ökonomischer Deprivation auf das Problemverhalten der Söhne: Nur in den Familien, in denen die Ehebeziehung der Eltern schon vorher durch eine geringe Übereinstimmung gekennzeichnet war, zeigten die Söhne der deprivierten Familien mehr Zornausbrüche, als die der nicht-deprivierten Familien, und zwar sowohl im Alter zwischen fünf und sieben Jahren als auch später im Alter von elf bis dreizehn Jahren. Bei Familien mit zuvor harmonischer Ehebeziehung der Eltern ergab sich sogar ein gegenläufiger Effekt.

Daß sich die Söhne aus harmonischen Ehen bei finanziellen Einbußen "disziplinierter" verhielten als die vergleichbarer nicht-deprivierten Familien, weist darauf hin, daß diese Familien unter dem Druck finanzieller Verknappung vermutlich sogar enger zusammenrücken und ihre Ressourcen erfolgreich mobilisieren können, wie es der Akzentuierungshypothese entspricht. Für die Mädchen zeigten sich keine solchen Effekte, wohl auch, da die Reaktionen der Töchter bei Einkommenseinbußen in den Familien mit geringer Übereinstimmung der Eltern sehr uneinheitlich ausfielen.

Die Frage, ob Veränderungen der Einkommenslage je nach der Qualität familiärer Beziehungen zu unterschiedlichen Reaktionen der Jugendlicher beiträgt, behandelt auch eine neuere Untersuchung von Galambos und Silbereisen (1987b). Sie ist im Rahmen des gleichen Forschungsprojektes entstanden wie die vorliegende Arbeit, greift jedoch auf später erhobene Daten einer anderen Teilstichprobe von Familien zurück. Hierbei sind nicht nur Familien mit finanziellen Verlusten und stabilem Einkommen, sondern auch solche mit Einkommensgewinnen einbezogen.

Erwartungsgemäß zeigte sich, daß die jeweiligen Auswirkungen finanzieller Veränderungen auf die Bereitschaft der Jugendlichen zu normverletzendem Verhalten, also Verstößen gegen gängige Regeln und Verhaltensnormen, besonders dann zum Tragen kommen, wenn die Eltern-Kind-Kommunikation beeinträchtigt ist. Allerdings erwies sich die Qualität der Kommunikation mit den Eltern für Jugendliche der ökonomisch deprivierten und einkommensstabilen Familien als gleichermaßen bedeutsam. Der Unterschied besteht lediglich im Vergleich zu den Familien mit Einkommensgewinnen, wonach bei einem Zuwachs an finanziellen Ressourcen die elterliche Zuwendung und Unterstützung an Einfluß auf die jeweilige Transgressionsbereitschaft der Jugendlichen zu verlieren scheint: Auch bei Beeinträchtigungen in der Eltern-Kind-Kommunikation zeigen die Jugendlichen dann eine geringere Bereitschaft zu normverletzendem Verhalten.

Anders als Rockwell und Elder (1982) betrachten Galambos und Silbereisen (1987b) moderierende Einflüsse der Eltern-Kind-Beziehung nicht im Hinblick auf die jeweiligen Ausgangsbedingungen für die Bewältigung finanzieller Veränderungen, wie sie schon vor Eintritt der finanziellen Veränderungen gegeben sind, sondern die Qualität der Kommunikation wird erst zu einem späteren Zeitpunkt erfaßt. Insofern stehen die letztgenannten Befunde, nach denen die jeweilige Qualität der Eltern-Kind-Kommunikation in deprivierten und einkommensstabilen Familien gleichermaßen bedeutsam für die Transgressionsbereitschaft der Jugendlichen ist, nicht unbedingt im Widerspruch zu den Ergebnissen von Rockwell und Elder (1982).

Ausschlaggebend für die nach Rockwell und Elder (1982) stärkeren Belastungsreaktionen der deprivierten Söhne aus zuvor problematischen Ehebeziehungen dürfte nämlich sein, daß diese Familien aufgrund der ungünstigen Ausgangsbedingungen vermutlich einen stärkeren Anstieg familiärer Konflikte und Spannungen erfahren haben. Diese Annahme entspricht den Befunden zur Akzentuierungshypothese (z.B. Liker & Elder, 1983; Komarovsky, 1973; vgl. Abschnitt 4.2). Es liegt nahe, daß die so resultierenden Belastungen der Familienbeziehungen den eigentlich entscheidenden Einfluß auf das Problemverhalten der Kinder ausüben (nämlich als Haupteffekt, wie Galambos und Silbereisen ihn finden), wobei die jeweiligen Ausgangsbedingungen im Familiensystem ebenso wie die finanziellen Verluste nur mittelbare Folgen für die Belastungsreaktionen der Kinder hätten. Aus dieser Perspektive stellt sich die Dynamik innerfamiliärer Beziehungen in Reaktion auf den finanziellen

Verlust eher als Mediator denn als Moderator für die
Auswirkungen ökonomischer Deprivation auf die psycho-soziale
Entwicklung der Kinder dar.

Aufschluß über solche vermittelnden Einflüsse von Beeinträchtigungen in der Ehebeziehung und im Erziehungsverhalten
der Eltern bei finanziellen Einbußen gibt eine weitere Analyse
der Berkeley-Daten. Die schon in Kapitel 4.2.3 erwähnte Arbeit
von Elder, Caspi und Downey (1984) geht nicht nur den Einflüssen von emotionalen Belastungsreaktionen der Eltern und der
Qualität der Ehebeziehung als Mediatoren zwischen ökonomischen
Verlusten und dem Erziehungsverhalten der Eltern nach, sondern
auch deren Auswirkungen auf das Problemverhalten der Kinder. Im
Hinblick auf die Väter zeigen die Befunde, daß alle Effekte der
analysierten Variablen auf das Problemverhalten der Kinder
(temper tantrums und "schwierige" Kinder) durch das bestrafende
Verhalten der Väter vermittelt sind:

Einkommenseinbußen tragen zu vermehrten emotionalen
Belastungen der Väter und sowohl hierüber als auch direkt zu
Beeinträchtigungen der Ehebeziehung bei. Beide Mediatoren -
die stärkere Irritierbarkeit der Männer ebenso wie die ehelichen Spannungen - begünstigen wiederum ein vermehrt bestrafendes Verhalten der Väter gegenüber ihren Kindern, das schließlich den alleinig bedeutsamen Ausschlag für deren Problemverhalten gibt. Betrachtet man demgegenüber das Verhalten der
Mütter, so bleibt noch ein zusätzlicher direkter Einfluß der
Ehebeziehung auf das Verhalten der Kinder bestehen, der nicht
durch die auch bedeutsamen Konsequenzen von Bestrafungen
durch die Mutter aufgeklärt wird. Es liegt nahe, daß dieser
Effekt auf das Verhalten der Väter zurückzuführen ist, das
direkter durch die ökonomischen Einbußen beeinflußt ist.

Daß die Reaktionen der Eltern besonders bedeutsam für die
psychologischen Konsequenzen von Arbeitslosigkeit für die Kinder sind, läßt auch eine neuere Studie von Baarda et al. (1987)
schließen. Im Vergleich von 85 Kindern (Alter: 10 bis 13 Jahre)
mit arbeitslosem Vater und einer gleich großen Kontrollgruppe
mit erwerbstätigem Vater zeigt sich zwar kein genereller
Unterschied hinsichtlich ihrer emotionalen Stabilität. Eine
negative Erfahrung der Arbeitslosigkeit seitens der Eltern
weist jedoch einen deutlichen Zusammenhang zur emotionalen
Instabilität der Kinder auf, für die Väter (r=.42) noch mehr

als für die Mütter (r=.24). Auch hinsichtlich der weiterhin betrachteten Konsequenzen für die Kinder, die den Bereich schulischer Leistungen, Schulschwierigkeiten und Erwartungen an die eigene berufliche Zukunft betreffen, gilt, daß nur geringe Unterschiede zwischen beiden Vergleichsgruppen bestehen; innerhalb der von Arbeitslosigkeit betroffenen Familien sind aber die Schwierigkeiten und Zukunftserwartungen der Kinder durchgängig von der psycho-sozialen Situation der Familie bestimmt, seien es die negativen Situationsbewertungen der Eltern, ihr Pessimismus hinsichtlich einer Wiedereingliederung des Vaters in den Arbeitsmarkt, die Qualität der Familienbeziehungen oder die außerfamiliären Sozialkontakte der Eltern. Bei diesen schul- und leistungsbezogenen Reaktionen der Kinder zeigen sich keine konsistenten Abweichungen in den Effekten, die die Situationsbewertungen der Mütter und Väter haben.

Offen bleibt in der letztgenannten Arbeit, inwieweit sich das psycho-soziale Klima in den Familien der Arbeitslosen und Erwerbstätigen unterscheidet, und ob sich nicht ähnliche Zusammenhänge in den Familien der Erwerbstätigen finden - jedenfalls soweit Merkmale der Familie betrachtet werden, die einen Vergleich erlauben. Auch die Vernetztheit der Mediatoren, beispielsweise der psychischen Reaktionen der Eltern und der Qualität der Familienbeziehungen, bleibt außer Betracht. Die Studien von Elder sind die einzigen, die die Schritte in der Kette von Vermittlungsprozessen differenziert analysieren und hierbei aufzeigen, wie die Konsequenzen ökonomischer Deprivation für die Kinder verursacht werden. Die Befunde lassen sich aber durch eine Reihe anderer Arbeiten stützen, die jeweils Teile des Gesamtzusammenhangs betrachten.[2]

----

2) Olweus (1980) bespielsweise berichtet, daß eine negative Ehebeziehung die Ablehnung der Mütter gegenüber ihren Söhnen im Jugendalter begünstigt und hierüber zu aggressivem, antisozialem Verhalten der Söhne beiträgt. Auch die Arbeiten von Patterson (1982) zeigen, daß die Irritierbarkeit von Müttern, die Ärger über ihre Familie und die unkontrollierbare Lebenslage äußern, wesentlichen Einfluß auf die Aufrechterhaltung und Steigerung sozial-aggressiver Verhaltensmuster der Kinder hat, indem die Mütter negativ auf das Kind reagieren, häufiger schimpfen, drohen und abwerten statt anzuleiten und zu unterstützen.

Alters- und geschlechtsrollentypische Effekte

Verschiedene Studien über die Zeit der Dreißiger Jahre, aber auch aktuelle Untersuchungen haben alters- und geschlechtsrollenspezifische Effekte ökonomischer Deprivation erbracht (z.B. Elder, 1974; Elder, Van Nguyen & Caspi, 1985; Flanagan, 1987; Schindler & Wetzels, 1985). Diese differentiellen Reaktionen der Kinder werden vielfach auf eine unterschiedliche Vulnerabilität für die familiären Belastungen und die veränderte Dynamik der Rollenbeziehungen zurückgeführt.

Da die notwendigen Umstellungen in der Haushaltsökonomie eine Aufwertung der Position der Mutter begünstigten, brachten sie - vor allem unter den jüngeren Kindern - auch eine Stärkung der Mutter-Tochter-Beziehung mit sich. Demgegenüber scheinen die jüngeren Söhne durch die Abwertung des Vaters und seine psychischen wie auch Verhaltensprobleme in ihrer Entwicklung beeinträchtigt worden zu sein.

So gewannen nach den Befunden für die jüngere Berkeley-Kohorte (8- bis 10jährige), die Elder (1979) berichtet, die Mädchen deprivierter Familien mehr Zuneigung zu ihren Müttern, als die bei den Jungen der Fall war, während die Jungen wiederum mehr Zuneigung zum Vater verloren als die Mädchen. Die jeweilige Auf- oder Abwertung der Position eines Elternteils aufgrund der ökonomischen Verhältnisse geht demnach mit einer parallelen Stärkung oder Schwächung der Bindung des Kindes an die gleichgeschlechtliche Modellperson einher. Die Beziehung zum gegengeschlechtlichen Elternteil scheint hiervon allerdings weniger betroffen zu sein. Das heißt gleichzeitig: Der Verlust eines Vorbildes für die jüngeren Söhne wird nicht durch eine bessere Beziehung zur Mutter ausgeglichen.

Entsprechende Auswirkungen auf die Entwicklung der jüngeren Söhne zeigten sich in mangelnder Zielgerichtetheit und geringerem Selbstvertrauen sowie Handlungsunfähigkeit der Jungen. Die Mädchen aus deprivierten Familien wurden hingegen als assertiver eingeschätzt, scheinen also von den veränderten Familienbeziehungen profitiert zu haben. Auch hier kamen jedoch die negativen Auswirkungen ökonomischer Deprivation auf die Söhne erst dann wesentlich zum Tragen, wenn zusätzlich die Ehebeziehung der Eltern schlecht war. In diesem Fall wird vermutlich die Position des Vaters mehr geschwächt als in intakten Ehebeziehungen.

Diese Befunde legen eine geschlechtsspezifische Differenzierung der häufig vertretenen These nahe, wonach die Effekte ökonomischer Deprivation für die kleineren Kinder zu stärkeren Beeinträchtigungen führen als für die älteren Kinder (vgl. z.B. Eisenberg & Lazarsfeld, 1938; Madge, 1983). Dies wäre zwar insofern zu erwarten, als die jüngeren Kinder stärker den familiären Spannungen ausgesetzt sind und weitaus mehr von den Eltern abhängig sind als etwa ältere Jugendliche. Die veränderte innerfamiliäre Stellung von Mutter und Vater kann aber den entwicklungsspezifischen Bedürfnissen der jüngeren Mädchen durchaus entgegenkommen. Sind demgegenüber die Jungen von Beeinträchtigungen des Vaters in seiner Vorbildfunktion betroffen, so wirkt sich dies deutlich nachteilig auf ihre Entwicklung aus, zumal die jüngeren Söhne kaum in der Lage sind, nach Kompensationsmöglichkeiten im außerfamiliären Bereich zu suchen.

Die Annahme, daß kleinere Kinder bei ökonomischer Deprivation generell mit stärkeren Beeinträchtigungen reagieren, ist auch insofern fragwürdig, als mit dem Übergang ins Jugendalter neue Belastungsfaktoren durch die entwicklungsbedingten Veränderungen hinzutreten. Eine vermehrte Ausrichtung auf die eigene berufliche Zukunft und realistischere Zukunftserwartungen entspricht ebenso den alterstypischen Entwicklungsanforderungen, wie ein Bemühen um größere Autonomie vom Elternhaus (Havighurst, 1952; Oerter & Dreher, 1985). Dies dürfte auch für die Zukunftsängste und depressiven Reaktionen der Jugendlichen ausschlaggebend sein, die Jahoda, Lazarsfeld und Zeisel (1975) in dem von Arbeitslosigkeit betroffenen Marienthal beobachteten. Fallen die eigenen sozialen und beruflichen Zielsetzungen und die wahrgenommenen Möglichkeiten zur Realisierung dieser Ziele auseinander, so lassen sich größere Schwierigkeiten der Jugendlichen in der Auseinandersetzung mit der Erwachsenenwelt erwarten (Bronfenbrenner, 1979).

Während der Dreißiger Jahre waren die Jungen in dieser Hinsicht gegenüber den Mädchen im Vorteil, da sie vielfach mit kleineren Erwerbstätigkeiten zum Familieneinkommen beitrugen. Dies verschaffte ihnen nicht nur mehr Selbstbestätigung, sondern führte sie auch stärker aus den gespannten familiären Verhältnissen heraus, so daß die negativen Folgen ökonomischer Deprivation hierdurch zum Teil abgefangen werden konnten

(Elder, 1974; Siegal, 1984). Demgegenüber waren die Mädchen vielfach stärker in die Haushaltsführung eingebunden, was eher ihren sozialen Bedürfnissen nach mehr Unahängigkeit und außerfamiliären Kontakten widersprach, und sie gleichzeitig stärker den familiären Konflikten vor allem dem feindlichen Verhalten der Väter aussetzte (Elder, 1974).

Auch in der umfangreichen Längsschnittstudie von Werner und Smith (1982) über sozio-ökonomisch stark benachteiligte Familien auf Kauai erwiesen sich im Jugendalter die Mädchen im Vergleich zu den Jungen als besonders vulnerabel für Entwicklungsbeeinträchtigungen. Die Autorinnen teilten ihre Zielstichprobe von 254 Familien danach ein, ob die Kinder bis zum Alter von 10 Jahren, erst später bis zum Alter von 18 Jahren oder auch bis dann keine Probleme entwickelten, sei es im Bereich psychischer Beeinträchtigungen oder Verhaltensauffälligkeiten. Während bei den Jungen nach dem 10. Lebensjahr eine Verringerung der Problembelastungen zu beobachten war, betrafen alle Fälle von neu auftretenden Problemen die Mädchen.

Ihre Erklärung, die auf die steigenden Einschränkungen der Mädchen durch die extern gesetzten geschlechtsrollentypischen Verhaltenserwartungen rekurriert, entspricht den Interpretationen, die Elder (1974) für die gespannten Vater-Tochter-Beziehungen in den deprivierten Familien der Oakland-Kohorte gibt. So zeigt sich in den Befunden von Elder, Van Nguyen und Caspi (1985) für die Jugendlichen der Oakland-Kohorte, daß das ablehnende Verhalten der Väter in den ökonomisch deprivierten Familien nur gegenüber den Töchtern anstieg, die sich aufgrund ihrer vermehrten Einbindung in den Haushalt als "Zielscheibe" anboten. Besonders waren hiervon die wenig attraktiven Mädchen betroffen. Gegenüber ihren - in der Mehrzahl berufstätigen - Söhnen verhielten sich die Väter der deprivierten Familien jedoch nicht anders als die der nicht-deprivierten Familien.

Das ablehnende Verhalten der Väter begünstigte wiederum nur bei den Mädchen Stimmungsschwankungen, während sich diese emotionalen Beeinträchtigungen durch die veränderte ökonomische Lage der Familie bei den Söhnen als unabhängig vom familiären Kontext erwies, d.h. nicht durch das Verhalten der Väter beeinflußt war. Bei den Mädchen hingegen bestand kein direkter Zusammenhang zwischen ökonomischer Deprivation und gesteigerter emotionaler Labilität, sondern nur das bei Einkommensverlusten gesteigerte ablehnende Verhalten der Väter war für ihre Reaktionen ausschlaggebend.

Daß Mädchen einer stärkeren sozialen Kontrolle durch die Eltern unterliegen und sich hierüber rollenspezifische Konfliktfelder auftun, gilt auch heute noch (Schmied, 1982). Dies legt auch eine neuere Arbeit von Flanagan (1987) nahe, die anhand von Daten einer Panel-Erhebung ähnliche Fragen nach geschlechtsspezifischen Reaktionen und Vermittlungsprozessen verfolgt. Sie behandelt die Auswirkungen von beruflichen Verbesserungen und Verschlechterungen (u.a. Arbeitslosigkeit) seitens der Eltern auf das Selbstwertgefühl der Kinder im frühen Jugendalter, ihre Autonomie und ihre finanziellen Ängste. Die beruflichen Veränderungen wurden retrospektiv für einen Zeitraum von zwei Jahren vor der ersten Erhebung erfragt, auf die sich die Analysen beziehen. Das Selbstwertgefühl der Kinder wurde aber auch darüberhinaus (in der zweiten Erhebungswelle) verfolgt. Als Mediator sind subjektive finanzielle Belastungen in der Familie einbezogen.

Die Pfadanalysen zeigen, daß mit beruflichen Einschränkungen der Eltern deren finanzieller Streß steigt, seinerseits aber nur bei den Töchtern zu geringerer Autonomie führt. Dies entspricht der Annahme, daß vor allem die Mädchen mit einschränkendem Verhalten seitens der Eltern konfrontiert werden. Auch die nachteiligen Folgen geringer Autonomie für das spätere Selbstwertgefühl sind bei den Mädchen etwas stärker ausgeprüft als bei den Jungen.

Direkte Einflüsse beruflicher Einschränkungen auf die Autonomie der Jugendlichen bestehen - im Einklang mit der Mediationshypothese - weder bei Söhnen noch bei Töchtern. Anders verhält es sich bei den finanziellen Ängsten der Jugendlichen: Sie werden bei finanziellem Streß in der Familie sowohl von Mädchen als auch von Jungen vermehrt geäußert. Zudem zeigt sich bei den Jungen ein direkter Einfluß der beruflichen Einschränkungen seitens der Eltern, der bei den Mädchen nicht gegeben ist. Die Befunde von Elder et al. (1985), nach denen Jungen stärker auf die äußeren Lebensbedingungen der Familie reagieren, während die Mädchen vor allem durch die psychosozialen Konsequenzen beeinflußt werden, finden also hier in den Zukunftsängsten der Jugendlichen ihre Entsprechung. Im Selbstwertgefühl der Jugendlichen zeigten sich allerdings weder

197

direkte noch indirekte - über finanzielle Belastungen vermittelte - Effekte des beruflichen Verlusts der Eltern.

Neben den stärkeren Problemen der Mädchen in der Auseinandersetzung mit geschlechtsrollentypischen Erwartungen und Einschränkungen im Jugendalter (vgl. auch Rutter & Garmezy, 1983) und ihren geringeren Möglichkeiten, belasteten Familienbeziehungen auszuweichen, lassen sich aber auch noch weitere Faktoren als Erklärung dafür anführen, daß nach Elder et al. (1985) das ablehnende Verhalten der Väter nur bei den Töchtern negative emotionale Reaktionen begünstigte: So wird für Mädchen im Vergleich zu Jungen eine vermehrte soziale Sensibilität gegenüber der Kritik von anderen berichtet (z.B. Offer, 1984; Kaplan, 1978a). Hinzu treten geschlechtstypische Unterschiede in den Bewältigungsformen, wobei Mädchen eher mit einer "Wendung gegen das Selbst" reagieren, während Jungen stärker zu einer "Wendung gegen das Objekt" neigen (Cramer, 1979; vgl. auch Newman, 1984). Auch unter den Jugendlichen der Oakland-Kohorte reagierten die Jungen stärker mit Ärger, d.h. sozial-aggressivem Verhalten, während die Mädchen eher "weibliche" Belastungsformen zeigten: Sie äußerten vermehrte Sorgen und weinten häufiger (Elder, Van Nguyen & Caspi, 1985). Parallel hierzu finden Werner und Smith (1982) bei den Jungen ein stärkeres Ausagieren in delinquentem Verhalten und bei den Mädchen vermehrte innerpsychische Beeinträchtigungen.

Befunde, nach denen Mädchen bei familiären Konflikten mit stärkeren emotionalen Belastungen reagieren als Jungen (z.B. Schmied, 1982), lassen sich in diesem Sinne interpretieren. Daß hierbei nicht nur konfliktbelastete und feindliche Interaktionen stärkere Auswirkungen auf die Mädchen haben, legt eine weitere Arbeit von Galambos und Silbereisen (1987a) nahe, die schon in Abschnitt 4.1 behandelt wurde. Mit Bezug auf die Befunde von Elder et al. (1985) geht sie der Frage nach, ob nachteilige Einflüsse familiärer Einkommensverluste auf die Zukunftsperspektive der Eltern nur bei den Vätern, nicht jedoch den Müttern zu finden sind, und ob Mädchen in stärkerem Maße als Jungen durch eine pessimistische Sichtweise der Eltern in ihrer Einschätzung der eigenen zukünftigen beruflichen Chancen beeinträchtigt werden. Nach ihren Befunden äußern zwar Väter und Mütter gleichermaßen bei negativen Veränderungen der familiären Finanzlage eine pessimistischere Zukunftsperspektive, aber nur die Sichtweise der Väter hat ihrerseits einen Einfluß auf die beruflichen Erfolgserwartungen der Kinder, und das auch nur - erwartungsgemäß - bei den Mädchen.

Direkte Einflüsse von Einkommensveränderungen zeigen sich in dieser Untersuchung weder bei Mädchen noch bei den Jungen. Allerdings ist auch kein einfacher Zusammenhang zwischen Einkommensveränderungen und Berufserwartungen der Kinder gegeben, nicht einmal bei den Mädchen. Insofern stellt der Pessimismus der Väter auch nicht im eigentlichen Sinne einen Mediator für Auswirkungen ökonomischer Deprivation auf die Töchter dar. Zumindest bestätigt sich jedoch auch hier, daß Mädchen stärker vulnerabel sind für nachteilige Einflüsse im familiären Bereich, die sich hier an pessimistischen Zukunfts- erwartungen der Väter festmachen lassen.

Im folgenden soll nun auf weitere Belastungsfaktoren im Zuge ökonomischer Deprivation eingegangen werden, die nicht auf den familiären Kontext beschränkt sind. Das Thema alters- und geschlechtsspezifischer Unterschiede in der Bewältigung psycho- sozialer Härten und resultierender Probleme wird sich auch durch diese Betrachtungen ziehen.

5.2 Selbstwahrnehmung, soziale Belastungen und Status- streben

Veränderungen der sozio-ökonomischen Lage beinhalten soziale Inkonsistenzen und Diskrepanzen, sei es im zeitlichen Vergleich zwischen der früheren Situation und den jetzigen Gegebenheiten, im sozialen Vergleich der eigenen schlechteren Lage zu der der bisherigen Bezugsgruppe oder im Vergleich zwischen der bisherigen Selbstsicht und wahrgenommenen Fremd- einschätzungen. Resultierende Unsicherheiten und erforderliche Neuorientierungen, die mit sozialen Übergängen verbunden sind, lassen eine stärkere Fokussierung auf das Selbst erwarten (Hormuth, 1983), die ihrerseits die Bewältigung kritischer Lebensereignisse mitbestimmt (vgl. Filipp, Aymanns & Braukmann, 1983). So umfaßt eine gesteigerte "objektive Selbstaufmerksam- keit", wie sie von Duval und Wicklund (1972) konzeptualisiert worden ist, eine Ausrichtung der Wahrnehmung auf Verhaltens- standards und Aspirationen, wobei negative Diskrepanzen zwischen dem Ideal- und Realbild vermehrt in den Blick geraten. Diese liefern die motivationale Basis für Bemühungen um eine Wiederherstellung von Konsistenz.

Fenigstein, Scheier und Buss (1975) unterscheiden zwei Bereiche, auf die die Selbstaufmerksamkeit gerichtet werden kann: "private" Aspekte des Selbst, die anderen nicht direkt zugänglich sind (z.B. Gefühle, Motive etc.) und "öffentliche" Aspekte des Selbst, die sich auf die äußere Erscheinung, die wahrgenommene Einschätzung aus Sicht der anderen und ähnliches beziehen. Beide Bereiche der Selbstwahrnehmung werden durch ökonomische Deprivation tangiert.

Besondere Bedeutung kommt hierbei der Sensibilität gegenüber Bewertungen anderer und beeinträchtigten Sozialbeziehungen zu. Wie schon Cooley (1968, orig. 1902) in seinem klassischen Konzept des "looking-glass self" dargelegt hat, sind die Einschätzungen und Bewertungen signifikanter Anderer, das öffentliche Bild in den Augen bedeutsamer Bezugspersonen und -gruppen eine wesentliche Grundlage von Selbstwahrnehmungen: Stolz oder Scham sind die klassischen Reaktionen auf solche Fremdeinschätzungen, je nach ihrer Relation zum angestrebten Bild. So wird auch Stigmatisierung - sei sie real gegeben oder nur von den Betroffenen als solche wahrgenommen - häufig als Erklärung für das negativere Selbstbild von Arbeitslosen wie auch ihrer Kinder angeführt (z.B. Wacker, 1983; Krehan, 1978; Madge, 1983).

Gerade im Jugendalter werden durch die sozial-kognitive Entwicklung eine "psychologischere" Sichtweise des Selbst und anderer Personen sowie komplexere Perspektiven in der Rollenübernahme ermöglicht (z.B. Selman, 1980; Shantz, 1983; Silbereisen, 1986). Hinzu tritt, daß die Anforderungen dieser entwicklungsbedingten Statuspassage ohnehin eine verstärkte Ausrichtung der Aufmerksamkeit auf das Selbst begünstigen, wie Elkind (1967) sie als charakteristisches Merkmal von Jugendlichen beschreibt. Zwar zeigen Längsschnittstudien, daß - entgegen früheren Annahmen zur Krisenhaftigkeit der Identitätsentwicklung im Jugendalter - keine generellen Beeinträchtigungen des Selbstwertgefühls in diesem Entwicklungsabschnitt auszumachen sind, sondern daß eine weitgehende Kontinuität und sogar positive Entwicklungen des Selbstwertgefühls überwiegen (z.B. Dusek & Flaherty, 1981; Simmons, Rosenberg & Rosenberg, 1973).

Dennoch ließen sich vor allem in diesem Altersbereich im Sinne der gesteigerten sozialen Sensibilität stärkere Reaktionen auf die veränderte, unsicher gewordene soziale Situation und damit verbundene psychische Belastungen erwarten.

In diesem Sinne berichtet Elder (1974) für die ältere Oakland-Kohorte einen deutlich höheren Anteil selbstaufmerksamer Mädchen in den deprivierten als den nicht-deprivierten Familien, und zwar sowohl in der Mittelschicht (40% versus 7%) als auch in der Unterschicht (20% versus 0%). Für die Selbstaufmerksamkeit der Jungen erweist sich die finanzielle Verknappung in der Familie als insgesamt nicht bedeutsam. Allerdings ist der Unterschied zwischen den Söhnen deprivierter und nicht-deprivierter Familien in den Unterschichtfamilien auch deutlich zu beobachten (65% versus 22%).

Ähnliches schließt Hetzer (1937) in ihrer Studie über "Kindheit in Armut" aus den Äußerungen der Kinder über ihr Erleben der starken Armutsverhältnisse und damit verbundener Belastungen, unter denen sie 1929 in Wien aufwuchsen. Nach ihre Befunden erfolgt bei den Mädchen ein deutlicher Anstieg der Selbstaufmerksamkeit gegenüber den eigenen negativen Gefühlsreaktionen mit dem Alter erfolgt. Der Sprung liegt bei den zwölfjährigen: Ab diesem Alter berichten die Mädchen in ihren Aussagen über die Armut deutlich häufiger Unlusterlebnisse als es in der jüngeren Altersgruppe der Fall ist. Bei den Jungen sind keine solchen Veränderungen mit dem Alter zu beobachten. Von ihnen werden solche innengerichteten Reaktionen durchweg seltener geäußert als von den Mädchen.

Gleichzeitig zeigte sich hinsichtlich der Sensibilität gegenüber persönlichen Beeinträchtigungen, daß die zwölfjährigen und älteren Jugendlichen deutlich häufiger ihre "psychische Not" (Hetzer, 1937, S.102 ff.) ansprechen als die jüngeren Kinder. Sie erwähnen nicht nur die "physischen" Aspekte der Armut wie Ernährungsmängel, körperliche und gesundheitliche Beeinträchtigungen und Unzulänglichkeiten der Wohnung, sondern auch Versagungen angestrebter Ziele, etwa in der Schule oder bei Stellenbewerbungen, nehmen eher die geringere Zuwendung und Aufmerksamkeit der Eltern für ihre Probleme wahr und ähnliches mehr. Diese psychischen Aspekte der finanziellen Problemlage werden von den älteren Jungen und Mädchen gleichermaßen häufiger genannt. Bei den Mädchen scheint die Bewußtwerdung dieser Belastungen jedoch eher mit einer "Wendung nach innen" verbunden zu sein als bei den Jungen.

Daß solche geschlechtsspezifischen Formen der Problembewältigung auch den Befunden anderer Untersuchungen entsprechen, wurde schon erwähnt (vgl. Abschnitt 5.1). Auch der längsschnittliche Befund von Simmons, Blyth, Van Cleave und Bush (1979), wonach vor allem Mädchen im frühen Jugendalter vermehrte Störungen ihres Selbstbildes aufweisen, läßt darauf schließen, daß die Mädchen dieser Altersgruppe die stärkeren psychischen Kosten dieses Übergangs tragen und damit vielfach anfälliger für zusätzliche Belastungsfaktoren sein dürften als die Jungen.

Auf solche entwicklungs- und geschlechtsrollenspezifischen Vulnerabilitätsfaktoren führen Schindler und Wetzels (1985) die größeren psycho-sozialen Beeinträchtigungen von Mädchen als Jungen bei Arbeitslosigkeit des Vaters zurück, die sie in ihrer Studie finden. Die Analysen beziehen sich auf schriftliche Befragungen bei 14- bis 16jährigen Schülern, die teils von Arbeitslosigkeit des Vaters betroffen waren (n=52) und zum Teil Arbeitslosigkeit nur aus den Medien und über Schulkontakte kannten (n=185).

Lediglich bei den Mädchen ergaben sich signifikante Unterschiede zwischen den Familien mit arbeitslosem Vater und der Vergleichsgruppe, wobei die Töchter arbeitsloser Väter vermehrte emotionale Belastungen, mehr Einsamkeitsgefühle, stärkere Langeweile und geringere Aktivitäten in der Freizeitgestaltung sowie mehr Probleme in der Beziehung zu Erwachsenen angaben. Sie zeigten auch wesentlich höheren Problemdruck in Sozialbeziehungen als die Vergleichsgruppe ohne Arbeitslosigkeit des Vaters: Fragen wie "Warum versteht mich zuhause keiner?" und "Warum kann ich keinen Freund/keine Freundin finden?" stellten sie sich häufiger als die Mädchen mit erwerbstätigem Vater. Bei den Jungen bestanden keine solchen Unterschiede zwischen beiden Vergleichsgruppen.

Auch nach den Befunden von Elder (1974) waren soziale Beeinträchtigungen der Jugendlichen aufgrund ökonomischer Deprivation auf die Mädchen beschränkt. Sie litten stärker unter Mängeln in ihrer äußeren Erscheinung, etwa hinsichtlich der Kleidung und Gepflegtheit, und berichteten häufiger, daß sie sich seitens der Gleichaltrigen ausgeschlossen fühlten. Die

Töchter deprivierter Familien erwiesen sich auch als besonders sensibel für elitäres Verhalten und Überheblichkeiten seitens der Klassenkameraden, was bei den Jungen nur der Tendenz nach zu beobachten war. Der tatsächliche soziale Status der Mädchen in der Schule scheint jedoch nach Fremdauskünften nicht durch die veränderte finanzielle Lage der Familie beeinflußt worden zu sein. Bedenkt man die vermehrte Selbstaufmerksamkeit dieser Mädchen, so deutet dies eher darauf hin, daß sie in besonderem Maße für negative Erfahrungen und Fremdeinschätzungen sensibilisiert waren, vermutlich nicht zuletzt auch aufgrund der Spannungen im familiären Bereich, wobei sie die erfahrene Ablehnung auch auf andere Sozialbeziehungen generalisiert haben mögen (vgl. Elder 1974, S.131 ff.).

Für die Söhne aus den ökonomisch deprivierten Familien nahmen demgegenüber die Beziehungen zu Gleichaltrigen eine zunehmend zentralere Stellung ein, was ihnen ein kompensatorisches Gegengewicht zu den familiären Belastungen lieferte. Sie suchten häufiger Kontakte zu ihren Peers und erhielen von ihnen auch mehr Unterstützung (Elder, 1974; Elder et al., 1985).

Wenngleich das Aushandeln selbstgesetzter Normen und Regeln ein wesentliches Charakteristikum von Peer-Gruppen ausmacht, das im Zuge der Entwicklung, vor allem in der mittleren Kindheit, zunehmend an Gewicht gewinnt, so beinhaltet die Einbindung in Gleichaltrigen-Gruppen doch noch keineswegs generell eine Gegenreaktion gegen Erwachsene (Hartup, 1983). Aus soziologischer wie auch entwicklungspsychologischer Perspektive ist gerade die Funktionalität von Gleichaltrigengruppen für die Sozialisation in das Gesellschaftssystem und die Entwicklung sozialer Kompetenzen herausgestellt worden (z.B. Eisenstadt, 1956; Piaget, 1973; vgl. Krappmann, 1980). Zudem steht die Auswahl von Freunden vielfach im Einklang mit bisher im familiären Kontext erworbenen Werthaltungen und Orientierungen (vgl. Troll & Bengtson, 1979; Kandel, 1986).

Ob der Anschluß an abweichende Peergruppen gesucht wird, ist jedoch noch in einem weiteren Sinne durch die Familie mitbestimmt. Wie in verschiedenen theoretischen Konzeptionen und vor allem der Theorie der differentiellen Assoziation herausgestellt worden ist (vgl. Bahr, 1979; Elliott, Huizinga & Ageton, 1985), begünstigt die Zuwendung und Unterstützung durch die Eltern eine stärkere Anbindung an die Familie. Hierüber hat sie einen bedeutsamen hemmenden Einfluß sowohl auf die Übernahme normwidriger Verhaltensmuster, als auch schon im Vorfeld solcher Lernprozesse auf den Kontakt zu den entsprechenden sozialen Kontexten, in denen deviantes Verhalten erworben werden kann (z.B. Kandel & Andrews, in press; Patterson & Stouthamer-Loeber, 1984; Snyder, Dishion & Patterson, 1986).

In diesem Sinne zeigen auch verschiedene Befunde aus den Dreißiger Jahren, daß die Frustrationen und negativen familiären Erfahrungen bei ökonomischer Deprivation eine Ablehnung der durch die Erwachsenen vertretenen Normen und sozialen Regeln begünstigt. Die Unzugänglichkeit der Jugendlichen, die häufig "auf der Straße herumhingen" und für Erwachsene nicht ansprechbar waren, wie es Jahoda et al. (1975) in ihrer Marienthal-Studie beobachteten, sind ebenso ein Beispiel hierfür wie die Bildung delinquenter Gruppen, die in einzelnen Studien berichtet wird (vgl. Eisenberg & Lazarsfeld, 1938).

Allerdings bietet die Anerkennung durch kontranormative Peer-Gruppen nicht die einzige Alternative zu den erlebten Statusfrustrationen. Elder (1974) berichtet sogar für Jugendliche aus deprivierten Familien eine vermehrte Orientierung an Erwachsenen und einen stärkeren Wunsch, erwachsen zu werden. Ein solches normatives Statusstreben scheint zum Teil darauf zurückzuführen zu sein, daß die vermehrten familiären Pflichten und Verantwortungen der Jugendlichen aus deprivierten Familien eine "downward-extension of adult-like experiences" (Elder, 1974, S.80 ff.) mit sich brachte. So zeigt sich gerade für die deprivierten Jugendlichen in den dreißiger Jahren eine Zunahme der eingeschätzten Verläßlichkeit, Betriebsamkeit und des finanziellen Verantwortungsgefühls, mehr noch als bei den nicht-deprivierten Jugendlichen. Die Erfahrungen der finanziellen Verknappung scheinen also teilweise auch das Erwachsenwerden der Kinder beschleunigt zu haben.

5.3 Fragestellungen

Die berichteten Befunde zur erhöhten emotionalen Instabilität und leichten Verletzbarkeit der ökonomisch deprivierten Jugendlichen ebenso wie die erlebten Beeinträchtigungen im sozialen Bereich lassen nachteilige Effekte familiärer Einkommensverluste auf die Befindlichkeit der Kinder erwarten. Solche Beeinträchtigungen im psychischen Wohlbefinden finden nicht zuletzt in einem geringen Selbstwertgefühl ihren Ausdruck (Blyth, Simmons & Carlton-Ford, 1983). Entsprechende nachteilige Konsequenzen ökonomischer Deprivation sollten sich jedoch weniger als direkter Effekt darstellen sondern auf Belastungen der familiären Beziehungen und Interaktionen, wie sie in Kapitel 4 behandelt wurden, zurückzuführen sein. Die Befunde zum Zusammenhang zwischen elterlichem Erziehungsverhalten und der Qualität familiärer Beziehungen einerseits sowie dem Selbstwertgefühl oder anderen Indikatoren psycho-sozialen Wohlbefindens der Kinder andererseits haben über alle Altersgruppen und gleich- wie auch gegengeschlechtliche Eltern-Kind-Dyaden hinweg einen positiven Einfluß von unterstützendem und induktivem Verhalten der Eltern sowie positiven Familienbeziehungen belegt (Cooper, Holman & Braithwaite, 1983; Maccoby & Martin, 1983; Rolling & Thomas, 1979; Schneewind, Beckman & Engfer, 1983).

Entsprechend lassen sich zwei Hypothesen formulieren:

(1) Die Jugendlichen aus ökonomisch deprivierten Familien äußern mehr selbstabwertende Einstellungen als Jugendliche aus einkommensstabilen Familien.

(2) Die erhöhte Selbstabwertung der Jugendlichen bei familiären Einkommenseinbußen ist auf Beeinträchtigungen der Familienintegration und der Eltern-Kind-Interaktion zurückzuführen.

Im Sinne der Befunde zu geschlechtsspezifischen Belastungsreaktionen der Jugendlichen bei ökonomischer Deprivation, wonach Mädchen von stärkeren emotionalen und sozialen Beeinträchtigungen betroffen sind, soll weiterhin geprüft werden:

(3) Die Effekte familiärer Einkommensverluste auf die Selbstabwertung fallen bei Mädchen stärker aus als bei Jungen.

Selbstabwertung stellt nach Kaplans allgemeiner Theorie der Devianz den motivationalen Ausgangspunkt für kontranormative Reaktionen dar. Deviantes Verhalten wird somit nicht nur als Resultat mangelnder sozialer Kontrollen oder devianter Verhaltensmodelle gesehen, sondern als funktional für die Bewältigung negativer selbstbezogener Erfahrungen in sozialen Kontexten herausgestellt (Kaplan, 1977; 1978 a,b; 1980; Kaplan, Martin & Robbins, 1984).

Unter der Annahme eines allgemeinen Selbstwertmotivs geht Kaplan davon aus, daß selbstabwertende Erfahrungen in der Interaktion mit Mitgliedern der jeweiligen Bezugsgruppe dazu führen, daß die Normen und Kontrollen dieser Gruppe ihre Bindungskraft für die Betroffenen verlieren und nach Alternativen gesucht wird, die eine Erhöhung des beeinträchtigten Selbstwertgefühls ermöglichen. Hierbei wird die Aufmerksamkeit auf Gruppen gerichtet, deren Regeln und Normen von denen der bisherigen Gruppe abweichen. Im Zuge der Suche nach entsprechenden sozialen Kontakten erschließen sich somit Verhaltensalternativen, die im Vergleich zu den bisherigen, negativ besetzten Gruppennormen deviant sind und hierdurch neue, selbstaufwertende Erfahrungen begünstigen. Normative Verhaltensmuster, so wird argumentiert, können diese selbstaufwertende Funktion nicht mehr erfüllen, da sie aufgrund ihrer Verbindung mit negativen Selbsterfahrungen intrinsisch abgewertet worden sind.

Vier Teilprozesse werden als Mediatoren zwischen negativer Selbstsicht und deviantem Verhalten gesehen: (1) die subjektive Assoziation zwischen negativen Selbsteinschätzungen mit Erfahrungen in der Mitgliedschaftsgruppe, (2) die Frustration des Selbstwertmotivs, (3) gesteigerte Aufmerksamkeit gegenüber devianten Verhaltensmustern und (4) die Entwicklung kontranormativer Einstellungen, d.h. eine zunehmende Abwertung der normativen Struktur bei einer parallelen Aufwertung nicht-normativer Verhaltensmuster. Diese Reaktionen stellen in der längsschnittlich bestätigten Kausalkette jene Teilschritte dar, die in der Bewältigung von selbstabwertenden Erfahrungen erfolgen, noch bevor es zur Übernahme devianter Verhaltensmuster kommt.

Da hier relativ kurzfristige Effekte ökonomischer Deprivation behandelt werden, liegt es nahe, zunächst Reaktionen hinsichtlich dieser zeitlich vorgeschalteten Prozesse zu erwarten. Negative, ablehnende Einstellungen und Verhaltensweisen gegenüber den Eltern und anderen Vertretern des normativen Systems wurden schon mehrfach in den vorangehenden Abschnitten angesprochen. Kontranormative Orientierungen sensu Kaplan beziehen sich im weiteren Sinne auf eine Abwertung der normativen Struktur, wie sie etwa in einer Skepsis gegenüber der Regelung des Zugangs zu sozial erwünschten Zielen, der Chancenverteilung und den öffentlichen Ordnungsgewalten zum Ausdruck kommt. Da solchen kontranormativen Einstellungen eine zentrale Stellung in Kaplans Theorie der Devianz zukommt, und sie auch hohen prädiktiven Wert für die Übernahme devianter Verhaltensmuster haben (z.B. Kaplan, 1977), bezieht sich die Fragestellung auf diesen Teilaspekt der Entwicklung von devianten Verhaltensmustern. Die Hypothese lautet:

(4) Familiäre Einkommenseinbußen gehen mit einer vermehrten Abwertung der normativen Struktur seitens der Jugendlichen einher.

Ähnliche Orientierungen betrachten auch Jessor und Jessor (1977; Jessor,1986) als Prädiktoren für Problemverhalten im Jugendalter. Neben einer kritisch-ablehnenden Haltung gegenüber den gesellschaftlichen Verhältnissen, die weitgehend den kontranormativen Einstellungen sensu Kaplan entspricht, wird hierbei die vermehrte Bereitschaft zu normverletzendem Verhalten ("problem behavior proneness") als ein Teilaspekt in der Entwicklung von jugendtypischem Problemverhalten (z.B. Drogengebrauch) herausgestellt. Zwar gibt die Studie der Autoren nur indirekten Aufschluß über diese Bereitschaft zu eigenen Regelverstößen und normverletzenden Verhaltensweisen, da sie nicht selbst erfaßt wurde. Aber schon die Bewertung von Normübertretungen (ohne expliziten Bezug zum eigenen Verhalten) erwies sich als ein Kennzeichen der "persönlichen Kontrollstruktur", das deutlichen Einfluß auf das Problemverhalten der Jugendlichen hat: Je mehr Normübertretungen gebilligt werden, desto stärker ist auch das eigene Problemverhalten ausgeprägt.

Die Herausbildung solcher Orientierungen, die gegen die gängigen Normen und Regeln gerichtet sind, und das resultierende Problemverhalten werden von den Autoren als Reaktion auf entwicklungstypische Belastungen verstanden, die ohnehin in dieser Übergangsphase vorherrschen. Vor allem im frühen Jugendalter bedeuten die altersgradiert geringen Zugangsmöglichkeiten von Jugendlichen zu angestrebten Zielen und Werten der Erwachsenenwelt eine relative Statusdeprivation, die Problemverhalten begünstigt. Es liegt nahe, daß unter den Bedingungen ökonomischer Deprivation die Bereitschaft zu normverletzendem Verhalten noch weiter steigt. Die entsprechende Hypothese lautet:

(5) Die Jugendlichen aus ökonomisch deprivierten Familien geben eine höhere Bereitschaft zu normverletzendem Verhalten an als die Jugendlichen aus einkommensstabilen Familien.

Hinsichtlich der jeweiligen Auswirkungen familiärer Einkommensverluste auf die Einstellung zu Prinzipien und Institutionen der normativen Struktur und auf die Bereitschaft zu normverletzendem Verhalten lassen sich bildungs- und geschlechtsspezifische Effekte erwarten. Befunde, nach denen Angehörige niedriger sozio-ökonomischer Schichten eine geringere Anbindung an die - weitgehend durch die Mittelschicht geprägten - gängigen Verhaltensnormen aufweisen (z.B. Kaplan, 1978 b), legen nach der Akzentuierungshypothese nahe, daß ökonomische Deprivation zu stärkeren Reaktionen der Jugendlichen aus Familien mit niedrigen Bildungsressourcen führt.

Andererseits hat sich aber auch gezeigt, daß deviantes Verhalten keine Selbstaufwertungsfunktion für die Jugendlichen der Unterschicht hat (Kaplan, 1978 b): Jugendlichen mit niedrigem Sozialstatus übernehmen bei hoher Selbstabwertung nicht vermehrt deviante Verhaltensweisen, sondern lediglich für Mittelschicht- Jugendliche bestätigt sich dieser Effekt. Nach Kaplans Theorie ist dies darauf zurückzuführen, daß deviantes Verhalten für die Jugendlichen der Unterschicht keine hinreichend abweichende Alternative zum normativen Bezugssystem darstellt. Wenngleich also zu erwarten ist, daß der familiäre Bildungshintergrund einen moderierenden Einfluß auf die Effekte ökonomischer Deprivation hat, wird doch auf eine gerichtete Hypothese verzichtet:

(6) Die Auswirkungen ökonomischer Deprivation auf eine Abwertung der normativen Struktur und eine vermehrte Bereitschaft zu normverletzendem Verhalten sind in beiden Bildungsgruppen unterschiedlich.

Die berichteten Befunde zu geschlechtsspezifischen Reaktionsformen ebenso wie die Untersuchung von Kaplan (1978 a) legen nahe, daß Mädchen in stärkerem Maße konformitätsorientiert sind und in geringerem Maße auf kontranormative Reaktionen zur Bewältigung der Belastungssituation zurückgreifen. Da sozial- aggressive Reaktionen dem weiblichen Rollenstereotyp widersprechen, begünstigten sie - sofern nicht auch diese Rollenerwartungen abgelehnt werden - zusätzliche soziale Sanktionen, die eher zu einer Verstärkung negativer selbstbezogener Erfahrungen führen. Obwohl sich die entsprechenden Befunde auf tatsächliches deviantes bzw. sozial aggressives Verhalten beziehen, lassen sich solche geschlechtsspezifischen Effekte auch im Einstellungsbereich erwarten. Entsprechend wird folgende Hypothese geprüft:

(7) Die Effekte ökonomischer Deprivation hinsichtlich einer Abwertung der normativen Struktur und eine erhöhte Bereitschaft zu normverletzendem Verhalten fallen bei Jungen stärker aus als bei Mädchen.

Parallel zur Mediatorhypothese, nach der die erhöhte Selbstabwertung deprivierter Jugendlichen auf Belastungen im Bereich familiärer Beziehungen und Interaktionen zurückzuführen sind, wird auch für die normwidrigen Einstellungen der Jugendlichen vorhergesagt:

(8) Die Effekte familiärer Einkommensverluste auf eine Abwertung der normativen Struktur seitens der Jugendlichen und auf ihre Bereitschaft zu normverletzendem Verhalten werden über Beeinträchtigungen der Familienintegration und der Eltern-Kind-Interaktion vermittelt.

Wie Statusfrustrationen und Statusinkonsistenzen bei familiären Einkommenseinbußen bewältigt werden, soll noch in einem weiteren Bereich beleuchtet werden, nämlich hinsichtlich leistungsbezogener Werthaltungen der Jugendlichen und Bildungswünschen der Eltern für ihre Kinder. Beide Aspekte beziehen sich auf die Plazierung der Kinder im sozio-ökonomischen Statusgefüge. Für die Eltern läßt sich erwarten, daß die ökonomische Verknappung schon aus finanziellen Gründen ein Rückstecken der Bildungswünsche für ihre Kinder nötig macht. So berichtet Larson (1984), daß sich die von ihm untersuchten Arbeitslosen zum Teil für eine kürzere Schullaufbahn der Kinder entschieden. Zudem mag die Erfahrung ökonomischer Deprivation dazu führen, daß die Bildung nicht mehr als adäquater Zugang zu ökonomischen Ressourcen gesehen wird. In der Tat hat sich durch die Bildungsexplosion der letzten Jahre der Zusammenhang zwischen Ausbildung und beruflichem Einkommen verringert (Blossfeld, 1984). Entsprechend ist zu erwarten:

(9) Ökonomische Deprivation führt zu einer Reduktion der elterlichen Wünsche an eine längere Ausbildung ihrer Kinder.

Befunde zur Wahl von Berufswegen (vgl. Köditz, 1980) legen nahe, daß die niedrigen Statusgruppen und Mädchen besonders vulnerabel für geringe Ausbildungsaspirationen seitens der Eltern sind. Somit wäre Hypothese 9 wie folgt zu qualifizieren:

(10) Eine Reduktion der elterlichen Bildungswünsche für ihre Kinder bei ökonomischer Deprivation ist weitgehend auf Familien mit geringer Bildung der Eltern beschränkt.

(11) Mädchen sind bei familiären Einkommenseinbußen eher von einer Reduktion der elterlichen Wünsche an eine längere Ausbildung betroffen als Jungen.

Fragt man nach den Konsequenzen ökonomischer Einbußen für die Leistungsorientierung der Jugendlichen, so lassen sich Reaktionen nicht nur in eine, sondern in gegenläufige Richtungen erwarten. Im Sinne normativer Gegenreaktionen auf den (drohenden) Statusverlust kann ökonomische Deprivation zu einer vermehrten Leistungsorientierung führen: Im Einklang mit der gängigen Leistungsethik würde dann der schulische und berufliche Erfolg für die Jugendlichen subjektiv wichtiger. Dies deutet sich zumindest indirekt in den Befunden Elders (1974) zur stärkeren Ausrichtung der Jugendlichen auf das Erwachsenwerden und die größere Zielstrebigkeit sowie finanzielle Verantwortung an. Nach den Urteilen der Lehrer war allerdings kein stärkerer Ehrgeiz seitens der deprivierten Jugendlichen zu beobachten.

Andererseits könnten familiäre Einkommensverluste als Versagen hinsichtlich gesellschaftlich erwünschter Bewertungskriterien gerade eine Abwendung von diesen Normen zur Folge haben. Auf den ersten Blick mögen Befunde zu geringeren Leistungen ökonomisch deprivierter Kinder (Baarda et al., 1987; vgl. auch Madge, 1983) hierfür sprechen. Allerdings sind diese Beeinträchtigungen wohl eher als Resultat der emotionalen Belastungen der Kinder zu deuten, die noch keinen Rückschluß auf ihre Werthaltungen erlauben.

Da sich keine gerichtete Hypothese begründen läßt, soll exploratorisch untersucht werden,

(12) ob sich Jugendliche aus ökonomisch deprivierten Familien hinsichtlich ihrer leistungsbezogenen Werthaltungen von den Kindern einkommensstabiler Familien unterscheiden, und ob sich hierbei differentielle Effekte in Abhängigkeit vom Alter und/oder Geschlecht der Jugendlichen und/oder der elterlichen Bildung ergeben.

5.4 Methode

Abhängige Variablen

Da die in den folgenden Analysen verwendeten unabhängigen bzw. exogenen Variablen und die als Mediatoren einbezogenen Skalen zur Familienintegration und zum Erziehungsverhalten der Eltern schon in Kapitel 4.4 ausführlicher dargestellt sind, beschränken sich die Angaben hier auf die Indikatoren zu Befindlichkeit und Einstellungen der Jugendlichen. Sie entstammen jeweils der Befragung der Jugendlichen selbst. Dieser Teil der Untersuchung bringt also Daten aus unterschiedlichen Quellen zusammen: Angaben der Eltern zur ökonomische Situation und zu familiären Beziehungen und Interaktionen sowie die separat erhobenen Angaben der Jugendlichen zu selbstabwertenden, kontranormativen und leistungsbezogenen Einstellungen.

Als Antwortformat ist für alle Items der einzelnen Indikatoren jeweils ein vierstufiges Rating vorgegeben. ("stimmt nicht", "stimmt wenig", "stimmt ziemlich", "stimmt völlig", jeweils kodiert als 0 bis 3). Die Skalenbildung erfolgt durch Berechnung der durchschnittlichen Zustimmung zu den jeweiligen Items (ohne Gewichtung). Alle Angaben zu Skalenkennwerten beziehen sich im folgenden auf die hier verwendete Stichprobe.

Zur Erfassung der Selbstabwertung wird eine für den Berliner Jugendlängsschnitt adaptierte und verkürzte Version der Skala nach Kaplan (1978 a,b; siehe auch Silbereisen, Reitzle & Zank, 1986) verwendet. Die insgesamt vier Items lauten: "Ich möchte vieles an mir ändern", "Manchmal wünsche ich mir, ich wäre anders", Ich glaube, daß ich nicht viel wert bin" und "Ich bin mit mir zufrieden" (invertiert). Die interne Konsistenz der Skala beträgt Alpha=.63.

Eine Abwertung der normativen Struktur sensu Kaplan - im folgenden auch als gesellschaftskritische Einstellungen bezeichnet - wird ebenfalls in Anlehnung an die entsprechende Skala von Kaplan (1977) erhoben. Der Indikator umfaßt drei Items: "Die Polizei hilft immer den Reichen und ist gegen die Armen", "Man kommt weiter im Leben, wenn man mal gegen das Gesetz verstößt" und "Jemand wie ich hat ja doch keine Chance, mal viel Geld zu verdienen" (Alpha=.61).

Die Bereitschaft der Jugendlichen zu normverletzendem Verhalten wird durch drei Items erfaßt, die im Sinne des

Konzepts der Transgressionsbereitschaft nach Jessor (Jessor & Jessor, 1977) formuliert sind (vgl. auch Galambos & Silberei-sen, 1987): "Ich kann mir vorstellen, daß ich mal was klauen würde", "Häufig finde ich die Regeln und Gesetze der Erwachse-nen schlecht, und ich habe keine Lust, mich daran zu halten", "Manchmal habe ich richtig Lust, etwas Verbotenes zu tun" (interne Konsistenz: Alpha=.53).

Die Leistungsorientierung der Jugendlichen wird durch zwei Items indiziert, die zum Bereich der Werthaltungen im Berliner Jugendlängsschnitt erfaßt werden: "Leistung ist das wichtigste im Leben" und "Erfolg in Schule und später im Beruf ist das wichtigste im Leben". Beide Items sind zu r=.44 korreliert.

Die reduzierten Bildungswünsche der Eltern für ihre Kinder werden durch zwei Items erfaßt, die jeweils eine Abwertung aufwendiger, höherer Bildungswege für die Jugendlichen anspre-chen. Das erste Item ist eingebettet in Fragen zu Veränderungen in der Haushaltsführung während des letzten Jahres (einleitende Überschrift: "Wenn Sie an das letzte Jahr zurückdenken: Inwie-weit treffen folgende Veränderungen für Ihre Familie zu?") und lautet: "Ich glaube, daß sich heute eine kostspielige Berufs-ausbildung weniger lohnt als früher". Das zweite Item entstammt parallelen Fragen zu antizipierten Anpassungen in der Haus-haltsökonomie (einleitende Überschrift: "Sehen Sie die folgen-den Veränderungen in der Haushaltsführung für Ihre Familie als angemessen und sinnvoll an?") und lautet: "Mein Sohn/meine Tochter sollte möglichst schnell selbst verdienen, statt eine längere Ausbildung zu machen". Da beide Items dem Haushaltsteil des Elternfragebogen entnommen sind, der von einem beliebigen Elternteil oder auch gemeinsam beantwortet werden konnte, ist keine Differenzierung zwischen den Antworten von Müttern und Vätern möglich. Die Korrelation beider Items beträgt r=.49, (p<.001). Die Skala ist deutlich linksschief verteilt: Der Mittelwert liegt bei einem möglichen Range der Antworten zwischen 0 und 3 bei nur M=.46 (SD=.71).

Die Interkorrelationen, Mittelwerte und Standardabweichun-gen der abhängigen Variablen für die Jugendlichen einschließ-lich der elterlichen Bildungswünsche für ihre Kinder sind in Tabelle 23 wiedergegeben. Wie dort ersichtlich ist, sind die Zusammenhänge überwiegend schwach: von zehn Korrelationen sind sechs statistisch unbedeutend (p>.10), und lediglich eine

<u>Tabelle 23</u>: Interkorrelationen der abhängigen Variablen für die Jugendlichen (n=104)[a]

	(2)	(3)	(4)	(5)	M	SD
(1) Selbst- abwertung	.48***	.14+	.04	.09	1.34	.61
(2) Transgres- sionsbereit.	–	.20*	-.08	.06	1.30	.69
(3) Abwertung d. normat.Strukt.		–	.07	-.03	.71	.68
(4) Leistungs- orientierung			–	.19*	1.77	.82
(5) reduz.Bil- dgs.Wünsche d. Eltern				–	.45	.69

<u>Anmerkung</u>:

[a] Pearson-Korrelationen mit einseitigem Signifikanztest;
Signifikanzangaben: *** p<.001, ** p<.01, * p<.05, + p<.10.

erreicht einen Wert von r>.20. Dies ist die mit r=.48 (p<.001) deutlich herausragende Korrelation zwischen Selbstabwertung und Transgressionsbereitschaft. Daß dieser Zusammenhang recht hoch ist, entspricht den Erwartungen und auch anderen - längs-schnittlichen - Befunden für die im Berliner Jugendlängsschnitt erfaßten Jugendlichen: Die Beziehung zwischen Selbstabwertung und Transgressionsbereitschaft ist über mehrere Meßzeitpunkte hinweg stabil (Silbereisen, Reitzle & Zank, 1986). Die Trans-gression weist weiterhin einen signifikanten Zusammenhang zur Abwertung der normativen Struktur auf (r=.20, p<.05), die ihrerseits jedoch nur marginal mit der Selbstabwertung korreliert (r=.14, p<.10). Beide Merkmale kontranormativer Orientierungen erfassen also durchaus eigenständige Aspekte.

Die reduzierten Bildungswünsche der Eltern für die Kinder gehen mit einer erhöhten Leistungsorientierung der Jugendlichen einher (r=.19, p<.05). Die geringe Wertung einer aufwendigen Ausbildung für die Kinder auf Seiten der Eltern steht also keineswegs im Kontext einer geringen Ausrichtung auf den schulischen und beruflichen Erfolg seitens der Kinder. Beide Merkmale weisen jedoch keinen Zusammenhang zu einer der anderen Variablen auf.

Auswertung

Die Auswertungsstrategie entspricht in ihren Grundzügen der des vorigen Kapitels (vgl. Abbild 3 in Abschnitt 4.3). Zunächst wurden mittels vierfaktorieller Varianzanalysen (ANOVA) die Hypothesen zu Haupt- und Interaktionseffekten ökonomischer Deprivation geprüft, wobei neben der Bildung der Eltern und dem Geschlecht der Jugendlichen auch deren Alter als möglicher moderierender Faktor berücksichtigt ist. Die Familien mit mittleren und hohen Einkommenseinbußen sind für diese Analysen wiederum zusammengefaßt, da sich sonst zu geringe Zellenbesetzungen ergeben. Alle vier Faktoren sind dichotom. Wie auch in den vorherigen varianzanalytischen Auswertungen wird nach der hierarchischen Methode verfahren, wobei zuerst simultan die Haupteffekte von ökonomischen Einbußen, elterlicher Bildung, Geschlecht und Alter der Jugendlichen getestet werden, sodann alle zweifaktoriellen Interaktionseffekte und schließlich die dreifaktoriellen Interaktionen. Vierfaktorielle Interaktionseffekte wurden aufgrund der zu geringen Zellenbesetzungen unterdrückt.

Spezifische Effekte hoher im Vergleich zu mittleren Einkommensverlusten wurden mittels entsprechender Kontraste in einfaktoriellen Varianzanalysen mit dem dreistufigen Faktor Einkommensverluste ermittelt. Bei inhomogenen Varianzen wurde auf den non-parametrischen Kruskall-Wallis-Test (vgl. Siegel, 1976) zurückgegriffen. Soweit sich besondere Auswirkungen speziell hoher Verluste abzeichnen, wurde nach dem gleichen Verfahren geprüft, inwieweit die Effekte auf Familien mit Arbeitslosigkeit des Vaters (einschließlich Kurzarbeiter) beschränkt sind. Der entsprechende dreistufige Faktor stellt diese Familien den restlichen Familien mit Einkommenseinbußen jeglicher Höhe und den einkommensstabilen Familien gegenüber.

Zur Prüfung der Hypothesen zu Mediatoreffekten der Familienintegration und des elterlichen Erziehungsverhaltens wurden wie zuvor mittels multipler Regressionen eine Serie von Pfadanalysen berechnet (vgl. Nie et al., 1975; zum zugrundegelegten Verständnis von Mediationseffekten siehe Abschnitt 4.3). Die pfadanalytische Auswertung ist hier zusätzlich durch die Einbeziehung unabhängiger Datenquellen legitimiert. Bei Betrachtung der Gesamtstichprobe wird zur Schätzung von spezifischen Effekte hoher Einkommenseinbußen gegenüber Verlusten

214

jeglicher Höhe auf die in Abschnitt 4.3 beschriebene
Dummy-Kodierung zurückgegriffen, die eine Unterscheidung von
Effekten eines stabil gebliebenen Einkommens und Auswirkungen
nur hoher Verluste erlaubt. Bei Analysen, die sich auf kleinere
Subgruppen beziehen, wurde zur Reduktion der Variablenzahl ein
einfacher Indikator für Einkommensverluste verwendet.

Im Vorfeld dieser Analysen wurde parallel zu den im
vorigen Kapitel berichteten Varianzanalysen, die auch die
Erwerbstätigkeit der Mutter als moderierenden Faktor und die
Kinderzahl als Kovariate berücksichtigen, entsprechende dreifaktorielle (Ko-)Varianzanalysen (einschließlich der elterlichen Bildung als Faktor) berechnet. Sie dienten lediglich zur
Absicherung, daß der Verzicht auf diesbezügliche Hypothesen
gerechtfertigt ist, d.h. kein moderierender Einfluß der mütterlichen Erwerbstätigkeit auf die Reaktionen der Jugendlichen bei
ökonomischer Deprivation gegeben ist. Entsprechende Interaktionseffekte wurden hier insofern nicht erwartet, als sich ein
moderierender Einfluß der mütterlichen Erwerbstätigkeit auf die
Bewältigung familiärer Einkommenseinbußen lediglich indirekt im
Selbstwertgefühl und den normwidrigen Einstellungen der Jugendlichen niederschlagen sollte, nämlich über seine Auswirkungen
auf die familiären Beziehungen und Interaktionen. Die Analysen
stehen im Einklang mit dieser Erwartung, da sich keine entsprechenden Interaktionseffekte zwischen Einkommenseinbußen und
Erwerbstätigkeit der Mutter oder auch zusätzlich der elterlichen Bildung ergaben. Auf eine Darstellung dieser Befunde kann
daher auch hier verzichtet werden.

5.5   Ergebnisse

5.5.1   Einfache und differentielle Effekte familiärer
        Einkommensverluste auf die Selbstbewertung, die
        Bewertung der normativen Struktur und die Trans-
        gressionsbereitschaft der Jugendlichen

Aufschluß über die erwarteten Haupt- und Interaktionsef-
fekte familiärer Einkommenseinbußen hinsichtlich einer erhöhten
Selbstabwertung der Jugendlichen sowie vermehrt normwidrige
Orientierungen der Jugendlichen geben die Befunde der

vierfaktoriellen Varianzanalysen. Tabelle 24 zeigt die jeweiligen F-Werte der Haupt- und Interaktionseffekte von Einkommenseinbußen, Schulbildung der Eltern, Geschlecht und Alter der Kinder. Die Angaben zu den Interaktionseffekten beschränken sich auf diejenigen Effekte, die für zumindest eine der abhängigen Variablen zumindest tendentiell statistisch bedeutsam sind (p<.10). Die relevanten Mittelwerte für die einzelnen Subgruppen sind in Tabelle 25 ersichtlich. Fehlende Angaben beschränken die Stichprobe auf n=106 Jugendliche. Einen Vergleich nach dem Ausmaß finanzieller Verluste und nach Arbeitslosigkeit des Vaters liefern Tabelle 26 und 27.

Selbstabwertung. Betrachtet man zunächst die Beeinträchtigungen im Selbstwertgefühl der Jugendlichen, so läßt sich Hypothese 1 nur tendentiell bestätigen: Die Selbstabwertung der deprivierten Jugendlichen liegt mit M=1.47 gegenüber M=1.26 höher als die der Jugendlichen aus einkommensstabilen Familien.

Tabelle 24: Selbstabwertung, Abwertung der normativen Struktur und Transgressionsbereitschaft in Abhängigkeit von Einkommensverlusten, Schulbildung beider Eltern, Geschlecht und Alter der Kinder: F-Werte der vierfaktoriellen Varianzanalysen (n=106)[a]

	Selbst- abwertung	Abwertung d. normativen Struktur	Trans- gressions- bereitschaft
Einkommensverluste	3.40^{+}	8.77^{**}	3.64^{+}
Bildung der Eltern	n.s.	n.s.	n.s.
Geschlecht d. Jgdl.	n.s.	5.74^{*}	n.s.
Alter d. Jgdl.	n.s	2.90^{+}	n.s.
Verluste x Bildung	n.s.	n.s.	3.84^{+}
Bildung x Geschlecht	8.03^{**}	n.s.	n.s.
Geschlecht x Alter	n.s.	4.30^{*}	n.s.

Anmerkung:

[a] Die Angaben zu den Interaktionseffekten beschränken sich auf diejenigen Effekte, die bei zumindest einer der abhängigen Variablen bedeutsam sind (p<.10).

Signifikanzangaben: *** p<.001, ** p<.01 * p<.05, $^{+}$ p<.10

Tabelle 25: Selbstabwertung, Abwertung der normativen Struktur und Transgressionsbereitschaft in Abhängigkeit von Einkommensverlusten getrennt nach Schulbildung der Eltern, Geschlecht und Alter der Jugendlichen: Mittelwerte und Gruppengrößen

	Selbstabwertung			Abwertung der normativen Struktur			Transgressions-bereitschaft		
	Einkommens-verluste			Einkommens-verluste			Einkommens-verluste		
	nein	ja	gesamt	nein	ja	gesamt	nein	ja	gesamt
Gesamtstichprobe									
M	1.26	1.47	1.36	.55	.91	.71	1.19	1.45	1.30
(n)	(59)	(47)	(106)	(59)	(47)	(106)	(59)	(47)	(106)
Bildung der Eltern									
niedrig M	1.18	1.44	1.30	.54	1.06	.77	1.08	1.58	1.31
(n)	(29)	(24)	(53)	(29)	(24)	(53)	(29)	(24)	(53)
hoch M	1.34	1.51	1.42	.56	.77	.65	1.29	1.30	1.30
(n)	(30)	(23)	(53)	(30	(23)	(53)	(30)	(23)	(53)
Jungen									
M	1.26	1.36	1.31	.59	1.12	.83	1.32	1.46	1.38
(n)	(34)	(27)	(61)	(34)	(27)	(61)	(34)	(27)	(61)
Mädchen									
M	1.26	1.63	1.42	.49	.63	.56	1.00	1.43	1.19
(n)	(25)	(20)	(45)	(25)	(20)	(45)	(25)	(20)	(45)
frühes Jugendalter									
M	1.32	1.42	1.36	.54	.72	.61	1.20	1.36	1.27
(n)	(33)	(23)	(56)	(33)	(23)	(56)	(33)	(23)	(56)
mittleres Jugendalter									
M	1.19	1.52	1.35	.56	1.10	.82	1.17	1.53	1.34
(n)	(26)	(24)	(50)	(26)	(24)	(50)	(26)	(24)	(50)

Der Effekt für familiäre Einkommensverluste verfehlt jedoch knapp das konventionelle Signifikanzniveau ($F=3.40$, $p=.069$). Weder die elterliche Bildung, noch das Geschlecht oder Alter der Jugendlichen hat einen einfachen Einfluß auf die Selbstabwertung ($p>.10$).

Der laut Hypothese 2 erwartete Interaktionseffekt von Einkommensverlusten und Geschlecht der Jugendlichen läßt sich

Tabelle 26: Selbstabwertung, Abwertung der normativen Struktur und Transgressionsbereitschaft in Abhängigkeit vom Ausmaß familiärer Einkommensverluste: Mittelwerte und Standardabweichungen sowie F-Test und spezielle Kontraste

	Selbst-abwertung			Abwertung der normativen Struktur			Trans-gressions-bereitschaft		
	M	SD	(n)	M	SD	(n)	M	SD	(n)
hohe Verluste	1.62	.57	(27)	1.17	.91	(26)	1.44	.82	(27)
mittlere Verl.	1.33	.64	(22)	.68	.61	(23)	1.42	.64	(22)
stabiles Einkom.	1.25	.59	(61)	.54	.48	(61)	1.18	.66	(60)
gesamt	1.36	.61	(110)	.72	.68	(110)	1.30	.70	(109)

	Selbstabwertung	Abwertung der normativen Struktur	Transgressionsbereitschaft
F(df=2)=	3.59^*	9.00^{***}	1.75
Kontrast 1:[a]	$t=2.41^*$	$t=2.91^{**}$ c)	t= .88
	(df=107)	(df=32.9)	(df=106)
Kontrast 2:[b]	$t=2.67^{**}$	$t=3.33^{**}$ c)	t=1.61
	(df=107)	(df=31.3)	(df=106)

<u>Anmerkungen</u>:

[a] Kontrast 1: hohe Verluste versus mittlere und keine Verluste

[b] Kontrast 2: hohe Verluste versus keine Verluste

[c] berechnet für getrennte Varianzen

Tabelle 27: Selbstabwertung, Abwertung der normativen Struktur und Transgressionsbereitschaft in Abhängigkeit von Einkommensverlusten und Arbeitslosigkeit des Vaters: Mittelwerte und Standardabweichungen

	Selbst-abwertung			Abwertung der normativen Struktur			Trans-gressions-bereitschaft		
	M	SD	(n)	M	SD	(n)	M	SD	(n)
Vater arbeitslos	1.45	.66	(11)	1.44	1.09	(12)	1.27	.83	(11)
sonstige Verluste	1.56	.56	(36)	.78	.63	(35)	1.53	.69	(36)
stabiles Einkom.	1.27	.58	(58)	.54	.49	(58)	1.18	.67	(57)

nicht bestätigen (F=1.21, n.s.). Zwar deuten die jeweiligen Mittelwerte der Jungen und Mädchen darauf hin, daß die Beeinträchtigungen des Selbstwertgefühls durch ökonomischer Deprivation bei den Mädchen deutlicher ausfallen als bei den Jungen: Die von finanziellen Verlusten betroffenen Mädchen äußern gegenüber ihrer einkommensstabilen Vergleichsgruppe eine weitaus höhere Selbstabwertung (M=1.63 versus M=1.36), während sich diese beiden Vergleichswerte bei den Jungen kaum unterscheiden (M=1.36 versus M=1.26). Dieser Unterschied ist jedoch nicht bedeutsam. Auch die Bildung der Eltern oder das Alter der Jugendlichen hat keinen bedeutsamen moderierenden Einfluß auf die jeweiligen Beeinträchtigungen des Selbstwertgefühls bei familiären Einkommenseinbußen. Insgesamt überwiegt also der Haupteffekt ökonomischer Deprivation.

Allerdings besteht ein – unerwarteter – hochsignifikanter Interaktionseffekt zwischen Bildung der Eltern und Geschlecht des Kindes (F=8.04, p=.006): In den Familien mit höherem Bildungshintergrund weisen die Mädchen stärkere Selbstabwertungstendenzen auf als die Jungen (M=1.65, n=24 versus M=1.22, n=29), während sich in der niedrigen Bildungsgruppe das Verhältnis umkehrt (M=1.17, n=21 versus M=1.38, n=32 für Mädchen versus Jungen). Der gängige Befund, daß Mädchen hinsichtlich ihres Selbstwertgefühls im Nachteil sind, zeigt sich hier also nur in der höheren Bildungsgruppe.

Daß sich nur ein schwacher Haupteffekt ökonomischer Deprivation auf die Selbstabwertung der Jugendlichen abzeichnet, ist demnach nicht auf differentielle Auswirkungen finanzieller Einbußen in den einzelnen Subgruppen (unterschieden nach elterlicher Bildung, Geschlecht und Alter der Jugendlichen) zurückzuführen. Wohl aber zeigen weitere Analysen, daß die Höhe der familiären Einkommensverluste bedeutsam ist: Bei getrennter Betrachtung der von hohen und mittleren Einkommensverlusten betroffenen Familien erweist sich, daß die Beeinträchtigungen des Selbstwertgefühls auf die Familien mit hohen Verlusten zurückzuführen ist. In ihnen fällt die durchschnittliche Selbstabwertung der Kinder deutlich höher aus (M=1.62 (SD=.57, n=27) als in Familien mit mittleren Einbußen (M=1.33, SD=.64, n=22) und denjenigen mit stabil gebliebenem Einkommen (M=1.25, SD=.59, n=61). Zudem liegen nur die Antworten der Jugendlichen aus stark deprivierten Familien im positiven

219

Bereich der Skala (jenseits des Skalenmittelpunkts von M=1.50), d.h. hier überwiegt auch absolut betrachtet eine abwertende Sichtweise der eigenen Person. Der Effekt der entsprechenden einfaktoriellen Varianzanalyse mit dreistufigem Faktor ist signifikant (F=3.59, p=.031, n=110), ebenso wie der Kontrast zwischen den Jugendlichen der stark deprivierten Familien und den beiden restlichen Gruppen (t=2.41, df=107, p=.02).

Noch deutlicher ist jedoch der Kontrast zwischen den stark deprivierten und nur den einkommensstabilen Familien (t=2.67, p=.009). Betrachtet man die jeweiligen Vertrauensintervalle für die Verteilung der Selbstabwertung in diesen beiden Gruppen, so überlappen sich mit 95% Wahrscheinlichkeit nicht einmal die Wertebereiche der Antworten (hohe Verluste: M=1.40 bis M=1.85; stabiles Familieneinkommen: M=1.10 bis 1.40). Hierbei sind die Varianzen der drei Gruppen homogen (Cochran's C=.38, n.s.; Bartlett-Box F=.19, n.s.). Besondere Effekte von Arbeitslosigkeit des Vaters zeichnen sich demgegenüber nicht ab (vgl. Tabelle 27 oben). Die erhöhte Selbstabwertung der Jugendlichen aus stark deprivierten Familien ist also keineswegs nur auf diejenigen mit arbeitslosem Vater beschränkt.

Nun ließe sich vermuten, daß der unerwartete Interaktionseffekt zwischen Bildung der Eltern und Geschlecht der Jugendlichen auf eine zufällige Konfundierung der jeweiligen Konstellation beider Merkmale mit hohen Einkommensverlusten zurückzuführen sein könnte. Um diese Möglichkeit zu prüfen, wurde die vierfaktorielle Varianzanalyse (mit den Faktoren wie zuvor) für nur die Familien mit hohen Verlusten oder stabil gebliebenem Einkommen wiederholt. Da nach dem gewählten hierarchischen Verfahren zunächst dem Haupteffekt hoher Einkommensverluste Rechnung getragen wird, hätte der Interaktionseffekt zu Lasten dieses Haupteffekts gehen müssen.

Dies ist jedoch nicht der Fall: der Interaktionseffekt bleibt bestehen (F=8.88, p=.004). Der Haupteffekt hoher Einkommensverluste ist hierbei hochsignifikant (F=8.48, p=.005). Ebenso wie bei Zusammenfassung beider Gruppen mit mittleren und hohen Verlusten ergeben sich keine weiteren Effekte, also auch keine Hinweise auf differentielle Auswirkungen ökonomischer Deprivation. Die Beeinträchtigungen der Jungen und Mädchen bei hohen Verlusten erweisen sich sogar - jeweils im Vergleich zu den Geschlechtsgenossen der einkommensstabilen Familien - als identisch (mittlere Selbstabwertung bei hohen Verlusten versus stabilem Familieneinkommen für Jungen: M=1.61, n=14 versus M=1.21, n=34; Mädchen: M=1.63, n=13 versus M=1.27, n=26). Der schwächere Befund für die Jungen bei Zusammenfassung beider Verlustgruppen dürfte also darauf beruhen, daß in der mittleren Verlustgruppe relativ mehr Jungen als Mädchen vertreten sind.

   Abwertung der normativen Struktur. Betrachtet man nun die kontranormativen, gesellschaftskritischen Einstellungen der Jugendlichen läßt sich Hypothese 4 deutlich bestätigen: Der Haupteffekt von Einkommensverlusten ist hochsignifikant (F=8.77, p=.004), wobei die Jugendlichen der deprivierten Familien eine durchschnittlich abwertendere Einstellung gegenüber der normativen Struktur aufweisen als die Jugendlichen einkommensstabiler Familien (M=.91, n=47 versus M=.55, n=55). In beiden Gruppen liegen jedoch die mittleren Antworten im negativen Antwortbereich der Skala, d.h. auch von den deprivierten Jugendlichen werden solche abwertenden Aussagen eher abgelehnt. Weiterhin bestehen ein Haupteffekt für das Geschlecht der Jugendlichen (F=5.74, p=.019) und ein marginaler Einfluß des Alters (F=2.90, p=.092), wobei der Mittelwert der Jungen (M=.83, n=61) über dem der Mädchen liegt (M=.56, n=45) und in der älteren Gruppe gegenüber der jüngeren erhöht ist (M=.82, n=50 versus M=.61, n=56). Allerdings zeigt ein signifikanter Interaktionseffekt von Alter und Geschlecht der Jugendlichen (F=4.30, p=.041) an, daß nicht allgemein die Mädchen und die Präadoleszenten "konformer" sind: Nur die älteren Jungen äußern in deutlich höherem Maße abwertende Einstellungen gegenüber der normativen Struktur (M=1.10, n=26), während sich die restlichen drei Gruppen untereinander nicht weiter unterscheiden (jüngere Jungen: M=.62, n=35; jüngere Mädchen: M=.60, n=21; ältere Mädchen: M=.51, n=24).

   Differentielle Auswirkungen familiärer Einkommensverluste in beiden Bildungsgruppen, wie sie in Hypothese 6 vorhergesagt wurden, lassen sich auf der Ebene eines zweifaktoriellen Interaktionseffekts von finanziellen Einbußen und elterlicher Bildung nicht ausmachen (F=1.43, n.s.). Daß die deprivierten Jugendlichen der unteren Bildungsgruppen eine sichtlich höhere Abwertung der normativen Struktur äußern (M=1.06, n=24) als die Jugendlichen der einkommensstabilen Vergleichsgruppe (M=.54, n=29), während dieser Unterschied in Familien mit höherer elterlicher Bildung weniger stark ausgeprägt ist (M=.77, n=23 versus M=.56, n=30; siehe Tabelle 25 oben), stellt demnach noch keine für sich genommen bedeutsame Besonderheit der unteren Bildungsgruppe dar.

Auch der laut <u>Hypothese 7</u> erwartete stärkere Einfluß von ökonomischer Deprivation auf die kontranormativen Einstellungen der Jungen als der Mädchen läßt sich nicht in dieser Form bestätigen. Zwar ist den jeweiligen Mittelwerten in Tabelle 25 zu entnehmen, daß sich die deprivierten und einkommensstabilen Jungen weitaus mehr unterscheiden (M=1.12, n=27 versus M=.59, n=34) als die Mädchen dieser Vergleichsgruppen (M=.63, n=20 versus M=.49, n=25). Diese Abweichungen, d.h. der Interaktionseffekt zwischen Einkommensverlusten und Geschlecht der Jugendlichen ist jedoch statistisch unbedeutend (F=2.15, n.s.).

Ein weiterer Befund verweist nun darauf, daß die beiden Hypothesen 6 und 7 doch eine gewisse Entsprechung in den Daten finden - wie sich schon in den jeweiligen Gruppenmittelwerten andeutet -, wenn auch in modifizierter Form. Die jeweils sichtlich erhöhte Abwertung des normativen Systems seitens der deprivierten Jugendlichen in der unteren Bildungsgruppe und seitens der Jungen, deren Familien von Einkommensverlusten betroffen sind, scheinen auf ein Zusammenspiel dieser beiden Faktoren zurückzuführen zu sein: Der entsprechende dreifaktorielle Interaktionseffekt von Einkommensverlusten, Schulbildung der Eltern und Geschlecht der Jugendlichen ist signifikant (F=4.72, p=.032). Wie die jeweiligen Gruppenwerte in Abbildung 15 erkennen lassen, äußern vor allem die Söhne der von finanziellen Verlusten betroffenen Familien mit niedriger Bildung der Eltern eine vermehrte Ablehnung der normativen Struktur.

So liegt in der unteren Bildungsgruppe der Mittelwert der Jungen aus ökonomisch deprivierten Familien (M=1.33, n=15) weit über dem der Söhne aus einkommensstabilen Familien (M=.45, n=17), während dieser Unterschied in den Familien mit höherer Bildung der Eltern deutlich geringer ausfällt (M=.86, n=12 bei Verlusten verus M=.69, n=17 bei stabilem Einkommen). Die Mädchen der unteren Bildungsgruppe zeigen keinerlei Effekt von Einkommensverlusten (M=.59, n=9 bei Verlusten versus M=.61, n=12 bei stabilem Einkommen). Die von ihnen geäußerte mittlere Abwertung der normativen Struktur entspricht in etwa der der deprivierten Mädchen in Familien mit höherer Bildung der Eltern

222

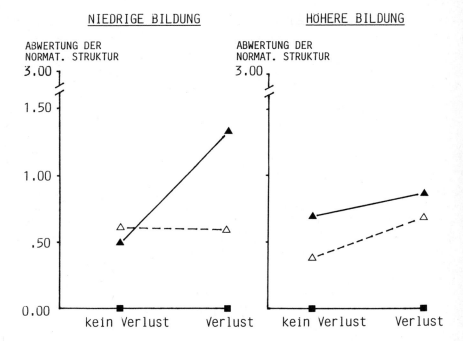

Abbildung 15: Abwertung der normativen Struktur in Abhängigkeit von Einkommensverlusten und Geschlecht der Jugendlichen
bei niedriger versus höherer Schulbildung der Eltern (n=106).

(M=.67, n=11), die wiederum diejenige der Mädchen aus einkommensstabilen Familien dieser Bildungsgruppe leicht übertrifft (M=.38, n=13).

Betrachtet man nun wiederum die Familien mit hohen und mittleren Einkommenseinbußen getrennt, so zeigt sich - ähnlich wie hinsichtlich der Selbstabwertung - , daß auch hier die Reaktionen bei hohen Verlusten am deutlichsten ausgeprägt sind. Die kontranormativen Einstellungen der Jugendlichen aus stark deprivierten Familien liegen zwar mit M=1.17 (SD=.91, n=26) nicht im positiven Antwortbereich der Skala, aber doch wesentlich höher als bei mittleren Einkommenseinbußen (M=.68, SD=.61, n=23) und stabilem Familieneinkommen (M=.54, SD=.48, n=61). Allerdings sind - wohl aufgrund der linksschiefen Verteilung der Skala und aufgrund der differentiellen Reaktionen der Jugendlichen in Abhängigkeit vom Bildungshintergrund der Familie und ihrer Geschlechtszugehörigkeit - in der Gruppe mit hohen Verlusten auch die Varianzen erhöht (s.o.), d.h. hier divergieren die Antworten mehr als in den anderen beiden Gruppen (Cochran's C=.58, p<.01; Bartlett-Box F=7.71, p<.01). Die für getrennte Varianzen berechneten Kontraste bestätigen, daß beide Verlustgruppen zusammen wesentlich mehr als die Jugendlichen aus einkommensstabilen Familien die sozialen Normen und Regelungen ablehnen (t=3.05, df=71.4, p=.003), wobei die Jugendlichen aus extrem deprivierten Familien noch deutlich höher liegen als die beiden restlichen Gruppen (t=2.91, df=32.9, p=.006). Der zusätzlich berechnete Kruskall-Wallis- Test erbringt einen identischen, ebenfalls hochsignifikanten Befund (Chi^2=10.26, p=.006 mit Korrektur für ranggleiche Plätze). Der mittlere Rang beträgt bei hohen Verlusten 72.08, bei mittleren Einbußen 55.11 und bei stabilem Familieneinkommen 48.58.

Hier erweist sich nun die Arbeitslosigkeit des Vaters als entscheidend (vgl. Tabelle 27). Die Abwertung der normativen Struktur seitens der Jugendlichen, deren Vater von Arbeitslosigkeit betroffen ist, fällt mit M=1.44 (SD=1.09, n=12) deutlich höher aus als bei denjenigen Jugendlichen, deren Familien aus anderen Gründen finanzielle Einbußen erfuhren (M=.78, SD=.63, n=35) und jenen aus einkommensstabilen Familien (M=.54, SD=.49, n=58). Der Kontrast zwischen Jugendlichen mit arbeitslosem Vater und den beiden restlichen Gruppen ist signifikant (t=2.45, df=11.9, p=.031 bei getrennter Varianzschätzung).

Allerdings sind auch die Reaktionen der Kinder arbeitsloser Väter keineswegs uniform, was den erhöhten Varianzen zu entnehmen ist.

Inwieweit liefert dies nun eine mögliche Alternativ-Erklärung für den oben berichteten dreifaktoriellen Interaktionseffekt von Einkommensverlusten, elterlicher Bildung und Geschlecht der Jugendlichen? Bedenkt man die geringen Gruppengrößen, so könnten sich hinter dem Interaktionseffekt zufällige Unterschiede in der Verteilung von starken Verlusten und Arbeitslosigkeit des Vaters verbergen.

Ein Vergleich des jeweiligen Anteils der stark deprivierten Jungen und Mädchen in beiden Bildungsgruppen zeigt jedoch, daß keine Unterschiede in der jeweiligen Zusammensetzung dieser Subgruppen bestehen: In der unteren Bildungsgruppe stammen jeweils 25,0 % der Jungen und 28,6% der Mädchen aus Familien mit hohen Einkommensverlusten, und in der höheren Bildungsgruppe liegt der Anteil der stark deprivierten bei den Mädchen nur geringfügig höher als bei den Jungen (25,0% der Mädchen versus 17,2% der Jungen). Die Verteilung von starken, mittleren und keinen Einkommensunterschiede für Mädchen und Jungen unterscheiden sich weder in der unteren Bildungsgruppe (Chi^2=.34, df=2, n.s.) noch in den Familien mit höherer Bildung (Chi^2=.49, df=2, n.s.). Zwar sind in der unteren Bildungsgruppe etwas mehr Jungen (12,5%) als Mädchen (5,3%) von Arbeitslosigkeit des Vaters betroffen, dürfte aber angesichts der geringen Zahlen nicht weiter ins Gewicht fallen. (Aufgrund zu geringer Erwartungswerte ist ein Test hier nicht möglich.) Zudem fällt in der höheren Bildungsgruppe der entsprechende Anteil der Jungen mit arbeitslosem Vater (14,3%) keineswegs geringer aus als in der unteren Bildungsgruppe, und auch die Mädchen sind hier nicht stärker betroffen als die Jungen (16,7%).

Dies legt nun nahe, daß beide Befunde unabhängig voneinander Bestand haben: Es handelt sich um jeweils spezifische Beiträge sowohl (1) starker finanzieller Verknappung, insbesondere aufgrund von Arbeitslosigkeit des Vaters, wie auch (2) geschlechtsspezifischer Vulnerabilität bei ökonomischer Deprivation je nach den familiären Ressourcen, wie sie mit der elterlichen Bildung erfaßt werden.

Transgressionsbereitschaft. Hinsichtlich der Bereitschaft der Jugendlichen zu normverletzendem Verhalten zeigt sich (vgl.

Tabelle 24) , daß der Haupteffekt von Einkommenseinbußen nur marginal ausfällt (F=3.64, p=.060). Hinzu tritt ein Interaktionseffekt von Einkommensverlusten und Bildung der Eltern, der allerdings ebenfalls das konventionelle Signifikanzniveau verfehlt (F=3.84, p=.053). Im Einklang mit <u>Hypothese 6</u> zeigen die in Abbildung 16 angegebenen Mittelwerte, daß der Haupteffekt ökonomischer Deprivation zu Lasten der unteren Bildungsgruppe geht. Nur dort ist die Transgressionsbereitschaft der Jugendlichen bei Einbußen im Familieneinkommen erhöht (M=1.58, n=24 versus M=1.08, n=29 bei stabilem Einkommen). In den Familien mit höherer Bildung der Eltern unterscheiden sich die deprivierten und nicht-deprivierten Jugendlichen nicht hinsichtlich ihrer Bereitschaft zu Normübertretungen (M=1.30, n=23 bei Verluste versus M=1.29, n=30 bei stabil gebliebenem Familieneinkommen).

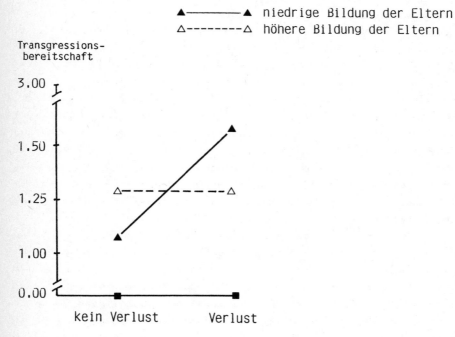

Abbildung 16: Transgressionsbereitschaft in Abhängigkeit von familiären Einkommensverlusten und Bildung der Eltern (n=106)

Die erwartete stärkere Abkehr von gängigen Normen seitens der deprivierten Jugendlichen der unteren Bildungsgruppe läßt sich also zwar nicht hinsichtlich einer Abwertung des normativen Systems bestätigen, denn nur die Söhne und nicht auch die Töchter der unteren Bildungsgruppe äußern bei finanzieller Verknappung in der Familie vermehrt kritische Einstellungen gegenüber den gesellschaftlichen Regulationsprinzipien. Wohl aber hat der familiäre Bildungshintergrund einen moderierenden Einfluß auf die Transgressionsbereitschaft bei ökonomischer Deprivation, ohne daß sich die Jungen und Mädchen hierbei zusätzlich unterscheiden.

Insofern findet Hypothese 5, nach der eine insgesamt erhöhte Transgressionsbereitschaft der Jugendlichen bei finanzieller Verknappung erwartet wurde, in dieser allgemeinen Form keine Bestätigung: Eine vermehrte Abkehr von gängigen Normen im Zuge der Belastungen ökonomischer Deprivation ist bei den Jugendlichen aus Familien mit geringen Ressourcen, wie sie durch die Bildung indiziert werden, nicht nur stärker ausgeprägt, sondern auf sie beschränkt.

Geschlechtsspezifische Unterschiede hinsichtlich der Bereitschaft zu Normübertretungen bestehen nicht. Im Gegensatz zu dem deutlichen geschlechtsspezifischen Muster, das für eine Abwertung der normativen Struktur auszumachen ist, gleichen sich Mädchen und Jungen generell in ihrer Transgressionsbereitschaft (Haupteffekt für das Geschlecht: $F=2.17$, n.s.), und auch die jeweiligen Effekte ökonomischer Deprivation fallen – im Gegensatz zu den Erwartungen laut Hypothese 7 - nicht unterschiedlich aus (Interaktion von Einkommensverlusten und Geschlecht: $F=1.36$, n.s.). Vergleicht man die Mittelwerte (siehe Tabelle 25), so ist die Diskrepanz zwischen den Töchtern aus deprivierten und einkommensstabilen Familien ($M=1.43$, $n=20$ versus $M=1.00$, $n=25$) sogar ausgeprägter als die für die Söhne ($M=1.46$, $n=27$ versus $M=1.32$, $n=34$), ohne daß diese Besonderheit jedoch bedeutsam wäre.

Keiner der weiteren Haupt- und Interaktionseffekte für die Transgressionsbereitschaft ist statistisch bedeutsam. Spezifische Auswirkungen hoher Einkommensverluste im Vergleich zu mittleren Einbußen lassen sich nicht ausmachen. Die Mittelwerte beider ökonomisch deprivierter Gruppen unterscheiden sich nicht (hohe Verluste: $M=1.44$, $SD=.82$, $n=27$; mittlere Einbußen:

M=1.42, SD=.64, n=22; stabiles Einkommen: M=1.18, SD=.66, n=60). Etwaige Besonderheiten der Jugendlichen mit arbeitslosem Vater zeichnen sich ebenfalls nicht ab. Die Bereitschaft zu Normübertretungen liegt bei den Jugendlichen mit arbeitslosem Vater sogar etwas niedriger als die der restlichen Jugendlichen aus ökonomisch deprivierten Familien (M=1.27, n=11 versus M=1.53, n=36). Dieser Unterschied ist jedoch nicht signifikant (t=-1.06, df=101, n.s.).

Zusammenfassend läßt sich festhalten:

- Beeinträchtigungen des Selbstwertgefühls der Jugendlichen sind auf die extrem deprivierten Familien beschränkt. Es bestehen keine differentiellen Effekte familiärer Einkommensverluste für die nach elterlicher Bildung, Alter und Geschlecht der Jugendlichen differenzierten Subgruppen.

- Die Jugendlichen der von Einkommenseinbußen betroffenen Familien äußern deutlich vermehrt ablehnende Einstellungen gegenüber dem normativen System. Dies gilt vor allem für Jungen der unteren Bildungsgruppe und Jugendliche aus stark deprivierten Familien, insbesondere diejenigen, deren Vater arbeitslos ist.

- Der erwartete Effekt familiärer Einkommensverluste auf die Transgressionsbereitschaft der Jugendlichen ist auf die untere Bildungsgruppe beschränkt. Es bestehen keine alters- und geschlechtsspezifischen Effekte, und auch Arbeitslosigkeit des Vaters hat keinen besonderen Einfluß auf die Bereitschaft der Jugendlichen zu normverletzendem Verhalten.

5.5.2 Familienintegration und unterstützendes Verhalten der Eltern als Mediatoren

Als nächstes soll nun geprüft werden, inwieweit die Effekte ökonomischer Deprivation auf das Selbstwertgefühl der Jugendlichen und ihre kontranormativen Orientierungen - sowohl die Abwertung der normativen Struktur wie auch die Bereitschaft zu normverletzendem Verhalten - durch Beeinträchtigungen der Familienintegration und des unterstützenden Erziehungsverhaltens der Eltern vermittelt werden. Die entsprechenden Pfadanalysen, die hierfür mittels multipler Regressionen berechnet wurden, beziehen nur jeweils eine der Mediatorvariablen ein, weil (1) auf nähere Annahmen zu einem gerichteten Zusammenhang zwischen Familienintegration und elterlicher Unterstützung verzichtet werden muß (siehe oben, Kapitel 4.4) und (2) eine gleichzeitige Prüfung der jeweiligen Mediationseffekte die gemeinsamen Anteile der jeweiligen Wirkung auspartialisieren würde, wobei der verbleibende spezifische Anteil beider Variablen jedoch nur schwer zu interpretieren wäre. Die Frage lautet also hier nicht, ob unabhängig von der Qualität der Beziehungen im gesamten Familiensystem noch ein besonderer Einfluß der elterlichen Unterstützung auf die Kinder auszumachen ist (oder umgekehrt), sondern vielmehr, ob jedes der Merkmale für sich betrachtet eine gleichermaßen gute Erklärung für die Reaktionen der Jugendlichen bei ökonomischer Deprivation liefert.

Auf eine entsprechende mögliche Mediatorfunktion des restriktiv-bestrafenden Erziehungsverhaltens der Eltern gehen wir im folgenden Abschnitt ein, da die bisherigen Befunde hierbei eine separate Betrachtung beider Bildungsgruppen nahelegen. Zunächst wird jedoch in den folgenden Analysen die gesamte Stichprobe zugrundegelegt. Zwar bestehen auch hinsichtlich des unterstützenden Verhaltens der Mütter differentielle Auswirkungen familiärer Einkommensverluste - diesbezügliche Beeinträchtigungen konzentrieren sich in der älteren Gruppe -, so daß sich die Frage nach der Mediatorfunktion der mütterlichen Unterstützung vor allem für die Kinder im mittleren Jugendalter stellt. Auf eine solche getrennte Betrachtung der beiden Altersgruppen wird jedoch verzichtet, da sich keine altersspezifischen Effekte ökonomischer Deprivation auf die Selbstabwertung der Jugendlichen oder deren kontranormative Orientierungen gezeigt haben.

Zum Vergleich werden auch die Angaben der Väter zu ihrem unterstützenden Verhalten einbezogen, obwohl sich dieser Aspekt der Vater-Kind-Interaktion als weitgehend unabhängig von finanziellen Einbußen der Familie erwiesen haben. In den Analysen zur Mediatorfunktion der Familienintegration werden die jeweiligen Perspektiven beider Eltern gemeinsam zugrundegelegt, d.h. die Angaben der Mütter und Väter sind zusammengefaßt. Um bei der Prüfung von Effekten ökonomischer Deprivation der Höhe familiärer Einkommensverluste Rechnung zu tragen, werden die beiden Dummy-Variablen verwendet (vgl. Abschnitt 4.4), die Einflüsse eines stabil gebliebenen Einkommens (im

Vergleich zu Einbußen jeglicher Höhe) und spezifische Effekte von hohen Verlusten (im Vergleich zu keinen und mittleren Einbußen) unterscheiden. Als weitere exogene Variablen ist das Geschlecht der Jugendlichen aufgenommen, da sich sowohl für die Familienintegration und das unterstützende Verhalten der Mütter als auch hinsichtlich der Abwertung der normativen Struktur Unterschiede zwischen Jungen und Mädchen gezeigt hatten. Auf eine Einbeziehung der Schulbildung beider Eltern und des Alters der Jugendlichen wird verzichtet, da sie keinen Einfluß auf die vermittelnden oder abhängigen Variablen haben. Zudem würde bei Auspartialisierung des Alters der - in der älteren Gruppe konzentrierte - Effekt von Einkommensverlusten auf die Unterstützung seitens der Mütter unterschätzt. Beide Variablen sind jedoch in der Matrix der Ausgangskorrelationen, die in Tabelle 28 ersichtlich sind, mit aufgeführt. Aufgrund fehlender Angaben verringert sich die Stichprobe für diese Analysen auf n=96.

Tabelle 28: Ausgangskorrelationen der multiplen Regression in Tabelle 29 (n=96)

	(2)	(3)	(4)	(5)	(6)	(7)	(8)	(9)	(10)	(11)	M	SD
(1) hohe Verluste	.37‡‡	.01	.02	.01	-.11	.15	.24‡	.01	-.08	.07	.02	.06
(2) stab. Einkommen	--	.01	.22‡‡	.17+	-.10	-.11	-.13	-.21	.04	-.04	.39	.80
(3) Geschl. weiblich		--	.25‡	.23‡	.11	.07	-.24‡	-.21‡	.01	.05	.43	.50
(4) Fam.-integration			--	.54‡‡‡	.49‡‡‡	-.28‡‡	-.22‡	-.35‡‡	.05	.04	2.18	.50
(5) Unter-stützung M.				--	.48‡‡‡	-.10	-.20‡	-.36‡‡‡	.13	-.09	2.56	.43
(6) Unter-stützung V.					--	-.23	-.12	-.30‡‡	.03	-.14	2.48	.47
(7) Selbst-abwertung						--	.17+	.50‡‡‡	-.01	-.01	1.34	.62
(8) Abwertg. normat.Stru.							--	.25‡	-.17+	.15	.70	.68
(9) Trans-gressionsber.								--	-.04	-.01	1.29	.69
(10) Bildung d. Eltern a)									--	-.27‡‡	2.30	.66
(11) Alter d. Kinder a)										--	12.79	1.69

Anmerkung:
a) kontinuierliche Variablen; nicht in den Regressionsgleichungen enthalten

Tabelle 29 zeigt für die einzelnen Regressionsanalysen die standardisierten Regressionskoeffizienten (beta), das multiple R, R^2 und den F-Wert der Varianzanalyse (ANOVA). In der ersten Serie von Analysen (A) sind die endogenen Variablen des Modells (Mediatoren und abhängige Variablen der Jugendlichen) auf nur die drei exogenen Variablen zurückgeführt. Die zweite Serie von Analysen (B) nimmt die Merkmale der Jugendlichen als Kriteriumsvariablen und schließt neben den exogenen Variablen auch jeweils einen der Mediatoren als Prädiktoren ein. Vergleicht man die jeweiligen Effekte der Dummy-Variablen für familiäre Einkommensverluste in den beiden Analysen (A) ohne und (B) mit Mediator, die sich hinsichtlich der einzelnen Kriteriumsvariablen der Jugendlichen ergeben, so läßt sich ablesen, inwieweit der direkte Effekt ökonomischer Deprivation durch Einbeziehung des Mediators reduziert wird.

Um den insgesamt bestehenden Zusammenhang zwischen ökonomischen Einbußen und den Merkmalen der Jugendlichen abzuschätzen, wird hier also nicht die einfache Korrelation herangezogen, sondern das reduzierte Modell (A) ohne Mediator. Die Korrelation liefert schon aufgrund der Besonderheiten der Effekt-Kodierung keine angemessene Vergleichsbasis. Zudem sind die beiden Dummy-Variablen mit r=.37 recht hoch korreliert. Erst bei gleichzeitiger Eingabe beider Dummy-Variablen in die Regressionsgleichung werden deren jeweilige Effekte ersichtlich. So besteht etwa kein bedeutsamer korrelativer Zusammenhang zwischen einer der Dummy-Variablen und Selbstabwertung der Jugendlichen (r=.15 für hohe Verluste und r=-.11 für stabil gebliebenes Einkommen), während sich in der Regressionsgleichung (A) ein bedeutsamer Einfluß hoher Verluste (beta=.22, p<.05) und – hiervon unabhängig – ein marginaler Effekt stabiler Einkommensverhältnisse (beta=-.19) zeigt.

Der ersten Serie multipler Regressionen (A) ist zu entnehmen, daß die Familienintegration bei stabil gebliebenem Familieneinkommen höher ausfällt als bei Einkommensverlusten jeglicher Höhe (beta=.25, p=.020) und daß auch das unterstützende Verhalten der Mütter in den einkommensstabilen Familien tendentiell über dem Vergleichswert der deprivierten Familien liegt (beta=.19, p=.082). Zusätzliche Effekte speziell hoher Verluste bestehen hinsichtlich dieser Merkmale nicht. Die Selbstabwertung der Jugendlichen ist demgegenüber vor allem bei

Tabelle 29: Effekte ökonomischer Deprivation und des Geschlechts des Jugendlichen auf die Familienintegration und die elterliche Unterstützung (als Mediatoren) sowie dieser Merkmale auf Selbstabwertung, Abwertung normativer Strukturen und Transgressionsbereitschaft der Jugendlichen: standardisierte Regressionskoeffizienten (n=96)

(A) Regression aller endogenen Variablen auf die exogenen Variablen

	Fam.-Integration	Unterstützung Mutter	Unterstützung Vater	Selbstabwertung	Abwertg. d.normat. Struktur	Transgressionsbereitsch.
hohe Verluste	-.07	-.06	-.09	.22*	.33**	.10
stabiles Eink.	.25*	.19+	-.06	-.19+	-.25*	-.25*
Geschlecht (weibl.)	.25*	.22*	.11	.07	-.24*	-.20*
R^2	.34	.29	.17	.24	.41	.31
$\bar{R}^2$	.11**	.08*	.03	.06	.17***	.10*
ANOVA F	3.97**	2.72*	.87	1.86	6.26***	3.28*

(B) Regression der abhängigen Variablen auf die exogenen und Mediatorvariablen

	Selbstabwertung			Abwertung der normativen Struktur			Transgressionsbereitschaft		
hohe Verluste	.19+	.21+	.19	.33**	.33**	.33**	.08	.08	.07
stabiles Eink.	-.11	-.17	-.20+	-.22*	-.23*	-.25*	-.18+	-.19+	-.27**
Geschl. (weib.)	.14	.09	.09	-.21*	-.21*	-.23*	-.14	-.14	-.17+
Fam.Integr.	-.29**	--	--	-.13	--	--	-.27**	--	--
Unterstüt. Mütter	--	-.10	--	--	-.11	--	--	-.30*	--
Unterstüt. Väter	--	--	-.23*	--	--	-.09	--	--	-.29**
R^2	.36	.26	.33	.43	.43	.42	.40	.42	.42
$\bar{R}^2$	.13*	.07	.11*	.18***	.18***	.18***	.16**	.18**	.18**
ANOVA F=	3.45*	1.60	2.82*	5.12***	5.03***	4.88**	4.41**	4.98**	5.01**

Anmerkung:
Signifikanzangaben *** p<.001, ** p<.01, * p<.05, + p<.01

starken finanziellen Einbußen erhöht (beta=.22, p=.050). Hinzu tritt ein marginaler Vorteil der Jugendlichen aus einkommensstabilen Familien, die eine etwas geringere Selbstabwertung als alle deprivierten Jugendlichen aufweisen (beta=-.19, p=.088). Ähnliche, aber weitaus deutlichere Effekte zeigen sich für die Abwertung der normativen Struktur: Sie ist sowohl bei stabilem Familieneinkommen generell niedrig ausgeprägt (beta=-.25, p=.016) als auch zusätzlich bei speziell starken Verlusten hochsignifikant erhöht (beta=.33, p=.001). Die Transgressionsbereitschaft der Jugendlichen hingegen scheint nicht von der Höhe finanzieller Einbußen abhängig zu sein: Sie fällt in den einkommensstabilen Familien generell niedriger aus als in den von Verlusten betroffenen (beta=-.25, p=.020).

Die Pfadmodelle für die beiden Vermittlervariablen Familienintegration und Unterstützung seitens der Mutter sind in Abbildung 17 dargestellt, wobei aus Gründen der Übersichtlichkeit nur diejenigen Pfade wiedergegeben sind, deren Koeffizienten in den Bereich statistischer Bedeutsamkeit fallen (p<.10).

Wie dort ersichtlich ist, haben die beiden Mediatorvariablen lediglich auf die Selbstabwertung und Transgressionsbereitschaft der Jugendlichen einen bedeutsamen Einfluß, nicht jedoch auf deren Abwertung der normativen Struktur. Im einzelnen lassen sich die Befunde folgendermaßen beschreiben:

Die Familienintegration hat einen jeweils hochsignifikanten negativen Effekt auf sowohl die Selbstabwertung (beta=-.29, p=.006) als auch die Transgressionsbereitschaft (beta=-.27, p=.009), wobei eine hohe Familienintegration - wie erwartet - einer negativen Selbstsicht und einer vermehrten Bereitschaft zu normverletzendem Verhalten entgegensteht. Allerdings geht der Effekt von Einkommensverlusten nur zu einem geringen Teil zu Lasten der Familienintegration, d.h. der direkte Effekt im vollständigen Pfadmodell ist kaum schwächer als der entsprechende Effekt ohne Einbeziehung des Mediators: Der Regressionskoeffizient für den Einfluß hoher Verluste auf die Selbstabwertung verringert sich von beta=.22 auf beta=.19 und fällt somit nur knapp unter die Signifikanzgrenze (p=.067). Etwas deutlicher ist die Mediatorfunktion der Familienintegration für die Transgressionsbereitschaft der Jugendlichen, nicht zuletzt, da beide gleichermaßen durch Einkommenseinbußen jeglicher Höhe

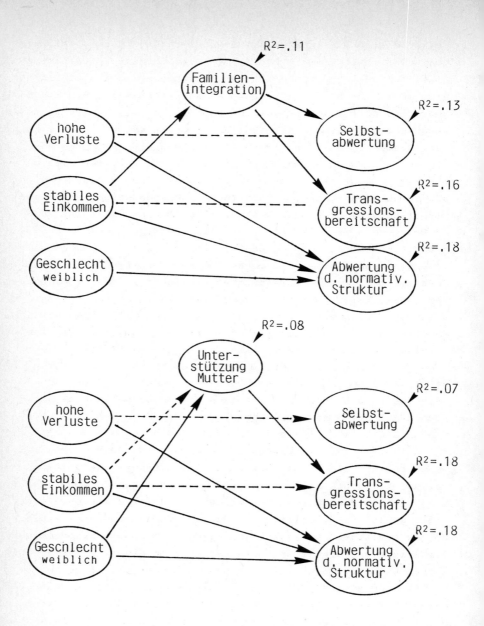

Abbildung 17: Pfadmodelle zu den Effekten ökonomischer Deprivation auf die Selbstabwertung, Transgressionsbereitschaft und
Abwertung der normativen Struktur der Jugendlichen und zur
Mediatorfunktion der Familienintegration und der Unterstützung
der Mütter: standardisierte Regressionskoeffizienten

234

beeinflußt werden. Der beta-Koeffizient für stabiles Einkommen verringert sich von beta=-.25 ohne Mediatorvariable auf beta=-.18 (p=.087), wenn Beeinträchtigungen der Familienintegration als Mediator einbezogen sind. Allerdings bleibt auch dieser direkte Effekt stabil gebliebener Einkommensverhältnisse noch tendentiell bedeutsam.

Das unterstützende Erziehungsverhalten der Mütter erweist sich - anders als das der Väter - als unbedeutend für die Selbstabwertung der Jugendlichen (beta=-.10, n.s.). Für die Transgressionsbereitschaft besteht jedoch der erwartete negative Effekt (beta=-.30, p=.003), d.h. bei hoher Unterstützung seitens der Mutter fällt die Bereitschaft zu normverletzendem Verhalten geringer aus. Sind die hierüber vermittelten indirekten Auswirkungen ökonomischer Deprivation berücksichtigt, so verringert sich der direkte Effekt eines stabil gebliebenen Familieneinkommens auf die Transgressionsbereitschaft von beta=-.25 auf beta=-.19 (p=.064). Wie auch schon hinsichtlich der Familienintegration als Mediator bleibt noch ein marginaler direkter Einfluß ökonomischer Deprivation auf die Bereitschaft zu Normübertretungen bestehen, der nicht auf die geringere Unterstützung der Mütter zurückzuführen ist.

Ebenso deutlich wie der Abfall des Effekts finanzieller Einbußen ist der des Einflusses der Geschlechtszugehörigkeit. Die geringere Transgressionsbereitschaft der Mädchen (beta=-.20, p=.042 in Modell A ohne Mediator ; vgl. Tabelle 29) stellt sich als unbedeutender Geschlechtsunterschied dar (beta=-.14, n.s.), wenn die größere Unterstützung berücksichtigt wird, die die Mädchen seitens der Mütter erfahren. Allerdings ließe sich hinsichtlich dieser wohl langfristig eingespielten geschlechtsspezifischen Interaktionen genauso sinnvoll auch umgekehrt argumentieren, daß die "braveren" Mädchen mehr positive Interaktionen mit ihren Müttern initiieren.

Das unterstützende Verhalten der Väter hat sowohl auf die Selbstabwertung (beta=-.23, p=.019) als auch auf die Transgressionsbereitschaft der Jugendlichen (beta=-.29, p=.003) einen negativen bzw. hemmenden Einfluß. Da dieser Aspekt der Vater-Kind-Interaktion jedoch keinen direkten Zusammenhang zu familiären Einkommenseinbußen aufweist, bleiben auch die Effekte ökonomischer Deprivation auf die Jugendlichen hiervon unbeeinflußt.

Zusammenfassend läßt sich somit nur für die Selbstabwertung und die Transgressionsbereitschaft bestätigen, daß die Auswirkungen ökonomischer Deprivation auf die Kinder über Beeinträchtigungen der Familienintegration und des unterstützenden Erziehungsverhaltens der Mütter vermittelt werden. In beiden Fällen bleiben jedoch noch marginale direkte Einflüsse familiärer Einkommensverluste bestehen, die sich nicht auf diese Aspekte der familiären Beziehungen und Interaktionen aufklären lassen. Kritisch-abwertende Einstellungen der Jugendlichen gegenüber der normativen Struktur scheinen demgegenüber weder von der Familienintegration noch vom unterstützenden Verhalten der Mütter abhängig zu sein. Inwieweit dies auf geschlechtsrollentypische Zusammenhänge zwischen Familienintegration und einer Abwertung der normativen Struktur zurückzuführen ist, wird weiter unten in Kapitel 5.5.4 behandelt.

Zunächst soll jedoch geklärt werden, ob die - in der unteren Bildungsgruppe konzentrierten - Effekte ökonomischer Deprivation auf die Transgressionsbereitschaft und die Abwertung der normativen Struktur durch das vermehrt restriktiv-bestrafende Verhalten der deprivierten Eltern in speziell dieser Bildungsgruppe bedingt sind.

5.5.3 Restriktiv-bestrafendes Erziehungsverhalten der Eltern als Mediator von Einflüsse ökonomischer Deprivation auf kontranormative Orientierungen: Ein Vergleich beider Bildungsgruppen

Die in Kapitel 4.5.2 und 5.5.1 berichteten Befunde haben gezeigt, daß nicht nur die Auswirkungen ökonomischer Deprivation auf das restriktiv-bestrafende Erziehungsverhalten der Eltern auf Familien mit niedrigen Bildungsressourcen beschränkt sind, sondern auch die Effekte familiärer Einkommensverluste auf die Transgressionsbereitschaft der Jugendlichen. Zudem geben vor allem die deprivierten Söhne in Familien mit niedriger elterlicher Bildung eine vermehrte Abwertung der normativen Struktur an. Somit stellt sich die Frage, inwieweit die stärker kontranormativen Orientierungen der deprivierten Jugendlichen in dieser Bildungsgruppe auf das erhöhte autoritäre Verhalten der Eltern zurückzuführen ist. Es ließe sich

236

erwarten, daß die Abwertung der normativen Struktur und die
Transgressionsbereitschaft eine Gegenreaktion zu als illegitim
wahrgenommenen innerfamiliären Kontrollen darstellen, daß also
das restriktiv-bestrafende Verhalten der Eltern den Mediator
zwischen ökonomischer Deprivation und den Reaktionen der –
Jugendlichen fungiert.

Zur Prüfung dieser Hypothese wurden für beide Bildungsgruppen getrennte Pfadmodelle berechnet, in denen zunächst das
restriktiv-bestrafende Erziehungsverhalten der Mütter und
Väter, die Abwertung der normativen Struktur seitens der
Jugendlichen sowie deren Transgressionsbereitschaft auf Einkommenseinbußen und das Geschlecht der Jugendlichen (als Kovariate) zurückgeführt werden und dann (B) als Prädiktoren für die
abhängigen Variablen der Jugendlichen neben den beiden exogenen
Variablen Einkommensverluste und Geschlecht die Mediatorvariable restriktiv-bestrafendes Verhalten jeweils eines Elternteils
eingehen. Hierbei läßt sich wiederum der Abfall des direkten
Einflusses ökonomischer Deprivation bei Einbeziehung der
Mediatorvariable ablesen. Da sich sowohl für das restriktiv-
bestrafende Verhalten beider Eltern als auch für die Transgressionsbereitschaft keine spezifischen Effekte nur hoher Verluste
gezeigt hatten, wird als Maß für familiäre Einkommensverluste
in diesen Analysen ein dichotomer Indikator verwendet, der alle
Familien mit Einkommensverlusten jeglicher Höhe von den einkommensstabilen Familien unterscheidet. Die Ausgangskorrelationen
für die Familien mit niedriger (n=53) und höherer (n=48)
Schulbildung der Eltern sind in Tabelle 30 wiedergegeben. Die
standardisierten Regressionskoeffizienten der einzelnen Modelle
sind in Tabelle 31 ersichtlich.

Wie schon die Varianzanalysen angezeigt haben, besteht
lediglich in der unteren Bildungsgruppe ein deutlicher Effekt
von Einkommensverlusten auf das restriktiv-bestrafende Verhalten beider Eltern (Mütter: beta=.33, p=.014; Väter: beta=.29,
p=.037), nicht jedoch in der höheren Bildungsgruppe (Mütter:
beta=-.04, n.s.; Väter: beta=-.11, n.s.). Ebenso sind bedeutsame Effekte von Einkommenseinbußen auf abwertende Einstellungen
gegenüber der normativen Struktur und auf die Bereitschaft zu
normverletzendem Verhalten nur in dieser Bildungsgruppe gegeben
(niedrige versus höhere Bildung der Eltern: Abwertung der
normativen Struktur: beta=.35, p=.010 versus beta=.22, n.s.;

Tabelle 30: Ausgangskorrelationen und Skalenkennwerte der multiplen Regression für Familien der niedrigen Bildungsgruppen (n=53) und der höheren Bildungsgruppen (n=48) in Tabelle 31[a]

(A) Niedrige Bildung der Eltern

	(2)	(3)	(4)	(5)	(6)	x	s
(1) Eink.- verluste [a]	-.04	.34*	.29*	.35**	.35**	.45	.50
(2) Geschl. (weiblich)	--	-.13	-.14	-.19	-.19	.40	.49
(3) Mutter restriktiv		--	.52***	.31*	.18	1.23	.70
(4) Vater restriktiv			--	.27+	.20	1.17	.84
(5) Abwertg.d. normat.Stru.				--	.21	.77	.74
(6) Transgr.- bereitschaft					--	1.31	.72

(B) Höhere Bildung der Eltern

	(2)	(3)	(4)	(5)	(6)	x	s
(1) Eink.- verluste [a]	.02	-.05	-.11	.10	.10	.42	.50
(2) Geschl. (weiblich)	--	-.13	-.16	-.31*	-.18	.44	.50
(3) Mutter restriktiv		--	.63***	.42**	.19	.95	.65
(4) Vater restriktiv			--	.26+	.03	1.04	.89
(5) Abwertg.d. normat.Stru.				--	.31*	.63	.58
(6) Transgr.- bereitschaft					--	1.26	.63

Anmerkung:

[a] dichotom (1 = hohe und mittlere Verluste, 0 = keine Verluste)

Signifikanzangaben *** p<.001, ** p<.01, * p<.05, + p<.10

Tabelle 31: Effekte ökonomischer Deprivation[a] und des Geschlechts des Kindes auf das restriktiv-bestrafende Verhalten beider Eltern als Mediator sowie dieser Variablen auf kontranormative Orientierungen der Jugendlichen[b]: standardisierte Regressionskoeffizienten für Familien mit niedriger (n=53) und höherer Bildung (n=48)

(A) Niedrige Bildung der Eltern

| | restriktiv-bestrafend | | Abwertung der normat.Struktur | | | Transgressions-bereitschaft | | |
	Mutter	Vater	(1)	(2)	(3)	(1)	(2)	(3)
Einkommens-verluste	.33*	.29*	.34**	.28*	.30*	.34*	.33*	.32*
Geschlecht d.Kindes	-.12	-.13	-.18	-.15	-.15	-.17	-.17	-.16
restriktive Mutter	--	--	--	.20	--	--	.04	--
restriktiver Vater	--	--	--	--	.16	--	--	.09
R	.36	.32	.39	.43	.42	.39	.39	.40
R^2	.13	.10	.15	.19	.18	.15	.15	.16
F	3.72	2.84	4.57	3.79	3.53	4.51	2.98	3.10
p	.031	.068	.015	.016	.021	.015	.040	.035

(B) Höhere Bildung der Eltern

| | restriktiv-bestrafende | | Abwertung der normat.Struktur | | | Transgressions-bereitschaft | | |
	Mutter	Vater	(1)	(2)	(3)	(1)	(2)	(3)
Einkommens-verluste	-.04	-.11	.11	.12	.13	.11	.11	.11
Geschlecht d.Kindes	-.13	-.16	-.31*	-.26+	-.28+	-.19	-.16	-.18
restriktive Mutter	--	--	--	.39**	--	--	.17	--
restriktiver Vater	--	--	--	--	.23	--	--	.01
R	.14	.19	.32	.51	.40	.21	.27	.21
R^2	.02	.04	.11	.26	.16	.05	.07	.05
F	.43	.88	2.71	5.09	2.77	1.07	1.17	.70
p	n.s.	n.s.	.077	.004	.052	n.s.	n.s.	n.s.

Anmerkungen: [a] dichotom (Verluste: keine=0; mittlere/hohe=1)
[b] (1) Modell ohne Mediator, (2) Verhalten der Mutter als Mediator, (3) Verhalten des Vaters als Mediator;

Signifikanzangaben: ** p<.01, * p<.05, + p<.10

239

Transgressionsbereitschaft: beta=.34, p=.011 versus beta=.11, n.s.). Geschlechtsspezifische Unterschiede hinsichtlich der abwertenden Einstellungen gegenüber der normativen Struktur bestehen - bei Berücksichtigung des Einflusses ökonomischer Einbußen - nur in der höheren Bildungsgruppe, wobei die Mädchen weniger gesellschaftskritische Ansichten äußern als die Jungen (beta=-.31, p=.031), nicht jedoch bei den Jugendlichen in der unteren Bildungsgruppe (beta=-.18, n.s.). Da der Effekt familiärer Einkommenseinbußen auf die kritisch-abwertenden Einstellungen gegenüber dem normativen System bei den Jungen der unteren Bildungsgruppe stärker ausfällt als bei den Mädchen, bindet die Variable Einkommensverluste in dieser Gruppe auch einen Teil der geschlechtsspezifischen Varianz.

Entgegen den Erwartungen erweist sich das restriktive Erziehungsverhalten der Eltern in der unteren Bildungsgruppe als irrelevant für die bei Einkommenseinbußen erhöhten kontranormativen Orientierungen der Jugendlichen: Nicht nur, daß die direkten Effekte ökonomischer Deprivation auf die Abwertung der normativen Struktur und die Transgressionsbereitschaft kaum geringer ausfallen, wenn das restriktiv-bestrafende Verhalten der Eltern als zusätzlicher Prädiktor berücksichtigt wird. Dieser Aspekt des elterlichen Erziehungsverhaltens hat nach den multiplen Regressionen ohnehin keinen nennenswerten Einfluß auf die kontranormativen Orientierungen der Jugendlichen. Zwar fallen die Regressionskoeffizienten für Einflüsse des restriktiv-bestrafenden Verhaltens auf die Abwertung der normativen Struktur (Mütter: beta=.20, Väter: beta=.16) etwas höher aus als die vergleichbaren Effekte für die Transgressionsbereitschaft (Mütter: beta=.04, Väter: beta=.09), sind jedoch ebenfalls zu schwach, um das Niveau tendentieller Signifikanz zu erreichen (jeweils p>.10).

Daß dennoch in dieser Bildungsgruppe statistisch bedeutsame Ausgangskorrelationen zwischen restriktiv-bestrafendem Verhalten der Eltern und einer Abwertung der normativen Struktur bestehen (Mütter: r=.31, p=.023; Väter: r=.27, p=.051; vgl. Tabelle 30), wäre demnach auf die parallelen Einflüsse ökonomischer Einbußen auf beide Variablen zurückzuführen: Im vollständigen Modell (2,3) bestehen bedeutsame Effekte familiärer Einkommensverluste auf sowohl das restriktiv-bestrafende Verhalten der Eltern als auch auf die Normdistanz der Jugendlichen

240

(beta=.28 bzw. beta=.30, jeweils p<.05 bei Berücksichtigung des Erziehungsverhaltens der Mütter bzw. Väter), während die Regressionskoeffizienten des Pfades vom jeweiligen Mediator zur abhängigen Variable deutlich niedriger ausfallen als die einfachen korrelativen Zusammenhänge, und, wie gesagt, nicht signifikant sind. Für die Transgressionsbereitschaft der Jugendlichen bestehen schon auf der Ebene einfacher Korrelationen keine vergleichbaren Zusammenhänge zum restriktiv-bestrafenden Verhalten der Eltern.

Für die Familien mit höherer Bildung der Eltern, in denen das Erziehungsverhalten der Eltern nicht durch Einkommenseinbußen beeinflußt wird, ergibt sich demgegenüber der erwartete Effekt des restriktiv-bestrafenden Verhaltens auf abwertende Einstellungen gegenüber der normativen Struktur, allerdings nur für das Erziehungsverhalten der Mütter (beta=.39, p=.004). Der entsprechende Koeffizient für restriktiv-bestrafendes Verhalten der Väter geht zwar in die gleiche Richtung, erreicht jedoch nicht die Signifikanzgrenze (beta=.23, p>.10). Hinsichtlich der Bereitschaft zu normverletzendem Verhalten der Jugendlichen erweist sich dieser Aspekt des elterlichen Verhaltens als ebenso unbedeutend wie schon in der unteren Bildungsgruppe (Mütter: beta=.17; Väter: beta=.01, jeweils n.s.).

Daß die normablehnenden Reaktionen der Jugendlichen aus ökonomisch deprivierten Familien in der Gruppe mit nur geringen Bildungs-Ressourcen stärker ausfallen, ist somit nicht auf jene Beeinträchtigungen des elterlichen Erziehungsverhaltens zurückzuführen, die auch für diese Gruppe spezifisch sind. Sowohl eine Abwertung der normativen Struktur als auch die Bereitschaft zu normverletzendem Verhalten erweisen sich in der unteren Bildungsgruppe als weitgehend unabhängig vom restriktiv-bestrafenden Verhalten der Eltern. Entsprechend stellen sich die kontranormativen Orientierungen der deprivierten Jugendlichen in dieser Hinsicht eher als direkte Reaktionen auf die familiäre Einkommenssituation dar. Allerdings gilt dies nicht generell: In den vorherigen Analysen hatte sich gezeigt, daß der Effekt von Einkommensverlusten auf die Transgressionsbereitschaft zumindest teilweise indirekt verläuft, nämlich durch die Beeinträchtigungen der Familienintegration und des unterstützenden Erziehungsverhaltens der Mütter vermittelt wird.

Die vermehrte Ablehnung sozialer Normen und Kontrollen
seitens der deprivierten Jugendlichen läßt sich demgegenüber
auf keinen der betrachteten Aspekte des Familien- und Erziehungsklimas zurückführen. Hier stellt sich nun die Frage, ob
diese normkritischen Orientierungen generell von der Qualität
familiärer Beziehungen unabhängig sind, oder ob sich inter-
individuelle Unterschiede in der Vulnerabilität für jene
innerfamiliäre Beeinträchtigungen ausmachen lassen, die aus der
ökonomischen Verknappung resultieren. Dem soll im nächsten
Abschnitt nachgegangen werden.

5.5.4 Familiäre Einkommensverluste und Beeinträchtigungen der Familienintegration als Prädiktoren einer Abwertung der normativen Struktur: Geschlechtstypische Unterschiede

Die bisherigen Analysen zu abwertenden Einstellungen der
Jugendlichen gegenüber sozialen Normen und Kontrollinstanzen
hatten erbracht, daß vor allem die Söhne deprivierter Familien
(der unteren Bildungsgruppe) mit erhöhter Skepsis gegenüber
normativen Regelungen reagieren, während sich für die Töchter
keine gleichermaßen ausgeprägten Einflüsse familiärer Einkommensverluste ausmachen ließen. Solche geschlechtsspezifischen
Unterschiede in den Auswirkungen ökonomischer Deprivation
zeigen auch die Befunde von Elder, Van Nguyen und Caspi (1985),
nach denen emotionale Belastungen und eine vermehrte Abhängigkeit von Gleichaltrigen bei einer Verknappung des Familieneinkommens nur für die Jungen zu beobachten sind. Gleichzeitig
legen sie nahe, daß diese Reaktionen der Jungen nicht auf
Beeinträchtigungen der familiären Interaktionen zurückzuführen
sind, sondern eine direkte Folge der ökonomischen Härten
darstellen: Weder reagieren die Väter deprivierter Familien
gegenüber ihren Söhnen mit vermehrter Ablehnung, noch hat das
negative Verhalten der Väter einen Einfluß auf z.B. die Ge-
fühlsschwankungen oder die Verletzbarkeit der Söhne. Demgegenüber sind die Mädchen bei finanzieller Verknappung sehr wohl
von vermehrter Ablehnung seitens des Vaters betroffen und
werden hierdurch auch in ihrer emotionalen Befindlichkeit
beeinflußt.

242

Entsprechend soll geprüft werden, ob sich auch hier – parallel zu diesen Befunden Elders – Hinweise darauf finden, daß sich die Söhne in stärkerem Maße Belastungen des Familienklimas entziehen können bzw. weniger auf negative innerfamiliäre Beziehungen reagieren als Mädchen. Die Frage richtet sich hier auf die Übernahme gängiger Normorientierungen, die Akzeptanz sozialer Regelungen und Kontrollinstanzen und lautet: Werden abwertende Einstellungen gegenüber der normativen Struktur bei den Jungen vor allem direkt durch familiäre Einkommensverluste beeinflußt, nicht jedoch auch durch die Familienintegration, während die Reaktionen der Mädchen nur von Beeinträchtigungen der familiären Beziehungen abhängig sind, die ihrerseits aus den finanziellen Härten resultieren? Eine solche indirekte Verbindung zwischen ökonomischer Deprivation und Abwertung der normativen Struktur seitens der Mädchen wäre nicht dahingegehend zu interpretieren, daß die Familienintegration den erklärenden Mediator darstellen, auf den sich substantielle Einflüsse finanzieller Verknappung zurückführen ließen. (Letztere sind ja nicht gegeben.) Unterschiedliche Strukturmodelle für Jungen und Mädchen geben jedoch Aufschluß über die jeweils relevanten Einflußfaktoren hinsichtlich einer Ablehnung sozialer Normen und Kontrollen.

Zur Prüfung dieser Modellannahmen wurden mittels multipler Regressionen separate Pfadmodelle für Jungen und Mädchen berechnet, in die als exogene Variablen das dreistufige Maß für Einkommensverluste, die Schulbildung der Eltern und das Alter der Jugendlichen eingehen, als Mediator die Familienintegration, wobei die Angaben beider Eltern zusammengefaßt sind, und als abhängige Variable die Abwertung der normativen Struktur seitens der Jugendlichen. Für die Schätzung von Effekten familiärer Einkommensverluste wurde die dreistufige Variable gewählt, um sicherzustellen, daß der Einfluß ökonomischer Deprivation auf die normkritischen Einstellungen der Jugendlichen (auch der Mädchen) nicht unterschätzt wird, da sich stärkere Effekte bei vor allem hohen Einbußen gezeigt hatten. Die Ausgangskorrelationen sind in Tabelle 32 wiedergegeben.

Schon anhand der einfachen Korrelationen zeigt sich, daß bei den Mädchen, nicht jedoch den Jungen ein bedeutsamer Zusammenhang zwischen Familienintegration und kontranormativen Einstellungen besteht (r=-.34, p=.028 versus r=-.08, n.s.). Die

Tabelle 32: Ausgangskorrelationen und Skalenkennwerte der Pfadmodelle für Jungen (n = 58) und Mädchen (n = 43) in Abbildung 18

(A) Jungen

	(2)	(3)	(4)	(5)	M	SD
(1) Einkom- mensverluste	-.12	.07	-.16	.48***	.65	.81
(2) Bildung d. Eltern	--	-.28*	.14	-.17	2.31	.71
(3) Alters- gruppe		--	-.03	.30*	.43	.50
(4) Familien- integration			--	-.08	2.04	.53
(5) Abwertung.d. normat.Struktur				--	.83	.75

(B) Mädchen

	(2)	(3)	(4)	(5)	M	SD
(1) Einkom- mensverluste	-.04	.06	-.29+	.15	.65	.84
(2) Bildung d. Eltern	--	-.06	-.11	-.15	2.31	.59
(3) Alters- gruppe		--	.21	-.08	.54	.51
(4) Familien- integration			--	-.34*	2.31	.52
(5) Abwertung.d. normat.Struktur				--	.55	.57

Signifikanzangaben: *** p<.001, ** p<.01, * p<.05, + p<.10

Familienintegration ist ihrerseits lediglich bei den Mädchen mit Einkommensverlusten korreliert (r=-.29, p=.057 versus r=-.16, n.s.); allerdings wird durch die dreistufige Variable der Effekt von Einkommensverlusten auf die Familienintegration etwas unterschätzt, zumal für die Jungen, da die Beeinträchtigungen in beiden Verlustgruppen gleich ausfallen.[3] Die Korrelation zwischen finanziellen Einbußen und einer Abwertung

---

3) Von dieser Unterschätzung sind die Jungen besonders betroffen, da Familien mit hohen Verlusten bei ihnen eher unterrepräsentiert sind.

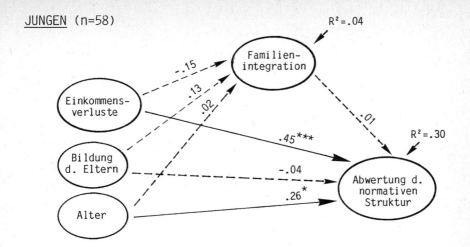

JUNGEN (n=58)

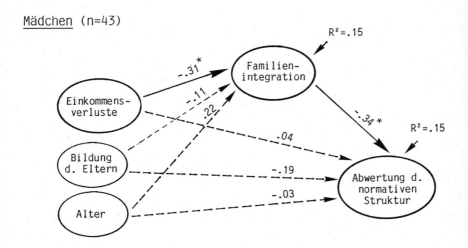

Mädchen (n=43)

Abbildung 18: Pfadmodelle für Jungen und Mädchen zu den Effekten familiärer Einkommensverluste, elterlicher Bildung und Alter der Jugendlichen auf die Familienintegration als Mediator und Abwertung der normativen Struktur als abhängiges Merkmal: standardisierte Regressionskoeffizienten und R^2.

Anmerkungen:
Verluste dreistufig kodiert (keine=0, mittlere=1, hohe=2); Bildung der Eltern kontinuierlich; Alter der Kinder dichotom.
Signifikanzangaben: ***p .001, **p .01, *p .05, +p .10.

der normativen Struktur ist bei den Jugen hochsignifikant (r=.48, p<.001), bei den Mädchen jedoch statistisch unbedeutend (r=.15, n.s.).

Betrachtet man nun die Pfadmodelle in Abbildung 18, so bestätigt sich das Bild, das schon die Korrelationen nahelegen: Die normkritischen Einstellungen der Jungen sind bei familiären Einkommensverlusten hochsignifikant erhöht (beta=.45, p<.001) und steigen auch mit dem Alter (beta=.26, p=.032), während sich die Familienintegration als unbedeutend erweist (beta=.01, n.s.). Bei den Mädchen ergibt sich demgegenüber der erwartete indirekte Weg: Einkommenseinbußen haben einen nachteiligen Einfluß auf die Familienintegration (beta=-.31, p=.043), deren Beeinträchtigungen ihrerseits zu einer Abwertung der normativen Struktur beitragen (beta=-.34, p=.043). Die (nicht bedeutsame) Ausgangskorrelation zwischen Einkommensverlusten und normkritischen Einstellungen wird von r=.15 auf beta=.04 reduziert. Ein Alterseffekt besteht bei den Mädchen nicht (beta=.03, n.s.), d.h. im Gegensatz zu den Jungen werden die Mädchen nicht mit steigendem Alter normkritischer.

Wenn also in der Gesamtgruppe der hier untersuchten Jugendlichen kein Einfluß der Familienintegration auf die Abwertung der normativen Struktur auszumachen ist, so verbergen sich hinter diesem Befund durchaus geschlechtsspezifische Unterschiede in der Vulnerabilität solcher Einstellungen gegenüber Belastungen der Familienbeziehungen. Lediglich bei den Mädchen geht eine geringe Familienintegration mit negativen Einstellungen gegenüber normativen Regelungen und Kontrollinstanzen einher, während sich die finanzielle Lage der Familie in dieser Hinsicht als bedeutungslos erweist. Zwar tragen höhere Einkommenseinbußen in den Familien der Mädchen über ihre Auswirkungen auf die Familienintegration auch indirekt zu einer Abwertung der normativen Struktur bei. Der so vermittelte Einfluß finanzieller Verknappung ist jedoch zu schwach, als daß ein substantieller einfacher Zusammenhang zwischen ökonomischer Deprivation und normkritischen Orientierungen resultieren würde. Die Jungen hingegen, die im Gegensatz zu den Mädchen bei familiären Einkommenseinbußen durchaus eine vermehrte Kritik an sozialen Normen und Kontrollen äußern, scheinen in diesen Orientierungen nicht durch die Qualität familiärer Beziehungen beeinflußt zu werden.

5.5.5 Leistungsorientierung der Jugendlichen und reduzierte Bildungswünsche der Eltern für ihre Kinder

Bislang haben uns Auswirkungen ökonomischer Deprivation auf die Selbstsicht der Jugendlichen und ihre Normorientierungen interessiert, letzteres sowohl im Hinblick auf eine kritisch-abwertende Einstellung gegenüber sozialen Kontrollinstanzen und normativ geregelten Prinzipien der Chancenverteilung als auch bezogen auf eine vermehrte Bereitschaft zu normverletzenden Verhaltensweisen. Welche adaptiven Reaktionen der Jugendlichen und ihrer Eltern lassen sich nun im Hinblick auf den Leistungs- und Bildungsbereich ausmachen? Trägt die Erfahrung eines ökonomischen "Mißerfolgs" der Familie eher zu einer Absage an die Leistungsethik bei oder wird hierdurch sogar eher eine stärkere Leistungs- und Erfolgsorientierung als "konformes" Statusstreben begünstigt?

Bezogen auf die Bildungswünsche der Eltern für ihre Kinder wurde laut Hypothese 9 erwartet, daß es im Zuge der finanziellen Verknappung zu einer Abwertung aufwendiger Ausbildungswege kommt, und zwar am ehesten in der unteren Bildungsgruppe und gegenüber Mädchen. Da damit auch Wünsche der Eltern an eine frühere ökonomische Selbständigkeit der Kinder, also ein vorgezogenes "Erwachsen-Werden" angesprochen sind, wird im Sinne von Hypothese 10 zu fragen sein, ob parallel hierzu auch entsprechende differenzielle Konsequenzen familiärer Einkommensverluste für eine vermehrte Ausrichtung auf den Leistungsbereich seitens der Jugendlichen zu beobachten sind. In diesem letzten Schritt der Analysen zu Effekten ökonomischer Deprivation auf die Leistungsorientierung der Jugendlichen und die Bildungswünsche der Eltern für ihre Kinder wurden als potentielle Moderatorvariablen neben der Schulbildung beider Eltern und dem Geschlecht des Kindes auch deren Alter berücksichtigt. Zur Prüfung von Haupt- und Interaktionseffekten wurden wiederum vierfaktorielle Varianzanalysen mit jeweils dichotomen Faktoren berechnet. Die F-Werte der statistisch bedeutsamen Effekte ($p < .10$) sind in Tabelle 33 wiedergegeben. Die Mittelwerte der nach familiären Einkommenseinbußen unterschiedenen Subgruppen sind in Tabelle 34 ersichtlich.

Betrachtet man zunächst die leistungsbezogenen Werthaltungen der Jugendlichen, so zeigt sich kein signifikanter

247

<u>Tabelle 33</u>: Leistungsorientierung der Jugendlichen und Reduktion der elterlichen Bildungswünsche für ihre Kinder in Abhängigkeit von Einkommensverlusten, elterlicher Bildung, Geschlecht und Alter der Jugendlichen: F-Werte der vierfaktoriellen Varianzanalysen (n=114) [a]

	Leistungs-orientierung d. Jugendlichen	reduzierte Bildungswünsche d. Eltern
Einkommensverluste	n.s.	2.86^+
Bildung der Eltern	15.67^{***}	18.75^{***}
Geschlecht	n.s.	n.s.
Alter	4.32^*	n.s.
Verluste x Bildung	5.98^*	4.48^*
Verluste x Alter	13.82^{***}	n.s.
Bild. x Geschlecht x Alter	7.81^{**}	n.s.

Anmerkung:

[a] Die Angaben zu den Interaktionseffekten beschränken sich auf diejenigen Effekte, die bei mindestens einer der abhängigen Variablen bedeutsam sind (p<.10).

Signifikanzangaben: *** p<.001, ** p<.01, * p<.05, $^+$ p<.10

Haupteffekt familiärer Einkommenseinbußen, wohl aber zwei Interaktionseffekte von einerseits ökonomischer Deprivation und andererseits der elterlichen Bildung (F=13.82, p=.016) und dem Alter des Kindes (F=13.82, p<.001). Wie aus Abbildung 19 hervorgeht, fällt die Leisungsorientierung der Kinder aus einkommensstabilen Familien in der niedrigen Bildungsgruppe nur geringfügig höher aus als in der höheren Bildungsgruppe (M=1.81, n=31 versus M=1.63, n=30). Dieser Unterschied ist in den deprivierten Familien stark akzentuiert (M=2.26, n=29 für Jugendliche der niedrigen Bildungsgruppe versus M=1.38, n=28 für Jugendliche der höheren Bildungsgruppe). Entsprechend besteht auch ein hochsignifikanter Haupteffekt für die Bildung der Eltern (F=15.67, p<.001), der jedoch weitgehend auf die Jugendlichen der deprivierten Familien zurückzuführen ist.

Die Befunde zu differentiellen Effekten ökonomischer Deprivation in Abhängigkeit vom Alter der Jugendlichen sind in Abbildung 20 dargestellt. Die Gruppenmittelwerte zeigen, daß in

248

Tabelle 32: Leistungsorientierung der Jugendlichen und verringerte Bildungswünsche der Eltern für ihre Kinder in Abhängigkeit vom Ausmaß der Einkommensverluste, getrennt nach Schulbildung der Eltern, Geschlecht und Alter der Jugendlichen: Mittelwerte und Gruppengrößen

		Leistungsorientierung			verringerte Bildungswünsche		
		Einkommensverluste			Einkommensverluste		
		nein	ja	gesamt	nein	ja	gesamt
Gesamtstichprobe							
	M	1.72	1.82	1.77	.36	.58	.46
	(n)	(61)	(57)	(118)	(63)	(51)	(114)
Bildung der Eltern							
niedrig	M	1.81	2.26	2.02	.52	.98	.73
	(n)	(31)	(29)	(60)	(31)	(26)	(57)
hoch	M	1.63	1.38	1.51	.20	.16	.18
	(n)	(30)	(28)	(58)	(32)	(25)	(57)
Jungen							
	M	1.66	2.02	1.83	.36	.55	.45
	(n)	(34)	(31)	(65)	(37)	(29)	(66)
Mädchen							
	M	1.80	1.60	1.70	.35	.61	.47
	(n)	(27)	(26)	(53)	(26)	(22)	(48)
frühes Jugendalter							
	M	1.59	2.27	1.89	.28	.65	.44
	(n)	(35)	(28)	(63)	(36)	(26)	(62)
mittleres Jugendalter							
	M	1.90	1.40	1.64	.46	.50	.48
	(n)	(26)	(29)	(55)	(27)	(25)	(52)

den einkommensstabilen Familien die Leistungsorientierung der
älteren Jugendlichen über der der jüngeren liegt (M=1.90, n=26
versus M=1.59, n=35), während sich in den deprivierten Familien
das Verhältnis umkehrt: Die Leistungsorientierung der Kinder im
frühen Jugendalter (M=2.27, n=28) ist bei familiären Einkommensverlusten gegenüber der einkommensstabilen Vergleichsgruppe
beträchtlich erhöht. Noch deutlicher übertrifft sie die der
deprivierten Kinder im mittleren Jugendalter (M=1.40, n=29),
die eine geringere Leistungs- und Erfolgsorientierung angeben

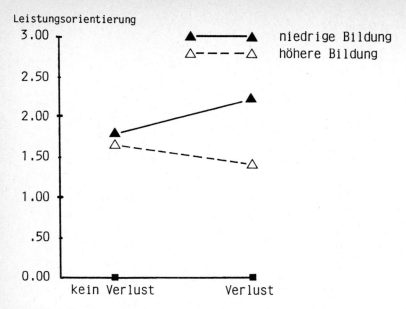

Abbildung 19: Leistungsorientierung der Jugendlichen in Abhängigkeit von Einkommensverlusten und Bildung der Eltern

als ihre Altersgenossen aus einkommensstabilen Familien. So ist die Diskrepanz zwischen beiden Altersgruppen in den deprivierten Familien weitaus größer als in den einkommensstabilen Familien, was sich in einem signifikanten Haupteffekt des Alters niederschlägt (F=4.32, p=.040). Daß sich die jüngere Gruppe insgesamt als leistungsorientierter erweist (vgl. Tabelle 33) ist jedoch lediglich auf die deprivierten Jugendlichen zurückzuführen.

Schließlich besteht noch ein hochsignifikanter dreifaktorieller Interaktionseffekt von elterlicher Bildung, Alter und Geschlecht der Jugendlichen (F=7.81, p<.01): Unter den Kindern im frühen Jugendalter weisen die Jungen der niedrigen Bildungsgruppe die höchste Leistungsorientierung (M=2.42, n=19) und diejenigen der höheren Bildungsgruppe die niedrigste Leistungsorientierung (M=1.28, n=18) auf, während sich die jüngeren

Leistungsorientierung

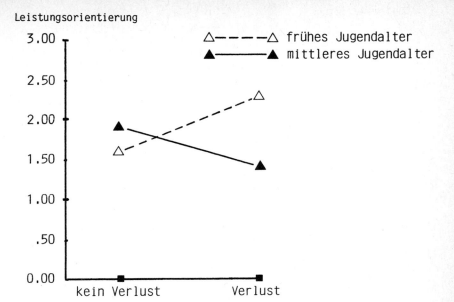

Abbildung 20: Leistungsorientierung der Jugendlichen in Abhängigkeit von Einkommensverlusten und Alter

Mädchen nicht nach der Bildung der Eltern unterschieden
(M=1.96, n=12 versus M=1.89, n=14). Unter den Kindern im
mittleren Jugendalter fallen die Mädchen der höheren
Bildungsgruppe mit einer niedrigen Leistungsorientierung
(M=1.18, n=14) aus den restlichen Gruppen heraus (M=1.78/
1.79/1.81, n=16/12/13). Dies ist jedoch nicht ohne weiteres zu
interpretieren.

Bei separater Betrachtung der Jugendlichen aus stark
deprivierten Familien und solchen mit mittleren Einbußen zeigt
sich eine erhöhte Leistungsorientierung der Jugendlichen aus
extrem deprivierten Familien (M=2.02, SD=.91, n=32 versus
M=1.58, SD=.81, n=25 bei mittleren Einbußen und M=1.72, SD=.77,
n=61 bei stabilem Familieneinkommen). Der Effekt des dreistufigen Faktors ist jedoch nicht bedeutsam (F=2.20, df=2, p>.10).

Die differentiellen Reaktionen der Jugendlichen in Abhängigkeit von der elterlichen Bildung und dem Alter dominieren.

Demnach hat ökonomische Deprivation sowohl in beiden Bildungs- als auch in den Altersgruppen jeweils gegenläufige Effekte: In der niedrigen Bildungsgruppe ist die Leistungsorientierung der deprivierten Kinder gegenüber der einkommensstabilen Vergleichsgruppe erhöht, in der höheren Bildungsgruppe reduziert. Und unter den jüngeren Kindern geht ökonomische Deprivation mit einer vermehrten Ausrichtung auf den Leistungsbereich einher, während die älteren Jugendlichen bei familiären Einkommensverlusten eine geringere Erfolgsorientierung im instrumentellen Leistungsbereich angeben als ihre Altersgenossen aus Familien mit stabilen Einkommensverhältnissen.

Hinsichtlich der reduzierten Bildungswünsche der Eltern für ihre Kinder ergibt sich neben dem hochsignifikanten Haupteffekt für die Schulbildung der Eltern (F=18.75, p<.001) ein marginaler Haupteffekt für Einkommenseinbußen (F=2.86, p=.09) und - wie erwartet - ein signifikanter Interaktionseffekt für Einkommenseinbußen und elterliche Bildung (F=4.48, p=.04). Keiner der anderen Haupteffekte (Alter und Geschlecht der Jugendlichen) und der restlichen zwei- und dreifaktoriellen Interaktionseffekte ist auch nur tendentiell statistisch bedeutsam.

Während also keine differentiellen Einflüsse familiärer Einkommenseinbußen auf die elterlichen Bildungswünsche für ihre Kinder in Abhängigkeit von Geschlecht oder Alter der Jugendlichen bestehen, erweist sich die eigene Bildung der Eltern als Moderatorvariable. Wie Tabelle 35 zu entnehmen ist, halten die deprivierten Eltern der niedrigen Bildungsgruppe eine längere Berufsausbildung für weniger wünschenswert als die Eltern der einkommensstabilen Vergleichsgruppe (M=.98, n=26 versus M=.52, n=31), während die Familien mit höherer Schulbildung der Eltern auch bei Einkommenseinbußen keine geringeren Bildungsaspirationen für ihre Kinder zeigen (M=.16, n=25 versus M=.20, n=32).

Da - wohl aufgrund der Verteilungsschiefe der Skala - die Varianzen für die von Einbußen betroffenen Familien der unteren Bildungsgruppe deutlich erhöht sind, wurden zusätzlich nach dem Kruskall-Wallis-Test die jeweiligen mittleren Rangplätze der vier nach Einkommenseinbußen und elterlicher Bildung unterschiedenen Gruppen auf bedeutsame Unterschiede geprüft. Der

Tabelle 35: Reduzierte Bildungswünsche der Eltern für ihre Kinder in Abhängigkeit von Einkommensverlusten und Schulbildung beider Eltern: Mittelwerte, Standardabweichungen und mittlere Ränge der einzelnen Subgruppen

		Einkommensverluste		
		nein	ja	gesamt
Bildung der Eltern				
niedrig	M	.52	.98	.73
	SD	.68	.93	.83
	mittl.Rang	62.00	77.58	69.11
	(n)	(31)	(26)	(57)
hoch	M	.20	.16	.18
	SD	.49	.45	.42
	mittl.Rang	47.67	43.62	45.89
	(n)	(32)	(25)	(57)
gesamt				
	M	.36	.58	.45
	SD	.57	.84	.71
	mittl.Rang	54.72	60.93	57.00
	(n)	(63)	(51)	(114)

Effekt der spezifischen Konstellation von Einkommensverlusten und familiären Bildungsressourcen ist auch nach diesem Verfahren hochsignifikant (mit Korrektur für ranggleiche Plätze: Chi^2=22.50, p<.001). Die in Tabelle 35 ebenfalls wiedergegebenen mittleren Rangplätze entsprechend den Befunden für die Mittelwerte.

Eine getrennte Betrachtung nach dem Ausmaß finanzieller Einbußen zeigt, daß sich beide Verlustgruppen nicht voneinander unterscheiden (hohe Verluste: M=.55, SD=.57, n=28; mittlere Verluste: M=.61, SD=.88, n=23; keine Verluste: M=.36, SD=.57, n=63) und folglich der Interaktionseffekt von Einkommensverlusten und Bildungsgruppe nicht auf differentielle Auswirkungen hoher und mittlerer Verluste zurückzuführen ist. Wie weitere Analysen zeigen, sind auch die Anzahl der Kinder und die Erwerbstätigkeit der Mutter ohne Einfluß auf den Befund. In einer entsprechenden dreifaktoriellen Kovarianzanalyse mit den Faktoren Einkommenseinbußen, Bildung der Eltern und

Erwerbstätigkeit der Mutter sowie der Kovariate Kinderzahl fällt der Interaktionseffekt von ökonomischer Deprivation und elterlicher Bildung zwar etwas schwächer aus (F=3.71, p=.057), bleibt aber noch sehr nah an der Signifikanzgrenze. Die Kovariate Anzahl der Kinder erreicht nicht das Niveau tendentieller Signifikanz (F=2.59, p=.11), geht aber in die erwartete Richtung: Bei höherer Kinderzahl haben die Eltern eher eine abwertende Einstellung gegenüber einem aufwendigen Bildungsgang der Kinder (adjustierter Regressionskoeffizient beta=.113). Die Erwerbstätigkeit der Mutter hat keinerlei Einfluß, weder als Haupteffekt noch in Interaktion mit Einkommenseinbußen (jeweils F<1).

Zusammenfassend kann festgehalten werden:
- Die Befunde zu den reduzierten Bildungswünschen der Eltern entsprechen der Hypothese, daß die Familien der niedrigen Bildungsgruppe besonders vulnerabel für eine Abwertung einer längeren Berufsausbildung der Kinder und eine stärkere Ausrichtung auf die finanzielle Unabhängigkeit der Kinder sind.
- Parallel zu der stärkeren Ausrichtung auf einen baldigen Berufseintritt der Kinder, die die deprivierten Eltern mit geringen Bildungsressourcen angeben, zeigt sich in dieser Bildungsgruppe seitens der Kinder aus finanziell schlechter gestellten Familien auch eine stärkere Leistungsorientierung im schulischen und beruflichen Bereich.
- Zudem bestehen hinsichtlich der leistungsbezogenen Werthaltungen altersdifferentielle Effekte ökonomischer Deprivation, wonach für die jüngeren Kinder eine positive Steigerung der leistungsbezogenen Werthaltung, bei den älteren eine reduzierte Ausrichtung auf den beruflichen und schulischen Erfolg zu beobachten ist.
- Geschlechtsspezifische Effekte ökonomischer Deprivation bestehen weder hinsichtlich der elterlichen Bildungsaspirationen für ihre Kinder noch hinsichtlich der Leistungsorientierung der Jugendlichen.

5.6 Zusammenfassung und Interpretation

Die hier verfolgten Hypothesen (vgl. Kapitel 5.3) zu Auswirkungen ökonomischer Deprivation auf das Selbstwertgefühls und kontranormativen Orientierungen von Jugendlichen haben sich weitgehend, aber nicht in allen Fällen bestätigen lassen.

Zur Selbstabwertung der Jugendlichen bei familiären Einkommensverlusten

Im Einklang mit Hypothese 1 äußern die Jugendlichen mit steigendem Ausmaß familiärer Einkommensverluste vermehrt selbstabwertende Einstellungen. Hierbei erweist sich auch die Höhe finanzieller Einbußen als ausschlaggebend, das heißt die Selbstabwertung der Jugendlichen ist vor allem bei starken Verlusten erhöht. Hypothese 2 läßt sich nur zum Teil bestätigen: Zwar ist der Zusammenhang zwischen ökonomischer Deprivation und Selbstabwertung auch über Beeinträchtigungen der Familienintegration in den deprivierten Familien zurückzuführen, aber der Anteil des Effekts familiärer Einkommensverluste, der zu Lasten der Familienbeziehungen geht, ist eher gering, so daß ein tendentieller direkter Einfluß ökonomischer Deprivation auf die Selbstabwertung der Jugendlichen bestehen bleibt. Das unterstützende Verhalten der Mütter erweist sich sogar als insgesamt irrelevant für die Selbstabwertung der Kinder, stellt also in dieser Hinsicht keinen Mediator für den Einfluß ökonomischer Deprivation dar, obwohl die Unterstützung seitens der Mütter - anders als die der Väter - bei familiären Einkommensverlusten geringer ausfällt.

Dieser mangelnde Einfluß der mütterlichen Unterstützung auf das Selbstwertgefühl der Kinder ließe sich zunächst im Sinne anderer Befunde (vgl. Maccoby & Martin, 1983; Rollins & Thomas, 1979; Schneewind et al., 1983) darauf zurückführen, daß das selbstperzipierte Erziehungsverhalten der Eltern im Vergleich zu entsprechenden Einschätzungen seitens der Kinder der schlechtere Prädiktor für Persönlichkeitsmerkmale der Kinder ist. Dies ist jedoch wenig plausibel, da sich (1) das selbstperzipierte unterstützende Erziehungsverhalten der Väter (das jedoch nicht generell durch familiäre Einkommensverluste affiziert ist) als durchaus bedeutsamer Prädiktor für die Selbstabwertung der Jugendlichen erweist und (2) die Unterstützung der Mütter den erwarteten Einfluß auf die Transgressionsbereitschaft der Kinder hat.

Eine alternative Erklärung bietet sich dahingehend an, daß der Zusammenhang zwischen unterstützendem Verhalten der Mütter

und Selbstabwertung der Jugendlichen zwar unter "Normalbedin-
gungen", das heißt weitgehend stabilen Lebensverhältnissen der
Familien gegeben ist, hier jedoch dadurch gestört wird, daß die
jeweiligen Effekte ökonomischer Deprivation auf das unterstützende Verhalten der Mütter und die Selbstabwertung der Jugendlichen nicht in allen Subgruppe synchron verlaufen: Die mütterliche Unterstützung ist in den deprivierten Familien vor allem
gegenüber den älteren Kindern beeinträchtigt (vgl. Kapitel
4.5.2), während sich keine altersspezifischen Auswirkungen
finanzieller Verluste auf das Selbstwertgefühls der Jugendlichen abzeichnen.

Hypothese 3, nach der die Mädchen mit stärkeren Beeinträchtigungen ihres Selbstwertgefühls auf die finanziellen
Härten reagieren sollten als die Jungen, findet keine Entsprechung in den Daten. Die jeweiligen Auswirkungen familiärer
Einkommensverluste lassen keinerlei Unterschiede erkennen,
zumal wenn man berücksichtigt, daß die Mädchen etwas häufiger
von extremen statt nur mittleren Einbußen betroffen sind.

Dies steht somit im Gegensatz zu den von Schindler und
Wetzels (1985) berichteten stärkeren Belastungen der Töchter
arbeitsloser Väter. Allerdings ist ein Vergleich nur bedingt
möglich, da eine negative Selbstsicht der Kinder in der Studie
von Schindler und Wetzels lediglich als Teilaspekt von emotionalen Belastungen erhoben wurde. Zudem gibt diese Arbeit keinen
Aufschluß über die weitere familiäre Situation wie Belastungen
der Beziehungen bei Arbeitslosigkeit des Vaters. Bedenkt man,
daß in der Untersuchung von Elder, Van Nguyen und Caspi (1985)
die emotionale Labilität der Mädchen im Gegensatz zu der der
Jungen nicht direkt durch ökonomische Deprivation beeinflußt
war, wohl aber durch das vermehrte ablehnende Verhalten der
Väter, so stellt sich der Befund der vorliegenden Untersuchung
noch am ehesten als die "goldene Mitte" zwischen den gegenläufigen Ergebnissen der beiden anderen Studien dar.

Kontranormative Orientierungen bei ökonomischer Deprivation

Hypothese 4, nach der eine vermehrte Abwertung der normativen Struktur seitens der ökonomisch deprivierten Jugendlichen
erwartet wurde, läßt sich deutlich bestätigen. Ähnlich wie bei
der Selbstabwertung der Jugendlichen erweist sich auch hier die
Höhe finanzieller Einbußen als ausschlaggebend: Je stärker der

Verlust, desto ausgeprägter ist auch die kritische Haltung der Jugendlichen gegenüber geltenden Normen und sozialen Kontrollen. Eine im Sinne von Hypothese 5 erhöhte Transgressionsbereitschaft der deprivierten Jugendlichen zeichnet sich demgegenüber nur schwach ab. Familiäre Einkommensverluste haben keinen generell bedeutsamen Einfluß auf die Bereitschaft zu normverletzendem Verhalten, wobei auch die Höhe finanzieller Verluste irrelevant ist.

Schon diese abweichenden Befunde für beide Merkmale kontranormativer Orientierungen unterstreichen, daß jeweils spezifische Aspekte devianter Einstellungen beleuchtet werden, die nicht nur als unterschiedliche Indikatoren desselben zugrundeliegenden Konstrukts zu betrachten sind. Auch daß es keineswegs jeweils die gleichen Randbedingungen sind, die den Einfluß ökonomischer Deprivation auf die Abwertung der normativen Struktur und die Transgressionsbereitschaft mitbestimmen, verweist hierauf.

So lassen sich besondere Reaktionen bei Arbeitslosigkeit des Vaters nur in einem Fall ausmachen, nämlich hinsichtlich der Abwertung der normativen Struktur: Die Jugendlichen aus Familien mit arbeitslosem Vater äußern ein deutlich geringeres Vertrauen in das soziale System, nicht jedoch auch eine erhöhte Bereitschaft zu Normverstößen. Im Gegenteil geben die Kinder arbeitsloser Väter sogar eine etwas - wenngleich im statistischen Sinne unbedeutend - geringere Neigung zu normverletzendem Verhalten an. Insofern scheint es nicht ohne weiteres gerechtfertigt, davon auszugehen, daß die anomischen Reaktionen, die eine Ablösung von der normativen Struktur bezeichnen, gleichzeitig auch als "wahrgenommene Attraktivität von Devianz" (Kaplan, Martin & Robbins, 1984) zu deuten sind, sollte dann doch auch eine höhere Bereitschaft zu eigenem Problemverhalten bei Jugendlichen mit arbeitslosem Vater gegeben sein.

Bedenkt man, daß die Selbstabwertung der Kinder bei Arbeitslosigkeit des Vaters keineswegs die der anderen deprivierten Jugendlichen übertrifft, so wird deutlich, daß nicht Selbstwertprobleme den Ausgangspunkt für die vermehrte Ablehnung sozialer Normen und Kontrollen in dieser Gruppe darstellen können. Vielmehr scheint es sich um eine wesentlich direktere Reaktion der Jugendlichen auf den Ausschluß des Vaters aus der Erwerbstätigkeit, den Verlust der Integration in das

Berufssystem, zu handeln. Hier wäre von Interesse, inwiefern auch die arbeitslosen Väter und ihre Frauen eine entsprechende Skepsis gegenüber der normativen Regulation der Chancenverteilung äußern, und ob dies den Ausschlag für die Abwertung der normativen Struktur seitens der Jugendlichen gibt. Diese Frage läßt sich jedoch anhand der hier verfügbaren Daten nicht beantworten.

Bildungsspezifische Reaktionen

Daß beide Merkmale kontranormativer Orientierungen jeweils spezifischen Einflüssen unterliegen, zieht sich auch durch die weiteren Befunde. So läßt sich Hypothese 6 zu differentiellen Reaktionen je nach den bildungsgebundenen Ressourcen der Familie nur für die Transgressionsbereitschaft bestätigen: Die familiären Bildungsressourcen haben in der Tat einen moderierenden Einfluß darauf, ob es bei finanzieller Verknappung in der Familie zu einer erhöhten Bereitschaft zu Problemverhalten seitens der Kinder kommt. Hierbei sind es die Jugendlichen aus Familien mit geringen Bildungsressourcen der Eltern, die sich als besonders vulnerabel erweisen. Hinsichtlich einer Abwertung der normativen Struktur tritt das Geschlecht der Jugendlichen als zusätzlicher Moderator hinzu: Anders als in Hypothese 7 vorhergesagt, reagieren Jungen auf ökonomische Härten in der Familie nicht generell stärker mit einer kritisch-abwertenden Haltung gegenüber sozialen Normen und Kontrollen als die Mädchen, sondern lediglich in Familien mit geringen Bildungsressourcen zeigt sich diese Besonderheit. Während die normkritischen Einstellungen der Mädchen dieser Bildungsgruppe nicht durch die finanziellen Verluste ihrer Familie beeinflußt zu sein scheinen, fallen die Reaktionen der Söhne besonders stark aus. In der höheren Bildungsgruppe scheinen keine geschlechtsspezifischen Einflüsse ökonomischer Deprivation auf eine Abwertung der normativen Struktur zu bestehen, sondern sowohl bei Mädchen als auch bei Jungen fallen diese kontranormativen Einstellungen in den deprivierten Familien etwas höher aus als in einkommensstabilen Familien. Für die Auswirkungen ökonomischer Deprivation auf die Transgressionsbereitschaft zeichnen sich keine geschlechtsspezifischen Reaktionen ab. Weder äußern die Jungen insgesamt eine höhere Bereitschaft zu normverletzendem Verhalten, noch reagieren sie in dieser Hinsicht stärker auf die finanziellen Härten in der Familie.

Betrachtet man zunächst die differenziellen Effekte familiärer Einkommensverluste für die Jugendlichen beider Bildungsgruppen, so sprechen die Befunde eher für eine Akzentuierung nachteiliger Folgen ökonomischer Deprivation bei mangelnden sozio-ökonomischen und Problemlöse-Ressourcen, wie sie durch die elterliche Bildung indiziert sind. Erst wenn beide Belastungsfaktoren - die chronische Benachteiligung im sozio-ökonomischen Statusgefüge und die aktuellen finanziellen Belastungen - zusammentreffen, kommt es zu einer erhöhten Bereitschaft zu normverletzendem Verhalten. Tendentiell gilt dies auch für die stärker ablehnenden, kritischen Einstellungen gegenüber der normativen Regulation sozialer Chancenverteilung seitens der Jungen. Es liegt nahe zu schließen, daß die Statusfrustrationen der deprivierten Jugendlichen aus der niedrigen Bildungsgruppe stärker ausfallen, dürfte ihnen doch die prekäre finanzielle Situation der Familie besonders deutlich vor Augen führen, daß der Zugang zu sozio-ökonomischen Ressourcen begrenzt und ihre Zukunft alles andere als gesichert ist.

Die alternative These zu bildungsspezifischen Reaktionen deprivierter Jugendlicher ging davon aus, daß normwidriges Verhalten vor allem für Jugendliche höherer sozio-ökonomischer Schichten eine positive Funktion zur Kompensation von Beeinträchtigungen des Selbstwertgefühls hat, weil es stärker den gängigen Normorientierungen dieser Gruppe widerspricht. Somit wäre eher bei ihnen als den Jugendlichen der unteren Bildungsgruppe eine vermehrte Abwertung normativer Strukturen und eine erhöhte Attraktivität normverletzender Verhaltensweisen als Reaktion auf Belastungssituationen zu erwarten gewesen. Dies findet jedoch keine Bestätigung. Weder erweisen sich die Jugendlichen der höheren Bildungsgruppen als insgesamt normorientierter - im Gegenteil liegt sogar bei stabilem Familieneinkommen die Transgressionsbereitschaft von Jugendlichen der höheren Bildungsgruppe etwas über der der niedrigen Bildungsgruppe -, noch zeigen sich stärkere Effekte ökonomischer Deprivation auf die Jugendlichen der höheren Bildungsgruppe.

Eine gewisse Ausnahme bilden die Befunde zur Abwertung der normativen Struktur seitens der Mädchen: Unter den Mädchen sind es tatsächlich nur die Töchter der höheren Bildungsgruppe, die bei finanzieller Verknappung auch vermehrt kritisch-ablehnende Einstellungen gegenüber normativen Regelungen äußern, während für die Töchter der niedrigen Bildungsgruppe kein solcher Vertrauensverlust in das sozial-strukturelle System der Chancenverteilung auszumachen ist. Wollte man dies im Sinne von Kaplans (1978 b) Befunden zur selbsterhöhenden Funktion von Devianz speziell in der Mittelschicht interpretieren, so müßte man unterstellen, daß in der unteren Bildungsgruppe lediglich die Mädchen und nicht auch die Jungen ohnehin weniger an den gängigen (mittelschichtgeprägten) Normvorstellungen orientiert wären als ihre Vergleichsgruppe der höheren Bildungsschicht, und daß deshalb kontranormative Orientierungen nur für sie keine Alternative zum bisherigen Bezugssystem darstellen würde. Dies scheint jedoch wenig plausibel.

Naheliegender ist, daß Kaplans Argumentation hier ohnehin nicht einschlägig ist, sei es, (1) da sie sich auf deviantes Verhalten bezieht und diesbezügliche Befunde nicht gleichermaßen auf die Herausbildung kontranormativer Orientierungen übertragbar sind, und/oder (2) da sie für die Erklärung bildungsspezifischer Reaktionen in der vorliegenden Stichprobe insofern irrelevant ist, als schon die Voraussetzungen, nämlich generell stärker kontranormative Orientierungen seitens der Jugendlichen aus der unteren Bildungsgruppe, nicht gegeben sind. Die hier berichteten Befunde sprechen insgesamt eher dafür, daß ein differentielles Ausscheren aus dem System normativer Orientierungen bei ökonomischer Deprivation weniger durch eine unterschiedliche Prägnanz des Gegenentwurfs zu gängigen Normorientierungen begünstigt wird als vielmehr durch den kumulierenden Einfluß von Belastungen speziell bei Jugendlichen der unteren Bildungsgruppe. Inwieweit die Übernahme devianter Verhaltensmuster dann in beiden Bildungsgruppen eine selbstwerterhöhende Funktion hätte, ist eine zweite Frage, die sich hier - bezogen auf faktisches Verhalten - nicht beantworten läßt. Im letzten Kapitel werden wir jedoch mit Blick auf die Bereitschaft zu normverletzendem Verhalten auf diese Frage zurückkommen.

Geschlechtsspezifische Reaktionen

Soviel zu den bildungsspezifischen Reaktionen der deprivierten Jugendlichen. Wie läßt sich nun erklären, daß

geschlechtsspezifische Unterschiede in der Abwertung der
normativen Struktur bei ökonomische Deprivation auf diese
Gruppe beschränkt sind, während sich die Jungen und Mädchen in
Familien mit höherem Bildungsniveau der Eltern in dieser
Hinsicht nicht unterscheiden? Bedenkt man das stärkere Vorherrschen geschlechtstypischer Muster in der Erziehung der Kinder
in der Unterschicht (vgl. Gecas, 1979), so liegen zwei Interpretationen nahe:

Erstens ist zu vermuten, daß der ökonomisch bedingte
Statusverlust jeweils unterschiedliche Implikationen für die
zukünftigen Lebensentwürfe der Jungen und Mädchen hat, soweit
traditionelle Rollenerwartungen verfolgt werden. So dürften
mögliche Konsequenzen ökonomischer Deprivation für den weiteren
Ausbildungsverlauf und die berufliche Zukunft der Jugendlichen
für Jungen zu einer größeren Belastung beitragen als für
Mädchen, können die Mädchen doch – im Sinne der klassischen
geschlechtstypischen Rollenverteilung – stärker auf ihre
spätere Rolle in Familie und Haushalt statt die eigene berufliche Karriere bauen.

Zweitens könnten geschlechtsspezifische Sozialisationsein-
flüsse dazu beigetragen haben, daß vor allem in der unteren
Bildungsgruppe Mädchen andere Bewältigungsstrategien erworben
haben als Jungen. Eine Abwertung normativer Regeln der sozialen
Gemeinschaft mag den Mädchen schon insofern nicht gleichermaßen
wie den Jungen als Reaktionsform zur Verfügung stehen, als ein
Ausscheren aus dem Normsystem auch mit der Gefahr sozialer
Sanktionen verbunden ist, die für Mädchen die negativen Kosten
gegenüber dem potentiellen Gewinn überwiegen lassen. Nicht nur,
daß Devianz und Aggressivität eher dem männlichen Rollenstereotyp – und diesbezüglichen Verhaltenserwartungen der Eltern
(vgl. Bilden, 1980) – entsprechen, so daß es den Mädchen
schwerer fallen dürfte, sich aus dem Rahmen normativer Vorgaben
zu lösen. Sie scheinen auch stärker auf die erwartbaren Sanktionen zu reagieren. So findet Kaplan (1978a), daß die Mädchen
der Unterschicht am empfänglichsten sind für die Kritik anderer, d.h. am wenigsten in der Lage sind, die gefühlsmäßigen
Belastungen aufgrund negativer selbstbezogener Erfahrungen
abzuwehren. Dies gilt nicht nur im Vergleich zu den Jungen der
Unterschicht, sondern auch im Vergleich zu ihren Geschlechtsgenossinnen der Mittelschicht. So wie auch in den hier

berichteten Befunden zeigt sich der geschlechtsspezifische Nachteil der Mädchen vor allem in der Unterschicht: Nur dort ist er statistisch bedeutsam.

Fragt man in diesem Sinne, inwieweit Beeinträchtigungen des Selbstwertgefühls jeweils zur Ablehnung normativen Regelungen und Kontrollen auf der Ebene des sozialen Systems beitragen, so bestätigen sich die Vermutungen: Es sind tatsächlich nur die Jungen, die bei erhöhter Selbstabwertung eine vermehrte Abwertung der normativen Struktur äußern (r=.34, p=.011), nicht jedoch die Mädchen (r=.02, n.s.). Interpretiert man diesen korrelativen Zusammenhang als gerichteten Einfluß, so spricht er dafür, daß eine Abwertung der normativen Struktur nur bei den Jungen durch eine negative Selbstsicht begünstigt wird, also ihnen stärker als Strategie zur Verteidigung des Selbst zugänglich ist. Inwieweit diese Strategie erfolgreich ist, also zu späteren positiven Rückwirkungen auf das Selbstwertgefühl führt, bleibt hierbei offen. Dies läßt sich nur längsschnittlich klären und bedarf einer Stichprobe, die nicht - wie hier - zu einem bedeutenden Anteil unter dem akuten Einfluß belastender Lebensbedingungen steht.

Daß die Töchter deprivierter Familien - zumal in der unteren Bildungsgruppe - nicht wie die Söhne eine vermehrte Ablehnung der normativen Struktur äußern, mag nicht zuletzt darauf zurückzuführen sein, daß Mädchen und Frauen ohnehin eher dazu neigen, soziale Konfliktsituationen in termini interpersonaler Beziehungen zu interpretieren und weniger auf die Ebene gesellschaftlich regulierter Normen abzuheben, wie in der Forschung zum sozialen Denken aufgezeigt worden ist (vgl. Gilligan, 1976; Eckensberger & Reinshagen, 1980). Zwar finden sich keine Hinweise darauf, daß auch in den einkommensstabilen Familien der unteren Bildungsgruppe die Mädchen weniger normkritisch eingestellt sind, das heißt eine stärkere Anbindung an die normative Struktur aufweisen als die Jungen. Die Normorientierung der Töchter dieser Bildungsgruppe scheinen jedoch stärker gegenüber den Einflüssen finanzieller Verknappung immunisiert zu sein, und selbst die im Selbstwertgefühl angezeigten persönlichen Beeinträchtigungen sind in dieser Hinsicht irrelevant.

Wenn sich dennoch eine mangelnde Familienintegration als bedeutsame Determinante für eine Ablösung von der normativen

Struktur seitens der Mädchen - und nur bei ihnen - bestätigen ließ, so steht dies im Einklang mit anderen Befunden der Devianzforschung (vgl. Bahr, 1979). Die Erklärung hierfür, nach der innerfamiliäre Beeinträchtigungen deshalb den stärkeren Ausschlag für deviantes Verhalten von Mädchen geben, weil sie stärker als Jungen in die Familie eingebunden sind und somit im größerem Maß den elterlichen Einflüssen unterliegen, entspricht der Deutung, die Elder et al. (1985) ihren Befunden geben. Im Einklang mit deren Ergebnissen zeigt sich auch hier, daß die Abwertung der normativen Struktur bei den Jungen eine direkte Reaktion auf die ökonomischen Veränderungen in der Familie darstellt, bei den Mädchen jedoch hiervon gänzlich unbeeinflußt bleibt sondern wesentlich von der Qualität familiärer Beziehungen abhängig ist. Selbst in dieser Hinsicht deutet sich also eine weitgehende Kontinuität der Effekte ökonomischer Deprivation von den Dreißiger Jahren bis heute an.

Die Frage, die sich nun als nächstes stellt, ist, wieso lediglich hinsichtlich der Normdistanz der Jugendlichen, also ihrer Abwertung der normativen Struktur, nicht jedoch auch für deren Transgressionsbereitschaft geschlechtsspezifische Effekte auszumachen sind. Im Gegensatz zur Abwertung der normativen Struktur bestehen hinsichtlich der Bereitschaft zu normverletzendem Verhalten weder generelle Unterschiede zwischen Jungen und Mädchen, noch reagieren sie anders auf ökonomische Deprivation, auch nicht in der unteren Bildungsgruppe. Wie schon erwähnt, zeigt sich nur in Familien mit geringen Bildungsressourcen eine erhöhte Transgressionsbereitschaft seitens der deprivierten Jugendlichen, und zwar bei Jungen und Mädchen gleichermaßen. Das heißt: Wenngleich die Töchter der unteren Bildungsgruppe gegenüber Einflüssen ökonomischer Verknappung auf ihre Anbindung an die normative Struktur weitgehend immunisiert zu sein scheinen, so äußern sie doch im anderen Bereich vermehrt kontranormative Orientierungen, nämlich in ihrer Bereitschaft zu Problemverhalten.

Geht man davon aus, daß deviantes Verhalten eher dem männlichen Rollenstereotyp entspricht und diese Befunde zur Transgressionsbereitschaft insofern erwartungswidrig erscheinen mögen, so ist zu bedenken, daß die Bereitschaft zu normverletzendem Verhalten möglicherweise ein gewisses "Ausagieren in der Phantasie" erfaßt, eine gerade auch den Mädchen zugängliche

Alternative zum offenen Problemverhalten (Rebelsky, Alinsmith & Grinder, 1963), die nicht gleichzeitig mit einer Abwertung der normativen Regeln einhergehen muß. Zweitens lassen weitere Befunde darauf schließen, daß die Transgressionsbereitschaft - im Unterschied zu den anomisch-normkritischen Reaktionen - weniger geschlechtsspezifischen Determinanten unterliegt. So geht eine hohe Selbstabwertung unabhängig vom Geschlecht mit einer höheren Bereitschaft zu normverletzendem Verhalten einher (Jungen: r=.47, p<.001; Mädchen: r=.56, p<.001). Insofern stellt also eine vermehrte Bereitschaft zu Regelverletzungen weitaus deutlicher als die Abwertung der normativen Struktur eine Belastungsreaktion auf Beeinträchtigungen der persönlichen Befindlichkeit dar. Welche Rolle hierbei die Qualität familiärer Beziehungen und das Erziehungsklima spielt, wird in den entsprechenden Befunden zu den Mediationshypothesen angesprochen.

Zur Mediatorfunktion der Familienintegration und der Eltern-Kind-Interaktion

Im Einklang mit Hypothese 8 hat sich bestätigt, daß die Beeinträchtigungen der Familienintegration und des unterstützenden Verhaltens seitens der Mutter dazu beitragen, daß es bei finanziellen Einbußen in der Familie zu einer erhöhten Transgressionsbereitschaft der Kinder kommt. Allerdings bleibt ebenso wie hinsichtlich der vermehrten Selbstabwertung der deprivierten Jugendlichen ein marginaler direkter Einfluß familiärer Einkommensverluste bestehen, der sich nicht auf die betrachteten Merkmale des Familien- und Erziehungsklimas zurückführen läßt.

Demgegenüber ist die gesteigerte Abwertung der normativen Struktur seitens der deprivierten Jugendlichen nicht auf Beeinträchtigungen der Familienintegration oder der Unterstützung durch die Mutter zurückzuführen. Solange nicht nach dem Geschlecht der Jugendlichen differenziert wird, erweist sich die Familienintegration ebenso wie die mütterliche Unterstützung sogar als bedeutungslos für diesen Aspekt kontranormativer Orientierungen. Wie die separaten Pfadanalysen für Jungen und Mädchen gezeigt haben, verbergen sich hinter diesem Befund für die Gesamtstichprobe jedoch differentielle Effekte: Während die Jungen direkt durch die finanziellen Einbußen der Familie

beeinflußt werden, reagieren die Mädchen lediglich auf Beeinträchtigungen der Familienintegration, die wiederum für die
Jungen irrelevant sind. Allerdings kann auch bei den Mädchen
nicht im eigentlichen Sinne von einer Mediatorfunktion der
Familienintegration die Rede sein: Trotz der nachteiligen
Auswirkungen ökonomischer Deprivation auf die Familienintegra-
tion und deren Einfluß auf die Abwertung der normativen Struk-
tur sind die jeweiligen Effekte zu schwach, als daß ein bedeut-
samer einfacher Zusammenhang zwischen dem ersten und letzten
Glied dieser Kette resultieren würde. Daß dies den Befunden von
Elder et al. (1985) entspricht, die solche unterschiedlichen
Kausalmodelle zum Einfluß ökonomischer Deprivation und negati-
ven Verhaltens der Väter auf die emotionale Labilität von
Jungen und Mädchen aufgezeigt haben, wurde schon erwähnt.

Die weitere Frage, ob sich die stärkeren kontranormativen
Reaktionen der deprivierten Jugendlichen aus der unteren
Bildungsgruppe auf das stärker restriktiv-bestrafende Verhalten
der Eltern in diesen Familien zurückführen läßt, muß verneint
werden. Zwar erweisen sich in beider Hinsicht die Familien mit
niedriger Bildung der Eltern als besonders vulnerabel für
nachteilige Auswirkungen finanzieller Verluste, aber offensichtlich sind die harscheren Kontrollen der Eltern in dieser
Bildungsgruppe ohne Einfluß auf die Abwertung der normativen
Struktur und die Transgressionsbereitschaft der Kinder. Für die
Bereitschaft zu normverletzendem Verhalten scheint dies generell, nämlich auch in der höheren Bildungsgruppe zu gelten.
Vermutlich balancieren sich hier wechselseitig jene Einflüsse
aus, die einerseits im Sinne einer strikten Kontrolle und
Supervision Regelverstößen seitens der Jugendlichen entgegenwirken und andererseits im Sinne autoritätsorientierter, zu
starker direkter Kontrolle das Gegenteil provozieren (vgl.
Bahr, 1979; Maccoby & Martin, 1983; Patterson, 1982; Rollins &
Thomas, 1979). Eine weitere Differenzierung nach dem Grad
elterlicher Kontrolle und vor allem eine separate Betrachtung
inkonsistenten Erziehungsverhaltens, wie es verschiedentlich
als wesentlicher Prädiktor für Problemverhalten der Kinder
herausgestellt worden ist (Elder, Liker & Cross, 1984;
Patterson, 1982; vgl. auch Bahr, 1979), wäre wünschenswert
gewesen, konnte jedoch anhand der verfügbaren Daten nicht
realisiert werden.

Daß trotz dieser Einschränkungen auch dieser Aspekt des elterlichen Erziehungsverhaltens durchaus relevant ist für die Herausbildung kontranormativer Orientierungen der Kinder, zeigt sich daran, daß das restriktiv-bestrafende Verhalten der Mütter zumindest in der höheren Bildungsgruppe wie erwartet eine Abwertung der normativen Struktur seitens der Jugendlichen begünstigt. Das Fehlen eines entsprechenden Einflusses in den Familien mit niedriger elterlicher Bildung läßt sich am ehesten dahingehend deuten, daß sich die Jugendlichen dieser Gruppe eher den familiären Einflüssen entziehen und weniger vom Verhalten der Eltern ihnen gegenüber beeinflußt werden. Die geringere Elternorientierung von Jugendlichen der Unterschicht (z.B. Schmied, 1982) spricht für eine solche Immunisierung.

Insgesamt lassen sich damit die vermehrte Selbstabwertung und die stärker kontranormativen Orientierungen der Kinder aus ökonomisch deprivierten Familien nur unvollständig durch die hier betrachteten Aspekte der familiären Beziehungen und Interaktionen aufklären. Der durchgängig deutlichste vermittelnde Einfluß läßt sich noch für die Familienintegration ausmachen, die sowohl hinsichtlich der Selbstabwertung als auch bezüglich der Transgressionsbereitschaft als Mediator fungiert. Die mangelnde Unterstützung der Mütter scheint demgegenüber nur eine höhere Bereitschaft zu normverletzendem Verhalten zu begünstigen, nicht jedoch auch eine vermehrte Selbstabwertung der Jugendlichen. Das unterstützende Erziehungsverhalten der Väter schließlich erweist sich zwar für beide Reaktionsformen der Kinder als bedeutend, ist jedoch seinerseits nicht generell durch finanzielle Verluste beeinflußt. Die gesteigerte Abwertung der normativen Struktur seitens der deprivierten Jugendlichen muß hier gänzlich unaufgeklärt bleiben; sie stellt sich am ehesten als direkte Reaktion auf die familiäre Abwärtsmobilität dar, als Vertrauensverlust in das soziale System normativ geregelter Chancenverteilung, der weder durch die belasteten Beziehungen in deprivierten Familien in besonderem Maße begünstigt wird. Soweit derartige negative Einstellungen gegenüber den normativen Sozialstrukturen überhaupt durch ein wohlintegriertes Familiensystem abgefangen werden können, scheint dies nur für diejenigen Jugendlichen zu gelten, die bei finanzieller Verknappung in der Familie ohnehin nicht auf diese Weise reagieren.

Reduzierte Bildungswünsche der Eltern für ihre Kinder und die Leistungsorientierung der Jugendlichen

Schließlich bleibt noch der letzte Aspekt der hier verfolgten Fragestellung zu behandeln: die Konsequenzen ökonomischer Deprivation für die Bereitschaft der Eltern, in eine aufwendigere Ausbildung ihrer Kinder zu investieren, und die leistungsbezogenen Werthaltungen der Jugendlichen. Im Einklang mit den Befunden von Larson (1984) zeigt sich, daß familiäre Einkommenseinbußen mit einer Reduktion der Bildungswünsche seitens der Eltern für ihre Kinder einhergehen, allerdings nur in der unteren Bildungsgruppe, wie es auch Larsons Stichprobe entsprechen dürfte. Insofern läßt sich Hypothese 9 in ihrer allgemeinen Form nicht bestätigen, wohl aber Hypothese 10, nach der Familien mit geringen Bildungsressourcen für eine Reduktion der Bildungswünsche bei ökonomischer Deprivation in erhöhtem Maße vulnerabel sein sollten. Wie sich schon in den Dreißiger Jahren zeigte (vgl. Cavan, 1959), scheinen die Mittelschichtfamilien stärker an ihrem sozialen Status und einer entsprechenden Plazierung der Kinder festzuhalten.

Dies entspricht nicht zuletzt der Erwartung, daß sich die finanziellen Anpassungserfordernisse in der unteren Bildungsgruppe stärker - und das heißt auch: in mehr Bereichen - auswirken. So ist zu bedenken, daß kürzer gesteckte Ausbildungsziele zunächst schon in rein finanzieller Hinsicht funktional erscheinen. Nach den Befunden von Estes und Wilensky (1978) wird die Ablösung der Kinder vom Elternhaus und deren damit verbundene ökonomische Unabhängigkeit von den Eltern unter starken finanziellen Belastungen am ehesten positiv erlebt. Gleichzeitig mag der Abwertung einer längeren Ausbildung jedoch auch ein Vertrauensverlust in das Ausbildungssystem zugrundeliegen.

Inwieweit mehr finanzielle Motive die reduzierten Bildungswünsche der deprivierten Eltern begünstigen oder (auch) aufgrund des eigenen sozio-ökonomischen Mißerfolgs die Chancen einer günstigen Plazierung der Kinder im Statusgefüge über den Weg einer längeren Ausbildung geringer eingeschätzt werden, läßt sich hier nicht klären. Am ehesten ist davon auszugehen, daß beide Faktoren eine Rolle spielen. Allerdings ist zu bedenken, daß angesichts der Altersvariation der Kinder eine finanzielle Entlastung der Familie vielfach erst langfristig zu

erwarten wäre. So sind es keineswegs vor allem die deprivierten
Familien mit älteren Kindern, die eine möglichst kurze Ausbildung und damit rasche ökonomische Unabhängigkeit der Kinder
wünschen. Auch dies entspricht jedoch den Beobachtungen von
Larson (1984), wonach bei Arbeitslosigkeit des Vaters gerade
auch beim Wechsel der Kinder in die weiterführenden Schulen,
der hier der jüngeren Gruppe bevorsteht, die Wahl zugunsten
eines Schulzweigs mit schnellerem Abschluß fiel.

Eine geringere Vulnerabilität der Söhne für kürzer gesteckte Bildungswünsche der Eltern, wie sie in Hypothese 11
vorhergesagt wurde, findet sich nicht. Auch innerhalb der
deprivierten Familien mit niedriger Bildung der Eltern sind
Jungen wie Mädchen gleichermaßen von den verringerten Bildungs-
aspiration der Eltern betroffen. Dies mag nun einerseits die
vermehrte Abwertung der normativen Struktur seitens der deprivierten Söhne in speziell dieser Bildungsgruppe erhellen. In
der Tat wäre ja die berufliche Zukunft dieser Jungen weitaus
mehr gefährdet als die der Söhne aus höher gebildeten Familien.
Deren stärker anomische Reaktionen sind insofern sehr plausibel
und wohl begründet. Andererseits heißt das für die Mädchen, daß
die Aussicht auf eine verkürzte Bildungslaufbahn bei ihnen
scheints nicht den Ausgangspunkt für eine Abkehr vom normativen
System bildet – eine Sichtweise, die durchaus im Einklang mit
der Annahme steht, daß die deprivierten Mädchen der unteren
Bildungsgruppe in ihren Zukunftsplänen möglicherweise mehr
alternative Rollenfelder anvisieren können als die Jungen.

Interpretiert man die reduzierten Bildungswünsche der
Eltern für ihre Kinder als Anpassung der Statusbedürfnisse an
die ökonomische Abwärtsmobilität und die leistungsbezogenen
Werthaltungen der Jugendlichen als Ausdruck eines kompensatorischen Statusstrebens, so erweisen sich die Reaktionen der
Jugendlichen als gegenläufig zu der der Eltern: Während ökonomische Deprivation in der unteren Bildungsgruppe mit einer
vermehrten Leistungsorientierung einhergeht, zeitigt sie in der
höheren Bildungsgruppe den umgekehrten Effekt. Es sind also die
Jugendlichen aus Familien mit höherer elterlicher Bildung, die
sich unter dem Einfluß finanzieller Einbußen eher von schulischen und beruflichen Erfolg abwenden und ihn weniger gewichten. Gleichzeitig heißt dies, daß in der unteren Bildungsgruppe
"konforme" Gegenreaktionen auf den drohenden Statusverlust

ebenso stärker gegeben sind wie kontranormative Reaktionen im Sinne einer stärkeren Abwertung der normativen Struktur und einer erhöhten Transgressionsbereitschaft. Wie läßt sich dies erklären?

Vor dem Hintergrund der zumeist stärkeren Ausrichtung der Mittelschicht-Eltern auf den schulischen und beruflichen Erfolg ihrer Kinder mag der Befund zur geringeren Leistungsorientierung der deprivierten Jugendlichen in der höheren Bildungsgruppe zunächst erwartungswidrig erscheinen. Allerdings legen die von Schmied (1982) berichteten Befunde den Schluß nahe, daß gerade dies zum familiären Konfliktpunkt werden kann, wenn die Kinder das Jugendalter erreichen. So findet sich nach den Ergebnissen der entsprechenden Repräsentativbefragung bei ca. 1200 Oberstufenschülern in den Mittelschichtfamilien eine größere Konflikthäufung zum Bereich Schule und Leistungsbereitschaft/ Arbeitshaltung als in den Unterschichtfamilien. Vermutlich werden die höheren Leistungsanforderungen der Eltern erst im Jugendalter in Frage gestellt. In diesem Sinne könnten die hier berichteten Ergebnisse darauf hinweisen, daß die Berechtigung der elterlichen Leistungsforderungen besonders dann fraglich werden, wenn der Erfolg dieser Prinzipien angesichts der familiären Lage unsicher wird.

Die umgekehrt stärkere Leistungsorientierung der Jugendlichen aus der niedrigen Bildungsgruppe ließe sich dahingehend deuten, daß für sie der Aufstieg aus eigener Anstrengung auch eine Absetzung von familiären Milieu und dem dort erfahreren sozio-ökonomischen Mißerfolg beinhaltet. Folgt man Kaplan (1978b), so stellen für niedrige Statusgruppen kontranormative Muster eine weniger funktionale Reaktionsform dar, insofern sie keinen hinreichend abweichenden Gegenentwurf zu den gängigen Normen ihrer Mitgliedschaftsgruppe darstellen. Eine zunehmende Ausrichtung auf die gängige Leistungsethik der höheren Statusgruppe mag somit eine Umorientierung auf eine andere Bezugsgruppe signalisieren, die einen solchen Gegenentwurf ermöglicht.

Allerdings mögen auch Gründe eine Rolle spielen, die weniger in einer Absetzung von den jeweils gängigen Normen der Bezugsgruppe zu lokalisieren sind. Angesichts des geringeren Handlungsspielraums der deprivierten Familien könnte die Ursache für das vermehrte Leistungs- und Erfolgsstreben der

Jugendlichen eher in den ökonomischen Erfordernissen der Familie zu suchen sein. Versteht man die reduzierten Bildungswünsche der Eltern als Ausdruck finanzieller Notwendigkeiten, so könnte in der vermehrten Leistungs- und Erfolgsorientierung der Jugendlichen aus den deprivierten Familien der unteren Bildungsgruppe eine beschleunigte Ausrichtung auf das Erwachsen-Werden und die Übernahme verantwortlicher Rollen im Beruf zum Ausdruck kommen. Schon die Tatsache, daß für diese Jugendlichen der Schulabschluß biographisch näher rücken dürfte – geht man davon aus, daß tatsächlich eine kürzere Schullaufbahn gewählt wird und auf eine längere anschließende Ausbildung verzichtet wird –, legt nahe, daß diese Entwicklungsaufgabe für sie zunehmend zentraler wird. Hierbei mag durchaus auch der Wunsch, zur Besserung der familiären Situation beizutragen, eine Rolle spielen.

Allerdings ist den altersspezifischen Reaktionen der Jugendlichen zu entnehmen, daß keineswegs die älteren Jugendlichen bei ökonomischer Deprivation eine vermehrte Leistungsorientierung zeigen, sondern im Gegenteil die Präadoleszenten. Die Adoleszenten äußern sogar eine geringere Ausrichtung auf den instrumentellen Bereich, wenn ihre Familie von Einkommenseinbußen betroffen ist.

Hier sind die Befunde von Leahy (1983) von Interesse, zeigen sie doch spezifische Alterstrends in den Erklärungen, die Kinder und Jugendlichen für ökonomische Ungleichheit liefern, ebenso wie in den Annahmen über erfolgreiche Strategien, die eine Verbesserung ökonomischer Benachteiligung ermöglichen. Während die Ursachen für Armut und Reichtum bis zum Alter von elf Jahren zunehmend in der Arbeit gesucht werden, verliert diese Kategorie danach im Verlauf des Jugendalters wieder an Bedeutung. Dieser kurvilineare Trend zeigt sich auch hinsichtlich Arbeit als Voraussetzung zur Erreichung individueller Mobilität: Während sie - ebenso wie Anstrengung - in der Kindheit zwischen sechs und elf Jahren zunehmend als funktionale Strategie genannt wird, tritt sie in den Antworten der Jugendlichen wieder zurück. Gleichzeitig steigt im Alter zwischen 14 und 17 Jahren der Fatalismus hinsichtlich der individuellen Mobilitätschancen. Interessanterweise - im Hinblick auf die hier gefundenen bildungsspezifischen Reaktionen der Jugendlichen - sind es nach Leahy (1983) auch vor allem die Kinder und Jugendlichen aus der Unterschicht, die der Arbeit eine zentrale Stellung hinsichtlich der Frage individueller Mobilität zuschreiben.

Dies legt nun nahe, daß von den älteren Jugendlichen beruflicher Erfolg nicht mehr als gleichermaßen unter der eigenen Kontrolle gesehen wird wie von den jüngeren Kindern. Liefert der berufliche Werdegang aus der Sicht der Kinder noch die Gewähr für individuelle Aufstiegsmöglichkeiten, so sind die älteren in dieser Hinsicht pessimistischer.

Nach den Befunden von Elder (1974) sind für sie andere Formen des kompensatorischen Statusstrebens zu erwarten, nämlich vermehrte Bemühungen um soziale Anerkennung in Gleichaltrigen-Gruppen. Auch die Fokal-Theorie von Coleman (1980, 1984), nach der gerade in der hier betrachteten älteren Gruppe die Stellung gegenüber Gleichaltrigen zunehmend zentraler wird, legt dies nahe. Als parallel hierzu lassen sich Befunde sehen, nach denen der schulische Erfolg und der Leistungsbereich im Verlauf des Jugendalters zunehmend weniger bedeutsam für das Selbstwertgefühl wird (z.B. Bachman, 1984). In diesem Sinne ließe sich die gesteigerte Betonung leistungsbezogener Werte seitens der jüngeren Kinder aus deprivierten Familien darauf zurückführen, daß die psycho-sozialen Beeinträchtigungen durch die finanzielle Verknappung nur bei ihnen eine kompensatorische Ausrichtung auf den instrumentellen Bereich begünstigen.

Diese Befunde und Interpretationen bedürfen insgesamt einer Absicherung durch weitere Untersuchungen. Welche allgemeinen Schlußfolgerungen an dieser Stelle im Rückblick auf beide Teile der Untersuchung zu ziehen sind, welche Caveats zu bedenken sind, und welchen Aufschluß weiterführende Arbeiten erbracht haben, die im Rahmen des übergeordneten Forschungsprojektes zwischenzeitlich - seit Abschluß der berichteten Untersuchungsschritte - durchgeführt wurden, ist Gegenstand der abschließenden Diskussion im folgenden und letzten Kapitel.

6. Fazit, offene Fragen und Ausblick

Nachdem die Ergebnisse beider Teilstudien jeweils am Ende der beiden vorangegangenen Kapitel eingehender diskutiert wurden, sollen nochmals die Kernpunkte hervorgehoben und allgemeiner vor dem Hintergrund des Rahmenmodells betrachtet werden, das dieser Arbeit zugrundeliegt. Hierbei wird auf die Grenzen der Untersuchung und weiterführende Fragestellungen hingewiesen.

6.1 Familiäre Einkommensverluste als Ausgangspunkt der Fragestellung

Makroökonomischer Wandel beeinflußt zweifellos auch Familien und von ihnen bestimmte Entwicklungsbedingungen. Die meisten neueren Studien zu diesem Thema nehmen Arbeitslosigkeit als Ausgangspunkt der Untersuchung, wobei deren Einflüsse auf das familiäre System als vielfältig akzeptiert werden. Diese Untersuchung wählte einen anderen Aspekt, indem sie von familiären Einkommenseinbußen ausging, was dem Ansatz klassischer Studien aus der Zeit der Weltwirtschaftskrise entspricht (z.B. Angell, 1965; Cavan & Ranck, 1969; Elder, 1974). Daß sich dies als sinnvoll erwiesen hat, zeigt die weitgehende Entsprechung der Befunde, die sich für von Arbeitslosigkeit des Vaters betroffene Familien und die anderen ökonomisch deprivierten Familien abzeichnen. Wenngleich für die direkt Betroffenen der Verlust der spezifischen psycho-sozialen Funktionen der Arbeitstätigkeit zu besonderen Belastungen beitragen mag, scheint sich dies in der Familie nicht gleichermaßen niederzuschlagen. Selbst Verschiebungen im Rollensystem der Familie sind kein Spezifikum der von Arbeitslosigkeit des Vaters betroffenen Familien, sondern scheinen allgemeiner durch ökonomischen Mißerfolg des Hauptverdieners begünstigt zu werden.

Nur in drei Aspekten haben sich Besonderheiten der von Arbeitslosigkeit des Vaters betroffenen Familien gezeigt. Erstens hinsichtlich der Mehrarbeit der Väter im Haushalt (vgl. Anhang): Anders als die Steigerung der Arbeitsintensität im Haushalt seitens der Mütter scheint sie weniger darauf abzuzielen, notwendige Ausgabenkürzungen auszugleichen. Dies käme vor

272

allem bei geringen sozio-ökonomischen Ressourcen zum Tragen. Sie ist wohl eher dadurch motiviert, daß die arbeitslosen Männer über mehr freie Zeit verfügen, die zur Disposition steht und im Sinne der Familie sinnvoll eingesetzt werden kann. Daß vor allem der Aspekt der Zeitverwendung im Vordergrund steht, liegt auch insofern nahe, als die Erwerbsbeteiligung der Frauen keinen Einfluß auf die Mehrarbeit der Männer im Haushalt hat, letztere also nicht der Entlastung erwerbstätiger Mütter dient.

Zweitens zeigen sich spezifische Folgen von Arbeitslosigkeit des Vaters in den stärkeren persönlichen Beeinträchtigungen dieser Männer. Sie bleiben jedoch auf den Bereich der psychischen Befindlichkeit beschränkt. In der Interaktion mit den Kindern schlagen sich die besonderen Härten der Arbeitslosigkeit allenfalls mittelbar - in den stärkeren persönlichen Belastungen - nieder, ohne daß generelle Beeinträchtigungen der affektiven Qualität der Vater-Kind-Interaktion oder stärker kontrollierendes Verhalten arbeitsloser Väter auszumachen wären. Im Gegenteil: Wenn sich hier sogar Anzeichen dafür finden, daß die deprivierten Väter teils besonders zuwendungsbereit und unterstützend mit ihren Kindern umgehen, so scheinen die Arbeitslosen hiervon keineswegs ausgenommen zu sein.

Drittens finden sich besondere Auswirkungen von Arbeitslosigkeit des Vaters in den Einstellungen der Jugendlichen gegenüber der normativen Struktur: das Vertrauen in die Regelung sozialer Chancengleichheit wird vor allem unter diesen Bedingungen erschüttert. Arbeitslosigkeit des Vaters lenkt also stärker den Blick auf sozial-strukturelle Ungleichheiten und trägt zu einem deutlicheren Legitimationsverlust normativer Regelungen in der Wahrnehmung der Jugendlichen bei als die Verknappung finanzieller Ressourcen per se. Ausschlaggebend hierfür dürfte sein, daß durch die - zumindest temporäre - Ausgliederung der Familie bzw. ihres Ernährers aus dem Erwerbssystem nicht nur die finanzielle Absicherung, sondern auch ein wesentlicher Aspekt der sozial-strukturellen Plazierung und Integration der Familie fraglich wird. Insofern liegt nahe, daß das Ausscheren der Jugendlichen aus dem gängigen Normensystem eine direkte Antwort auf den Ausschluß des Vaters vom Erwerbsleben - seinen Verlust der beruflichen Integration und der hierüber vermittelten Einbindung in übergeordnete Ziele und Werte - darstellt. Wieweit aber auch die möglicherweise

veränderten sozialen und politischen Einstellungen der von
Arbeitslosigkeit betroffenen Eltern eine vermittelnde Funktion
haben, muß an dieser Stelle offen bleiben.

Trotz dieser drei Wirkungen väterlicher Arbeitslosigkeit
überwiegen die Gemeinsamkeiten der deprivierten Familien
unabhängig davon, ob Arbeitslosigkeit des Vaters oder andere
Gründe zu den finanziellen Einbußen geführt haben. Bedenkt man,
daß finanzielle Verluste und Notlagen um einiges weiter ver-
breitet sind als Arbeitslosigkeit, so unterstreicht dies die
Berechtigung wenn nicht Notwendigkeit dieses Ansatzes, liefert
er doch eine wichtige Ergänzung zur Arbeitslosenforschung.[1]

6.2 Zu den Grenzen des Designs

Die vorliegende Untersuchung unterliegt in mehrerlei
Hinsicht Beschränkungen, die bei der Bewertung der Befunde zu
berücksichtigen sind. Hierzu gehören zunächst die offensichtli-
chen Vorgaben in der Auswahl der Stichprobe. Da sie auf vollständige Familien mit Kindern im Jugendalter eingegrenzt ist,
sind bestimmte Problemgruppen - etwa Alleinerziehende, die
vielfach mit wirtschaftlicher Verknappung konfrontiert sind,
nicht erfaßt. In diesen Familien mögen sich nachteilige Auswirkungen finanzieller Verlust noch gravierender niederschlagen.

Auch daß die Selektion der Stichprobe an der Zielgruppe
ökonomisch deprivierter Familien ausgerichtet ist, hat zu einer
soziographischen Homogenisierung der Stichprobe beigetragen.
Hierdurch kann der Einfluß anderer Faktoren auf die Familien
und die Entwicklung der Jugendlichen unterschätzt werden. Wenn
sich hier beispielsweise kaum generelle Unterschiede zwischen

---

[1] Moen et al. (1983) etwa stellen heraus, daß Schwankungen
des Familieneinkommens im Verlauf des Familienzyklus zu einem
weitaus größeren Teil die finanzielle Situation der Familie
bestimmen als die zumeist augefälligeren makroökonomischen
Verhältnisse und Arbeitslosigkeit des Hauptverdieners. Solche
Veränderungen der ökonomischen Lage im Zuge der familiären
Entwicklung sind hier allerdings auch weitgehend ausgespart, da
die in dieser Hinsicht am stärksten vulnerable Gruppe der
jungen Familien (vgl. Moen, 1983; Breuer et al., 1984) nicht
vertreten ist.

den Bildungsgruppen abzeichnen, sondern diese erst in den jeweiligen Reaktionen auf ökonomische Deprivation zum Tragen kommen, so mag das einerseits als substantieller Befund gewertet werden. Andererseits kann dies aber auch durch den Unterschicht-Bias der Stichprobe begünstigt worden sein. Dem Vorteil, den die Möglichkeit kontrollierter Vergleiche auf der Basis parallelisierter Gruppen bietet, steht also gegenüber, daß sich die Befunde möglicherweise anders darstellen, wenn eine heterogenere - repräsentative - Stichprobe zugrundegelegt wird, in der andere Einflußfaktoren deutlicher sichtbar werden.

Die geringe Stichprobengröße ist ein weiterer Punkt. So darf beispielsweise nicht überbewertet werden, daß sich mehrheitlich keine Besonderheiten der von Arbeitslosigkeit des Vaters betroffenen Familien im Vergleich zu den restlichen deprivierten Familien abzeichnen. Die Studie zielt von ihrer Anlage her nicht darauf ab, einzelne Gruppen ökonomisch deprivierter Familien hinsichtlich des jeweiligen Anlasses gegenüberzustellen. Dies bedürfte einer deutlich größeren Stichprobe, als sie hier verfügbar war. Die Teiluntersuchung zur Arbeitslosigkeit des Vaters versuchte diesen Stichprobenmangel auszugleichen, indem sie fragte, ob bei dieser Untergruppe Besonderheiten zu finden sind oder ob die Deprivation alleine die Befunde erkläre. Die gefundenen Besonderheiten wurden im letzten Abschnitt aufgezählt. Da eine weitere Differenzierung innerhalb der Familien mit arbeitslosem Vater nicht möglich war, mögen spezielle Wirkungen der Arbeitslosigkeit unerkannt geblieben sein.

Ähnliches gilt für die Befunde zu differentiellen Effekten ökonomischer Deprivation, die sowohl über- als auch unterschätzt sein können. Da die Ergebnisse teils auf sehr kleinen Gruppen basieren, bedürfen sie dringend einer Replikation durch andere Arbeiten. Wenn sie hier in der Darstellung der Ergebnisse so hervorgehoben worden sind, so auch, um weitere Analysen in diese Richtung anzuregen. Wie gravierend sich etwa die in den Pfadanalysen angezeigten Vermittlungsprozesse unterscheiden - man denke an die jeweiligen Auswirkungen finanzieller Verluste und der Familienbeziehungen auf die Normdistanz seitens der Jungen und Mädchen, bleibt offen. In neueren Analysen (Walper & Silbereisen, 1987 a; siehe unten) zeigte es sich indessen, daß eine Konzentration negativer Konsequenzen ökonomischer

Deprivation in den Familien der niedrigen Bildungsgruppe nicht schon einen bedeutsamen Unterschied darstellen muß.

Die wohl deutlichste Beschränkung ist durch das querschnittliche Vorgehen, die Erfassung von nur einem Zeitpunkt im unterstellten Prozeßverlauf, gegeben. Hieraus ergibt sich zunächst das Problem, daß kein Vergleich der Gruppen noch vor Eintritt der Einkommensverluste in den deprivierten Familien möglich ist. Prinzipiell läßt sich also nicht ausschließen, daß sich die einkommensstabilen und die von Verlusten betroffenen Familien schon zuvor voneinander unterscheiden, etwa aufgrund spezifischer, in der Parallelisierung der Gruppen nicht erfaßter Risikofaktoren, die zur ökonomischen Deprivation der einen Gruppe beigetragen haben.

Gegen diese Annahme spricht jedoch, daß nach den Befunden einer zweiten, kleineren Eltern-Befragung im Rahmen des Berliner Jugendlängsschnitts keine konsistenten Abweichungen zwischen den Familien mit Verlusten, Gewinnen oder stabilem Einkommen hinsichtlich ihrer weiteren Einkommensentwicklung bestehen. Alle Gruppen, die entsprechend der Selektionsstrategie in dieser Erhebung zu jeweils gleichen Anteilen vertreten sind, berichten mehrheitlich und mit gleicher Wahrscheinlichkeit ein halbes Jahr später ein stabil gebliebenes Familieneinkommen. Ein unverändertes Familieneinkommen scheint also nicht auf eine spezifische Subgruppe beschränkt zu sein. Zudem sprechen andere Befunde dafür, daß finanzielle Verknappungen häufig nur kurzfristig bestehen (vgl. Galambos & Silbereisen, 1987 a; Moen et al., 1983). Den entscheidenden Aufschluß werden jedoch erst prospektive Analysen geben, die im Zuge der Längsschnitterhebungen des Projekts möglich werden.

Mit Blick auf das querschnittliche Design ist ebenfalls zu bedenken, daß lediglich kurzfristige Konsequenzen ökonomischer Deprivation behandelt werden. Daß sich die Befunde zu einem späteren Zeitpunkt im Prozeßverlauf anders darstellen, legen eine Reihe von Studien zur Bewältigung von Arbeitslosigkeit nahe (Bakke, 1969b; Brinkmann, 1984; Heinemann et al., 1983; Powell & Driscoll, 1973). Differentielle Verlaufsmuster, auf die auch die hier berichteten unterschiedlichen Effekte ökonomischer Deprivation in den einzelnen Subgruppen schließen lassen, lassen sich jedoch nur längsschnittlich erfassen. So wäre etwa zu fragen, ob jene Gruppen, für die sich bislang

geringere Auswirkungen finanzieller Verluste ausmachen lassen -
etwa die Familien mit höheren Bildungsressourcen -, langfristig
"immun" bleiben, oder lediglich verzögerte Reaktionen zeigen.

Besonders gravierend dürfte sich ein erneuter Einbruch der
finanziellen Verhältnisse in der Familie auswirken - soweit
sich die entsprechenden Befunde zur Arbeitslosigkeit auch auf
andere Anlässe ökonomischer Deprivation übertragen lassen.
Entgegen früheren Befunden aus den Dreißiger Jahren (vgl.
Cavan, 1959) scheint heute wiederholte Arbeitslosigkeit keineswegs leichter zu bewältigen sein als der erste Verlust der
Arbeit (Brinkmann, 1984; Büchtemann/Infratest, 1983). Vermutlich gehörte früher Arbeitslosigkeit bei einem größeren Teil
der Familien zu den gewohnten Lebensumständen, so daß der
Lebensstil aufgrund langjähriger Vorerfahrungen stärker hierauf
abgestellt war und mehr oder minder erfolgreiche Bewältigungs-
strategien entwickelt wurden. Die wirtschaftliche Expansion der
Nachkriegszeit hat jedoch zu einem Abbau solcher instabiler
Lebensverhältnisse beigetragen, so daß Vorerfahrungen mit
Arbeitslosigkeit heute zumeist in einem anderen biographischen
Kontext stehen als damals.

Ob umgekehrt nach einer Verbesserung der familiären
Einkommenslage noch mit einer Fortdauer hier berichteten
Effekte zu rechnen ist, scheint fraglich. Die Befunde von
Aldwin und Revenson (1986) zu psychosomatischen Beschwerden bei
ökonomischer Deprivation legen nahe, daß die kurzfristig
nachteiligen Folgen keinen Bestand haben. Demgegenüber finden
sich aber auch Hinweise darauf, daß sich das gesundheitliche
Befinden ehemaliger Arbeitsloser nach ihrer Wiedereingliederung
ins Erwerbsleben nicht deutlich verbessert (Büchtemann/Infra-
test, 1983), daß eine fatalistische Haltung für wieder erwerbstätige Frauen ebenso wie die arbeitslos gebliebenen charakteristisch ist (Heinemann et al., 1983), und daß auch die erhöhte
Konfliktrate in zuvor von Arbeitslosigkeit betroffenen Familien
fortdauert (Brinkmann, 1984). So wäre in einer follow-up-Untersuchung zu klären, in welchen Familien und in welchen Aspekte
der individuellen Befindlichkeit und der familiären Lebensgestaltung eine überdauernde Veränderung stattfindet. Es ist
durchaus wahrscheinlich, daß in der Entwicklung der Kinder
beispielsweise ein Verlust von Vertrauen in die Legitimation
normativer sozialer Regelungen selbst aufgrund einmaliger,

zeitlich eng umschriebener kritische Ereignisse bzw. familiäre
Erfahrungskonstellationen überdauert.

6.3 Zur Einschätzung der Modellannahmen und Hypothesen

Inwieweit hat sich nun das zugrundegelegte Modell familiärer Konsequenzen ökonomischer Deprivation angesichts der
Befunde bewährt? Die Hauptannahme hinsichtlich der Reaktionen
der mitbetroffenen Kinder lautet, daß die innerfamiliären
Anpassungen und Belastungen das entscheidende Bindeglied
darstellen, über das die Auswirkungen finanzieller Verluste auf
die Kinder vermittelt werden. Diesen Mediatoren galt das
Interesse des ersten Hauptteils der Untersuchung.

6.3.1 Die Reaktionen der Eltern und Belastungen der Familien-
        beziehungen

Bedenkt man, daß ein Großteil der Studien, auf die hier
Bezug genommen wird, aus den Dreißiger Jahren stammt, so zeigt
sich doch ein beträchtliches Maß an Kontinuität der Befunde.
Innerfamiliäre Rollenänderungen, die damals eines der zentralen
Probleme für die Familien darstellten (z.B. Angell, 1965;
Komarovsky, 1973), werden auch heute nicht spannungsfrei bewältigt. So hat sich hier gezeigt, daß eine Verschiebung des
innerfamiliären Einflusses zugunsten der Mutter negative Konsequenzen für die familiären Beziehungen hat. Der Erwerbsbeitrag
der Frauen ist nicht per se schon eine familiäre Ressource, die
die Bewältigung ökonomischer Deprivation erleichtert: Der Bildungshintergrund der Eltern spielt zusätzlich eine moderierende
Rolle. Nicht zuletzt in dieser Hinsicht bestätigt sich das
erwartbar größere "adaptive Potential" (Elder, 1974) der
Familien mit höheren sozio-ökonomischen Ressourcen.
Man mag die letztgenannten Befunde in einem gewissen
Widerspruch zu den von Powell und Driscoll (1973) berichteten
Schwierigkeit sehen, die in Familien mit arbeitslosen Männern
auch hochqualifiziertern Mittelschichtberufen auftraten, wenn
die Frauen eine Arbeitstätigkeit aufnahmen. Ein durch die
ökonomische Deprivation herbeigeführter Wechsel der

Erwerbsrolle vom Vater auf die Mutter scheint selbst in den priviligierteren Familien konfliktträchtig zu sein, wenn die Mutter nicht schon vorher berufstätig war. Allerdings ist die Situation der hier betrachteten Familien anders, da der überwiegende Teil der Frauen schon seit mehreren Jahren - wenn nicht durchgängig - zum Familieneinkommen beiträgt.

Es deuten sich aber auch Abweichungen zu den früheren Befunden aus den Dreißiger Jahren an: Im Gegensatz zu den von Liker und Elder (1983) berichteten stärkeren Belastungsreaktionen der Männer im Vergleich zu den Frauen zeigen sich hier kaum Unterschiede in den psychischen Beeinträchtigungen beider Eltern bei ökonomischer Deprivation. So wie Galambos und Silbereisen (1986) gleichermaßen nachteilige Auswirkungen finanzieller Verschlechterungen auf die Sichtweise der persönlichen Lebenslage bei Müttern und Vätern finden, ähneln sich auch hier die jeweiligen Reaktionen weitgehend.

Hinsichtlich des Erziehungsverhaltens sind es sogar stärker die Mütter als die Väter, die die negativen Konsequenzen ökonomischer Deprivation austragen. Diese (graduellen) Unterschiede dürfen nicht überbewertet werden: Ob sie im statistischen Sinne bedeutsam sind, blieb dahingestellt. Dennoch zeichnen sich hierin Abweichungen von den gängigen Vorstellungen ab, die ein neues Licht auf die Situation der betroffenen Familien werfen.

Ausschlaggebend für die Beeinträchtigungen der Mutter-Kind-Interaktion scheinen weniger die psychischen Belastungen der Mütter im Zuge der familiären Einkommenseinbußen zu sein als vielmehr die sozialen Spannungen in der Interaktion mit den älteren Kindern, die aus der finanziellen Verknappung resultieren. Steigende Autonomiebedürfnisse und finanzielle Wünsche der älteren Kinder dürften den knapper werdenden familiären Ressourcen entgegenstehen und hierüber zu familiären Konflikte führen, mit denen dann vor allem die Mütter als "Innenminister" der Familie konfrontiert sind.

Demgegenüber schlagen sich die Erfahrungen sozio-ökonomischen "Mißerfolgs", der wohl in der Regel auf die Männer zurückzuführen ist, nicht auch gleichermaßen in deren Interaktion mit den Kindern nieder. Teils deuten sich sogar gegenläufige positive Einflüsse familiärer Einkommenseinbußen an, soweit die Männer nicht auch stärkeren psychischen Belastungen

ausgesetzt sind: die deprivierten Väter sind dann sogar stärker
ihren Kindern zugewandt und geben ihnen mehr Unterstützung als
die Väter einkommensstabiler Familien. Allerdings scheint dies
- anders als erwartet - nur für die älteren Kinder zu gelten.
Entgegen den Befunden früherer Studien (Komarovsky, 1973)
wenden sich die Väter nicht vor allem den jüngeren Kindern zu.

Hier könnte sich ein neues Rollenverständnis zumindest bei
einem Teil der betroffenen Väter andeuten, wobei die finanzielle Problemlage der Familie als Chance und besondere Herausforderung wahrgenommen werden mag, jenseits der instrumentellen
auch vermehrt die "expressive" Rolle wahrzunehmen und sich
stärker als bisher den heranwachsenden Kindern zuzuwenden. Daß
beispielsweise Arbeitslosigkeit nicht notwendigerweise als
persönliche Krise erfahren wird, sondern auch als positive
Gelegenheit zur Neuorientierung und zur Wahrnehmung eigener
(und familiärer) Interessen dienen kann, zeigen die Fallstudien
von Little (1976) bei arbeitslosen Männern aus hochqualifizierten Berufen. Auch die Väter mögen so eine positive Schlüssel-
rolle in der familiären Bewältigung ökonomischer Deprivation
einnehmen. Welche persönlichen Ressourcen, Werthaltungen und
Ziele hierfür den Ausschlag geben, muß allerdings an dieser
Stelle offen bleiben.

Wenngleich die vorliegende Studie in dieser Hinsicht kein
detailliertes Bild liefern kann, zeigt sich doch auch hier, daß
die verfügbaren Ressourcen der Familie einen bedeutsamen
Einfluß auf die Konsequenzen ökonomischer Deprivation für die
familiären Beziehungen und Interaktionen haben. Sie geben
allerdings nicht für jeden Aspekt des Familien- und Erziehungsklimas gleichermaßen den Ausschlag. Für die stärker auf
Beziehungsqualitäten abhebende Familienintegration und elterliche Unterstützung werden spezifische Konfliktkonstellationen
sichtbar, die erstens auf bildungsgebundene Unterschiede in der
Rollenflexibilität bei Erwerbstätigkeit der Mutter schließen
lassen und zweitens - jedoch nur für die Mütter - auf eine
stärkere Konfrontation mit den älteren Jugendlichen hinweisen.

Die Auswirkungen ökonomischer Einbußen auf das restriktiv-
bestrafende Verhalten der Eltern gegenüber ihren Kindern ist
von den durch die Bildung indizierten sozio-ökonomischen
Lebensbedingungen und Problemlöse-Fähigkeiten der Familie
abhängig, ohne daß die Verteilung der Verdienerrolle noch einen

zusätzlichen Einfluß hätte. Machtausübung als Gegenreaktion bei Kontrollverlust, wie Goode (1971) es beschreibt, ist demnach eher für die Familien mit geringen Bildungsressourcen charakteristisch. Dies läßt darauf schließen, daß ein stärker direkt kontrollierendes, macht- und positionsorientiertes Erziehungsverhalten, wie es sich eher bei niedrigen Statusgruppen beobachten läßt (vgl. Gecas, 1979), durch die Kumulation kritischer Lebensereignisse und chronischer Stressoren mitbedingt ist, von der die im Schichtungsgefüge benachteiligen Gruppen betroffen sind und für deren Bewältigung sie weniger gut gerüstet sind (Dohrenwend, 1973; Liem & Liem, 1978).

So zeigen auch die Befunde von Schneewind, Beckmann und Engfer (1983), daß soziale und ökonomische Belastungsfaktoren in der familiären Situation über ihre Auswirkungen auf die Persönlichkeit und die Erziehungsziele der Eltern zu einer rigiden Machtbehauptung und zu harten Strafen beitragen. Werden in dieser Weise ein rigide-autoritäres Verhalten der Eltern und eine Ausrichtung des Erziehungsverhaltens auf Anpassung und Unterordnung begünstigt, so mögen diese Dispositionen nicht nur eine vermittelnde Stellung im Kausalgefüge haben, sondern auch - als Moderatoren - in stärkerem Maße zu restriktiv-bestrafenden Reaktionen angesichts äußerer Belastungen führen, wie sie hier für die deprivierten Eltern der unteren Bildungsgruppe beobachtet wurden.

Die entscheidende Frage, die hier gestellt wurde, ist jedoch, ob sich die innerfamiliären Veränderungen in den Beziehungen und Interaktionen auch gleichermaßen in den Reaktionen der Kinder niederschlagen und so das erklärende Bindeglied darstellen. Ist davon auszugehen, daß die Reaktionen der Jugendlichen durch die gleichen Kontextfaktoren bestimmt sind wie die der Eltern, und daß die Konsequenzen ökonomischer Deprivation für sie ausschließlich durch die psycho-sozialen Veränderungen im Familiensystem determiniert sind?

6.3.2 Familiäre Beziehungen und Interaktionen als Mediator für die Reaktionen der Jugendlichen

Die Antwort auf die Frage nach der Mediatorfunktion von Belastungen der familiären Beziehungen und Interaktionen fällt im Lichte der Befunde eher negativ aus. Obwohl sich ein Teil der Reaktionen der Jugendlichen auf Beeinträchtigungen der Familienintegration und der Unterstützung seitens der Mutter zurückführen lassen, sind hiermit die beobachteten Zusammenhänge zwischen ökonomischer Deprivation und Beeinträchtigungen des Selbstwertgefühls, einer abwertenden Einstellung gegenüber der normativen Struktur sowie einer vermehrten Bereitschaft zu normverletzendem Verhalten seitens der Kinder nicht vollständig aufgeklärt.

Dies ließe sich zunächst auf die Wahl und Meßqualität der Variablen zurückführen. In dieser Hinsicht wären sicherlich Erweiterungen und Verbesserungen wünschenswert. Man mag auch argumentieren, daß ohnehin die Einschätzungen des Familien- und Erziehungsklimas seitens der Kinder der bessere Prädiktor für deren Reaktionen und Entwicklungsverlauf sind (vgl. Maccoby & Martin, 1983). Allerdings liegt gerade in der Einbeziehung unterschiedlicher Informationen von sowohl den Eltern als auch den Kindern eine Stärke der Untersuchung, schützt dies doch vor Konfundierungen der Merkmale. Es ist aber auch zu fragen, wieweit die Annahme einer hauptsächlich familiären Determination von Reaktionen der Jugendlichen grundsätzlich trägt.

Zumindest drei Vermittlungsinstanzen lassen sich ausmachen, über die die Reaktionen der Jugendlichen auf die veränderte finanzielle Situation der Familie bestimmt werden: (1) die hier behandelten Veränderungen seitens der Eltern und in die familiären Beziehungen und Interaktionen; (2) die Reaktionen Außenstehender, vor allem der Gleichaltrigen, die in dieser Entwicklungsphase zunehmend an Bedeutung gewinnen (Hartup, 1983; Krappmann, 1980; Kandel, 1986), aber auch Erfahrungen, die aus dem schulischen Bereich als einer der zentralen sekundären Sozialisationsinstanzen resultieren (vgl. Ulich, 1980). Daß hierüber wesentliche Erfahrungen vermittelt werden, deutet sich sowohl in den Befunden von Elder (1974) zur vermehrten Sensibilität der Jugendlichen gegenüber elitärem Verhalten der Mitschüler als auch in den von Schindler und Wetzels (1985) geführten Gesprächen mit Kindern arbeitsloser Väter an, die von Schamgefühlen gegenüber ihren besser gestellten Mitschüler, schon aufgrund der schlechteren Kleidung, berichten.

Und schließlich sind es (3) die eigenen Situationsdefinitionen und Bewältigungsstrategien der Jugendlichen in direkter

Reaktion auf die familiäre Lage, die zu berücksichtigen sind. Dies legt vor allem die abwertende Haltung der von Arbeitslosigkeit des Vaters betroffenen Jugendlichen gegenüber der normativen Struktur der gesellschaflichen Verhältnisse nahe. Die kritische Haltung dieser Jugendlichen ist nach unseren Befunden nicht von den familiären Beziehungen und Interaktionen bestimmt. Vielmehr ist davon auszugehen, daß die wahrgenommene Statusfrustration der Jugendlichen selbst ausschlaggebend für ihre Reaktionen ist.

Für die Bedeutung dieses direkten Einflusses spricht die Beobachtung zweier Trends, die sich in jüngerer Zeit abzeichnen und von denen angenommen werden kann, daß sie zu einer vermehrten Aufmerksamkeit von Jugendlichen für die ökonomischen Veränderungen beitragen. Zum einen scheint der Charakter von Jugend als behütetes und geleitetes "Moratorium" - das ohnehin eher jüngeren Datums ist und sicher nie für alle sozialen Gruppen gleichermaßen bestanden hat - zu schwinden (Zinnecker, 1985): Heute werden Jugendliche in zunehmend jüngerem Alter mit Handlungszwängen und Entscheidungen konfrontiert, die weitreichende Konsequenzen für die Gestaltung des weiteren Lebenslaufs haben, müssen sich doch viele von ihnen schon frühzeitig mit der Wahl und ersten Schritten hinsichtlich ihres späteren Berufs auseinandersetzen, die sich zudem immer problematischer und unsicherer gestalten.

Zum anderen haben die veränderten Lebensbedingungen in den westlichen Industrienationen andere Voraussetzungen und Zielvorgaben für die persönliche Entwicklung - die Ausgestaltung der eigenen Identität - geschaffen, die dem eingangs angeführten Paradigma, nach dem Entwicklung als das Produkt kontextbezogenen Handelns gesehen wird (vgl. auch Silbereisen & Eyferth, 1986), besondere Bedeutung verleiht. Zunehmend verlieren traditionelle Bindungen an etwa die soziale Schicht sowie andere Rollenzuschreibungen ihre Bedeutung als Basis der Bestimmung der eigenen Person. Dieser Trend zur "Individualisierung" (Beck, 1985) bringt jeden einzelnen in die Verantwortung für die Definition und Ausgestaltung seiner Identität (vgl. Schulze, 1987).

So liegt der Schluß nahe, daß Jugendliche sich vermehrt als Agenten ihrer eigenen Entwicklung wahrnehmen und ihre Aufmerksamkeit stärker auf entwicklungsbezogen handlungsrelevante Anregungen und Informationen richten, vor allem, wenn diese zentrale Bereiche wie Berufs- und Arbeitswelt und materielle Lebensbedingungen betreffen. In diesem Sinne lassen sich auch die Befunde der vorliegenden Untersuchung zu einer Aufwertung des Leistungsbereich seitens derjenigen deprivierten Jugendlichen interpretieren, die - angesichts der geringen bildungsgebundenen Ressourcen der Familie und angesichts des bevorstehenden Wechsels in das weiterführende Schulsystem - als besonders vulnerabel erscheinen.

Zudem könnte hierin die Begründung für die direkte Reaktion der Jugendlichen auf Veränderungen in der ökonomischen Lage der Familie liegen. In dem Maße, in dem die skizzierte Entwicklung fortschreitet, wäre zu erwarten, daß auch die Bedeutung der eigenständigen Situationsinterpretation der Jugendlichen zunimmt. Jenseits dieser weiterreichenden Fragen sprechen jedoch die eigenen weiteren Befunde nur bedingt für diese These.

So zeigte eine Fortführung der hier berichteten Arbeit zunächst, daß dem Selbstwertgefühl der Jugendlichen eine zentrale Stellung als Mediator von Konsequenzen ökonomischer Deprivation für deren Bereitschaft zu Normübertretungen zukommt (Walper & Silbereisen, 1987 a): Die erhöhte Transgressionsbereitschaft von Jugendlichen der deprivierten Familien mit geringen Bildungsressourcen ist vor allem auf deren negativere Selbstsicht zurückzuführen, die ihrerseits nur in geringem Maß aus Belastungen der Familienintegration resultiert. Obwohl die Familien dieser Kinder auch hinsichtlich ihrer Beziehungen im Nachteil sind, zeichnet sich deutlicher ein direkter Einfluß ökonomischer Deprivation auf die Selbstbewertung der Kinder ab.

Dies entspricht noch dem Tenor der bislang berichteten Befunde. Allerdings ergibt sich ein anderes Bild, wenn man individuelle Charakteristika in der Verarbeitung selbstbezogener Informationen - d.h. in der Empfänglichkeit für Fremdbewertungen - einbezieht (Walper & Silbereisen, 1987 b). Schon im Hinblick auf die Belastungen der Sozialbeziehungen nicht nur im familiären Kontext (vgl. Kapitel 5.2) wurde darauf eingegangen, daß ökonomische Deprivation mit einer vermehrten Ausrichtung der Aufmerksamkeit auf Fremdbewertungen einhergehen kann, die konflikthafte Beziehungen und nachteilige Einschätzungen anderer zu einem besonderen persönlichen Krisenfaktor werden lassen. So war zu erwarten, daß Jugendliche, die in erhöhtem Maße für die Bewertungen anderer sensibilisiert sind, auch stärker durch negative Erfahrungen in ihrem sozialen Umfeld beeinflußt werden, das heißt die jeweiligen Konsequenzen für ihre Selbstsicht weniger abwehren können.

Belege hierfür finden sich in der Forschung zur objektiven Selbstaufmerksamkeit (Duval & Wicklund, 1972), nach denen eine hohe Selbstaufmerksamkeit zu einer Akzentuierung von Diskrepanzen zwischen dem idealen und realen Selbstbild führt und der Einfluß positiver und negativer Informationen auf das Selbstwertgefühl akzentuiert wird (Ickes, Wicklund & Ferris, 1973). Folgt man der Unterscheidung zwischen der privaten Selbstaufmerksamkeit, d.h. der Ausrichtung auf die eigenen internen Prozesse (z.B. Gefühle) und der öffentlichen Selbstaufmerksamkeit gegenüber der äußeren Erscheinung bzw. dem Selbst als soziales Objekt (Fenigstein, Scheier & Buss, 1975), so sollte - etwa nach Befunden von Fenigstein (1979) - vor allem eine hohe öffentliche Selbstaufmerksamkeit mit einer erhöhten Vulnerabilität für negative Fremdbewertungen einhergehen.

In der Tat bestätigen die Ergebnisse, daß sich die jeweiligen Einflüsse ökonomischer Deprivation und hieraus resultierender Beeinträchtigungen der Familienintegration auf das Selbstwertgefühl und die Transgressionsbereitschaft der Jugendlichen je nach der Aufmerksamkeit gegenüber Fremdeinschätzungen anders darstellen (Walper & Silbereisen, 1987 b). Erwartungsgemäß sind die Einflüsse der Familienintegration auf das Selbstwertgefühl derjenigen Jugendlichen beschränkt, die eine hohe öffentliche Selbstaufmerksamkeit aufweisen. Bei ihnen wirken sich die Familienbeziehungen jedoch umso deutlicher aus.
Daß für diese Jugendlichen familiäre Spannungen und Konflikte tatsächlich den entscheidenden Mediator für nachteilige Auswirkungen ökonomischer Deprivation darstellen, zeigt sich auch darin, daß zusätzliche direkte Einflüsse ökonomischer Deprivation, die etwa auf negative soziale Erfahrungen in anderen Kontexten wie der Peergruppe zurückgehen könnten, nicht auszumachen sind.

Wenngleich also eine eigene Gestaltung der Entwicklung zunehmend in den Vordergrund tritt, so heißt dies keineswegs, daß die Familie in der Herausbildung des Selbstkonzeptes generell - d.h. in jeder Hinsicht und für alle Jugendlichen gleichermaßen - an Bedeutung verliert. Für die Selbstbewertungen jener Jugendlicher, die in ihren Verarbeitungsstrategien und der Wahrnehmung sozialer Situationen für Fremdbewertungen empfänglich sind, sind die affektiven Qualitäten der familiären Beziehungen und Interaktionen sogar ausschlaggebend.

6.4 Ausblick

Das hauptsächliche Interesse galt bislang dem Zusammenspiel von Belastungsreaktionen auf familiärer und individueller Ebene. Nicht nur dessen zeitliche Dynamik in Abhängigkeit von den verfügbaren Bewältigungsmöglichkeiten blieb hierbei offen, sondern auch die Frage, welche Strategien die Familien und ihre einzelnen Mitglieder in der Auseinandersetzung mit der ökonomischen Problemlage verfolgen, wie sich diese aus den bisherigen Lebensgewohnheiten ableiten oder in welchem Maße sie ein Experimentieren mit neuen Handlungsmustern beinhalten. Lediglich indirekt lassen die Befunde zu differentiellen Reaktionen darauf schließen, welche Bedingungskonstellationen eine günstige Ausgangsbasis liefern und welche Prozesse dem zugrundeliegen.

Daß beispielsweise sowohl die Reaktionen der Eltern als auch die der Jugendlichen auf einen Vorteil der Familien mit höherem Bildunghintergrund verweisen, könnte ebenso auf einen größeren finanziellen Spielraum, auf stärkere psychische Ressourcen der Familienmitglieder wie auch auf soziale Merkmale des Familiensystems zurückzuführen sein. Das Zusammenspiel von Bildungsniveau und der Entlastungsfunktion, die die Erwerbstätigkeit der Mutter speziell in dieser Gruppe hat, läßt jedoch zumindest einen Aspekt der bildungsspezifischen Ressourcen näher lokalisieren, nämlich in der erwartbar größeren Flexibilität der Definition und Gestaltung familiären Rollen dieser Doppelverdiener-Familien.

Dies unterstreicht einerseits die Bedeutung, die der Erwerbstätigkeit der Mutter in der Bewältigung finanzieller Problemlagen zukommt - was umso deutlicher macht, daß die Rückkehr der Frauen in den Haushalt nicht die Lösung des Problems knapper Arbeitsplätze sein kann, wie sie von manchen propagiert wird. Gleichzeitig wirft es auch die Frage auf, wie parallel hierzu für die Männer Möglichkeiten geschaffen werden können, ihre verschiedenen familiären Rollen auch tatsächlich im gewünschten Umfang wahrzunehmen. Daß dies gerade in der Bewältigung von Problemlagen hilfreich ist, zeichnet sich nicht zuletzt in den Reaktionen der Väter ab - etwa in der Zuwendung gegenüber ihren Kindern -, die keineswegs durchgängig den üblichen Rollenklischees entsprechen.

Solche Unterschiede in den Orientierungen und Rollensystemen der Familien und den damit verbundenen Bewältigungsmöglichkeiten dürften mit dazu beitragen, wenn sich angesichts einer fortgesetzten finanziellen Krise auf makroökonomischer Ebene nicht nur die Kluft zwischen den direkt Betroffenen und nicht tangierten Beobachtern in zunehmendem Maße auftut, sondern auch unter den Betroffenen die ohnehin bestehenden sozialen Unterschiede akzentuiert werden: Wie schon die Studien aus den Dreißiger Jahren zeigten (z.B. Angell, 1965), mag in Familien mit hohem adaptivem Potential die gemeinsame Erfahrung einer Krisensituation zur Mobilisierung bislang ungenutzter Ressourcen führen, um die Aufrechterhaltung und Ausgestaltung der gemeinsamen Biographie zu gewährleisten (Lüders, 1987).

Die hiermit verbundene Frage nach den jeweiligen Auswirkungen ökonomischer Deprivation für die Entwicklungsperspektiven stellt sich also für die Eltern und Kinder gleichermaßen: Inwieweit werden die biographischen "Projekte" der einzelnen Familienmitglieder wie auch der familiären Einheit durch die Erfahrung ökonomischer Deprivation verhindert oder umgelenkt? Inwiefern eröffnen, verschließen und verschieben sich die Aktivitätsfelder? Solche Veränderungen in den Rollen der Kinder haben in den Dreißiger Jahren wesentlichen Einfluß auf deren weiteren Entwicklungsverlauf genommen. Heute stellen sich jedoch die entsprechenden Optionen - etwa für einen frühen Berufseintritt - durchaus anders dar.

Eine erhöhte Transgressionsbereitschaft der Jugendlichen wurde hier als Ausdruck kumulierender Probleme in der Bewältigung der vielfältigen Entwicklungsanforderungen verstanden, (Silbereisen & Kastner, 1985; Silbereisen, 1986), die aus den Belastungen ökonomischer Verknappung resultieren können. Solche kontranormativen Orientierungen der Jugendlichen sind nicht nur negativ zu sehen: Sie können auch Ausdruck produktiver Gegenreaktionen sein können, durch die etwa situationsunangemessene familiäre Regeln in Frage gestellt und - etwa bei einer Wendung

gegen das normative System gesellschaftlich geregelter Chancenverteilung - notwendige Innovationen angestrebt werden (Wirth,
1984).

Gleichzeitig ist jedoch auch mit der Gefahr zu rechnen,
daß die Jugendlichen durch entsprechendes Problemverhalten
selbst zur Verfestigung ihrer sozio-ökonomischen Problemlage
beitragen, wie es etwa Willis (1980) für die Auseinandersetzung
mit schulischen Anforderungen und Autoritätspersonen bei
Jugendlichen aus der Arbeiterschicht aufgezeigt hat.

Entsprechende Fragen nach der Auseinandersetzung mit
entwicklungsrelevanten Themen konnten hier nur hinsichtlich der
Leistungsorientierung angesprochen werden, die für die Ausrichtung auf den späteren Beruf relevant wird. Daß es gerade die
älteren Jugendlichen sind, die angesichts der finanziellen
Verknappung in der Familie mit einer Abwertung von Leistung und
beruflichem Erfolg reagieren, verweist darauf, daß ihnen die
biographische Dringlichkeit dieser Thematik solche Fragen eher
zum Problem werden läßt. Zwar scheint die Mehrzahl der Jugendlichen noch durchaus optimistisch in die eigene berufliche
Zukunft zu blicken (Heinz, 1986). Dennoch mögen die Statistiken
zur Jugendarbeitslosigkeit ganz anders aufgenommen werden, wenn
kurz vor Eintritt in die Berufsausbildung spürbar wird, daß die
makroökonomischen Veränderungen auch in die eigene Familie
reichen.

I   Anpassungen in der Haushaltsökonomie

I.1   Methode

Variablen

Um die erwartbaren Veränderungen in der Haushaltsführung
zu prüfen, wurden folgende Indikatoren verwendet:
- ein drei-Item-Indikator zur Verknappung in der Haushaltsökonomie. Er umfaßt je ein Item zu vermehrten Einsparungen am
Essen und an Geschenken, die sich auf Veränderungen während des
letzten Jahres beziehen ("Wir versuchen heute mehr, am Essen zu
sparen als früher."; "Zu Weihnachten und an Geburtstagen gibt
es jetzt nicht mehr so viele und große Geschenke wie früher.")
und ein Item zur antizipierten Notwendigkeit zukünftiger
Einschränkungen ("Wir sollten in Zukunft unsere Absprüche
senken."). Die Items stammen aus dem Haushaltsteil des Fragebogens und sind jeweils im direkten Veränderungsformat formuliert. Nach den Ergebnissen einer explorativen Faktorenanalysen
über insgesamt 16 Items zu (vergangenen und antizipierten)
Veränderungen in der Haushaltsführung laden diese drei Items zu
jeweils >.50 auf dem ersten Faktor, ohne eine Ladung von über
.30 auf einen weiteren Faktor aufzuweisen. Sie werden daher
hier durch Berechnung der mittleren Zustimmung zu einer Skala
zusammengefaßt (Cronbach's Alpha=.56). Der Wertebereich
reicht - wie auch für jedes einzelne Item - von 0 (stimmt
nicht) bis 3 (stimmt völlig). Die Werte der Skala sind mit
einem Mittelwert von M=1.34 und einer Standardabweichung von
SD=.80 in der vorliegenden Stichprobe symmetrisch verteilt.
- ein zwei-Item-Indikator zur subjektiven Bedeutsamkeit der
Haushaltsplanung. Die beiden Fragen wurden im Anschluß an vier
Items zur Antizipation zukünftiger Veränderungen in der Haushaltsführung gestellt ("Wie oft gehen Ihnen in letzter Zeit
Gedanken dieser Art durch den Kopf?" und "Für wie wichtig
halten Sie selbst solche Fragen?" Korrelation der Items:
r=.62). Die Antwortskala reicht jeweils von 0 (sehr selten bzw.
nicht wichtig) bis 3 (sehr oft bzw. sehr wichtig). Der Mittelwert der Durchschnittsskala liegt bei M=1.84 (SD=.70).
- ein Item zur subjektiven Wahrscheinlichkeit eines zukünftig
reduzierten Haushaltseinkommens. Die Antwortskala zu der Frage
"Wenn Sie an das nächste Jahr denken: Für wie wahrscheinlichen

halten Sie es, daß Ihre Familie in der näheren Zukunft mit
einem stark verringerten Einkommen wirtschaften muß?" reicht
von o (keinesfalls) bis 3 (sicher). Der Mittelwert liegt in der
hier untersuchten Stichprobe bei M=1.34 (SD=.97).

- je ein Item zur <u>Mehrarbeit im Haushalt</u> für Mütter und Väter.
Die Zustimmungsskala zu der Aussage "Ich arbeite heute mehr im
Haushalt als früher." reicht wiederum von 0 (stimmt nicht) bis
3 (stimmt völlig). Entsprechend der Einleitungsfrage beziehen
sich die Items auf Veränderungen während des letzten Jahres.
Angaben über eine etwaige Mehrarbeit der Kinder waren nicht
verfügbar.

Die Antizipation eines zukünftig reduzierten Einkommens
wurde - obwohl es sich nicht auf adaptive Änderungen in der
Haushaltsführung bezieht - in die Auswertung aufgenommen, um
hierüber mögliche differentielle Belastungen von Subgruppen
aufzuklären. Die Antizipation zukünftiger Entwicklungen der
eigenen Lage läßt sich als bedeutsamer Aspekt der Situationsdefinition der Familie verstehen, wie es etwa dem Streßkonzept
von Lazarus (1981; Lazarus & Launier, 1981) entspricht (vgl.
auch Hansen & Johnson, 1979). Da solche Antizipationen den
Anpassungsprozeß beeinflussen können (vgl. Moen et al., 1983),
wurde dieses Merkmal der familiären Situationsdefinition in den
Analysen zu Anpassungen in der Haushaltökonomie mit berücksichtigt.

Auswertung

Um zu prüfen, inwieweit die Stärke der adaptiven Änderungen in der Haushaltsführung vom Ausmaß der berichteten Einkommensverluste abhängig ist, wurden zunächst die drei nach Ausmaß
der Einkommenseinbußen unterschiedenen Gruppen von Familien
(hohe versus mittlere versus keine Verluste des Familieneinkommens) getrennt betrachtet (einfaktorielle Varianzanalysen mit
dreistufigem Faktor Einkommenseinbußen).

In einem zweiten Schritt wurden Moderatoreffekte der
sozio-ökonomischen Ressourcen (Bildung der Eltern) und der Erwerbstätigkeit der Mutter geprüft, wobei die von Einkommensverlusten betroffenen Familien zu einer Gruppe zusammengefaßt sind
(dreifaktorielle Varianzanalyse mit jeweils dichotomen Faktoren; ANOVA). Um auch Effekte familienstruktureller Merkmale,
nämlich der Anzahl der Kinder abschätzen zu können, wurden

diesen dreifaktoriellen Varianzanalysen sowohl mit als auch ohne Kovariate (Anzahl der Kinder) berechnet.

Hinsichtlich der Mehrarbeit der Väter im Haushalt wird zusätzlich die Unterscheidung zwischen arbeitslosen und erwerbstätigen Vätern getroffen, da sich eine Verstärkung der Aktivitäten im Haushalt eher im Sinne eines veränderten Zeitbudgets aufgrund der vermehrten arbeitsfreien Zeit vermuten läßt. In den entsprechenden Auswertungen wird die Gruppe der arbeitslosen Väter gegen die restlichen von Einkommensverlusten betroffenen Familien kontrastiert.

I.2 Ergebnisse

I.2.1 Unterschiede zwischen den Verlustgruppen

Wie den Mittelwerten in Tabelle 1-1 zu entnehmen ist, unterscheiden sich die von Einkommenseinbußen betroffenen Familien und die einkommensstabilen Familien deutlich hinsichtlich der berichteten Verknappung in der Haushaltsökonomie. Dies gilt sowohl für Einsparungen am Essen (F=6.18, df=2, p=.003) und an Geschenken (F=6.07, df=2, p=.003), wie auch hinsichtlich der eingeschätzten Notwendigkeit zukünftiger Einschränkungen (F=4.75, p=.01). Die entsprechenden Kontraste zeigen, daß für jedes der Items vermehrte Einschränkungen nicht nur die Familien mit hohen Einkommensverlusten betreffen, sondern die von Einkommenseinbußen betroffenen Familien insgesamt (siehe Tabelle 1-1). Die beiden Verlustgruppen (hohe versus mittlere Verluste) unterscheiden sich lediglich hinsichtlich der Einsparungen am Essen, die bei hohen Einbußen auch ausgeprägter sind (M=1.38 versus M=.92).

Damit erfolgen erwartungsgemäß adaptive Ausgabenkürzungen in der familiären Hauswirtschaft insgesamt am stärksten in der von hohen Einkommensverlusten betroffenen Gruppe (M=1.70), gefolgt von den Familien mit mittleren Einkommenseinbußen zwischen 5% und 25% (M=1.55), während Einsparungen in den Ausgaben von den einkommensstabilen Familien deutlich weniger berichtet werden (M=1.04). Die jeweiligen 95%-Vertrauensintervalle für die Mittelwerte der beiden Verlustgruppen (hohe

<u>Tabelle 1-1</u>: Verknappung in der Haushaltsführung, Antizipation eines reduzierten Einkommens und subjektive Bedeutsamkeit in Abhängigkeit vom Ausmaß der Einkommensverluste: Mittelwerte und Standardabweichungen sowie F-Test und spezielle Kontraste

	Einsparungen am Essen			Einsparungen an Geschenken			Notwendigkeit zukünftiger Einsparungen		
	M	SD	(n)	M	SD	(n)	M	SD	(n)
hohe Verl.	1.38	1.07	(39)	1.54	1.19	(39)	2.11	1.13	(38)
mittlere V.	.92	1.02	(26)	1.62	1.24	(26)	2.12	1.03	(26)
stab.Eink.	.69	.92	(67)	.90	1.02	(67)	1.55	.97	(67)
gesamt	.94	1.02	(132)	1.23	1.16	(132)	1.82	1.06	(131)

$F(df=2)=$	6.18^{**}	6.07^{**}	4.75^{**}
Kontraste:			
Kontrast 1:[a]	$t=2.98^{**}$ $(df=129)$	$t=2.87^{**}$ $(df=129)$	$t=2.63^{**}$ $(df=128)$
Kontrast 2:[b]	$t=3.51^{***}$ $(df=129)$	$t=2.87^{**}$ $(df=129)$	$t=2.63^{**}$ $(df=128)$

	Verknappung insgesamt			Antizipation eines reduz. Einkommens			subj. Bedeutsamkeit der Haushaltsplanung		
	M	SD	(n)	M	SD	(n)	M	SD	(n)
hohe Verl.	1.70	.84	(38)	2.15	.84	(39)	2.08	.81	(39)
mittlere V.	1.55	.82	(26)	1.62	1.02	(26)	2.19	.55	(26)
stab.Eink,	1.04	.67	(67)	.91	.75	(67)	1.66	.63	(67)
gesamt	1.34	.81	(133)	1.42	1.00	(132)	1.84	.71	(132)

$F(df=2)=$	10.46^{***}	28.01^{***}	8.08^{***}
Kontraste:			
Kontrast 1:[a]	$t=2.68^{**}$ $(df=128)$	$t=5.11^{***c}$ $(df=71.9)$	$t=1.05^{c}$ $(df=57.8)$
Kontrast 2:[b]	$t=3.51^{***}$ $(df=108)$	$t=7.60^{***c}$ $(df=111)$	$t=2.79^{**c}$ $(df=65.0)$

<u>Anmerkungen</u>:

[a] Kontrast 1: hohe Verluste versus mittlere und keine Verluste
[b] Kontrast 2: hohe Verluste versus keine Verluste
[c] berechnet für getrennte Varianzen

Signifikanzangaben: *** $p<.001$, ** $p<.01$, * $p<.05$, $^{+}$ $p<.10$

Verluste: $M=1.42$ bis 2.00; mittlere Verluste: $M=1.22$ bis 1.88 und die der einkommensstabilen Familien ($M=.88$ bis $M=1.21$) überlappen sich nicht, wobei die Varianzen der drei Gruppen homogen sind (Cochran's $C=.39$, n.s.). Der Befund der einfaktoriellen Varianzanalyse ist hochsignifikant ($F=10.46$, $p<.001$).

Tabelle 1-1 zeigt weiterhin, daß die von Einkommenseinbussen betroffenen Familien auch für die Zukunft wesentlich mehr mit einem reduzierten Einkommen rechnen. Die subjektive Wahrscheinlichkeit zukünftiger bzw. andauernder ökonomischer Deprivation ist wiederum in der von hohen Verlusten betroffenen Gruppe am höchsten (M=2.15) und in der einkommensstabilen am niedrigsten (M=.91), wobei die Familien mit mittleren Verlusten auch eine mittlere Position hinsichtlich dieser Zukunftserwartungen einnehmen (M=1.62). Alle drei Kontraste sind hochsignifikant. Ebenso wie bei den Einsparungen überlappen sich bezüglich der Erwartung eines zukünftig verringerten Einkommens die jeweiligen 95%-Konfidenzintervalle der beiden Verlustgruppen und der Gruppe mit stabilen Einkommen nicht (hohe Einbußen: M=1.88 bis 2.43 ; mittlere Verluste: M= 1.20 bis 2.03; stabil: M=.73 bis 1.09).

Auch die Bedeutsamkeit bzw. Zentralität, die Fragen der Haushaltsplanung beigemessen wird, ist erwartungsgemäß bei Einkommenseinbußen deutlich erhöht (F=8.08, p<.001). Dies gilt nicht nur für Familien mit hohen Einkommensverlusten (M=2.08), sondern ebenso für Familien mit mittleren Verlusten (M=2.19), die sich beide eindeutig von Familien mit stabilem Einkommen unterscheiden (M=1.04). Die jeweiligen Konfidenzintervalle der Mittelwerte beider Verlustgruppen (hohe Verluste: M=1.82 bis M=2.34; mittlere Verluste: M= 1.97 bis 2.41) überlappen sich auch in diesem Bereich nicht mit der einkommensstabilen Gruppe (M=1.50 bis 1.81).

Hinsichtlich einer Steigerung der Haushaltsarbeiten seitens der Eltern - möglicherweise zur Kompensation von notwendigen Ausgabenkürzungen - zeigt sich entgegen den Erwartungen, daß in den von Einkommenseinbußen betroffenen Familien vor allem die Väter angeben, jetzt mehr im Haushalt zu arbeiten. Dies gilt besonders für Familien mit extremen Einkommenseinbußen (M=1.25 gegenüber M=.78 bei mittleren Verlusten und M=.58 bei stabilen Einkommen; einfaktorielle Varianzanalyse: F=4.53, df=2, p=.01). Allerdings liegt auch in dieser Gruppe der Mittelwert der Antworten nicht im positiven Bereich der Skala, wobei die Varianzen leicht, aber nicht signifikant erhöht sind (Bartlett-BoM=1.97, p=.14; Cochran's C=.46, p=.08). Wie die für getrennte Varianzen berechneten Kontraste zeigen, ist bei den Vätern nicht nur der Unterschied zwischen der

Gruppe mit hohen Verlusten und den einkommensstabilen Familien bedeutsam, sondern auch der zwischen beiden Verlustgruppen und den Familien ohne Einkommenseinbußen. Die jeweiligen Angaben befinden sich in Tabelle 1-2.

Tabelle 1-2: Mehrarbeit der Eltern im Haushalt in Abhängigkeit vom Ausmaß der Einkommensverluste: Mittelwerte und Standardabeichungen sowie F-Test und spezielle Kontraste

| | Mehrarbeit der | | | | | |
| | Mütter | | | Väter | | |
	M	SD	(n)	M	SD	(n)
hohe Verluste	.84	1.10	(38)	1.25	1.24	(32)
mittlere Verl.	.81	1.10	(26)	.78	1.00	(23)
stab.Eink.	.46	.72	(67)	.58	.92	(64)
gesamt	.64	.94	(131)	.80	.99	(119)

$F(df=2)=$	2.56^{+}		4.53^{*}
Kontraste:			
Kontrast 1: $^{a)}$	$t= .97^{c)}$		$t= 2.57^{*}$
	$(df=62.6)$		$(df=116)$
Kontrast 2: $^{b)}$	$t= 1.90^{+c)}$		$t= 3.01^{***}$
	$(df=55.5)$		$(df=116)$

Anmerkungen:
a) Kontrast 1: hohe Verluste versus mittlere und keine Verluste
b) Kontrast 2: hohe Verluste versus keine Verluste
c) berechnet für getrennte Varianzen
Signifikanzangaben: ** p<.01, * p<.05, $^{+}$ p<.10

Bei den Angaben der Mütter zur Mehrarbeit im Haushalt liegen die Mittelwerte der beiden Verlustgruppen zwar gleichermaßen über dem der einkommensstabilen Familien (M=.84 bei beiden Verlustgruppen versus M=.46). Gleichzeitig sind jedoch auch die Standardabweichungen in den von Einkommenseinbußen betroffenen Familien deutlich erhöht, das heißt, die Reaktionen sind nicht homogen (Bartlett-Box F=5.41, p=.004; Cochran's C=.41, p=.27). Obwohl der F-Test einen tendentiellen Unterschied zwischen den von Einbußen betroffenen und den einkommensstabilen Familien anzeigt (F=2.56, p=.08; s. die Kontraste für getrennte Varianzen), ergibt der nonparametrische Kruskall-Wallis-Test einen nicht signifikanten Befund für den einfaktoriellen Effekt von Einkommeneinbußen (Chi^{2}=2.75, p=.25).

I.2.2 Moderatoreffekte der Bildung der Eltern und der Erwerbstätigkeit der Mutter

Die Befunde der Varianz- und Kovarianzanalyse von differrntiellen Effekten von Einkommensverlusten in beiden Bildungsgruppen und in Abhähngigkeit von der Erwerbstätigkeit der Mutter sind weitgehend identisch. Daher werden hier nur die Ergebnisse der Kovarianzanalyse berichtet. Die jeweiligen F-Werte der Haupt- und der Interaktionseffekte sind in Tabelle 1-3 wiedergegeben. Die Varianzen sind für jede der betrachteten Variablen trotz zum teil kleiner Gruppen homogen (bei dreifaktorieller Gruppenaufteilung kleinstes n=9, größtes n=19).

Tabelle 1-3: Änderungen in der Haushaltsführung in Abhängigkeit von Einkommenseinbußen, elterlicher Schulbildung und Erwerbstätigkeit der Mutter mit Berücksichtigung der Anzahl der Kinder: F-Werte (p<.10) der dreifaktoriellen Kovarianzanalyse (n=100)

	Ein-sparungen	Antizip. ökonom. Depr.	Bedeut. Haushalts-plang.	Mehrarbeit der Mütter	Väter
Eink.verluste	17.70^{***}	29.51^{***}	12.43^{***}	56.05^{*}	5.99^{*}
elt.Bildung	n.s.	n.s.	n.s.	4.04^{*}	n.s.
Erwerbstät. d. Mutter	n.s.	n.s.	n.s.	n.s.	n.s.
Kinderzahl (Kov.)[a]	n.s.	n.s.	n.s.	n.s.	n.s.
Verluste*Bildung	n.s.	n.s.	2.81^{+}	4.22^{*}	n.s.
Verluste*Erwerb.M.	n.s.	n.s.	n.s.	n.s.	n.s.
Bildung*Erwerb.M.	n.s.	n.s.	n.s.	n.s.	n.s.
Verl.*Bildg.*Erw.M.	n.s.	n.s.	n.s.	n.s	n.s.

Anmerkung

[a] Eingabe der Kovariate simultan mit allen Haupteffekten, danach simultaner Test aller zweifaktoriellen Interaktionen, dann Test des dreifaktoriellen Interaktionseffekts.

Signifikanzangaben: *** p<.001, ** p<.01 * p<.05, $^{+}$ p<.10

Die Anzahl der Kinder (Kovariate) hat keinen Effekt auf die berichteten Veränderungen der Haushaltsökonomie. Bei allen betrachteten Variablen bleibt der Haupteffekt von Einkommenseinbußen bestehen.

Hinsichtlich der berichteten Einsparungen zeigen sich keine stärkeren Belastungen der unteren Bildungsgruppe. Weder

der Haupteffekt der elterlichen Schulbildung (F<1, n.s.) noch der Interaktionseffekt zwischen finanziellen Verlusten und Bildungsniveau (F=44, n.s.) ist signifikant. Die Erwerbstätigkeit der Mütter hat auf Einsparungen ebenfalls keinen Einfluß, weder als Haupteffekt (F<1, n.s.) noch in Interaktion mit Einkommenseinbußen (F<1, n.s.). Die beiden Bildungsgruppen profitieren bei ökonomischer Deprivation hinsichtlich der notwendigen Einsparungen auch nicht unterschiedlich von der Erwerbstätigkeit der Mutter: Es besteht kein entsprechender dreifaktorieller Interaktionseffekt (F<1, n.s.). Dies gilt ebenso für die Erwartung, zukünftig mit einem stark reduziertem Einkommen wirtschaften zu müssen, d.h. die Familien der unteren Bildungsgruppen sind in dieser Hinsicht nicht stärker belastet als die der höheren Bildungsgruppe.

Demgegenüber ergeben sich bildungsspezifische Effekte von Einkommenseinbußen hinsichtlich der subjektiven Bedeutsamkeit der Haushaltsplanung und der vermehrten Arbeitsintensität der Mütter im Haushalt. Der Interaktionseffekt von Einkommenseinbußen und elterliche Schulbildung ist hinsichtlich der Zentralität von Haushaltsfragen allerdings nur tendentiell signifikant (F=2.81, p=.097). Bei den Familien mit niedrigerer elterlicher Schulbildung ist sie stärker von Einkommenseinbußen beeinflußt als bei den Familien der höheren Bildungsgruppe. Während bei stabilem Familieneinkommen Fragen der Haushaltsplanung für die Eltern mit höherer Schulbildung zentraler sind als für die Eltern mit niedrigerer Schulbildung (M=1.74 versus M=1.54), kehrt sich dieses Verhältnis in den ökonomisch deprivierten Familien um. Bei Einkommenseinbußen ist also die Zentralität von Haushaltsfragen in der unteren Bildungsgruppe höher als in den Familien mit höherer elterlicher Schulbildung (M= 2.21 versus M=2.00). Die Erwerbstätigkeit der Mutter ist hierbei ohne Einfluß (siehe Tabelle 1-3 oben).

Hinsichtlich der Mehrarbeit der Mütter im Haushalt besteht neben dem für die zusammengefaßten Verlustgruppen signifikanten Einfluß der Einkommeneinbußen (F=5.09; p=.027) ein weiterer Haupteffekt für die elterliche Schulbildung (F=4.04; p=.047) sowie ein signifikanter Interaktionseffekt für Einkommensverluste und elterlicher Schulbildung (F=4.22; p=.043). Wie die jeweiligen Gruppenmittelwerte nahelegen, ist der Haupteffekt der elterlichen Schulbildung im wesentlichen auf die erhöhte

Mehrarbeit der Mütter in ökonomisch deprivierten Familien der unteren Bildungsgruppe zurückzuführen. So unterscheiden sich die einkommensstabilen Familien beider Bildungsgruppen nicht hinsichtlich der Mehrarbeit der Mütter im Haushalt (niedrige Bildung: M=.39; höhere Bildung: M=.37). Bei Einkommenseinbußen ist jedoch in den Familien der unteren Bildungsgruppe die Mehrarbeit der Mütter im Haushalt deutlich höher als in Familien mit höherer elterlicher Bildung (M=1.13 versus M=.38). In den Familien der höheren Bildungsgruppe bleibt also der Arbeitsaufwand der Mütter im Haushalt von den finanziellen Verlusten unberührt, während die Mütter der unteren Bildungsgruppe zu einer vermehrten Arbeitsintensität übergehen.

Die Erwerbstätigkeit der Mütter hat jedoch keinen Einfluß auf ihre Steigerung der Haushaltsarbeiten, weder als Haupteffekt noch in Interaktion mit einem der anderen Faktoren. Das heißt: die von Einkommenseinbußen betroffenen Frauen der unteren Bildungsgruppe steigern unabhängig von ihrer Erwerbstätigkeit die Arbeitsintensität im Haushalt.

Bezüglich der Mehrarbeit der Väter im Haushalt ergibt sich lediglich ein Haupteffekt für Einkommensverluste (F=5.99, p=.016). Die Erwerbstätigkeit der Mütter hat hierauf kaum einen Einfluß (F=2.63, p=.11): die Väter der Familien mit erwerbstätiger Mutter geben nur geringfügig mehr an, jetzt mehr im Haushalt zu arbeiten, als die Väter in Familien mit nicht erwerbstätiger Mutter (M=.95 versus M=.63).

Wird die Kinderzahl nicht berücksichtigt, so fällt der Haupteffekt der Erwerbstätigkeit der Mutter auf die vermehrte Haushaltsbeteiligung der Väter zwar etwas deutlicher aus, erreicht aber auch nicht das koventionelle Signifikanzniveau (Haupteffekt der mütterlichen Erwerbstätigkeit ohne Kovariate: F=3.39, p=.069). Das läßt darauf schließen, daß die Männer ihre erwerbstätigen Frauen im Haushalt weniger unterstützen, wenn mehr Kinder zur Delegation der Aufgaben zur Verfügung stehen.

Insgesamt dürfte die Mehrarbeit der Väter im Haushalt jedoch keine Entlastungsfunktion für die Mütter haben. Weder sind es vor allem die Väter der unteren Bildungsgruppe, die - wie ihre Frauen - zur Mehrarbeit übergehen, noch sind die erwerbstätigen Mütter bedeutsam im Vorteil.

I.2.3 Mehrarbeit der Väter im Haushalt bei Arbeitslosigkeit

Da in ca. einem Drittel der Familien mit hohen Einkommenseinbußen die Väter arbeitslos sind und gleichzeitig nur ein arbeitsloser Vater nicht zu der Gruppe der stark deprivierten Familien gehört, wurde geprüft, ob der Zusammenhang zwischen Einkommenseinbußen und Mehrarbeit der Väter im Haushalt auf die arbeitslosen Väter zurückgeht, nämlich darauf, daß vor allem sie bei mehr freier Zeit kompensatorische "Alternativrollen" im Haushalt übernehmen. Hierzu wurde eine einfaktorielle Varianzanalyse mit dreistufigem Faktor berechnet, in der Familien mit arbeitslosem Vater (n=12), Familien mit Einkommensverlusten aber erwerbstätigem Vater (n=36) und einkommensstabile Familien (n=59) gegeneinander kontrastiert werden.

Die Befunde zeigen, daß die Mehrarbeit der Väter in den deprivierten Familien tatsächlich weitgehend auf die arbeitslosen Männer beschränkt bleibt. Der Effekt des dreistufigen Faktors ist hochsignifikant (F=11.43, p<.001), wobei der Mittelwert der von Arbeitslosigkeit betroffenen Väter (M=1.08, SD=1.24) deutlich über dem der restlichen Väter mit finanziellen Verlusten (M=.72, SD=.97) und dem der einkommensstabilen Familien (M=.59, SD=.95) liegt. Der entsprechende Kontrast ist hochsignifikant (t=4.67, df=104, p<.001). Auch der Kontrast zwischen den arbeitslosen Vätern und nur den restlichen ökonomisch deprivierten Familien ist hochsignifikant (t=4.12, df=104, p<.001).

II Veränderungen des innerfamiliären Einflusses

II.1 Methode

Variablen

Zur Erfassung von Veränderungen in der Verteilung des Einflusses der Familienmitglieder auf Entscheidungen wurden bei der Befragung sowohl der Mütter als auch der Väter jeweils drei Items verwendet (siehe Abschnitt 4.4). Sie beziehen sich auf die drei Bereiche (a) finanzielle Entscheidungen, (b) Entscheidungen, die die Kinder betreffen, und (c) andere wichtige Entscheidungen in familiären Angelegenheiten. Die Fragen richten sich (im direkten Veränderungsformat) auf einen Einflußgewinn während des letzten Jahres, wobei die Antwortmöglichkeiten zwischen einem Einflußgewinn (1) des Vaters, (2) der Mutter, (3) des Kindes und (4) keiner Veränderung unterscheiden. Mehrfachantworten waren zwar zugelassen, kamen aber faktisch nicht vor.

Durch Rekodierung der Antworten wurden zunächst für jeden Entscheidungsbereich drei dichotome Indikatoren gebildet, die Veränderungen des innerfamiliären Einflusses zugunsten des Vaters, der Mutter oder des Kindes bezeichnen. Die jeweiligen Angaben zu den einzelnen Bereichen wurden dann so zusammengefaßt, daß die Indikatoren Veränderungen zugunsten des jeweiligen Familienmitglieds in zumindest einem der drei Einflußbereiche anzeigen. In den weiteren Analysen, die in Kapitel 4.5 dargestellt sind, wird zwar nur der Indikator für einen Einflußgewinn der Mutter verwendet. Hinsichtlich der Prädiktoren eines Einflußgewinns der Familienmitglieder, die hier behandelt werden, sind jedoch auch die Ergebnisse für die anderen beiden Indikatoren wiedergegeben.

Als unabhängige Variablen werden neben Einkommensverlusten die Schulbildung beider Eltern (dichotomisiert), die Erwerbstätigkeit der Mutter, Arbeitslosigkeit des Vaters als spezifischer Anlaß ökonomischer Deprivation, sowie jeweils dichotomisierte Indikatoren für Veränderungen in der Haushaltsführung verwendet. Die Dichotomisierung der Angaben zur Verknappung im Haushalt (Einsparungen) entspricht annähernd der Medianhalbierung. Bezüglich der vermehrten Haushaltsarbeiten beider Eltern war eine solche Medianhalbierung nicht möglich, da die jeweiligen Angaben deutlich linksschief verteilt sind. Auch die hier gewählte Unterscheidung zwischen den Antworten "stimmt nicht" einerseits und "stimmt wenig" bis "stimmt völlig" andererseits ergibt noch eine recht ungleiche Gruppengröße mit stärkerer Besetzung der nein-Kategorie.

Auswertung

Zunächst werden mittels Chi^2-Tests die Effekte finanzieller Einbußen auf einen Einflußgewinn der verschiedenen Familienmitglieder (Mutter, Vater, Kind) geprüft, und zwar getrennt für die Angaben der Mütter und Väter. Hierbei wird nach dem Ausmaß ökonomischer Einbußen zwischen den drei Gruppen mit

300

hohen und mittleren Verlusten und stabilem Einkommen unterschieden.

Um zu prüfen, inwieweit ein Einflußgewinn der Mutter auf die Familien mit arbeitslosem Vater beschränkt ist und/oder durch die adaptiven Veränderungen in der Haushaltsführung begünstigt wird, werden anschließend mittels Chi^2-Tests die Effekte von Arbeitslosigkeit, Verknappung im Haushalt und Mehrarbeit beider Eltern auf den perzipierten Einflußgewinn der Mutter ermittelt, sowohl für die Angaben der Mütter als auch für jene aus Sicht der Väter. Eine zusätzliche Unterteilung nach den berichteten Einkommensverlusten wird hierbei nicht vorgenommen, da Einkommenseinbußen, Arbeitslosigkeit des Vaters und Haushaltsänderungen erwartungsgemäß deutlich zusammenhängen (siehe Abschnitt I.2 in diesem Anhang).

Schließlich wird ermittelt, inwieweit die Effekte von Einkommenseinbußen auf einen Einflußgewinn der Mutter von der Erwerbstätigkeit der Mutter oder der Bildung der Elten abhängig sind. Hierzu werden separate Chi^2-Tests zum Effekt ökonomischer Deprivation für die einzelnen Subgruppen berechnet.

II.2 Ergebnisse

II.2.1 Unterschiede zwischen den Verlustgruppen

Die jeweiligen relativen Häufigkeiten der Angaben beider Eltern zum Einflußgewinn der Mutter, des Vaters, und des Kindes in Abhängigkeit vom Ausmaß der Einkommensverluste sind in Tabelle 1-4 wiedergegeben.

Wie die dort ebenfalls angegebenen Befunde der Chi^2-Tests zeigen, läßt sich die Hypothese zum Einflußgewinn der Mutter bei ökonomischer Deprivation nur für die Angaben der Väter bestätigen: Während in den einkommensstabilen Familien nur 9,5% der Väter angeben, daß die Mutter an Einfluß gewonnen hat, sind es in Familien mit mittleren Einkommenseinbußen 17,4% der Väter und in den stark deprivierten Familien sogar 40,7%. Der Chi^2-Test ist hochsignifikant (Chi^2=12.20, df=2, p=.002), ebenso wie die Pearson-Korrelation (r=.32, p<.001), die einen deutlichen linearen Trend anzeigt.

Tabelle 1-4: Relativer Anteil der Familien mit einem einflußgewinn der Mutter, des Vaters oder des Kindes in Abhängigkeit von der Höhe finanzieller Verluste: Prozentwerte[a] nach Angaben der Mütter und Väter sowie Chi^2-Test

nach Angaben von:	Einflußgewinn von Mutter		Vater		Kind	
	Mutter	Vater	Mutter	Vater	Mutter	Vater
hohe Verluste	15.4	40.7	3.8	11.1	11.5	14.8
(n)	(26)	(27)	(26)	(27)	(26)	(27)
mittlere Verl.	9.1	17.4	13.6	13.0	18.2	26.1
(n)	(22)	(23)	(22)	(23)	(22)	(23)
keine Verluste	9.8	9.5	4.5	6.3	26.2	20.6
(n)	(61)	(63)	(61)	(63)	(61)	(63)
gesamt	11.0	18.6	6.4	8.8	21.1	20.4
(n)	(109)	(113)	(109)	(113)	(109)	(113)
Chi^2(df=2)=	n.s.	12.20[**]	n.s.	n.s.	n.s.	n.s.

Anmerkungen:

[a] in Prozent der ja-Antworten pro Einkommensverlustgruppe, gesamt-n pro Gruppe in Klammern.

Signifikanzangaben: [**] p<.01

Die Mütter in den stark deprivierten Familien attribuieren sich demgegenüber kaum häufiger einen Einflußgewinn als die Mütter in den von mittleren Verlusten betroffenen Familien und den einkommensstabilen Familien (15,4% versus 9,2% und 9,8%). Dieser Unterschied ist nicht statistisch bedeutsam (Chi^2=.68, n.s.).

Weder hinsichtlich eines Einflußgewinns der Väter noch der Kinder ergeben sich bedeutsame Zusammenhänge. Veränderungen zugunsten der Väter sind sowohl nach Angaben der Mütter als auch der Väter insgesamt deutlich seltener zu verzeichnen (6,4% und 8,8%) als solche zugunsten der Mütter und Kinder. Dies entspricht auch dem zu erwartenden Trend im Verlauf des Familienzyklus. Mit steigender Autonomie der Kinder nimmt deren Einfluß zu, und gleichzeitig spielt sich zwischen den Ehepartnern ein stärker egalitäres Rollenmuster ein, da die zumeist eher traditionelle Rollenverteilung, wie sie vorherrscht solange die Kinder noch klein sind, nun nicht mehr durch die spezifischen familiären Aufgaben dieser früheren Phase begünstigt werden (vgl. Aldous, 1978; Hoffman & Manis, 1979).

Ein im Vergleich zu dem Einflußgewinn der Mütter umgekehr-
ter Effekt von Einkommenseinbußen auf den Einfluß der Väter,
d.h. eine seltenere Zunahme des väterlichen Einflusses bei
ökonomischer Deprivation läßt sich nicht beobachten. Die
geringfügigen Unterschiede zwischen den drei Verlustgruppen,
nach denen die Väter in den Familien mit mittleren Verlusten
sogar etwas häufiger an Einfluß gewonnen haben - und zwar nach
Angaben beider Eltern (vgl. Tabelle 1-4) -, sind statistisch
unbedeutend. Möglicherweise handelt es sich hierbei um einzelne
Fälle, in denen die Einkommenseinbußen durch die Mutter verursacht wurden.

Für die Kinder ist ökonomische Deprivation eher mit einem
selteneren Einflußzuwachs verbunden, allerdings nur nach
Angaben der Mütter. Da in den zitierten Vergleichsstudien
(siehe Kapitel 4.2) ein Autoritätsgewinn der Kinder weitgehend
an die Verfügbarkeit eines eigenen Einkommens gebunden war, ist
dieser Befund in Anbetracht der hier untersuchten Stichprobe
plausbibel. Alle Kinder bzw. Jugendlichen besuchen noch die
Schule, sind also vermutlich weitgehend vom Taschengeld der
Eltern abhängig. Damit dürfte auch der finanzielle Spielraum,
der den Kindern bei finanzieller Verknappung von seiten der
Eltern nochzugebilligt werden kann, eingeschränkt sein, wie es
etwa Schindler und Wetzels (1985) aus ihren Diskussionen mit
Kindern arbeitsloser Eltern berichten.

Wie lassen sich nun die unterschiedlichen Befunden zum
Einflußgewinn der Mütter nach den jeweiligen Angaben beider
Eltern interpretieren? Zunächst ließe sich vermuten, daß die
Mütter einen Einflußgewinn zu ihren Gunsten insgesamt eher
verscheigen bzw. herunterspielen. Obwohl dem die Randverteilungen entsprechen - Mütter geben insgesamt nur in 11% der Fälle
an, jetzt mehr Einfluß auf Familienentscheidungen zu nehmen,
während die Väter in 18,6% der Fälle den Müttern einen gestiegenen Einfluß zuschreiben - spricht doch gegen diese Interpretation, daß sich die Angaben von Mütter und Vätern in einkommensstabilen Familien durchaus entsprechen (9,8% und 9,5%). Sie
gehen lediglich in den ökonomisch deprivierten Familien auseinander.

Alternativ besteht die Möglichkeit, daß die Mütter einen
Einflußgewinn an anderen Kriterien festmachen als die Väter. So
könnte in den Angaben der Väter stärker zum Ausdruck kommen,

daß sie ihre eigene Position innerhalb der Familie gefährdet sehen. Letzteres sollte vor allem bei einem Verlust der Ernährerrolle - also bei Arbeitslosigkeit des Vaters - der Fall sein oder bei "ökonomischem Versagen", wie es sich an einer zunehmenden Verknappung im Haushalt festmachen läßt, zumal stärkere Einsparungen ein höheres Konfliktpotential zwischen den Familienmitgliedern schaffen dürften und stärkere Anforderungen an die sparsame Wirtschaftsführung durch die Mutter stellen. Diese Fragen beantwortet der nächste Abschnitt.

II.2.2 Arbeitslosigkeit des Vaters und Anpassungen in der Haushaltsführung als Einflußfaktoren

Um zu prüfen, inwieweit die elterlichen Angaben zum Einflußgewinn der Mutter auf mögliche Rollenkonflikte bei Arbeitslosigkeit des Vaters, auf Verknappungen in der Haushaltsführung und Mehrarbeit der Mütter zurückzuführen sind, wurden entsprechende Chi^2-Tests mit jeweils dichotomen Prädiktoren berechnet. Analog hierzu wurde geprüft, ob eine vermehrte Beteiligung der Väter an Haushaltsarbeiten einem Einflußgewinn der Mutter entgegenwirkt, d.h. als "Puffer" fungiert. Der jeweilige Anteil von Familien mit Einflußgewinn der Mutter in Abhängigkeit von Arbeitslosigkeit des Vaters, Verknappung der Ausgaben und Mehrarbeit beider Eltern im Haushalt sind in Tabelle 1-5 wiedergegeben, wiederum nach den Angaben der Mütter und Väter.

Es zeigt sich, daß Arbeitslosigkeit des Vaters für einen Einflußgewinn der Mutter unbedeutend ist. Die arbeitslosen Väter geben zwar etwas häufiger als die erwerbstätigen Väter an, daß die Mutter an Einfluß gewonnen hat (35,7% versus 15,6%), aber dieser Unterschied ist nicht statistisch signifikant (Chi^2=2.10, df=1, p=.15). Lediglich die Verknappung in der Haushaltsführung ist dafür ausschlaggebend, ob die Väter ihren Frauen mehr Einfluß auf Familienentscheidungen zusprechen (Chi^2=6.23, p<.01): In 30% der von hohen Ausgabenkürzungen betroffenen Familien attribuieren die Väter den Müttern jetzt mehr Einfluß gegenüber nur 9.7% der Väter in Familien mit geringen Ausgabenkürzungen. Demgegenüber schreiben sich die Mütter selbst nur dann mehr innerfamiliären Einfluß zu, wenn

<u>Tabelle 1-5</u>: Relativer Anteil der Familien mit Einflußgewinn
der Mütter in Abhängigkeit von Arbeitslosigkeit des Vaters,
Verknappung in der Haushaltsführung, und Mehrarbeit der Mütter
und Väter im Haushalt: Prozentwerte[a] nach Angaben der Mütter
und Väter

| | | Einflußgewinn der Mutter nach Angaben der | | | | | |
| | | Mütter | | | Väter | | |
		%ja	(n)	Chi^2	%ja	(n)	Chi^2
Arbeitslosig-	ja	7.1	(14)	n.s.	37.7	(14)	n.s.
keit des Vaters	nein	11.8	(93)		15.6	(96)	
Verknappung im	ja	10.4	(48)	n.s.	30.0	(50)	6.23[**]
Haushalt	nein	10.0	(60)		9.7	(62)	
Mehrarbeit	ja	25.6	(39)	11.1[***]	25.6	(43)	n.s.
Mütter	nein	2.9	(70)		14.3	(70)	
Mehrarbeit	ja	4.4	(45)	n.s.	17.4	(46)	n.s.
Väter	nein	16.4	(61)		18.8	(64)	

<u>Anmerkung</u>

[a] Angaben in Prozent der ja-Antworten pro Vergleichsgruppe;
n jeder Vergleichsgruppe in Klammern.

Signifikanzangaben: [***] p<.001, [**] p<.01

sie vermehrt im Haushalt arbeiten (Chi^2=11.05, p<.001), nämlich
in 25,6% dieser Fälle gegenüber nur 2,9% der Familien, in denen
die Mutter nicht mehr im Haushalt arbeitet.

Während sich also die Mütter hauptsächlich dann einen
vermehrten Einfluß zuschreiben, wenn sich ihre familiären
Aufgaben im Haushalt ausgeweitet haben, ist für die Zuschreibungen der Väter die zunehmende Verknappung der Ausgaben
entscheidend. Allerdings ist auch keineswegs sicher, daß die
Väter die Mehrarbeit der Mütter im Haushalt überhaupt wahrnehmen. Wenn sie hier stärker auf die notwendigen Ausgabenkürzungen zu reagieren scheinen, so wohl deshalb, weil sie eher mit
deren Konsequenzen konfrontiert werden. Nach anderen Befunden
nimmt mit den sichtbaren Einschränkungen vielfach auch die
Kritik seitens der Mutter zu (Bakke, 1969 b; Powell & Driscoll,
1973), so daß sich vor allem dann aus Sicht der Väter die
Stellung der Mutter im Management der Finanzen und in der
Zuteilung knapper Ressourcen unter den Familienmitgliedern
verstärkt, Damit dürften die Angaben der Väter den "sensible-
ren" Indikator für konfliktträchtige Veränderungen des

innerfamiliären Einflusses der Mutter liefern als die Angaben der Mütter selbst.

Die Annahme, daß die Väter durch vermehrte Beteiligung an Haushaltsarbeiten einem möglichen Einflußgewinn der Mutter (bzw. umgekehrt: einem eigenen Verlust an Einflußmöglichkeiten) entgegenwirken, findet zwar eine gewisse Entsprechung in den Daten, läßt sich aber nicht statistisch absichern. In den Familien, wo die Väter vermehrt im Haushalt arbeiten, geben nur 4,4% der Mütter an, daß sie an Einfluß gewonnen haben, während dies für 16,4% der Familien gilt, in denen sich der Vater nicht mehr an Haushaltsarbeiten beteiligt. Dieser Unterschied erreicht jedoch nicht die Signifikanzgrenze (Chi^2=2.59, df=1, p=.11). Immerhin läßt sich vermuten, daß die arbeitslosen Väter einer Ausweitung des Einflußbereichs der Mütter durch die Übernahme von Rollen im Haushalt entgegenwirken, da sie deutlich mehr angeben, jetzt verstärkt im Haushalt zu arbeiten (siehe Abschnitt 1.2.3 in diesem Anhang) und gleichzeitig kein direkter Effekt von Arbeitslosigkeit des Vaters auf Einflußgewinne der Mutter besteht.

II.2.3 Moderatoreffekte der elterlichen Bildung und der Erwerbstätigkeit der Mutter

Um auch hinsichtlich des Einflußgewinns der Mutter mögliche Moderatoreffekte der Erwerbstätigkeit der Mutter und der elterlichen Bildung zu prüfen, wurden Chi^2-Tests für die einzelnen Subgruppen (unterschieden nach entweder Erwerbstätigkeit der Mutter oder Schulbildung der Eltern) berechnet, wobei beide Verlustgruppen zusammengefaßt sind. Die Auswertung beschränkt sich auf die Angaben der Väter zum Einflußgewinn der Mutter. Aufgrund zu geringer Zellenbesetzungen ist zum Teil die inferenzstatistische Absicherung nicht sinnvoll durchzuführen, aber deskriptive Darstellungen sind dennoch möglich.

Betrachtet man zunächst die nach Erwerbstätigkeit der Mutter unterschiedenen Familien, so zeigen sich keine differentiellen Effekte ökonomischer Deprivation. In Familien, in denen die Mutter nicht erwerbstätig ist (n=40), sind 83,3% der Fälle, wo die Mutter an Einfluß gewonnen hat, von Einkommenseinbußen betroffen (n=5 von 6). Umgekehrt betrachtet heißt das, daß die

Mütter in 25% (n=5 von 20) jener ökonomisch deprivierten
Familien, in denen sie keiner Erwerbstätigkeit nachgehen, an
Einfluß gewinnen, verglichen mit 5% (n=1 von 20) der nicht
erwerbstätigen Mütter in einkommensstabilen Familien. Die
Korrelation von Einflußgewinn der Mutter und Einkommensverlusten ist signifikant (r=.28, p=.040). Bei den 67 Familien mit
erwerbstätiger Mutter sind 66,7% der Fälle, in denen die Mutter
an Einfluß gewonnen hat, (n=10 von 15) auf Einkommensverluste
zurückzuführen. In 35,7% der ökonomisch deprivierten Familien
(n=10 von 28) gewinnt die Mutter an Einfluß, verglichen mit
12,8% (n=5 von 34) der einkommensstabilen Familien. Auch hier
ist die Korrelation von Einkommensverlust und Einflußgewinn der
Mutter signifikant (r=.27, p=.013), ebenso wie der Chi^2-Test
(Chi^2=5.91, df=1, p=.026).

Demgegenüber ergeben sich für die beiden Bildungsgruppe
(niedrige Bildung: n=57; höhere Bildung: n=57) unterschiedliche
Befunde. Der Effekt von Einkommenseinbußen auf den Einflußgewinn der Mutter ist lediglich in den Familien mit höherer
BIldung der Eltern signifikant (Chi^2=8.49, sd=1, p=,004), wobei
88,9% der Fälle, in denen die Mutter an Einfluß gewonnen hat,
von finanziellen Verlusten betroffen sind (n=8 von 9). In der
Gruppe mit niedriger Bildung der Eltern sind nur 58,3% der
Familien mit gestiegenem Einfluß der Mutter von Einkommenseinbußen betroffen (n=7 von 12); Chi^2=1.29, df=1, n.s.). Wie eine
weitere Gruppenaufteilung nach Erwerbstätigkeit der Mutter
zeigt, sind mit einer Ausnahme alle Mütter mit gestiegenem
Einfluß in den nicht-deprivierten Familien erwerbstätig.
Insgesamt haben jedoch in der unteren Bildungsgruppe nur
unwesentlich mehr Mütter an Einfluß gewonnen als in den Famili-
en mit höherer Bildung (21,1% verus 16,1%).

III Zusammenfassung

Die Erwartungen zu adaptiven Änderungen in der Haushaltsökonomie bei ökonomischer Deprivation haben sich weitgehend
bestätigen lassen: Die Familien nehmen vermehrte Einsparungen
vor, die Bedeutsamkeit der Haushaltsplanung steigt, und es wird
zu mehr Haushaltsarbeiten übergegangen.

Stärkere Belastungen der unteren Bildungsgruppe haben sich lediglich hinsichtlich der vermehrten Bedeutsamkeit von Fragen der Haushaltsführung sowie der Mehrarbeit der Mütter im Haushalt ergeben. In beiden Fällen fallen die Effekte von Einkommensverlusten erwartungsgemäß in der unteren Bildungsgruppe wesentlich stärker aus als in den Familien mit höheren Bildungsressourcen. Demgegenüber sind die Einsparungen in beiden Bildungsgruppen gleich stark - zumindest hinsichtlich der hier erfaßten Aspekte der Verknappung im Haushalt. Gemeinsam mit dem Befund, daß vor allem Mütter der unteren Bildungsgruppe zu vermehrten Hausarbeiten übergehen, legt dies den Schluß nahe, daß in diesen Familien in stärkerem Maße eine Kompensation von Einsparungen durch Eigenleistungen erfolgt. Sowohl die geringere Verfügbarkeit finanzieller Ressourcen, durch die das reduzierte Einkommen zunächst ersetzt werden könnte, als auch der geringere Spielraum hinsichtlich verzichtbarer Konsumgewohnheiten dürften hierfür ausschlaggebend sein.

Die Erwerbstätigkeit der Mutter erweist sich als weitgehend bedeutungsloser Einflußfaktor. Weder fallen die Einsparungen dann geringer aus, wenn die Mutter bei familiären Einkommensverlusten erwerbstätig ist, noch werden ihre Haushaltsarbeiten - das heißt der Übergang zur Mehrarbeit - von ihrem Erwerbsstatus beeinflußt. Die Verknappung im Haushalt scheint also wesentlich deutlicher von den relativen Einbußen als der Verfügbarkeit einer zusätzlichen Einnahmequelle durch die Erwerbstätigkeit der Mutter abzuhängen. Bedenkt man, daß das Einkommen der Mutter ohnehin in vielen Familien zur Deckung der Bedürfnisse notwendig ist, so ist dieser Befund durchaus plausibel.

Unerwartet ist jedoch der recht deutliche Effekt von Einkommensverlusten auf die Mehrarbeit der Väter im Haushalt. Allerdings hat dies nur in beschränktem Maße eine Entlastungsfunktion für die Mütter, da die Mehrarbeit der Väter von anderen Kontextfaktoren abhängt als die der Mütter. Daß auch die Väter vermehrt im Haushalt arbeiten, wenn das Einkommen knapp wird, ist weitgehend auf die arbeitslosen Väter zurückzuführen, was sich am ehesten im Sinne kompensatorischer Alternativrollen im Haushalt interpretieren läßt.

Die Analysen zum Einflußgewinn der Mütter bei ökonomischer Deprivation haben unterschiedliche Befunde für die

Selbstzuschreibungen der Mütter und die Wahrnehmung der Väter erbracht, sowohl hinsichtlich des Effekts von Einkommenseinbußen, der nur in den Angaben der Väter besteht, als auch hinsichtlich der Zusammenhänge mit den Veränderungen in der Haushaltsführung: Während für die Mütter eine Ausweitung ihres Funktionsbereichs durch eine Mehrarbeit im Haushalt ausschlaggebend ist, schreiben die Väter den Müttern vor allem bei einer Verknappung der Ausgaben mehr Einfluß zu.

Da die Mehrarbeit der Mütter auf deprivierte Familien der unteren Bildungsgruppe beschränkt ist und in Unterschichtfamilien zumeist eine stärkere Rollensegregation zwischend den Ehepartnern gegeben ist als in den Familien höherer Schichten (vgl. Kerckhoff, 1978; Gecas, 1979), ist es durchaus wahrscheinlich, daß sich die Väter der unteren Bildungsgruppe der vermehrten Hausarbeit ihrer Frauen überhaupt nicht bewußt sind.

Eine insgesamt geringere Bereitschaft der Väter aus der unteren Bildungsgruppe, ihren Frauen einen gestiegenen Einfluß zuzuschreiben - wie es sich im Sinne eines stärkeren Autoritätsbedürfnisses vermuten ließe - besteht nicht. Zwar ist der Effekt von Einkommenseinbußen in dieser Gruppe nicht signifikant. Dies scheint jedoch darauf zurückzuführen zu sein, daß auch in den einkommensstabilen Familien der unteren Bildungsgruppe einige Frauen eine Erwerbstätigkeit aufgenommen haben und ihnen daraufhin von ihren Männern mehr Einfluß zugesprochen wird.

Insgesamt dürften die Angaben der Väter zum Einflußgewinn der Mütter eher über konfliktträchtige Veränderungen der innerfamiliären Einflußstruktur Auskunft geben als die der Mutter: Ihr deutlicher Zusammenhang mit Ausgabenkürzungen in der Haushaltsführung weist auf eine stärkere Dominanz der Mutter vor allem in der Allokation knapper werdender Ressourcen hin und ist wohl auf den hierin sichtbaren "ökonomischen Mißerfolg" des Mannes zurückzuführen.

Literatur

Adelson, J. (1971). The political imagination of the young
  adolescent. Daedalus, 100, 1013-1049.
Aiken, M., Ferman, L.A. & Sheppard, H.L. (1968). Economic
  failure, alienation, and extrimism. A study of the
  adjustment to job displacement. Ann Arbor: University of
  Michigan Press.
Aldous, J. (1969). Occupational characteristics and males'
  role performance in the family. Journal of Marriage and
  the Family, 31, 707-712.
Aldous, J. (1978). Family careers. Developmental change in
  families. New York: McGraw Hill.
Aldwin, C.M. & Revenson, T.A. (1986). Vulnerability to stress.
  American Journal of Community Psychology, 14, 161-175.
Allerbeck, K. & Hoag, W.J. (1985). Jugend ohne Zukunft?
  Einstellungen, Umwelt, Lebensperspektiven. München,
  Zürich: Piper.
Anderson, R.N. (1980). Rural plant closures. The coping
  behavior of Filipinos in Hawai. Family Relations, 29,
  511-516.
Angell, R.C. (1965). The family encounters the depression.
  Gloucester, Mass.: Peter Smith (orig. 1936).
Baacke, D. (1980). Jugend zwischen Anarchismus und Apathie?
  In W. v. Ilsemann (Hrsg.), Jugend zwischen Anpassung und
  Ausstieg (S. 105-130). Hamburg: Jugendwerk der Deutschen
  Shell.
Baarda, B, de Goede, M., Frowijn, A. & Postma, A.P.M. (1987).
  Summary of the results of a Durch survey concerning the
  effects of unemployment on the family and children. Vortrag
  gehalten auf dem Zweiten Bremer Symposium Arbeitslosigkeit -
  Psychologische Theorie und Praxis. Universität Bremen,
  7.-10. Oktober 1987.
Bachmann, J.G. (1984). Die Bedeutung des Bildungsniveaus für
  Selbstwertgefühl, berufsbezogene Einstellungen, Delinquenz
  und Drogenkonsum bei Jugendlichen. In E. Olbrich & E. Todd
  (Hrsg.), Probleme des Jugendalters: Neuere Sichtweisen
  (S. 131-157). Berlin etc.: Springer.
Bahr, S.J. (1979). Family determinants and effects of
  deviance. In Burr et al. (Hrsg.), Contemporary theories
  about the family (Bd. 1, S. 615-643). New York: The Free
  Press.
Bakke, E.W. (1969a). Citizens without work. Archon Books
  (orig. 1940).
Bakke, E.W. (1969b). The unemployed worker. Archon Books
  (orig. 1940).
Baltes, P.B. (1983). Live-span developmental psychology:
  Observations on history and theory revisited. In R.M.
  Lerner (Ed.), Developmental psychology: Historical and
  philosophical perspectives (S. 79-111). Hillsdale: Lawrence
  Erlbaum.
Baltes, P.B., Cornelius, S.W. & Nesselroade, J.R. (1979).
  Cohort effects in developmental psychology. In J.R.
  Nesselroade & P.B. Baltes (Hrsg.), Longitudinal research
  in the study of behavior and development (S. 61-88). New
  York: Academic Press.
Baltes, P.B., Reese, H.W. & Lipsitt, L.P. (1980). Life-span
  developmental psychology. Annual Review of Psychology,
  31, 65-110.
Baltes, P.B. & Sowarka, D. (1982). Entwicklungspsychologie

und Entwicklungsbegriff. In R.K. Silbereisen & L. Montada (Hrsg.) Entwicklungspsychologie: Ein Handbuch in Schlüssel-begriffen (S. 11-20). München: Urban & Schwarzenberg.

Bandura, A. (1979). Sozial-kognitive Lerntheorie. Stuttgart: Klett-Cotta.

Beck, U. (1983). Jenseits von Stand und Klasse? Soziale Ungleichheiten, gesellschaftliche Individualisierungspro-zesse und die Entstehung neuer sozialer Formationen und Identitäten. Soziale Welt, Sonderheft 2, 35-74.

Belle, D. (1980). Mothers and their children: A study of low income families. In D.L. Heckerman (Ed.), The evolving female (S. 74-91). New York: Human Sciences Press.

Belsky, J. (1984). The determinants of parenting: A process model. Child Development, 55, 83-96.

Bengtson, V.L. & Troll, L. (1978). Youth and their parents: Feedback and intergenerational influence in socialization. In R.M. Lerner & G.B. Spanier (Hrsg.), Child influences on marital and family interaction (S. 215-240). New York: Academic Press.

Bertram, H. (1982). Von der schichtspezifischen zur sozialökologischen Sozialisationsforschung. In L.A. Vascovics (Hrsg.), Umweltbedingungen familialer Sozialisation (S. 25-54). Stuttgart: Enke.

Bilden, H. (1980). Geschlechtsspezifische Sozialisation. In K. Hurrelmann & D., Ulich (Hrsg.) Handbuch der Sozialisations-forschung (S. 777-812). Weinheim,Basel: Beltz.

Blossfeld, H. P. (1984). Die Entwicklung der qualifikations-spezifischen Verdienstrelationen von Berufsanfängern zwi-schen 1970 und 1982. Kölner Zeitschrift für Soziologie und Sozialpsychologie, 36, 277-292.

Blyth, D.A., Simmons, R.G. & Carlton-Ford, S. (1983). The adjustment of early adolescents to school transitions. Journal of Early Adolescence, 3, 105-120.

Boehnke et al. (1983). Youth development and substance use. First wave of a German six-year longitudinal study. Poster presented at the 7th Biennial Meeting of the International Society for the Study of Behavioral Development, Munich, July 31-August 4, 1983. In R.K. Silbereisen & K. Eyferth (Hrsg.), Berichte aus der Arbeitsgruppe TUdrop Jugendfor-schung #25/83. Berlin (West): Technische Universität Berlin.

Boehnke, K. (1982). Zur Erhebung von Sozialdaten im Berliner Jugendlängsschnitt. In R.K. Silbereisen & K. Eyferth (Hrsg.), Berichte aus der Arbeitsgruppe TUdrop Jugendforschung #9/82. Berlin (West): Technische Universität Berlin.

Boehnke, K. & Scherrinsky, K. (1985). Die ersten zwei Erhebungswellen des Berliner Jugendlängsschnitts - eine Bilanz der Stichprobenentwicklung. In R.K. Silbereisen & K. Eyferth (Hrsg.), Berichte aus der Arbeitsgruppe TUdrop Jugendforschung #49/85. Berlin (West): Technische Universität Berlin.

Boehnke, K. & Walper, S. (1982). Elterliche Erziehungsziele und familiäres Erziehungsklima: Adaption verschiedener Fragebö-gen für den Jugend-Längsschnitt. In R.K. Silbereisen & K. Eyferth (Hrsg.), Berichte aus der Arbeitsgruppe TUdrop Jugendforschung #13/82. Berlin (West): Technische Universi-tät Berlin.

Bortz, J. (1985). Lehrbuch der Statistik für Sozialwissenschaftler (2. Auflage). Berlin, Heidelberg: Springer.

Brandtstädter, J. (1984). Personal and social control over development: Some implications of an action perspective in life-span developmental psychology. In P.B. Baltes & O.G. Brim Jr. (Hrsg.), Life-span development and behavior (Bd. 6, S. 1-32). New York: Academic Press.

Brandtstädter, J. & Schneewind, K. (1977). Optimal human development: Some implications for psychology. Human Development, 20, 48-64.

Brenner, M.H. (1979). Wirtschaftskrisen, Arbeitslosigkeit und psychische Erkrankung (Reihe: Medizin und Sozialwissenschaften, Band 5). München etc.: Urban & Schwarzenberg (orig. 1973).

Breuer, H., Schoor-Theissen, I. & Silbereisen, R.K. (1984). Auswirkungen der Arbeitslosigkeit auf die Situation der betroffenen Familien. Literaturstudie im Auftrag des Bundesministeriums für Jugend, Familie und Gesundheit. Bonn.

Brinkerhoff, D.B. & White, L.K. (1978). Marital satisfaction in an economically marginal population. Journal of Marriage and the Family, 40, 259-267.

Brinkmann, C. (1978). Belastung durch Arbeitslosigkeit: Finanzielle und psycho-soziale Probleme der Arbeitslosigkeit. In T. Kutsch & G. Wiswede (Hrsg.), Arbeitslosigkeit II: Psychosoziale Belastungen (S. 96-131). Königsstein/Ts.: Hain.

Brinkmann, C. (1984). Die individuellen Folgen langfristiger Arbeitslosigkeit. Mitteilungen aus der Arbeitsmarkt- und Berufsforschung, 17, 454-473.

Brinkmann, C. & Spitznagel, E. (1984). Belastungen des Haushalts durch Arbeitslosigkeit. Hauswirtschaft und Wissenschaft, 32, 256-263.

Bronfenbrenner, U. (1981). Die Ökologie der menschlichen Entwicklung: Natürliche und geplante Experimente. Stuttgart: Klett-Cotta.

Bronfenbrenner, U. & Crouter, A.C. (1983). The evolution of environmental models in developmental research. In P.H. Mussen (Ed.), Handbook of child development (Bd. 1, S. 357-414). New York: Wiley.

Brown, G.W., Bhrolchain, M.N. & Harris, T. (1975). Social class and psychiatric disturbance among women in an urban population. Sociology, 9, 225-254.

Brown, G.W. & Harris, T. (1978). Social origins of depression: A study of psychatric disorder in women. New York: Free Press.

Bücher, P. (1983). Vom Befehlen und Gehorchen zum Verhandeln. Entwicklungstendenzen von Verhaltensstandards und Umgangsnormen seit 1945. In U. Preuss-Lausitz et al. (Hrsg.), Kriegskinder, Konsumkinder, Krisenkinder: Zur Sozialisationsgeschichte seit dem Zweiten Weltkrieg (S. 196-212). Weinheim, Basel: Beltz.

Büchtemann, C.F. / Infratest Sozialforschung (1983). Die Bewältigung von Arbeitslosigkeit im zeitlichen Verlauf: Repräsentative Längsschnittuntersuchung bei Arbeitslosen und Beschäftigten 1978-1982. In Bundesminister für Arbeit und Sozialforschung (Hrsg.), Forschungsberichte (Band 85). Bonn.

Burke, R.J. & Bradshaw, P. (1981). Occupational and life stress and the family. Small Group Behavior, 12, (3), 329-375.

Burr, W.R. (1973). Theory construction and the sociology of the family. New York: Wiley.

312

Burr, W.R., Hill, R., Nye, F.I. & Reiss, I.L. (Hrsg.) (1979). Contemporary theories about the family (2 Bd.). New York: The Free Press.

Catalano, R.A., Dooley, D. & Jackson, R.L. (1985). Economic antecedents of help-seeking: Reformulation of time-series tests. Journal of Health and Social Behavior, 26, 141-152.

Cavan, R.S. (1959). Unemployment - Crisis of the common man. Marriage and Family Living, 21, 139-146.

Cavan, R.S. & Ranck, K.H. (1969). The family and the depression. New York: Books for Libraries Press.

Cohen, J. & Cohen, P. (1975). Applied multiple regression/correlation analysis for the behavioral sciences. New York: Wiley.

Coleman, J.C. (1980). The nature of adolescence. London, New York: Methuen.

Coleman, J.C. (1984). Eine neue Theorie der Adoleszenz. In E. Olbrich & E. Todd (Hrsg.), Probleme des Jugendalters: Neuere Sichtweisen (S. 49-67). Berlin etc.: Springer.

Conger, J.J. (1977). Adolescence and Youth: Psychological development in a chanching world. New York etc.: Harper & Row.

Conger, J.J. (1980). Freedom and commitment: Families, youth, and social change. American Psychologist, 36, 1475-1484.

Conger, R.D., McCarthy, J.A., Yang, R.K., Lahey, B.B. & Kropp, J.P. (1984). Perception of child, child-rearing values, and emotional distress as mediating links between environmental stressors and observed maternal behavior. Child Development, 55, 2234-2247.

Cook, T.D. & Campbell, D.T. (1979). Quasi-experimentation. Design & analysis issues for field settings. Boston etc.: Houghton Mofflin.

Cooley, C.H. (1968). The social self: On the meanings of "I". In C. Gordon & K.J. Gergen (Hrsg.), The self in social interaction (Bd. 1, S. 87-92). New York etc.: Wiley (orig. 1902).

Cooper, J.E., Holman, J. & Braithwaite, V.A. (1983). Self-esteem and family cohesion. The child's perspective and adjustment. Journal of Marriage and the Family, 45, 153-159.

Cramer, P. (1979). Defense mechanisms in adolescence. Developmental Psychology, 15, 476-477.

Deutsch, C.P. (1973). Social Class and child development. In B.M. Caldwell & H.N. Ricciuti (Hrsg.), Review of child development research (Bd. 3, S. 233-282). Chicago: University of Chicago Press.

Dielman, T., Barton, K. & Cattell, R. (1977). Relationships among family attitudes and child rearing practices. Journal of Genetic Psychology, 130, 105-112.

Döbert, R. & Nunner-Winkler, G. (1975). Adoleszenzkrise und Identitätsbildung. Frankfurt/M.: Suhrkamp.

Dohrenwend, B.S. (1973). Social status and stressful life events. Journal of Personality and Social Psychology, 28, 225-235.

Dohrenwend, B.S., Krasnoff, L., Askenasy, A.R. & Dohrenwend, B.P. (1978). Exemplification of a method for scaling live-events: the PERI Life Events Scale. Journal of Health and Social Behavior, 19, 205-229.

Dooley, D. & Catalano, R. (1980). Economic change as a cause of behavioral disorder. Psychological Bulletin, 87, 450-468.

Dreher, E. & Oerter, R. (1986). Children's and adolescents' conceptions of adulthood: The changing view of a crucial

313

developmental task. In R.K. Silbereisen, K. Eyferth & G.
Rudinger (Hrsg.), Development as action in context (S.
109-120). Berlin: Springer.
Duncan, G.J. & Liker, J.K. (1983). Disentagling the efficacy-
earnings relationship. In G.J. Duncan & J.N. Morgan (Hrsg.),
Five thousand American families - Patterns of economic
progress (Bd. 10, S. 218-248). Ann Arbor: Institute for
Social Research.
Dusek, J.B. & Flaherty, J.F. (1981). The development of the
self-concept during the adolescent years. Monographs of
the Society for Research in Child Development, 46, serial
no. 190.
Duval, S. & Wicklund, R.A. (1972). A theory of objective
self-awareness. New York: Academic Press.
Eckensberger, L.H. & Reinshagen, H. (1980). Kohlbergs
Stufentheorie der Entwicklung des moralischen Urteils: Ein
Versuch ihrer Reinterpretation im Bezugsrahmen handlungs-
theoretischer Konzepte. In L.H. Eckensberger & R.K. Silbereisen (Hrsg.), Entwicklung sozialer Kognitionen: Modelle,
Theorien, Methoden, Anwendung (S. 65-131). Stuttgart:
Klett-Cotta.
Eisenberg, P. & Lazarsfeld, P.F. (1938). The psychological
effects of unemployment. Psychological Bulletin, 35,
358-390.
Eisenstadt, S.N. (1956). From generation to generation: Age
groups and social structure. Glencoe: Free Press.
Elder, G.H., Jr. (1968). Adolescent socialization and
development. In E.F. Borgatta & W.W. Lambert (Hrsg.),
Handbook of personality theory and research (S. 239-364).
Chicago: Rand McNally.
Elder, G.H., Jr. (1974). Children of the Great Depression:
Social change in life experience. Chicago: The University
of Chicago Press.
Elder, G.H., Jr. (1978). Approaches to social change and the
family. American Journal of Sociology, 84, 1-38.
Elder, G.H., Jr. (1978). Family history and the life course.
Journal of Family History, 279-304.
Elder, G.H., Jr. (1979). Historical change in life patterns
and personality. In P.B. Baltes & O.G. Brim, Jr. (Hrsg.),
Life-span development and behavior (Bd. 2, S. 117-159).
New York: Academic Press.
Elder, G.H., Jr. (1981). History and the family: The
discovery of complexity. Journal of Marriage and the
Family, 489-519.
Elder, G.H., Jr., Caspi, A. & Downey, G. (1984). Problem
behavior and family relationships: Life course and inter-
generational themes. In A. Sorensen, F. Weinert & L. Sherrod
(Hrsg.), Human development and the life course: Multi-
disciplinary perspectives (S. 293-340). Hillsdale, N.J.:
Lawrence Erlbaum.
Elder, G.H., Jr., Caspi, A. & Van Nguyen, T. (1986).
Resourceful and vulnerable children: Family influences in
stressful times. In R.K. Silbereisen & K. Eyferth (Hrsg.),
Development as action in context (S. 167-186). Heidelberg,
New York: Springer.
Elder, G.H., Jr. & Liker, J.K. (1982). Hard times in women's
lives: Influences across forty years. American Journal of
Sociology 88, (2), 241-269.
Elder, G.H., Jr., Liker, J.K. & Cross, C.E. (1984). Parent-

child behavior in the Great Depression: Life course and intergenerational influences. In P.B. Baltes & O.G. Brim, Jr. (Hrsg.), Life-span development and behavior (Bd. 6, S. 109-158). New York: Academic Press.

Elder, G.H., Jr. & Rockwell, R.C. (1978). Historical times in lives: The impact of depression hardship on men's lives and values (Paper presented for the 9th World Congress of Sociology, Uppsala, Sweden, August 14-19).

Elder, G.H., Jr., Van Nguyen, T. & Caspi, A. (1985). Linking family hardship to children's lives. Child Development, 56, 361-375.

Elkind, D. (1967). Egocentrism in adolescence. Child Development, 38, 1025-1034.

Elliott, d.S., Huizinga, D. & Ageton, S.S. (1985). Explaining delinquency and drug use. Beverly Hills: Sage.

Ellis, G.J., Thomas, D.L. & Rollins, B.C. (1976). Measuring parental support: The interrelationship of three measures. Journal of Marriage and the Family, 38, 713-722.

Engfer, A., Schneewind, K.A. & Hinderer, J. (1978). Zur faktoriellen Struktur der Familien-Klima-Skalen nach R.H. Moos (Arbeitsbericht 17 aus dem EKB-Projekt an der Universität München). München: Universität München.

Erikson, E.H. (1966). Identität und Lebenszyklus. Frankfurt/M.: Suhrkamp.

Erikson, E.H. (1968). Identity: Youth and crisis. New York: Norton.

Estes, R.L. & Wilensky, H.L. (1978). Life cycle squeeze and the morale curve. Social Problems, 25, 277-292.

Featherman, D.L. (1983). Life-span perspectives in social science research. In P.B. Baltes & O.G. Brim Jr. (Hrsg.), Life-span development and behavior (Bd. 5, S. 1-57). New York: Academic Press.

Fenigstein. A. (1979). Self-consciousness, self-attention, and social interaction. Journal of Personality and Social Psychology, 37, 75-86.

Fenigstein, A., Scheier, M.F. & Buss, A.H. (1975). Public and private self-consciousness: Assessment and theory. Journal of Consulting and Clinical Psychology, 43, 522-527.

Ferman, L.A. & Blehar, M.C. (1983). Family adjustment to unemployment. In A.S. Skolnick & J.H. Skolnick (Hrsg.), Family in transition (S. 587-600). Boston, Toronto: Little, Brown & Co.

Figley, C.R. & Mc Cubbin, H.I. (Hrsg.) (1983). Stress and the family, Vol.III: Coping with catastrophe. New York: Brunner/Mazel.

Filipp, S. H. (1981a). Ein allgemeines Modell für die Analyse kritischer Lebensereignisse. In S.- H. Filipp (Hrsg.), Kritische Lebensereignisse (S.3-52). München: Urban & Schwarzenberg.

Filipp, S. H. (Hrsg.) (1981b). Kritische Lebensereignisse. München: Urban & Schwarzenberg.

Filipp, S. H., Aymanns, P. & Braukmann, W. (1984). Coping with life-events: When the self comes into play. In R. Schwarzer (Hrsg.), Self-related cognitions in anxiety and motivation (S.87-101). Hillsdale, N.J.: Lawrence Erlbaum.

Filipp, S. H. & Brauckmann, W. (1983). Methoden zur Erfassung bedeutsamer Lebensereignisse. Zeitschrift für Entwicklungspsychologie und Pädagogische Psychologie, 15, 234-263.

315

Firebaugh, G. (1978). A rule for inferring individual-level
   relationships from aggregate data. American Sociological
   Review, 43, 557-572.
Flanagan, C. (1987). The effects of gains and loss in work
   status on working parents and their children. Vortrag
   gehalten auf einer Diskussionssitzung "Socioeconomic change
   and the life of children: The fmaily as mediator", Biennial
   Meetings of the Society for Research on Child Development,
   Baltimore, MD., April, 1987.
Franke, H. & Prast, F. (1985). Arbeitslosigkeit - Fakten,
   Ursachen, Lösungsansätze. Spektrum der Wissenschaft, 9,
   32-47.
Frese, M. (1978). Arbeitslosigkeit, Depressivität und
   Kontrolle: Eine Studie mit Wiederholungsmessung (Bielefelder
   Arbeiten zur Sozialpsychologie Nr. 29). Bielefeld:
   Universität Bielefeld.
Frese, M. (1979). Arbeitslosigkeit, Depressivität und
   Kontrolle. In T. Kieselbach & H. Offe (Hrsg.), Arbeitslosig-
   keit: Individuelle Verarbeitung und gesellschaftlicher
   Hintergrund (S. 222-257). Darmstadt: Steinkopf.
Frese, M., Greif, S. & Semmer, N. (1978). Industrielle
   Psychopathologie. Bern: Huber.
Frese, M. & Mohr, G. (1978). Die psychopathologischen Folgen
   des Entzugs von Arbeit: Der Fall Arbeitslosigkeit. In M.
   Frese, S. Greif & N. Semmer (Hrsg.), Industrielle
   Psychopathologie (S. 282-339). Bern: Huber.
Friedrich, H., Fränkel-Dahmann, I., Schaufelberger, H.-J. &
   Streek, U. (1979). Soziale Deprivation und Familiendynamik.
   Studien zur psychosozialen Realität von unterpriviligierten
   Familien und ihre Veränderung durch ausgewählte Formen
   psycho-sozialer Praxis. Göttingen: Verlag für Medizinische
   Psychologie im Verlag Vandehoek & Ruprecht.
Fröhlich, D. (1979) Psycho-soziale Folgen der Arbeitslosig-
   keit. Eine empirische Untersuchung in Nordrhein-Westfalen.
   Köln: Institut zur Erforschung sozialer Chancen (Bericht Nr.
   23).
Fröhlich, D. (1981). Ursachen eines dichotomen Gesellschafts-
   bildes bei Arbeitern. Kölner Zeitschrift für Soziologie und
   Sozialpsychologie, 33, 302-328.
Fröhlich, D. (1982). The use of time during unemployment -
   The case of the Federal Republic of Germany. Köln: ISO-
   Institut.
Fthenakis, W.E. (1985). Väter (2 Bd.). München: Urban
   & Schwarzenberg.
Fürstenberg, F.F., Jr. (1985). Sociological ventures in child
   development. Child Development, 56, 281-288.
Galambos, N.L. & Silbereisen, R.K. (1987a). Income change,
   parental life outlook, and adolescent expectation for job
   success. Journal of Marriage and the Family, 49, 141-149.
Galambosm N.L. & Silbereisen, R.K. (1987 b). Influences of
   income change and parental acceptance on adolescent trans-
   gression proneness and peer relations. Eauropean Journal of
   Education, 1, 17-28.
Garbarino, J. (1976). A preliminary study of some ecological
   correlates of child abuse: The impact of socioeconomic
   stress on mothers. Child Development, 47, 178-185.
Gecas, V. (1979). The influence of social class on
   socialization. In W.R. Burr, R. Hill, F.I. Nye & I.L.
   Reiss (Hrsg.), Contemporary theories about the family
   (Bd. 1, S. 365-404). New York: The Free Press.

Gelles, R. (1973). Child abuse as psychopathology: A sociological critique und reformulation. American Journal of Orthopsychatry, 43, 611-621.

Gelles, R. (1986). Family violence. Annual Review of Sociology, 11, 347-367.

Gelles, R. & Straus, M.A. (1979). Determinants of violence in the family: Toward a theoretical development. In W.R. Burr, R. Hill, F.I. Nye & I.L. Reiss (Hrsg.), Contemporary theories about the family (Bd. 1, S. 549-581). New York: The Free Press.

Gilligan, C. (1976). In a different voice: Women's conceptions of the self and morality. Cambridge: Harvard University Press.

Gnegel, A. & Mohr, G. (1982). Wenn Frauen ihren Arbeitsplatz verlieren. In G. Mohr, M. Rummel & D. Rückert (Hrsg.), Frauen. Psychologische Beiträge zur Arbeits- und Lebenssituation (S.88-102). München: Urban & Schwarzenberg.

Goode, W.J. (1960). A theory of role strain. American Sociological Review, 25, 483-496.

Goode, W.J. (1971). Force and violence in the family. Journal of Marriage and the Family, 33, 624-636.

Gore, S. (1978). The effect of social support in moderating the health consequences of unemployment. Journal of Health and Social Behavior, 19, 157-165.

Gurr, T.R. (1970). Why men rebel. Princeton, N.J.: Princeton University Press.

Haan, N. (1977). Coping and defending. New York: Academic Press.

Hansen, D. (1965). Personal and positional influence in formal groups: Compositions and theory for research on family vulnerability to stress. Social Forces, 44, 202-210.

Hansen, D.A. & Hill, R. (1964). Families under stress. In H.T. Christensen (Hrsg.), Handbook of marriage and the family (S. 782-819). Chicago: Rand McNally.

Hansen, D.A. & Johnson, V.A. (1979). Rethinking family stress theory: Definitional aspect. In W.R. Burr et al. (Hrsg.), Contemporary theories about the family (Bd. 1, S. 582-603). New York: Free Press.

Harper, L.V. (1975). The scope of offspring effects: From caregiver to culture. Psychological Bulletin, 82, 784-801.

Hartup, W.W. (1983). Peer relations. In E.M. Hetherington (Hrsg.), Socialization, personality and social development (Handbook of child development, hrsg. von P.H. Mussen, Bd. 4, S. 103-196). New York: Wiley.

Havighurst, R.J. (1952). Developmental tasks and education (2. Aufl.). New York: David McKay.

Hayes, J. & Nutman, P. (1981). Understanding the unemployed: The psychological effects of unemployment. London, New York: Tavistock Publications.

Heinemann, K., Röhrig, P. & Stadie, R. (1980). Arbeitslose Frauen im Spannungsfeld von Erwerbslosigkeit und Hausfrauenrolle. Melle: Beltz.

Heinz, W.R. (1986). The transition from school to work in crisis. coping with threatening unemployment. Vortrag für das AERA Annual Meeting in San Francisco, 16.-20. April 1986.

Helmke, A. & Väth-Szusdziara, R. (1980). Familienklima, Leistungsangst und Selbstakzeptierung bei Jugendlichen. In

H. Lukesch, M. Perrez & K.A. Schneewind (Hrsg.), Familiäre
   Sozialisation und Intervention. Bern: Huber.
Herz, Th. (1979). Der Wandel von Wertvorstellungen in
   westlichen Industrienationen. Kölner Zeitschrift für Sozio-
   logie und Sozialpsychologie, , 282-302.
Hetzer, H. (1937). Kindheit und Armut. Leipzig: Hirzel.
Hill, J. (1978). The psychological impact of unemployment.
   New Society, 19, 116-120.
Hill, R. (1949). Families under stress. New York: Harper &
   Brothers.
Hill, R. (1958). Generic features of families under stress.
   Social Casework, 39, 139-150.
Hill, R. & Mattesich, P. (1979). Family development theory
   and life-span development. In P.B. Baltes & O.G. Brim, Jr.
   (Hrsg.), Life-span development and behavior (Bd. 2,
   S.161-204). New York: Academic Press.
Hoffman, L.W. (1986). Work, family, and the socialization of
   the child. In R.D. Parke (Hrsg.), Review of Child
   development research. Bd. 7: The family (S. 223-282).
   Chicago, London: The University of Chicago Press.
Hoffman, L.W. Manis, J.D. (1978). Influences of children on
   marital interaction and parental satisfaction and
   dissatisfaction. In R.M. Lerner & G.B. Spanier (Hrsg.),
   Child influences on marital and family interaction (S.
   165-213). New York: Academic Press.
Holmes, T.H. & Masuda, M. (1974). Life change and illness
   susceptibility. In B.S. Dohrenwend & B.P. Dohrenwend
   (Hrsg.), Stressful life events: Their nature and
   effects (S. 45-72). New York: Wiley.
Holmes, T.H. & Rahe, R.H. (1967). The Social Readjustment
   Rating Scale. Journal of Psychosomatic Research, 11,
   213-218.
Hormuth, S.E. (1984). Transitions in commitments to roles and
   selfconcept - change: Relocations as a paradigm. In V.
   Allen & van de Vliert (Hrsg.), Role transitions (S. 109-
   124). New York: Plenum.
Hurrelmann, K., Rosewitz, B. & Wolf, H.K. (1985). Lebensphase
   Jugend: Eine Einführung in die sozialwissenschaftliche
   Jugendforschung. Weinheim, München: Juventa.
Ickes, W., Wicklund, R.A. & Ferris, C.B. (1973). Objective
   self-awareness and self-esteem. Journal of Experimental
   Social Psychology, 9, 202-219.
Ilsemann, W. (1980). Jugend zwischen Anpassung und Ausstieg.
   Hamburg: Jugendwerk der Deutschen Shell.
Inglehart, R. (1977). The silent revolution. Princeton:
   Princeton University Press.
Inglehart, R. (1981). Wertwandel in den westlichen Gesellschaf-
   ten: Politische Konsequenzen von materialistischen und
   postmaterialistischen Prioritäten. In H. Klages & P.
   Kmieciak (Hrsg.), Wertwandel und gesellschaftlicher Wandel
   (S. 179-316). Frankfurt, New York: Campus.
Jacob, T. (1974). Patterns of family conflict and dominance
   as a function of child age and social class. Developmental
   Psychology, 10, 1-12.
Jacobson, G.F. (1980). Crisis theory. In G.F. Jacobson (Hrsg.),
   New directions for mental health services. Bd. 6: Crisis
   interventions for the 1980s (S. 1-10). San Francisco:
   Jossey-Bass.
Jahoda, M. (1979). The impact of unemployment in the 1930s
   and the 1970s. Bulletin of the British Psychological

Society, 32, 309-314.

Jahoda, M. (1983). Wieviel Arbeit braucht der Mensch?. Weinheim, Basel: Beltz.

Jahoda, M., Lazarsfeld, P.F. & Zeisel, H. (1975). Die Arbeitslosen von Marienthal. Ein soziographischer Versuch. Frankfurt: Suhrkamp (orig. 1933).

Jessor, R. & Jessor, S.L. (1977). Problem behavior and psychosocial development - A longitudinal study of youth. New York: Academic Press.

Jöreskog, K.G. & Sörbom, D. (1981. LISREL V: Analysis of linear structural relationships by maximum likelihood and least squares methods. Uppsala: University of Uppsala.

Johnson, S. & Lobitz, G. (1974). The personal and marital adjustment of parents as related to observed child deviance and parenting behaviors. Journal of Abnormal Child Psychology, 2, 193-207.

Judd, C.M. & Kenny, D.A. (1981). Process analysis: Estimating mediation in treatment evaluations. Evaluation Review, 5, 602-619.

Kandel, D.B. (1986). Processes of peer influence in adolescence. In R.K. Silbereisen, K.Eyferth & G. Rudinger (Hrsg.), Development as action in context (S. 203-228). Berlin, Heidelberg: Springer.

Kandel, D.B. & Andrews, K. (in press). Processes of adolescent socialization by parents and peers. International Journal of the Addictions.

Kandel, D.B., Davies, M. & Raveis, V.H. (1985). The stressfulness of daily social roles for women: Marital, occupational, and household roles. Journal of Health and Social Behavior, 26, 64-78.

Kaplan, H.B. (1977). Antecedents of deviant responses: Predicting from a general theory of deviant behavior. Journal of Youth and Adolescence, 6, 89-101.

Kaplan, H.B. (1978a). Deviant behavior and self-enhancement in adolescence. Journal of Youth and Adolescence, 7, 253-277.

Kaplan, H.B. (1978b). Social class, self-derogation and deviant response. Social Psychiatry, 13, 19-28.

Kaplan, H.B. (1980). Deviant behavior in defense of self. New York: Academic Press.

Kaplan, H.B., Martin, S.S. & Robbins, C. (1984). Pathways to adolescent drug use: Self-derogation, peer influence, weakening of social controls, and early substance use. Journal of Health and Social Behavior, 25, 270-289.

Kasl, S.V. & Cobb, S. (1979a). Blutdruckveränderungen bei Männern, die ihren Arbeitsplatz verloren: Ein vorläufiger Bericht. In T. Kieselbach & H. Offe (Hrsg.), Arbeitslosigkeit: Individuelle Verarbeitung und gesellschaftlicher Hintergrund (S. 184-221). Darmstadt: Steinkopf.

Kasl, S.V. & Cobb, S. (1979b). Some mental health consequences of plant closing and job loss. In L.A. Ferman & J.P. Gordus (Hrsg.), Mental health and the economy (S. 255-299). Kalamazoo: W.E. Upjohn Institute.

Kasl, S.V., Gore, S. & Cobb, S. (1975). The experience of losing a job: Reported changes in health, symptoms and illness behavior. Psychosomatic Medicine, 37, 106-122.

Kaufmann, H.G. (1982). Professionals in the search of work. New York: Wiley.

Kemper, T. & Reichler, M. (1976). Marital satisfaction and conjugal power as determinants of intensity and frequency

of rewards punishments administered by parents. Journal
of Genetic Psychology, 129, 221-234.
Kenny, D.A. (1979). Correlation and causality. New York: Wiley.
Kessler, R.C. (1979). Stress, social status, and
psychological distress. Journal of Health and Social
Behavior, 20, 259-272.
Kessler, R.C. (1980). A comment on "A comparison of
life-event-weighting schemes". Journal of Health and
Social Behavior, 21, 293-296.
Kieselbach, T. & Offe, H. (Hrsg.) (1979). Arbeitslosigkeit:
Individuelle Verarbeitung und gesellschaftlicher Hinter-
grund. Darmstadt: Steinkopf.
Kieselbach, T. & Wacker, A. (1985). Individuelle und
gesellschaftliche Kosten der Massenarbeitslosigkeit.
Psychologische Theorie und Praxis. Weinheim, Basel: Beltz.
Klein, D.M. & Hill, R. (1979). Determinants of family
problem-solving effectiveness. In W.R. Burr et al.
(Hrsg.), Contemporary theories about the family (Bd. 1, S.
493-548). New York: The Free Press.
Köditz, V. (1980). Berufswahlverhalten und berufliche
Motivation Jugendlicher in den Ländern der Europäischen
Gemeinschaften. In Europäisches Zentrum für die Förderung
der Berufsbildung (Hrsg.), Berufswahl und Motivation von
Jugendlichen, ihre Ausbildungs- und Beschäftigungsaussich-
ten. Synthesebericht über die Lage in der EG (S. 131-220).
Berlin: CEDEFOP.
König, R. (1976). Soziologie der Familie. In R. König
(Hrsg.), Handbuch der empirischen Sozialforschung. Band
7: Familie, Alter (S. 1-217). Stuttgart: Enke.
Kohn, M.L. (1977). Class and conformity: A study in values
(2. Aufl.). Chicago, London: The University of Chicago Press
(orig. 1969).
Kohn, M.L. (1981). Persönlichkeit, Beruf und soziale Schichtung
(hrsg. von K. Lüscher). Stuttgart: Klett-Cotta.
Komarovsky, M. (1973). The unemployed man and his family:
The effect of unemployment upon the status of the man in
fifty-nine families. New York: Octagon Press (orig. 1940).
Krappmann, L. (1980). Sozialisation in der Gruppe der
Gleichaltrigen. In K. Hurrelmann & D. Ulich (Hrsg.),
Handbuch der Sozialisationsforschung (S. 443-468).
Weinheim: Beltz.
Krehan, G. (1978). Arbeitslosigkeit als Stigma. Zu einer
vernachlässigten Dimension personaler Auswirkungen der
Arbeitslosigkeit. In T. Kutsch & G. Wiswede (Hrsg.),
Arbeitslosigkeit II: Psychosoziale Belastungen (S. 149-170).
Königstein/Ts.: Hain.
Kreppner, K. (1980). Sozialisation in der Familie. In K.
Hurrelmann & D. Ulich (Hrsg.), Handbuch der Sozialisations-
forschung (S. 395-422). Weinheim, Basel: Beltz.
Kutsch, T. & Wiswede, G. (1978). Arbeitslosigkeit im Spiegel
der Sozialwissenschaften II: Arbeitslosigkeit als psycho-
soziales Problem. In T. Kutsch & G. Wiswede (Hrsg.),
Arbeitslosigkeit II: Psychosoziale Belastungen (S. 1-13).
Königstein/Ts.: Hain.
Lang, S. (1979). Werte und Veränderungn von Werten - Ergebnisse
einer Mannheimer Umfrage. In H. Klages & P. Kmieciak
(Hrsg.), Wertewandel und gesellschaftlicher Wandel (S.
231-242). Frankfurt, New York: Campus.
Larson, J.H. (1984). The effect of husband unemployment on
marital and family relations in blue-collar families.

Family Relations, 33, 503-511.

Lasch, C. (1983). The family as a haven in a heartless world. In A.S. Skolnick & J.H. Skolnick (Hrsg.), Family in transition (S. 102-113). Boston, Toronto: Little, Brown & Co.

Lavee, Y., McCubbin, H.I. & Patterson, J.H. (1985). The Double ABCX model of family stress and adaption: An empirical test by analysis of structural equations with latent variables. Journal of Marriage and the Family, 47, (4), 811-826.

Lazarus, R.S. (1981). Streß und Streßbewältigung - ein Paradigma. In S. - H. Filipp (Hrsg.), Kritische Lebensereignisse (S. 198-232). München: Urban & Schwarzenberg.

Lazarus, R.S. & Launier, R. (1981). Streßbezogene Transaktionen zwischen Person und Umwelt. In J.R. Nitsch (Hrsg.), Streß - Theorien, Untersuchungen, Maßnahmen (S. 213-259). Bern: Huber.

Leahy, R.L. (1983). Development of the conceptions of economic inequality: II. Explanations, justifications, and concepts of social mobility and change. Developmental Psychology, 19, 111-125.

Lehr, U. (1969). Die Frau im Beruf. Frankfurt/M.: Athenäum.

Lehr, U. (1981). Die Frau in der Arbeitswelt. In F. Stoll (Hrsg.), Psychologie des 20. Jahrhunderts (Band 13, S. 930-966). Zürich: Kindler.

Lerner, R.M. & Busch-Rossnagel, N.A. (1981). Individuals as producers of their development: Conceptual and empirical bases.. In R.M. Lerner & N.A. Busch-Rossnagel (Hrsg.), Indivduals as producers of their development (S. 1-36). New York: Academic Press.

Lerner, J.V. & Galambos, N.L (1984). The child's development and family change: The influences of maternal employment. In L.P. Lipsitt (Hrsg.), Advances in infancy research (Bd. 5, S. 39-86). Hillsdale: Ablex.

Lerner, R.M. & Spanier, G.B. (1978). A dynamic interactional view of child and family development. In R.M. Lerner & G.B. Spanier (Hrsg.), Child influences on marital and family interaction (S. 1-22). New York: Academic Press.

Lewin, K. (1948). Time perspective and morale. In K. Lewin (Hrsg.), Resolving social conflicts (S. 103-124). New York: Harper.

Lewin, K. (1963). Feldtheorie in den Sozialwissenschaften. Bern: Huber.

Lewin, K. (1982). Psychologische Ökologie. In K. Lewin (Hrsg.), Feldtheorie. Kurt-Lewin-Werkausgabe Band 4, hrsg. von C.F. Graumann. Stuttgart: Klett.

Liem, R. & Liem, J. (1978). Social class and mental illness reconsidered: The role of economic stress and social support. Journal of Health and Social Behavior, 19, 139-156.

Lienert, G.A. (1973). Verteilungsfreie Methoden in der Biostatistik. Meisenheim a.G.: Hain (orig. 1960).

Liker, J.K. & Elder, G.H., Jr. (1983). Economic hardship and marital relations in the 1930s. American Sociological Review, 48, 343-359.

Little, C. (1976). Technical-professional unemployment: Middle-class adaptability to personal crisis. The Sociological Quarterly, 17, 262-274.

Lüder, C. (1987). Familiale Deutungsmuster in der Ausein-

andersetzung mit Arbeitslosigkeit. Vortrag gehalten auf dem
2. Bremer Symposium Arbeitslosigkeit - Psychologische
Theorie und Praxis. Universität Bremen, 7.-10.10.1987.

Maccoby, E.E. (1984). Socialisation and developmental change.
Child Development, 55, 317-328.

Maccoby, E.E. & Martin, J.A. (1983). Socialization in the
context of the family: Parent-child-interaction. In E.M.
Hetherington (Hrsg.), Socialization, personality, and social
development. Handbook of child psychology (hrsg. von P.H.
Mussen) (Bd. 4, S. 1-102). New York: Wiley.

Madge, N. (1983). Unemployment and its effects on children.
Journal of Child Psychology and Psychiatry, 24,
311-319.

Magnusson, D. (1985). Implications of an interactional
paradigm for research on human development. International
Journal of Behavioral Development, 8, 115-137.

Mannheim, K. (1964). Das Problem der Generationen. In K.
Mannheim (Hrsg.), Wissenssoziologie (S. 509-565). Berlin,
Neuwied: Luchterhand (orig. 1923).

Marsden, D. (1982). Workless. An exploration of the social
contract between society and the worker. London: Croom
Helm.

Marshall, J.R. & Funch, D.P. (1979). Mental illness and the
economy: A critique and partial replication. Journal of
Health and Social Behavior, 20, 282-289.

McCubbin, H.I. & Figley, C.R. (Hrsg.) (1983). Stress and the
family, Vol.I: Coping with normative transitions. New York:
Brunner/Mazel.

McCubbin, H.I., Joy, C.B., Cauble, A.E., Comeau, J.K.,
Patterson, J.M. & Needle, (1980). Family stress and coping:
A decade review. Journal of Marriage and the Family, 42,
855-871.

McCubbin, H.I. & Patterson, J.M. (1982). Family adaption to
crisis. In H.I. McCubbin, A. Cauble & J.M. Patterson
(Hrsg.), Family stress, coping, and social support.
Springfield, IL: Charles C. Thomas.

McCubbin, H.I. & Patterson, J.M. (1983a). Family stress and
adaption to crisis: A Double ABCX model of family behavior.
In D.H. OLson & B.C. Miller (Hrsg.), Family studies review
yearbook (Bd. 1, S. 87-106). Beverly Hills, CA: Sage
Publications.

McCubbin, H.I. & Patterson, J.M. (1983). The family stress
process: The Double ABCX model of adjustment and adaption.
In H.I. McCubbin, M.B. Sussman & J.M. Patterson (Hrsg.),
Social stress and the family: Advances and developments
in family stress theory and research (S. 7-37). New York:
The Haworth Press.

Mechanic, D. (1974). Social structure and personal adaptation:
Some neglected dimensions. In G.V. Coelho, D.A. Hamburg &
J.E. Adams (Hrsg.), Coping and adaptation (S. 32-44). New
York: Basic Books.

Merton, R.K. (1967). Social structure and anomie. In R.K.
Merton (Hrsg.), Social theory and social structure (S.
131-160.). New York: The Free Press.

Mirowsky, J. & Ross, C.E. (1980). Weighting life events: A
second look. Journal of Health and Social Behavior,
21, 296-300.

Moen, P. (1980). Measuring unemployment: Family considerations.
Human Relations, 33, (3), 183-192.

Moen, P. (1982). Preventing financial hardship: Coping

strategies of families of the unemployed. In H.I. McCubbin, A.E. Cauble & J.M. Patterson (Hrsg.), Family stress, coping, and social support. Springfield: Charles C. Thomas.

Moen, P. (1983). Unemployment, public policy, and families: Forecasts for the 1980s. Journal of Marriage and the Family, 751-760.

Moen, P., Kain, E.L. & Elder, G.H., Jr. (1983). Economic conditions and family life: Contemporary and historical perspectives. In R. Nelson & Skidmore (Hrsg.), American families and the economy: The high costs of living (S. 213-259). Washington, D.C.: national Academy Press.

Moos, R.H. (1974). Family environment scale (FES). Preliminary manual. Palo Alto: Social Ecology Laboratory, Dept. of Psychiatry, Stanford University.

Mortimer, J.T. (1976). Social class, work, and the family: Some implications of the father's occupation for family relationships and son's career decision. Journal of Marriage and the Family, 38, 241-256.

Moss, G.E. (1973). Illness, immunity, and social interaction. New York: Wiley.

Mussen, P. (1984). Persönlichkeit und politische Einstellungen im Jugendalter. In E. Olbrich & E. Todd (Hrsg.), Probleme des Jugendalters: Neuere Sichtweisen (S. 317). Berlin, Heidelberg: Springer.

Mussen, P., Sullivan, L.B. & Eisenberg-Berg, N. (1977). Changes in political-economic attitudes during adolescence. Journal of Genetic Psychology, 130, 69-76.

Myers, J., Lindenthal, J. & Pepper, M. (1975). Life events, social integration, and psychiatric symptomatology. Journal of Health and Social Behavior, 16, 121-127.

Neidhardt, F. (1975). Die Familie in Deutschland. Gesellschaftliche Stellung, Struktur und Funktion. Opladen: Leske.

Newman, B.M. (1984). Merkmale interpersonalen Verhaltens während der frühen Adoleszenz. In E. Olbrich & E. Todd (Hrsg.), Probleme des Jugendalters: Neuere Sichtweisen (S. 333-352). Berlin etc.: Springer.

Newman, B.M. & Newman, P.R. (1979). Development through life. A psychological approach. Homewood: Dorsey Press.

Nie, N.H., Hull, C.H., Jenkins, J.G., Steinbrenner, K. & Bent, D.H. (1975). SPSS: Statistical Package for the Social Sciences (2. Aufl.). New York: McGraw-Hill.

Oerter, R. (1982). Jugendalter. In R. Oerter & L. Montada (Hrsg.), Entwicklungspsychologie (S. 242-313). München: Urban & Scharzenberg.

Offer, D. (1984). Das Selbstbild normaler Jugendlicher. In E. Olbrich & E. Todd (Hrsg.), Probleme des Jugendalters: Neuere Sichtweisen (S. 111-130). Berlin etc.: Springer.

Olbrich, E. (1984). Jugendalter - Zeit der Krise oder der produktiven Anpassung? In E. Olbrich & E. Todd (Hrsg.), Probleme des Jugendalters: Neuere Sichtweisen (S. 1-47). Berlin, Heidelberg: Springer.

Olbrich, E. & Todd, E. (Hrsg.) (1984). Probleme des Jugendalters: Neuere Sichtweisen. Berlin, Heidelberg: Springer.

Olson, D.H., McCubbin, H.I. et al. (1983). Families. What makes them work. Beverly Hills: Sage Publications.

Olweus, D. (1980). Familial and temperamental determinants of aggression behavior in adolescents - A causal analysis. Developmental Psychology, 16, 644-660.

Parsons, T.S. (1951). The social system. New York: The Free Press.

Parsons, T.S. & Bales, F. (1955). Family, socialization, and interaction process. New York: The Free Press.

Patterson, G.R. & Stouthamer-Loeber, M. (1984). The correlation of family management practices and delinquency. Child Development, 55, 1299-1307.

Paukert, L. (1984). The employment and unemployment of women in OECD countries. Paris: OECD.

Pearlin, L.I., Lieberman, L.A., Menaghan, E.G. & Mullan, J.T. (1981). The stress process. Journal of Health and Social Behavior, 22, 337-356.

Pearlin, L.I. & Schooler, C. (1978). The structure of coping. Journal of Health and Social Behavior, 19, 2-21.

Pelzmann, L. (1987). Das Streß-Management arbeitsloser Menschen. Vortrag gehalten auf dem zweiten Bremer Symposium "Arbeitslosigkeit - Psychologische Theorie und Praxis". Universität Bremen, 7.-10.10.1987.

Pelzmann, L., Winkler, N. & Zewell, E. (1985). Antizipation von Arbeitslosigkeit. In T. Kieselbach & A. Wacker (Hrsg.), Individuelle und gesellschaftliche Kosten der Massenarbeitslosigkeit: Psychologische Theorie und Praxis (S. 256-268). Weinheim: Beltz.

Piaget, J. (1973). Das moralische Urteil beim Kinde. Frankfurt/M.: Suhrkamp.

Pintar, R. (1978). Betroffenheit durch Arbeitslosigkeit: Überblick über die veränderte Situation und das Verhalten von Arbeitslosen. In T. Kutsch & G. Wiswede (Hrsg.), Arbeitslosigkeit II: Psychosoziale Belastungen (S. 14-95). Königstein/Ts.: Hain.

Pleck, J.H. (1983). Husbands' paid work and family roles: Current research issues. In H.Z. Lopata & J.H. Pleck (Hrsg.), Research in the interweave of social roles: Families and jobs (Bd. 3, S. 251-333). Greenwich, Conn.: JAI Press.

Powell, D.H. & Driscoll, P. F. (1973). Middle-class professionals face unemployment. Society, 10, 18-26.

Preuss-Lausitz et al. (Hrsg.) (1983). Kriegskinder, Konsumkinder, Krisenkinder: Zur Sozialisationsgeschichte seit dem Zweiten Weltkrieg. Weinheim, Basel: Beltz.

Rallings, E.M. & Nye, F.I. (1979). Wife-mother employment, family, and society. In W.R. Burr, R.Hill, F.I. Nye & I.L. Reiss (Hrsg.), Contemporary theories about the family (Bd. 1, S. 203-226). New York: The Free Press.

Rebelsky, F.G., Alinsmith, W. & Grinder, R.E. (1963). Resistance to temptation and sex differences in children's use of fantasy confession. child Development, 34, 955-962.

Reese, H.W. & Smyer, M.A. (1983). The dimensionalization of life events. In E.J. Callahan & K.A. McCluskey (Hrsg.), Lifespan developmental psychology: Nonnormative life events (S. 1-34). New York: Academic Press.

Rockwell, R.C. & Elder, G.H., Jr. (1982). Economic deprivation and problem behavior: Childhood and adolescence in the Great Depression. Human Development, 25, 57-64.

Rodman, H. (1963). The lower class value stretch. Social Forces, 42, 202-215.

Rodman, H. (1967). Marital power in France, Greece, Yugoslawia, and the United States: A cross-national discussion . Journal of Marriage and the Family, 29, 320-324.

Rodman, H. (1970). Eheliche Macht und der Austausch von Ressourcen im kulturellen Kontext. In G. Lüschen & E. Lupri (Hrsg.), Soziologie der Familie (S. 121-143). Opladen: Westdeutscher Verlag.

Rollins, B.C. & Galligan, R. (1978). The developing child and marital satisfaction of parents. In R.M. Lerner & G.B. Spanier (Hrsg.), Child influences on marital and family interaction (S. 71-105). New York: Academic Press.

Rollins, B.C. & Thomas, D.L. (1979). Parental support, power, and control techniques in the socialization of children. In W.R. Burr, R. Hill, F.I. Nye & I.L. Reiss (Hrsg.), Contemporary theories about the family (Bd. 1, S. 317-364). New York: The Free Press.

Rosenbaum, H. (1973). Familie als Gegenstruktur zur Gesellschaft. Kritik grundlegender theoretischer Ansätze der westdeutschen Familiensoziologie. Stuttgart: Enke.

Ross, C.E. & Mirowsky, J. (1979). A comparison of life-event weighting schemes: Change, undesirability, and effect-proportional indices. Journal of Health and Social Behavior, 20, 166-177.

Rummel, M. (1982). Frauenarbeit - Merkmale, Auswirkungen. In G. Mohr, M. Rummel & D. Rückert (Hrsg.), Frauen. Psychologische Beiträge zur Arbeits- und Lebenssituation (S. 55-77). München: Urban & Scharzenberg.

Rutter, M. & Garmezy, N. (1983). Developmental psychopathology. In E.M. Hetherington (Hrsg.), Socialization, personality, and social development. Handbook of child psychology (hrsg. von P.H. Mussen), (Bd. 4, S. 775-912). New York: Wiley.

Sameroff, A.J. (1983). Developmental systems: Contexts and evolution. In W. Kessen (Hrsg.), History, theory, and methods. Handbook of child psychology (ed. P.H. Mussen) (Bd. 1, S. 237-294). New York: Wiley.

Scanzoni, J. (1979). Social processes and power in families. In W.R. Burr, R. Hill, F.I. Nye & I.L. Reiss (Hrsg.), Contemporary theories about the family (S. 295-316). New York: The Free Press.

Scanzoni, L. & Scanzoni, J. (1976). Men, women, and change. New York: McGraw-Hill.

Schindler, H. (1979). Familie und Arbeitslosigkeit. In T. Kieselbach & H. Offe (Hrsg.), Arbeitslosigkeit: Individuelle Verarbeitung und gesellschaftlicher Hintergrund (S. 258-286). Darmstadt: Steinkopf.

Schindler, H. & Wetzels, P. (1985). Subjektive Bedeutung familiärer Arbeitslosigkeit bei Schülern in einem Bremer Arbeiterstadtteil. In T. Kieselbach & A. Wacker (Hrsg.), Individuelle und gesellschaftliche Kosten der Massen-arbeitslosigkeit: Psychologische Theorie und Praxis (S. 120-138). Weinheim, Basel: Beltz.

Schindler, H. & Wetzels, P. (1986). The new depression - Neue Untersuchungen zum Thema Arbeitslosigkeit und Familie. In Vorstand der EKFuL (Hrsg.), Informationen und Mitteilungen aus der Evangelischen Konferenz für Familien- und Lebens-beratung, 3, 24-47.

Schmied, D. (1982). Elternorientierung und familiale Konflikte bei Oberschülern. Kölner Zeitschrift für Soziologie und Sozialpsychologie, 34, 93-116.

Schneewind, K.A., Beckmann, M. & Engfer, A. (1983). Eltern und Kinder: Umwelteinflüsse auf das familiäre Verhalten. Stuttgart: Kohlhammer.

Schulze, G. (1987). Identität als Stilfrage? Über den

kollektiven Wandel der Selbstdefinition. In H.-P. Frey & K. Haußer (Hrsg.), Identität: Entwicklungen psychologischer und soziologischer Forschung (S. 105-124). Stuttgart: Enke.

Schulze, H. - J. (1986). Frau, Haushalt und Konsummarkt: Befunde und Perspektiven. Kölner Zeitschrift für Soziologie und Sozialpsychologie, 38, 55-84.

Schumm, W.R., Southerly, W.T. & Figley, C.R. (1980). Stumbling block or stepping stone: Path analysis in family studies. Journal of Marriage and the Family, 42, 251-262.

Seligman, M.E.P. (1983). Erlernte Hilflosigkeit. München: Urban & Schwarzenberg.

Shantz, C.U. (1983). Social cognition. In J.H. Flavell & E.M. Markman (Hrsg.), Cognitive development. Handbook of child psychology (Bd. 3, S. 495-555). New York: Wiley.

Siegal, M. (1984). Economic deprivation and the quality of parent-child relations: A trickle-down framework. Journal of Applied Developmental Psychology, 5, 127-144.

Siegel, S. (1976). Nicht-parametrische statistische Methoden. Frankfurt/M.: Fachbuchhandlung für Psychologie.

Silbereisen, R.K. (1985). Familiäre Bewältigungsstrategien bei wirtschaftlicher Deprivation. Ein theoretisches Modell In R.K. Silbereisen & K. Eyferth (Hrsg.), (Berichte aus der Arbeitsgruppe TUdrop Jugendforschung #52/85). Berlin (West): Technische Universität Berlin.

Silbereisen, R.K. (1986). Entwicklung als Handlung im Kontext. Entwicklungsaufgaben und Problemverhalten im Jugendalter. Zeitschrift für Sozialisationsforschung und Erziehungssoziologie, 6, 29-46.

Silbereisen, R.K. (1987). Soziale Kognition. Entwicklung von sozialem Wissen und Verstehen. In R. Oerter & L. Montada (Hrsg.), Entwicklungspsychologie (Neuauflage; S. 696-737). München: Psychologie Verlags Union.

Silbereisen, R.K. & Eyferth, K. (1983). "Jugendentwicklung und Drogen". Zweiter Fortsetzungsantrag an die Deutsche Forschungsgemeinschaft. In R.K. Silbereisen & K. Eyferth (Hrsg.), Berichte aus der Arbeitsgruppe TUdrop Jugend-forschung #50/85. Berlin (West): Technische Universität Berlin.

Silbereisen, R.K. & Eyferth, K. (1985). Der Berliner Jugend-längsschnitt: Projekt "Jugendentwicklung und Drogen". Dritter Fortsetzungsantrag an die Deutsche Forschungs-gemeinschaft. In R.K. Sibereisen & K. Eyferth (Hrsg.), Berichte aus der Arbeitsgruppe TUdrop Jugendforschung #50/85. Berlin (West): Technische Universität Berlin.

Silbereisen, R.K. & Eyferth, K. (1986). Development as action in context. In R.K. Silbereisen, K. Eyferth, & G. Rudinger (Hrsg.), Development as action in context (S. 3-16). Heidel-berg, New York: Springer.

Silbereisen, R.K. & Kastner, P. (1985). Entwicklung von Drogengebrauch - Drogengebrauch als Entwicklung? In R. Oerter (Hrsg.), Lebensbewältigung im Jugendalter (S. 192-219). Weinheim: Edition Psychologie, VCH.

Silbereisen, R.K. & Kastner, P. (1986). Neue Orientierungen in der psychologischen Jugendforschung. Fragestellungen, Problemlagen, Neuorientierungen (S. 63-75). Weinheim, München: Juventa.

Silbereisen, R.K., Reitzle, M. & Zank, S. (1986). Stability and change of self-concept in adolescence: Self-knowledge and self-strategies. In F. Klix & H. hagendorf (Hrsg.), Human memory and cognitive capabilities: mechanisms and perfomances. Symposium in memoriam Hermann Ebbinghaus, Berlin, Humboldt University (S. 449-457). Amsterdam: Elsevier.

Simmons, R., Rosenberg, F. & Rosenberg, M. (1973). Disturbance in self-image at adolescence. American Sociological Review, 38, 553-568.

Simmons, R.G., Burgeson, R., Carlton-Ford, S. & Blyth, D.A. (1987). The impact of cumulative change in early adolescence. Child Development, 58, 1220-1234.

Snyder, J., Dishion, T.J. & Patterson, G.R. (1986). Determinants and consequences of associating with deviant peers during preadolescence and adolescence. Journal of Early Adolescence, 6, 29-43.

Steinberg, L.D. (1981). Transformations in family relations at puberty. Developmental Psychology, 17, 833-840.

Steinberg, L.D., Catalano, R. & Dooley, D. (1981). Economic antecendents of child abuse and neglect. Child Development, 52, 975-985.

Steinkamp, G. (1980). Klassen- und schichtanalytische Ansätze in der Sozialisationsforschung. In K. Hurrelmann & D. Ulich (Hrsg.), Handbuch der Sozialisationsforschung (S. 253-284). Weinheim, Basel: Beltz.

Steinkamp, G. & Stief, W.H. (1978). Lebensbedingungen und Sozialisation. Opladen: Westdeutscher Verlag.

Sternheim, A. (1933). Neue Literatur über Arbeitslosigkeit und Familie. Zeitschrift für Sozialforschung, 2, 413-420 (Nachdruck: München: Deutscher Taschenbuchverlag, 1980).

Thoits, P. & Hannan, M. (1979). Income and psychological distress: The impact of an income-maintenance experiment. Journal of Health and Social Behavior, 20, 120-138.

Thomae, H. (1978). Zur Problematik des Entwicklungsbegriffs im mittleren und höheren Erwachsenenalter. In R. Oerter (Hrsg.), Entwicklung als lebenslanger Prozeß (S. 21-32). Hamburg: Hoffmann & Campe.

Thomas, W.I. & Thomas, D.S. (1973). Die Definition der Situation. In H. Steinert (Hrsg.), Symbolische Interaktion (S. 333-335). Stuttgart: Klett.

Troll, L. & Bengston, V. (1979). Generations in the family. In W.R. Burr et al. (Hrsg.), Contemporary theories about the family (Bd. 1, S. 127-161). New York: The Free Press.

Trommsdorf, G., Burger, C., Füchsle, T. & Lamm, H. (1978). Erziehung für die Zukunft. Düsseldorf: Schwann.

Tucker, M.B. (1982). Social support and coping: Applications for the study of female drug abuse. Journal of Social Issues, 38, 117-137.

Ulich, D. (1980). Schulische Sozialisation. In K. Hurrelmann & D. Ulich (Hrsg.), Handbuch der Sozialisationsforschung (S. 469-498). Weinheim: Beltz.

Ulich, D., Haußer, K., Mayring, Ph., Strehmer, P., Kandler, M. & Degenhardt, B. (1985). Psychologie der Krisenbewältigung. Weinheim: Beltz.

Vascovics, L.A. (1976). Segregierte Armut. Randgruppenbildung in Notunterkünften. Frankfurt/M., New York: Campus.

Wacker, A. (ed.) (1978). Vom Schock zum Fatalismus? Soziale und psychische Auswirkungen der Arbeitslosigkeit. Frankfurt/M., New York: Campus.

Wacker, A. (1983). Arbeitslosigkeit. Soziale und psychische Folgen. Frankfurt/M.: Europäische Verlagsanstalt (orig. 1976).

Waldman, E. (1983). Labour force statistics from a family

perspective. Monthly Labour Review, 106, 16-19.

Walker, A.J. (1985). Reconceptualizing family stress. Journal of Marriage and the Family, 47, 827-838.

Walper, S. (1985). Die Elternbefragung 1983/84: Beschreibung der Stichprobe und erste Evaluation der Erhebungsinstrumente. In R.K. Silbereisen & K. Eyferth (Hrsg.), Berichte aus der Arbeitsgruppe TUdrop Jugendforschung #57/85. Berlin (West): Technische Universität Berlin.

Walper, S. & Silbereisen, R.K. (1982). Auswirkungen ökonomischer Veränderungen auf das Familiensystem: Theoretische und methodische Überlegungen zu Erhebungen bei den Eltern des Berliner Jugendlängsschnitts. In R.K. Silbereisen & K. Eyferth (Hrsg.), Berichte aus der Arbeitsgruppe TUdrop Jugendforschung #22/82. Berlin (West): Technische Universität Berlin.

Walper, S. & Silbereisen, R.K. (1987a). Familiäre Konsequenzen ökonomischer Einbußen und ihre Auswirkungen auf die Bereitschaft zu normverletzendem Verhalten bei Jugendlichen. Zeitschrift für Entwicklungspsychologie und Pädagogische Psychologie, 19, 228-248.

Walper, S. & Silbereisen, R.K. (1987b). Personal and contextual risk factors in coping with economic hardship. Vortrag gehalten auf dem IXth Biennial Meetings of the International Society for the Study of Behavioral Development, Tokyo, Japan, 12.-16. Juli 1987.

Warr, P. (1984). Job loss, unemployment, and psychological well-being. In V.L. Allen & E.v.d. Vliert (Hrsg.), Role transitions: Explorations and explanations (S. 263-285). New York, London: Plenum.

Warr, P. & Parry, G. (1982). Paid employment and women's psychological well-being. Psychological Bulletin, 91, 498-516.

Warr, P. & Payne, R. (1983). Social class and reported change in behavior after job loss. Journal of Applied Social Psychology, 13, 206-222.

Werner, E.E. & Smith, R.S. (1982). Vulnerable but invincible. A longitudinal study of resilient children and youth. New York: McGraw-Hill.

Willis, P. (1977). Learning to labour. Westmead: Saxon House.

Wirth, H.-J. (1985). Die Schärfung der Sinne. Jugendprotest als persönliche und kulturelle Chance. Frankfurt/M.: Syndikat.

Zank, S. (1984). Entwicklung und Erprobung eines Fragebogens zur Verarbeitung selbstbezogener Informationen bei Jugendlichen. (Unveröffentlichte Diplomarbeit). Berlin (West): Technische Universität Berlin, FB2, Institut für Psychologie.

Zank, S. & Silbereisen, R.K. (1982). Entwicklung eines Fragebogens zur Verarbeitung selbstbezogener Informationen bei Jugendlichen. In R.K. Silbereisen & K. Eyferth (Hrsg.), Berichte aus der Arbeitsgruppe TUdrop Jugendforschung #19/82. Berlin (West): Technische Universität Berlin.

Zenke, K.G. & Ludwig, G. (1985a). Kinder arbeitsloser Eltern. Erfahrungen, Einsichten und Zwischenergebnisse aus einem laufenden Projekt. Mitteilungen aus der Arbeitsmarkt- und Berufsforschung, 18, (2), 265-278.

Zenke, K.G. & Ludwig, G. (1985b). Über die Auswirkungen elterlicher Arbeitslosigkeit auf die Kinder und die Schwierigkeiten ihrer Erforschung. In T. Kieselbach & A. Wacker (Hrsg.), Individuelle und gesellschaftliche Kosten der Massenarbeitslosigkeit: Psychologische Theorie und

Praxis (S. 139-151). Weinheim, Basel: Beltz.

Zinnecker, J. (1985). Jugend in der Gegenwart - Beginn oder Ende einer historischen Epoche? In D. Baacke & W. Heitmeyer (Hrsg.), Neue Widersprüche. Jugendliche in den achtziger Jahren (S. 24-45). Weinheim: Juventa.

Zussmann, J.U. (1980). Situational determinants of parental behavior: Effects of competing cognitive activity. Child Development, 51, 792-800.

Sachregister

A-B-C-X-Modell   14, 24
Adaptabilität   34, 86
adaptives Potential   32 f.
Aggregatstudien   38
Akzentuierungshypothese   79, 83 f. 191
Alternativrollen   28, 75 f., 96 ff., 298 f., 308
Anomie   21, 74
anomische Reaktion   257, 264, 268
Anpassungsprozeß   26 ff., 37, 69 f.
Antizipationseffekt   73
Arbeit
- psychosoziale Funktionen der A.   2, 69
- A.smarktentwicklung   1
- A.sorientierung   74
Arbeitslosigkeit   1, 32, 68 ff., 272 ff.
- Anpassungsprozesse an A.   26 ff., 69 ff.
- Antizipation von A.   40, 73
- Autoritätsverlust des Mannes durch A.   89 ff.
- Depressivität bei A.   71 ff.
- von Frauen   75 ff.
- Langzeit-A.   39
- ökonomische Deprivation durch A.   1 f.,
- psychosoziale Belastung der Eltern bei A.   68 ff., 279
- psychosoziale Belastung der Kinder bei A.   189 ff.
- aus rollentheoretischer Perspektive   74
- des Vaters   52, 68 ff., 304
Belastungsfaktoren   22, 155 ff., 281
- chronische   39
- externe 22, 93
- subjektive   72
Belastungsreaktion   93, 155 ff, 279
Berkeley Guidance Study   41
Berliner Jugendlängsschnitt   44 ff.
Bewältigung   28 ff., 37, 276, 282
- von Rollenverschiebungen   34
- geschlechtstypische Unterschiede   198
Bildung
- als Moderator   113 ff., 125 ff., 155 ff., 178 ff., 215 ff.,
  236 ff., 252, 258 ff. 296 ff., 306
Bildungsaspirationen   210, 252 ff., 267 ff.
Circumplex-Modell   34
Coping   28, 72, (s. Anpassung, Bewältigung)
Depression/Depressivität   71 ff.
Deprivation, ökonomische   21
Devianz   203 f., 206 ff. (s. auch kontranormative Einstellg.)
differentielle Assoziation   203 f.
Dreißiger Jahre   3 f., 18, 39, 50, 79 ff., 195 f., 267,
  277 ff.
Ehebeziehung   43 ff., 84, 88, 171 ff.
- als Mediator   190
- als Moderator   190
Einfluß, innerfamiliärer   165 ff., 174 ff., 299 ff.
Einkommensverluste   2, 59 ff.
- Gründe für   2 f., 52, 56 f.
Eltern   (s. Erziehungsverhalten)
- E.-Kind-Beziehung   189
- E.-Kind-Interaktion   43 ff., 91 ff., 137, 140 ff., 170 ff.,
  236 f., 255, 264, 279

Psychologie Verlags Union

Reinhard Pekrun

Emotion, Motivation und Persönlichkeit

(Fortschritte der psychologischen Forschung, Band 1)
1987. 336 Seiten Broschur,
ISBN 3-621-27052-3

Die zeitgenössische Persönlichkeitspsychologie leidet an einer Zersplitterung ihrer Forschungsbemühungen und an mangelnder Integration mit anderen Teildisziplinen der Psychologie.

Auf der Basis einer generalisierten Taxonomie menschlicher Persönlichkeitsmerkmale werden in diesem Buch theoretische Modelle zu Emotion und Motivation entwickelt, die Perspektiven von Emotions- und Motivationspsychologie einerseits und Persönlichkeitspsychologie andererseits zu integrieren suchen. Diskutiert werden dabei u. a. auch die entwicklungspsychologischen Implikationen dieser großteils erwartungs-wert-theoretischen Ansätze. Das Buch wendet sich damit an Forscher und fortgeschrittene Studierende der Persönlichkeitspsychologie, Emotions- und Motivationspsychologie und Entwicklungspsychologie.

München und Weinheim

Psychologie Verlags Union

Herbert Bruhn

Harmonielehre als Grammatik der Musik Propositionale Schemata in Musik und Sprache

(Fortschritte der psychologischen Forschung, Band 3)
1988, ca. 224 Seiten, Broschur,
ISBN 3-621-27066-3

Der Autor argumentiert, daß das Verständnis für Musik
und für die harmonischen Strukturen aufgrund von
allgemeinen mentalen Strukturen, die beim Erlernen
von Sprache entwickelt werden, möglich ist.
Diese mentalen Strukturen lassen sich mit hierarchisch
gegliederten Schemata beschreiben, die zueinander in
propositionaler Beziehung stehen. Der empirische Teil
der Arbeit zeigt anhand eines Vergleichs von
musikalischen Laien und Experten auf, daß diese
mentalen Strukturen nicht notwendig deklarativ
enkodiert sein müssen, sondern selbst bei musikalischen
Laien als automatisierte Prozesse zur Verfügung stehen,
z.B. bei der Beurteilung von Akkorden und bei der
Komposition von Akkordfolgen im Sinne
westlich-europäischer Harmonielehre.

München und Weinheim